KB027324

원격놀이치료

Play Therapy and Telemental Health

Foundations, Populations, and Interventions

Jessica Stone 편저 | 강은주 · 김리진 · 민서정 · 이소연 · 이윤수 공역

학지사

Play Therapy and Telemental Health:
Foundations, Populations, and Interventions
by Jessica Stone

© 2022 selection and editorial matter, Jessica Stone individual chapters, the contributors
Authorized translation from the English language edition published
by Routledge, a member of the Taylor & Francis Group, LLC.

Korean Translation Copyright © 2024 by Hakjisa Publisher, Inc.
The Korean translation rights published by arrangement with
Taylor & Francis Group, LLC.

All Rights Reserved.

본 저작물의 한국어판 저작권은
Taylor& Francis Group, LLC.와의 독점계약으로 (주)학지사가 소유합니다.
저작권법에 의해 한국 내에서 보호를 받는 저작물이므로
무단 전재와 무단 복제를 금합니다.

역자 서문

COVID-19는 전 세계를 충격과 혼란에 휩싸이게 한 큰 사건이었습니다. 벌써 4년이 지났으나, 그때의 불안과 공포는 아직도 저희에게 생생히 남아 있습니다. COVID-19 이후로 우리의 삶에는 많은 변화가 생겼고, 팬데믹 종식이 선언된 현재도 여전히 공적인 업무뿐 아니라 개인적인 만남에서 온라인의 활용은 지속되고 있습니다.

그럼에도 불구하고 대면 만남의 가치를 높게 인식하던 놀이치료자를 포함한 심리상담자에게 비대면으로 내담자와의 만남을 준비하고 실시하는 것은 여전히 낯설고 어려운 큰 도전입니다. 특히 놀이의 치료적 힘과 비언어적인 상호작용이 중요한 놀이치료에서 그 과정을 비대면 환경에서 효과적으로 시행하기 위해서는 놀이치료자의 부단한 노력과 창의적인 아이디어가 요구되었습니다. 이런 노력의 하나로 COVID-19 초기, 전 세계의 놀이치료자들은 'Tele-Play Therapy Resourses and Support'라는 페이스북(현 메타) 커뮤니티를 통해 자신이 개발한 비대면 놀이치료 방법을 소개하고 실제 상담에서 적용할 수 있는 정보를 자발적으로 공유하였습니다. 이 책 또한 현장에서 원격놀이치료를 실시하기 위해 분투하고 있는 놀이치료자를 지원하고자 Jessica Stone 박사를 필두로 각 분야의 전문가들이 COVID-19 시기에 발전시켜 온 상담 도구와 자료들을 소개하고 있습니다.

이 책은 크게 총 3부로 구분되어 있습니다. 제1부는 놀이치료와 원격놀이치료가 발전되어 온 과정을 소개하였고, 제2부는 치료분야별 원격놀이치료의 적용 실제를 보여 주었으며, 제3부는 원격놀이치료에서 실제 도구를 활용하여 개입하는 방법을 제시하였습니다. 역자들은 각자의 관심분야에 따라 원하는 장을 나누어 번역하였습니다. 제1, 2, 4장은 김리진 교수, 제3, 9, 11장은 이소연 교수, 제5, 10, 15장은 강은주 소장, 제6, 7, 12장은 이윤수 소장, 제8, 13, 14장은 민서정 소장이 맡았습니다. 역자들은 여러 차례의 줌(zoom) 미팅을 통해 일관적이고 통일성 있는 번역을 위해 노력하였고, 원문의 내용과 뉘앙스 그리고 저자들의 의도를 손상하지 않는 범위 내에서 내용을 정확히 전달하기 위해 노력하였습니다. 또한 여러 번의 검토 과정을 거치며 낯설고 다양한 정보에 적응하기 위하여 각자의 현장에서 새롭게 알게 된 내용을 공유하고 함께 배워 가며 작업을 진행하였습니다. 이런 노력에도 불구하고 아쉽지만 매끄럽지 못한 부분과 정확한 전달에 한계가 있을 수 있음을 겸허히 수용하고 독자분들의 양해를 구합니다.

'Tele-'라는 용어를 어떻게 번역해야 할지에 대한 오랜 고민도 있었습니다. 이 책에서는 telemental health, teleplay, telehealth, telemental, telemental play, teletherapeutic application, telemental health therapy 등의 다양한 용어가 저자에 따라 혼재되어 쓰이고 있습니다. 역자들은 이를 번역할 적합한 단어를 찾기 위해 고심하였고, 원격의료와 원격상담이라는 용어가 국내에 보편적으로 사용되는 것으로 파악되어 '원격'이라는 용어를 쓰되 앞뒤 문맥에 따라 원격상담, 원격놀이치료, 원격놀이, 원격치료 등으로 표기하기로 하였습니다. 또한 필요할 경우 각 장 안에 소개된 용어와 익숙지 않은 매체나 도구에 대해서는 '역자 주'로 표시하여 내용을 추가 기술해 두었습니다.

비대면 심리상담은 여전히 가야 할 길이 멀고 낯설지만, 그만큼 잠재력과 가능성이 무궁무진한 세계입니다. 이 책이 원격놀이치료 여정을 가는 놀이치료자들에게 새로운 시각과 아이디어를 제시하는 계기가 되고, 앞으로 가게 될 원격놀이치료의 방향에 작은 나침반이 되기를 바랍니다.

2024년 8월

역자 일동

편저자 서문

여러분은 이 책이 왜 감탄스러울 정도로 놀라운지 알게 될 것입니다. COVID-19 상황 속에서 제가 어떻게 지냈을지를 여러분이 상상할 수 있는 것처럼, 저는 가상 모래상자(Virtual Sandtray®©) 앱의 기능을 업데이트하고, 질문에 답하며, 글을 쓰고, 훈련과정을 진행하였습니다. 또한 대면치료를 원격으로 진행하는 변화과정에 놓인 놀이치료자들과 관련된 소셜미디어 게시물을 훑어보며 시간을 보냈습니다. 어떤 변화는 단순하지만, 어떤 변화는 중요하게 고려될 점들이 있습니다. 기술 전달의 실행계획부터 이론적 · 임상적 함의까지, 전 세계의 치료자들은 내담자를 위한 최선의 이익을 우선시하면서 치료를 계속 진행하고, 모든 사람의 건강이 온전할 수 있도록 노력하였습니다. 이미 집필된 몇 편의 원고가 있었지만 지금 어떤 책이 필요한지 생각해 보았습니다. 이전에 필요하다고 생각했던 것은 현 시점에서는 도움이 되기 어려웠습니다. 그러다 막무가내일 수 있지만 몇몇 전문가에게 연락하여 원격놀이치료에 관한 책을 쓸 예정인데 같이 집필할 생각이 있는지 물어보게 되었습니다. 저는 꽤 여러 사람이 시간이 없다고 답할 것이라 예상하였습니다. 하지만 못하겠다고 한 사람이 없었다는 사실이 놀랍지 않나요? 결국 두 명의 전문가가 이해할 수 있는 사정으로 인해 참여하지 못하게 되었으나 기적적으로 새로운 두 명의 전문가가 더 짧은 기간에도 불구하고 참여하기로 하였습니다.

이 책의 목적은 COVID-19 원격심리치료 상황을 탐색하고 향후 원격심리치료 작업의 기초를 세우기 위해 중요한 정보와 자원을 독자들에게 제공하는 것입니다. 변화의 기간에 사람들은 일하고 연결하는 새로운 방식, 놀이의 치료적 힘을 구현하는 새로운 방식을 발견해 왔습니다. 많은 사람은 기꺼이 100% 대면으로 진행하는 치료 회기로 돌아갈 것이지만, 또 어떤 사람들은 100% 원격으로 진행하는 것을 고려하고 있을 것이고, 또 다른 사람들은 혼합된 방식으로 진행하는 것을 고민하고 있습니다. 어떤 가족들은 원격놀이치료를 받았기 때문에 연차나 휴가를 덜 내도 되고, 학교에 결석하지 않아도 되어 이전보다 정신건강서비스에 접근하기 더 쉬운 것과 같은 큰 도움을 받았습니다. 어떤 사람은 화상으로 치료를 진행했기 때문에 특정 주제에 대해 더 쉽게 이야기할 수 있었습니다. 또한 치료자들은 이전과 다르게 내담자의 환경과 가족역동을 배울 독특한 기회를 가질 수 있었습니다.

총 3개의 '부'로 구성된 『Play Therapy and Telemental Health(원격놀이치료)』는 임상가들이 견고한 기반을 구축할 수 있는 관련 정보를 제공합니다. 놀이치료의 역사, 이론, 핵심 원리에 대한 소개는 놀이치료자들의 근원으로 돌아가 '내가 무엇을 하고 있고 왜 하고 있는가?'라는 질문에 답할 수 있는 요소들을 상기하게 합니다. 이러한 이론적 기초를 치료계획과 연결하는 방식으로 글을 작성한 것은 치료자들이 책에 소개된 기초내용을 치료 방향에 통합함으로써 본인들이 경험하게 될 치료적 경로를 알 수 있도록 하기 위함입니다. 제1부 '기초'는 이론적 기초가 어떻게 원격으로 치료를 제공하는 것과 부합하는지를 치료자들이 이해할 수 있도록 도울 것입니다. 치료자가 문화적 유능성과 겸손함을 갖는 것은 치료의 각 수준에서 그리고 접근방식과 실행계획에서 중요한 요소를 통합하는 데 있어 우리 자신과 내담자의 삶 모두를 들여다보는 것의 중요성을 상기합니다. 제2부 '실제 적용'과 제3부 '특별한 개입방법'에서는 연구되고 심사숙고되었으며 독자들이 즉시 시행해 볼 수 있는 개입과 고려점을 소개합니다.

이 책은 모든 저자가 신뢰할 만한 정보를 제공하는 것의 중요성을 강조하는 동시에 내담자와 놀이치료 전체 분야를 위한 헌신의 진정한 증거입니다. 이 책의 모든 저자와 함께한 것은 축복이었고, 많은 것을 배웠습니다. 일반적으로 책을 만든다는 것은 기획 단계부터 출판까지 약 18개월의 시간이 소요됩니다. 제가 Routledge 출판사의 편집자에게 이 책을 제안하였을 때 편집자는 주제의 시급성을 이해하였습니다. 가능한 한 빨리 이 책을 출판하여 임상가들이 정보를 접할 수 있게 할 필요가 있었습니다. 편집자는 우리가 빨리 원고를 전달하면 최대한 빠르게 출간될 수 있도록 노력하겠다고 했습니다. 그 결과, 이 책은 출판사에 연락했을 때부터 원고를 마무리할 때까지 8주 5일이 걸렸습니다. 이는 각 저자의 경이로운 헌신의 결과로서 모든 저자에게 존경을 표합니다. 저를 포함하여, Routledge 출판사, 동료 놀이치료자, 내담자 모두를 대변하여 독자들에게 진심으로 감사의 마음을 전합니다.

Jessica Stone

서문

지난 20여 년 동안 놀이치료자들은 디지털 기술을 놀이치료 실제에 활용하기 위한 새로운 아이디어를 개발해 오면서 그것이 가지는 위험성과 이점 간의 상반된 결론을 내리곤 하였다. 나는 이에 관심을 가지고 토론에 참여하여 논쟁을 벌이기도 하고, 이 주제와 관련해서 주의해야 할 점과 필요성에 대해 적극적으로 의견을 제시하곤 한다. 놀이치료자로서 나는 Virginia Axline이 Dibs와 홈세션을 가질 때 가상현실 고글(VR goggles) 세트를 가져오는 걸 상상하기 힘들다. Dibs와 진정으로 그 순간에 함께 있기 위해 과연 그녀는 이 방식을 취했을까? 고글이 그 둘 간의 연결 포인트가 되었을까 아니면 장애물이 되었을까? 반면, Dibs가 VR 고글을 가지고 와서 같이 놀자고 요청하는데 그녀가 무시하거나 관심을 보이지 않는 모습도 상상하기 힘들다. 아마도 그녀는 Dibs가 가지는 관심을 그 순간 그 자리에서 존중하고 온 마음을 다하여 함께 머무르지 않았을까? (오래전 잃어버렸던 Axline의 책 한 장에서 이와 같은 내용을 발견하게 된다는 가정을 하고) 그녀가 어떻게 했다는 걸 알았다고 한들, 이 시나리오가 내게 왔을 때 치료자로서 나는 어떻게 할까? 디지털 기술을 활용할 때 치료적 관계에서의 인간적인 면을 고려하여 윤리적으로 적용할 방법은 무엇일까?

자라며 책 읽기를 배우면서 나는 이미 인간과 기술 사이의 팽팽한 긴장을 알게 되었다. 나는 10대 과학자 톰 스위프트 주니어(Tom Swift, Jr.)의 모험 『톰 스위프트와 행성 X에서 온 외계인(Tom Swift and the Visitor from Planet X)』을 시작으로 쥘 베른(Jules Verne)의 『해저 2만리(Twenty-Thousand Leagues Under the Sea)』와 H.G.웰스(H. G. Wells)의 『우주전쟁(War of the Worlds)』에 이르기까지 공상과학소설을 엄청 좋아하였다. 공상과학소설은 과학과 기술을 통해 인간이 세상을 어떻게 변화시킬 수 있는지에 대한 나의 상상력을 자극하고 미래에 대한 많은 가능성을 보여 주었다. 그 소설에는 신기한 내용뿐 아니라 부주의하게 과학기술을 사용하다가 예상치 못한 결과가 나올 수 있다는 경고의 메시지도 있었다. 인간은 더 나아지기 위해 기술 발전을 이루어야 한다. 또한 특정 킬러 로봇을 조심해야 할 필요도 있다. 10대 발명가 톰 스위프트는 재난을 피하기 위해 더 나은 방향으로 기술의 활을 향하게 하는 방법을 항상 알고 있었으며, 시리즈의 새로운 책이 나올 때마다 이 기술을 통해 세상을 구하였다. 톰이 세상을 구하기 위해 기술적 전투를 치르는 동안, 나와 형제들은 텔레비전을 많이 보면 뇌가 썩는다거나 배터리로 작동하는 장난감이 너무 많다는 것과 같은 문제로 부모님과 작은 전투를 치르곤 하였다. 기술과의 관계는 이렇듯 항상 복잡하였다.

지금의 나는 아이들 그리고 가족들과 작업 시 놀이치료 방법을 사용하는 가족치료자이다. 나는 더디지만 확실히 치료작업에 기술을 접목하는 작은 방법들을 배워 가고 있다. 이것을 배워 가는 여정에 내겐 아주 좋은 동료들이 있다. 이 책의 여러 저자와 편저자인 Jessica stone 박사는 지난 10년 동안 놀이와 놀이치료의 힘을 디지털 기술에 책임감을 가지고 적용하는 데 도움을 준 나의 소중한 자원이다. 나는 그들의 워크숍에 참석하여 발표 내용을 들으며 질문하곤 했다. 어느 누구에게 물어보더라도 그들은 내가 그 주제에 대해 긍정적 입장보다는 우려의 목소리를 내었다고 얘기할 것이다.

우리의 삶에 기술이 점점 더 많이 들어오는 걸 보면서 나는 어느 순간 심리치료에도 영향이 미칠 것이라 예상하였다. 개인적인 우려가 있었지만 디지털 기술을 전문적이고 윤리적인 방법으로 어떻게 적용할 수 있을지에 대한 성찰과 연구를 하는 시간이 있었다. 2019년 말 나는 놀이치료에 디지털 기술을 접목한 21세기 최고의 놀이치료 실제를 찾기 위한 개인 연구를 설계하였다. 나는 이에 대한 대비를 하고 있었고, 준비할 시간이 몇 년 더 남아 있다고 생각하였다.

그리고 그다음 무슨 일이 일어났는지 여러분도 알 것이다. 2020년 6주 만에 팬데믹이 번졌고 그로부터 4주 동안 대면정신건강서비스는 거의 중단되었다. 정신건강전문가들과 내담자들은 심각한 영향을 받았으며, 일상적인 상담 방식도 큰 지장이 있었다. 우리를 둘러싼 세상의 변화에 우리 자신과 내담자들을 윤리적으로 돌봐야 하는 도전에 맞닥뜨리게 된 것이었다. 연구를 완료해야 할 미래가 몇 년 더 앞당겨진 것이었다. 나는 가능한 한 빨리 잘 대처하기 위해 초과근무를 하며 고군분투하였다. 내가 가장 먼저 구입한 것은 Stone 박사의 따끈따끈한 새 책 『Digital Play Therapy: A Clinician's Guide to Comport and Competence』[1]였다(이 얼마나 절묘한 타이밍인가!). 원격화상회의 프로그램을 통해 지원되는 디지털 놀이치료를 익히는 데 주어진 시간은 2년이 아닌, 단 2주였다. 킬러 로봇에 대한 불안이 다시 올라오기 시작하였다.

팬데믹으로 인해 첫 번째 재택 명령이 내려진 지 8개월이 지났다. 나는 원격화상회의로 모든 내담자를 만나고 있다. 나는 놀이의 치료적 힘을 가장 잘 흡수하고 치료적 관계를 증진시킬 수 있는 방법을 찾으며, 잠재적인 자원으로 발견되는 기술적 알림들을 따라 재빠르게 이동하고 있다. 나는 온라인 환경에서 작업하는 방법에 대해 관찰, 성찰, 선택하는 데 있어서 매우 신중을 기하였다. 대면 작업에서와 같은 깊이와 효과가 보이지 않는 방법들은 재빨리 제쳐 두고, 놀이치료실 내에서는 나타나지 않았으나 이 새로운 매체로 상상력, 창의력, 호기심을 증진시킬 수 있는 방법을 모두 찾기 위해 노력하고 있다. 작업을 하면서 내담자들로부터 많은 피드백을 구했고, 나와 함께 새로운 기술을 개발하고 있는 동료들과 많은 경험을 비교하고 있다. 나의 배움을 지속적으로 안내해 줄 이 새로운 책이 나온 것에 감사하고 배움의 경험을 공유해 준 동료

---

1) 역자 주: 『디지털 놀이치료: 디지털 시대의 치료자를 위한 가이드북』(공역, 시그마프레스, 2023).

들에게 감사를 표한다.

그리고 나는 앞으로도 계속 킬러 로봇을 지켜볼 것이다.

John W. Seymour

일러두기(용어 정의)

여러 해 동안 telemedicine(원격의료)의 다양한 정의와 용어가 사용되었다. 여기에는 telehealth, telemental health, teleplay, eHealth, mHealth, telebehavioral health, telepsychiatry, telecounseling, computer mediated/aided, videotherapy 등이 있다. 각 용어는 대상, 영역, 사용처 등을 고려해 특별한 차이를 전달하기 위해 사용되었다. 이 책에서는 용어 사용의 혼란을 줄이고 특히 원거리에서 심리학적 놀이치료 서비스를 제공하기 위해 비밀과 보안이 보장되는 가상 플랫폼을 사용해야 함을 전달할 목적으로 '원격놀이치료(telemental health playtherapy)'라는 용어를 주되게 사용할 것이다. 원격심리치료(telemental health)와 놀이치료 용어의 정의는 다음과 같다.

원격심리치료

원격심리치료(telemental health) 혹은 원격행동건강(telebehavioral health)은 미국「건강보험 양도 및 책임에 관한 법(Health Insurance Portability and Accountability Act, 이하 HIPAA)」규정을 준수하는 화상회의 시스템이나 문자기반 메시징을 활용하면서 원격으로 행동치료나 심리치료를 제공하는 과정을 일컫는다. 심리치료를 원격으로 실시하는 장점은 낙인화를 감소하고, 내담자에게 편리하며, 서비스 제공자의 효율성을 증가시키는 것이다.

(WeCounsel, 2021)

놀이치료

미국놀이치료학회(APT)는 놀이치료를 "심리사회적 어려움을 예방하거나 완화하고 최적의 성장과 발달을 달성하도록 내담자를 돕기 위해 훈련받은 놀이치료자가 놀이의 치료적 힘과 이론적 모델을 체계적으로 활용"하는 대인관계적 과정이라고 정의한다. 놀이치료는 석사 이상의 정신건강 관련 학위와 놀이치료에 특화된 폭넓은 교육, 훈련, 슈퍼비전 경험이 있는 자격증을 소지한 임상 정신건강전문가들에 의해서만 제공되어야 한다.

(Association for Play Therapy, 2020)

참고문헌

Association for Play Therapy. (2020). *What is play therapy?* https://www.a4pt.org/

WeCounsel. (2021). *Telemental health: History*. https://www.wecounsel.com/telemental-health/

차례

제3장 원격놀이치료 • 83

제4장 원격정신건강 놀이치료실에서의 문화적 겸손 • 117

제2부
실제 적용

제5장 트라우마 플레이와 원격심리치료: 스크린을 활용하는 새로운 방법 • 143

제6장 원격심리치료에서 애착이 미치는 힘 • 161

제7장 가상 EMDR과 원격놀이치료 • 177

제3부
특별한 개입방법

제11장 가상 모래상자 앱을 활용한 한 소년의 치유 여정 • 267

제12장 가상 놀이치료실의 기초 • 289

제13장 원격놀이에서의 표현치료 • 309

제1부

기초

…

제1장 진화하는 놀이치료 분야의 이론적 뿌리와 갈래

제2장 사례개념화 및 치료계획 수립 시 이론의 적용

제3장 원격놀이치료

제4장 원격정신건강 놀이치료실에서의 문화적 겸손

제1장

진화하는 놀이치료 분야의 이론적 뿌리와 갈래

Lynn Louise Wonders

놀이치료 분야는 지난 100년간 지속적으로 발전하는 이론적 지향에 따른 다양하고 풍부한 역사가 있다(Karpiak et al., 2016). 놀이치료 분야는 뿌리(root)부터 갈래(branch)까지 지속적인 발전을 통해 진화하는 저마다의 이야기가 있다. 현재 놀이치료는 아동의 행동·정서·발달 문제를 다루는 데 가장 적절한 접근방법으로 여겨진다(Ray, 2011). 놀이치료 관련 연구에 대한 메타분석 결과, 놀이치료는 아동의 정신적·정서적·행동적 욕구와 드러난 문제를 효과적으로 다룰 수 있다고 밝혀졌다(Bratton et al., 2005; Leblanc & Ritchie, 2001; Lin & Bratton, 2015; Ray et al., 2015). 19세기 말이 되어서야 아동의 욕구에 주목하기 시작했으며(Brodie, 1998; Mintz, 2006), 놀이치료 분야는 마치 자리를 잘 잡은 뿌리 조직과 단단한 기둥, 가지들이 있는 나무와 무척이나 닮은 모습으로 이론적 모델과 실제의 성장을 거듭해 나가고 있다.

원격정신건강서비스를 포함하여 기술이 빠르게 발전하는 현대 사회에서는 이론적 토대가 잘 확립되어 있는 임상가들이 그 어느 때보다 더욱 중요하다. 놀이치료가 온라인 놀이치료(online play therapy) 서비스로 효과적인 전환을 하기 위해서는 치료자가 놀이치료의 발전에 대한 심층적인 이해, 즉 다양한 접근방법, 지향점(orientations), 개입(intervention)의 기원과 발전 과정을 이해하는 것이 필요하다.

놀이치료는 모든 연령대와 발달 단계를 아우르는 전 생애에 걸쳐 적용할 수 있지만(Olson-Morrison, 2017; Kaduson, 2015), 이 장에서는 아동정신건강과 관련된 역사와 이론에 초점을 맞추고, 역사적으로 어떻게 놀이치료가 등장했는지, 어떻게 발전했는지를 기술하고자 한다. 우리는 놀이치료 분야의 발달단계를 네 가지로 구분하여 살펴볼 것이다. 우선, 20세기 이전에 어떻게 아동을 하나의 존재(구성, construct)로 바라보았는지를 살펴볼 것이다. 이어서 아동과 부모를 중요하게 다루는 정신분석의 근원과 분파를 살펴볼 것이다. 그리고 세 번째로는 놀이치료 자체가 다양한 이론적 지향점을 토대로 하나의 분야로서 확립된 배경을 살펴볼 것이다. 네 번째로는 원격정신건강(telemental health), 신경과학, 기술의 활용과 같은 현재의 흐름이 미래의 놀이치료에는 어떻게 구현될지에 대해 살펴볼 것이다.

20세기 이전의 아동관

아동기의 자연스러운 놀이가 발달에 필수적이라는 생각은 2,500년 전인 Plato와 Aristotle의 고전철학으로 거슬러 올라갈 수 있다(Beaumont, 1994). 건강한 아동발달에서 자연스러운 놀이가 중심이 되는 이러한 초기의 작은 희망에도 불구하고, 1800년대 후반 이전의 서구 문화에서는 일반적으로 아동이 가정과 지역사회에 기여하고 일할 수 있는 나이가 될 때까지는 아동을 고려하지 못했다(Heywood, 2018). 아동기라고 알고 있는 사회적 구성개념(construct, 구성)은 시간이 지남에 따라 진화해 왔다. Ariès(1962)는 아동기를 작은 성인으로 보았던, 아동기를 인정하지 않았던 중세의 아동에 대해 기술하였다. Heywood(2018)는 산업화 이전의 중세시대 상황에서 아동은 생존을 위해 가능한 한 일찍 성인의 세계로 들어가도록 요구되었다고 설명한다. 아동관의 역사를 살펴볼 때, 문화적 맥락에서 아동의 양육, 교육, 그리고 아동에 대한 태도가 어떠한 영향을 받았는지 이해하는 것은 중요하다(Mintz, 2006).

아동발달에 대한 역사적 설명이 대부분 서양의 맥락에서 다루어지는 동안, 인류학과 민족학에서는 전 세계 원주민들의 전통을 연구하였고, 그 연구결과를 바탕으로 세계적으로 아동과 아동관을 어떻게 고려해 왔는지에 대한 관점을 제공하였다. Lancy(2017)는 서양 문화와 비교하여 양육에 관한 전 세계적 전통을 연구하였다. Basden(1966)은 나이지리아의 이그보(Igbo)족의 경우 세 살짜리 아동이 자급자족할 수 있다고 여겼다는 점을 발견했다. Dentan(1978)은 성인의 지도 없이 아동이 독립적으로 따라 하고, 놀고, 배우도록 내버려 둔 말레이시아의 세마이(Semai)족을 연구했다. Silverman과 Caughey(1980)는 미크로네시아 추크 지방의 부모가 자녀의 바람직한 자질을 키우고 양육하는 오랜 전통을 가지고 있다고 기술했다. 비교문화 연구와 범국가적(transnational) 연구에서, 문화적 맥락 내 특정 사회 및 환경의 요구에 따라 아동관과 발달에 대한 성인의 관점은 달라진다는 것을 확인할 수 있었다(Bornstein et al., 2011; Ashby & Horn, 1990).

20세기 초 유럽과 미국 문화권에서는 아동의 행동문제를 정신 및 정서적 욕구의 증상이라기보다는 부도덕한 것으로 판단하였다(Rey et al., 2015). 청소년 정신장애는 19세기 후반에 처음으로 인식되었고, 지적장애 및 뇌전증과 구별된다(Parry-Jones, 1989). G. Stanley Hall은 1891년에 아동심리에 관한 저널을 발간하고, 1894년에 아동연구회(society of child study)를 설립했다(Rey et al., 2015). 1896년 Lightner Whitmer는 아동의 진단, 사정, 치료를 위한 최초의 아동심리클리닉을 설립했다(Baker, 1988). 이러한 19세기 후반의 시도는 놀이치료의 성장과 발전을 위한 근간(뿌리의 씨앗)이 되었다. 1900년대 초, 학교 환경에서 아동의 정서 및 행동 욕구에 관심을 두는 새로운 흐름이 있었다.

정신분석의 영향: 뿌리와 갈래

20세기 초반 정신분석 이론은 아동의 행동 및 정서 욕구를 이해하려는 초기 노력의 기반이었다(Seymour, 2016). Sigmund Freud와 관련하여 자주 인용되는 어린 한스 사례[아동의 말(horse) 공포증을 통찰하기 위해 아버지에게 아동의 놀이를 관찰하도록 권고한 사례]가 출간되었다(Freud et al., 1955). 정신분석가는 내담자가 무의식적인 생각과 감정을 드러낼 수 있도록 자유연상기법을 사용하는데, Freud는 놀이가 아동의 자유연상이라고 보았다(D'Angelo & Koocher, 2011). Freud는 이후 10년간, 아동이 가상세계를 상상하고 탐험한다는 것을 깨달았고, 아동의 놀이를 관찰하는 데 많은 노력을 기울였다. 그는 아동이 놀이에서 도전적인 경험을 반복적으로 재현하는 경향에 주목했고, 놀이에서 이러한 주제를 반복하며 숙달감을 발달시킴으로써 문제해결에 이른다고 결론지었다(Mannoni, 1970). 유명한 어린 한스 사례는 치료자들에게 놀이가 아동의 내면과 외부 세계를 관찰하고 더 잘 이해할 수 있는 창이라는 신념을 널리 유포하는 시초가 되었다.

아동의 자연스러운 정신분석 과정에 놀이의 가치를 최초로 제기한 사람은 Sigmund Freud지만, 아동을 위한 성인의 방법과 차별화된 특별한 기술을 최초로 개발한 정신분석 학자는 Hermine Hug-Hellmuth였다(Hug-Hellmuth, 1913; Hoffman, 2020; Plastow, 2011). Hug-Hellmuth는 아동의 무의식적인 마음을 더 잘 이해하기 위해 그림 그리기와 글쓰기 게임을 사용하며(Lenoemand, 2012) 놀이치료라는 용어를 처음 사용했다(Hug-Hellmuth, 1913; Geissmann & Geissmann, 1998).

주목할 만한 여성 정신과 의사 4명의 선구적인 영향

Anna Freud, Melanie Klein, Margaret Mahler 그리고 Margaret Lowenfeld에 의해 아동심리학이 연구 분야로 주목받게 되는 기틀이 마련되었고, 위대한 진보가 이루어졌다. 이들은 놀이치료 분야의 많은 분파에 영향을 미치는 주목할 만한 기여를 했다.

Anna Freud와 Melanie Klein은 정신분석학적 훈련을 받고 수련을 했으며, Hug-Hellmuth의 연구에 많은 영향을 받았다(Plastow, 2011). Freud와 Klein은 정신분석학적 모델에서 놀이를 이용했으며, 아동정신분석학을 최초로 실천한 동시대 학자로 간주된다(Donaldson, 1996). Anna Freud(1937)는 심리학 분야와 방어기제 관련 저서 『자아와 방어기제(The Ego and the Mechanisms of Defence)』로 널리 알려져 있다. Freud는 1952년에 치료서비스, 훈련, 연구를 위한 햄스테드 아동치료 과정 및 클리닉 센터를 개설하였다.

Melanie Klein은 어머니에 대한 영아의 초기 애착과 이후 관계 경험과의 관련성에 대해 인식하고, 영아와 어머니를 관찰한 후 대상관계 이론을 최초로 제안한 정신분석가였다(Fritscher, 2019). 대상관계 이론은 Frued 정신분석 이론의 새로운 줄기였다(Eddins-Folensbee, 2001). 이 이론은 테라플레이(Theraplay®) 및 퍼스트플레이(FirstPlay®)와 같은 애착이론의 애착기반 모델 발전에 기여했다. Klein은 『아동정신분석(The Psycho-Analysis of Children)』(Klein, 1932)을 출판하였다. 이 저서는 임상가들이 아동의 정서발달을 이해하는 데 큰 기여를 한 문헌이다(Harris, 2014).

Klein과 Freud는 많은 부분 중첩되면서도 경쟁적인 견해를 가지고 있었다(Edgcumbe, 2000; Viner, 1996). Klein의 방법론은 기법의 적용에 초점을 둔 반면, Freud의 방법론은 이론에 더 동기부여를 하고 있다(Donaldson, 1996). Anna Freud는 아동과 작업하는 치료목적에 대해 아동 자신의 문제와 어려움에 대한 통찰을 얻도록 무의식적인 감정과 신념의 표면화를 촉진하는 것이라는 아버지의 아동발달 이론을 고수하였고(Donaldson, 1996), Klein은 영아 정신발달의 새로운 발견으로 Freud식 기법(practice)을 확장시켰다(Holder, 2018). Klein은 아동의 놀이를 상징적인 언어이자 자유연상의 한 형태로 보았다(Donaldson, 1996).

Margaret Mahler는 1950년 맨해튼에 있는 마운트 시나이 병원(Mount Sinai hospital)의 마스터스 아동 센터(Masters Children's Centre)를 공동 설립하고, 아동내담자 치료에 어머니를 포함하는 삼자 치료모델을 개발했다. Mahler의 연구는 아동기의 심각한 정신적·정서적 이슈에 초점을 맞추었고, 그녀는 『아동정신병 및 조현병: 자폐 및 유아 공생정신병(On child psychoses and schizophrenia: autistic and symbiotic infantile psychoses)』(Mahler, 1952)이라는 출판물을 통해 아동을 둘러싼 환경의 중요성을 강조하였다. 특히 모아 쌍(mother-infant duality) 연구와 어머니로부터 일찍 분리된 경험이 어린 자녀에게 미치는 영향에 관한 연구에 초점을 두었다(Coates, 2004).

Margaret Lowenfeld는 신경질적이고 까다로운 아동의 심리치료와 연구를 위해 런던에 아동클리닉을 설립했고, 이후 아동심리연구소(the Institute for Child Psycholory)로 명칭을 바꾸었다. 이후에는 임상가들이 Lowenfeld의 세계기법(world technique) 방법론을 훈련받는 기관이 되었다(Friedman & Mitchell, 2002). 그녀의 첫 번째 저서인 『아동기의 놀이(Play in Childhood)』(Lowenfeld, 1935)는 미국에서 출판되었고, 오늘날까지 아동심리학 및 놀이치료 분야의 필독서이다. 놀이로 가득한 비언어적인 기법이 치료적으로 언어를 대체할 수 있다는 Lowenfeld의 획기적인 발견은 놀이치료 분파의 발달에 영향을 미쳤다.

전통 정신분석학 분파

역사적으로 영향력 있는 심리학의 네 개의 분파가 정신분석학에서 나왔다. Alfred Adler, Carl Jung, Otto Rank, Erik Erikson은 각각 Frued의 전통적인 정신분석에서 벗어나 독자적인 견해를 형성하였다. 각각은 다음에서 다룰 놀이 치료 접근과 지향점의 개발과 실제에 초석이 되었다.

Alfred Adler의 개인심리학

Alfred Adler는 Frued의 이론이 '성'에 너무 집중되어 있다고 믿고, 무의식을 덜 강조하고 사회적 역동과 개인 간 관계의 맥락에 더 초점을 맞추었다(Hoffman, 2017). Aldler의 개인심리학은 개인의 내적 경험이 자신과 타인을 바라보는 관점과 직접적인 관련이 있다는 사회적 맥락의 중요성을 강조하는 이론으로 발전되었다(Adler, 1924). Adler는 모든 행동에는 목적과 목표가 있다고 믿었다(Dreikurs & Soltz, 1992). 그의 이론에서는 개인의 성격 형성에 네 가지 필수요소가 있다고 본다(〈표 1-1〉 참조). Adler는 이 네 가지 필수요소가 기본적으로 충족되지 않을 때, 사람들은 낙담한다고 믿었다. 이것은 사회적으로 문제되는 행동으로 이어질 수 있다(Watts & Pietrzak, 2000). 그는 가족 내 관계역동에 초점을 맞추었고, 그의 연구는 Rudolf Dreikurs의 양육 관련 연구에 영향을 미쳤다(Terner et al., 1978). 1990년대 초, Terry Kottman은 Adler 학파의 이론모델을 아동의 작업에 적용했고, Adler 학파 놀이치료 이론을 개발했다(Kottman, 2001; Mosak & Maniacci, 1999). Adler 학파 놀이치료 임상가는 Adler 학파 이론을 사례개념화에 적용하고, 사고·감정·행동 패턴의 변화를 유발하

〈표 1-1〉 Adler의 성격 형성의 네 가지 필수요소

1. 사람들은 소속감을 느껴야 한다.
2. 사람들은 자신이 향해 나아가는 목표를 가져야 한다.
3. 사람들은 독특하고 본질적인 창의성이 있다.
4. 사람들의 인생경험은 주관적인 관점에서 온다.

Kottman, T., & Ashby, J. (2015). Adlerian play therapy. In D. Crenshaw & A. Stewart (Eds.), *Play therapy: A comprehensive guide to theory and practice* (pp. 32-47). Guilford Press에서 발췌.

는 가족역동 맥락 내에서 개별 아동의 요구에 따라 결정된 지시적 놀이치료와 비지시적인 놀이치료를 조합하여 사용한다(Kottman & Meany-Walen, 2016).

Carl Jung의 분석심리학

Carl Jung은 Sigmund Freud의 제자였고, Freud의 유아기 성 이론에서 분리되어 자신만의 아이디어를 내놓기 전까지는 정신분석학에 크게 몰두해 있었다(Donn, 2011). Jung의 이론은 개인무의식과 집단무의식을 드러내는 상징과 원형을 강조한다(Jung, 1964). 이 이론은 모래상자 치료의 발전에 영향을 미쳤다. Dora Kalff(2003)는 Margaret Lowenfeld의 모래세계 기법과 Jung 이론의 원리를 융합한 모래놀이치료를 개발하였다(Turner, 2005). Jung 학파 놀이치료의 기본가설은 아동의 무의식 안에는 변화할 수 있는 능력이 있으며, 상징놀이를 통해 무의식에 억압되어 있는 것을 의식적인 수준으로 끌어올림으로써 자연스럽게 치유된다는 것이다(Green, 2014). Jung의 이론에서 아동은 억압된 감정이나 기억을 의식적인 수준으로 인식하지는 않지만 억압된 감정이나 기억이 의식적인 경험에 의해 활성화될 정도로 취약할 수 있다고 주장한다. 아동은 상징놀이를 하며, 무의식에 있는 가장 어려운 이미지나 기억에 직면하며, 이는 치유가 일어나는 과정이다. Jung 학파 놀이치료는 아동의 건강한 애착형성을 돕고, 아동이 기능적인 사회적 관계를 발전시키도록 돕는다(Lilly & Heiko, 2019).

Otto Rank와 치료적 관계

Otto Rank는 처음에는 정신분석학적 관점을 취하였으나 이후에는 분석가와 내담자의 정서적인 연결과 관계의 질에 초점을 맞춘 새로운 관점으로 발전시켰다. Rank는 이러한 관점이 내담자의 개성화 과정에서 가장 중요하다고 주장했다(Kramer, 2019). 그의 이론은 정서표현이 치료과정의 필수적인 부분이고, 오이디푸스 콤플렉스에서 벗어나 출생 트라우마라는 개념을 확립함으로써 정신분석학과 명확히 구분된다(Stein, 2010).

Rank의 『의지치료(Will Therapy)』라는 저서에서 신경증은 과거에 존재하며, 이에 관한 해결책은 **지금-여기**(현재)에 존재하기 위한 노력에 달려 있다고 설명한다(Rank, 1936). Rank의 제자 중 Jessie Taft는 **관계치료**를 Rank의 이론에 적용한 최초의 인본주의 심리치료자이다(J. A. Courtney, 2020a; Taft, 1933). Carl Rogers는 Rank의 입장에 동조했고, 인간중심치료의 발전에 영향을 준 공도 Rank에게 돌렸다. Rogers의 이론은 치료관계에서 치료자가 내담자에게 다가가기 쉽고 명료하게 존재하며, 무조건적이고 긍정적인 존중과 공감을 제공해야 한다고 강조한다(Rogers, 1967). Carl Rogers는 주로 성인대상 심리치료로 알려져 있지만, 초기에 그는 뉴욕 로체스터의 아동학대방지협회(the Society for Prevention of Cruelty to Children), 아동연구부서(the Child Study Department)에서 일했고, 이후 아동치료에서 비지시적인 접근의 적용을 지지하며 『문제아동의 임상치료(The Clinical Treatment of the Problem Child)』를 출간했다(J. A. Courtney, 2020a). Carl Rogers에게는 Virginia Axline이라는 헌신적인 제자가 있었는데, 그녀는 아동과의 작업에 Rogers의 인본주의 치료를 통합시켰고, 이것이 비지시적 놀이치료이다(Landreth & Sweeney, 2009; Rasmussen & Cunningham, 1995). 여기에서부터 놀이치료 분야의 토대가 마련되었다. Otto Rank가 전통적인 정신분석학에서 벗어나 내담자와 임상가의 관계에 초점을 맞춘 것은 이후 아동중심 놀이치료의 토대가 되었다.

Erik Erikson이 강조한 인간발달

Erik Erikson이 비엔나에 있는 진보적 성향의 아동학교에서 미술교사로 있을 때, Anna Freud는 그의 타고난 재능에 깊은 감명을 받아, 그에게 정신분석을 공부해 볼 것을 강력히 권했다(Cherry, 2020). 그녀의 권고를 받아들여 Erikson은 정식으로 정신분석학을 공부하기 시작했고, 이후 대학에서 강의하며 아동을 대상으로 하는 치료실을 열었다. 1950년에 첫 저서인 『아동기와 사회(Childhood and Society)』가 출간되었고, 이 책을 통해 아동기 발달과 역사적·문화적 맥락의 영향을 다룬 Erikson의 생애연구의 핵심이 확립된다. 이 책은 사회적 맥락에서 신체(somatic)와 자아(ego)의 상호의존 과정을 소개했다(Stevens, 2009). Erikson의 사회심리적 발달 이론은 인간이 순차적 패턴으로 발달한다는 **점성원리**(epigenetic principle)에 기초하고 있다(Flanders, 2020). 그의 이론에 따르면, 인간은 순차적인 8단계를 거치며 공통된 위기를 경험한다고 제안한다. 인간은 각 단계에서 최적의 심리학적 규범을 경험하기 위한 해결책을 찾아야 하는 위기에 직면한다(Cherry, 2020; Erikson, 1959). Erikson이 강조한 역사와 문화가 발달에 영향을 미친다는 주장은 심리학 분야에서 괄목할 만한 기여를 했다(Douvan, 1997).

Erikson은 『놀잇감과 이유(Toys & Reasons)』(1977)라는 저서에서 아동의 놀이가 도전과 문제의 표현이라기보다 상징적인 해결책을 찾기 위한 시도라고 기술했다. Erikson은 아동이 놀이라는 매개체를 통해 과거, 현재, 미래에 예측되는 실생활의 모델을 만들 수 있다고 보았다(Stor, 1977). Erikson(1977)은 놀이에서 나타나는 창의적인 표현과 문제해결이 인지적·정서적 과정을 포함하고 있으며, 놀이의 두 가지 주요 기능이라고 강조했다. Erikson의 심리사회적 발달 이론을 놀이치료에 통합할 때, 치료자는 처방적으로 내담아동에게 연령과 발달에 적합하고 선택된 지시적 놀이기반 개입 등의 치료계획을 개발할 수 있다(Russ, 2003). Erikson의 발달 단계는 놀이에서 내담자의 내러티브처럼 내담자 개인의 인생 경험과 밀접한 관련이 있다(Turns & Kimmes, 2014). Erikson의 이론은 전 세계 대학과 대학원의 심리학 프로그램의 기반이 되었고, 심리학 분야에서 그의 기여는 의심할 여지가 없다. 특히 놀이치료 분야에서 아동내담자의 발달상태를 고려하여 사례개념화와 치료계획을 수립하는 관점으로 진화하는 데 지대한 영향을 미쳤다.

정신분석을 넘어: 한 분야로서 놀이치료의 등장

20세기 초 정신분석학이 아동치료에 초점을 맞추고 있을 때, 1920년대에는 미국에서도 여러 아동상담소가 개원하였고, 아동지도(child guidance)를 위한 구조가 발전하기 시작했다. 최초의 아동상담소(child guidance clinic)는 신경학자인 William Healy에 의해 설립되었다(Ashby & Horn, 1990). 1928년까지 아동지도는 빠르게 성장하여 비행아동뿐 아니라 모든 아동에게 확대되었으며, 보다 심각한 정신건강 문제를 예방하기 위해 조기개입에 중점을 두었다(Thom, 1928). Rogerson(1939)은 놀이치료를 통해 아동을 치료할 뿐 아니라 아동의 문제를 더 잘 이해하는 수단으로 사용할 수 있다고 기술했다.

적응과 정신위생의 요구에 초점을 맞춘 새로운 부모교육 움직임이 나타났다(Grant, 1998). 이러한 아동지도 및 부모교육 움직임과 성장을 통해, 정신분석학에서 분파된 놀이치료에만 전념하는 분야가 새롭게 등장했다.

지시적인 놀이치료: 구조적인 접근

David Levy는 아동지도연구소(the Institute for Child Guidance)의 연구책임자로 일하면서, 불쾌하고 적대적인 감정의 표현과 이완을 촉진하기 위해 지시적인 놀이 시나리오를 구성하는 **이완치료**(release therapy) 접근법을 소개했다. 그는 이러한 감정이 이완되면 아동의 증상은 해결되고 소멸된다고 믿었다(Levy, 1938). Levy의 연구 이후 10년간 아동을 대상으로 한 다양한 놀이기반 기법이 시도되었고 주목할 만한 아동임상가들이 나타났다. 1950년대 초, Gove Hambridge는 드러나는 문제를 다루기 전에 아동과 치료자 간의 관계가 먼저 확립되어야 한다는 신념을 갖고 Levy의 이완치료 기법을 확장하였다. Hambridge는 이 기법을 구조화된 놀이치료라고 명명했다(Johnson, 2015).

Levy가 이완치료 연구를 수행하는 동안, Mary Cover Jones는 아동의 공포 해소를 돕기 위해 행동치료 접근법을 사용하였고(Jones, 1924), 이는 1950년대와 1960년대 행동치료의 창시자인 Joseph Wolpe의 연구로 이어졌다(Wolpe, 1958; Wolpe, 1969). 1950년대와 1960년대 심리학 분야에서 행동주의 이론에 대한 관심이 고조되었고, 현재 우리가 알고 있는 인지행동치료가 여기에서 시작되었다. Watts와 Critelli(1997)에 따르면, Adler의 이론은 당대 인지이론에 큰 영향을 미쳤다. 지각과 신념이 개인의 경험을 형성한다는 Adler(1924)의 주장은 Albert Ellis의 합리적 정서행동치료(rational emotive behavior therapy) 이론과 결합되었고(Ellis, 1962), Aaron T. Beck(1924)의 인지치료(cognitive therapy)는 오늘날 인지행동치료의 시초가 되었다(Mosak & Maniacci, 1999). 인지행동치료는 치료 자체로 존재할 뿐 아니라, 인지행동기반 치료의 상위 범주로 알려지게 되었다(Guadiano, 2008). 1990년대, Susan Knell은 인지행동치료와 놀이치료의 원리를 결합하여 인지행동 놀이치료를 만들었다. 치료적 관계의 필요성과 지시적인 특정 개입이 결합된 이 양식은 생각, 신념, 행동을 다루기 위해 특정 개입을 선택하면서 내담자의 연령과 발달을 고려한다. 그녀는 긍정적인 강화, 행동조성, 체계적 둔감법과 같은 전통적인 인지행동 개입에 놀이기반 활동을 소개하였다(Knell, 2004). Shelby와 Campos(2011)는 트라우마가 있는 아동에게 인지행동치료를 구체적으로 적용하는 연구를 지속하였다. 인지행동 놀이치료 이론은 불안장애와 트라우마 치료의 효과를 입증하는 증거기반 및 상호검토연구(peer-reviewed research)에 뿌리를 두고 있기에 많은 놀이치료자의 작업에 큰 영향을 미쳤다.

창의적이고 표현적이며 내러티브적 개입은 놀이치료 중 지시적 치료의 형태이다. Ann Cattanach(2008), Angela Cavett(2018), Mills와 Crowley(2014)는 모두 놀이치료에서 내러티브의 활용에 대해 집필했다. Janet Courtney의 퍼스트플레이 운동감각 스토리텔링(FirstPlay Kinesthetic Storytelling)은 아동과 가족의 치료경험을 촉진하기 위해 치료자가 지시하는 다양한 표현적 놀이기반 치료와 통합되었다(J. A. Courtney, 2020a).

지시적 놀이치료에서 치료자는 교사 역할을 하며, 치료적 관계 맺기를 기반으로 무엇이 필요하고 제공되어야 하는지에 대한 가이드와 기본 해답을 가지고 있다. 치료 회기에서 임상가는 열의를 가지고 참여할 수 있는 놀이기반 개입을 도입한다. 지시 수준은 차이가 있을 수 있다. 치료자는 특정 지시를 가볍게 암시할 수도 있고, 때로는 특정 활동 도입에 훨씬 더 체계적으로 접근할 수도 있다. 지시적 놀이치료는 이상적으로 놀이의 치료적 힘과 변화의 핵심 요인들이 개입의 초점인지를 설명할 수 있는 능력과 치료계획의 목표·목적에 기초해야 한다(Schaefer & Drewes, 2014).

비지시적 놀이치료: 인본주의 접근

Otto Rank 이론의 분파에서 Jessie Taft로, Carl Rogers에서 Virginia Axline으로 진보과정을 거쳐 비지시적인 놀이치료가 탄생하였다. Carl Rogers의 제자 Virginia Axline은 아동과의 작업에 인간중심치료를 받아들이고, 그 원리를 적용하였다. 그녀는 『놀이치료: 아동기 내적 역동(Play Therapy: The Inner Dynamics of Childhood)』(1947)과 『딥스: 자아를 찾아서(Dibs: In Search of Self)』(1964) 2권의 저서를 출간하고, 오늘날 대학교에서 하는 놀이치료 훈련 프로그램의 토대를 마련하였다. 놀이치료를 제공하는 치료자를 위한 Axline의 여덟 가지 원칙은 실제로 이론의 핵심이다(〈표 1-2〉 참조).

Axline의 모델은 비지시적 놀이치료를 집단에 실시한 Haim Ginott에 의해 더욱 확장되었다. 그는 집단놀이치료가 개인놀이치료에서는 불가능한 사회적 참여와 탐험의 기회를 제공한다는 것을 발견했다. Ginott는 Axline의 이론을 **아동중심 놀이치료**라고 명명하였다(Ginott, 1961).

Virginia Axline의 제자인 Clark Moustakas는 다양한 **관계치료**(relationship therapy)를 개발하였고(Moustakas, 1959; Moustakas & Schalock, 1955; Moustakas,

1997), 놀이치료 효과(outcomes)에 대한 초기 연구를 진행하였다(Landreth, 2012). Moustakas는 아동과의 작업에서 아동의 긍정적인 변화는 아동과 치료자 간의 놀이로 가득한 관계와 상호작용이 가장 결정적으로 기여한다는 것을 발견했다(Moustakas, 1997).

〈표 1-2〉 Virginia Axline의 여덟 가지 기본 원칙

1. 치료자는 아동과 따뜻하고 친숙한 관계를 발전시켜야 한다.
2. 치료자는 아동을 있는 그대로 받아들인다.
3. 치료자는 아동이 자신의 감정을 완전히 표현할 수 있는 자유를 느끼도록 허용적인 관계(a feeling of permission in the relationship)를 확립한다.
4. 치료자는 아동이 표현하는 감정을 인식하고, 아동이 자신의 행동에 대한 통찰력을 얻을 수 있도록 인식한 감정을 반영해 준다.
5. 치료자는 아동의 문제해결능력을 깊이 존중하고, 기회를 준다. 아동은 선택하기를 통해 책임감을 키울 수 있다.
6. 치료자는 어떤 식으로든 아동의 행동이나 대화를 지시하지 않는다. 아동이 안내하고, 치료자는 따라간다.
7. 치료자는 치료과정이 점진적인 과정임을 인식하며 서두르지 않는다.
8. 치료에서는 현실세계에서 필요한 제한을 설정하며, 이는 아동이 관계 내에서 자신의 책임을 인식하도록 도울 수 있다.
Axline, V. M. (1969). *Play therapy*. Ballantine Books에서 발췌.

Garry Landreth는 1988년 노스텍사스 대학교에 놀이치료센터(the Center for Play Therapy)를 설립하고, 그곳에서 아동중심 놀이치료 관련 출판물을 출간하고, 아동중심 놀이치료를 훈련하고 교육했다. Landreth(2012)는 아동이 성인의 지시 없이도 스스로 치유와 성장을 발현하는 능력이 있다는 신념에 기초한 아동중심 놀이치료가 온전한 체계로 작동하는지의 방법에 대해 기술했다 (p. 53). 비지시적 놀이치료는 아동이 가장 필요한 것에 대한 해답을 스스로 가지고 있다는 신념에서 작동한다. 이 모델은 아동에게 필요한 모든 것을 탐색하고, 표현하고, 경험하는 정서적으로 안전한 공간을 제공하며, 치료자는 표현적

인 반영하기와 추적하기를 위해 주의 깊고 수용적인 관찰자의 역할을 한다. 놀이에서 치료자의 관찰자 역할은 아동의 표현과 선택에 대해 언어적 반영하기 및 추적하기이다. 이를 통해 아동은 치료자가 있는 그대로 들어 주고, 바라보고, 받아들인다고 느끼게 된다. 이러한 경험 자체로 아동은 치료자를 신뢰하고 라포 형성을 위한 견고한 기반을 마련한다. 임상가가 온전한 비지시적 놀이치료를 할 때, 목표지향적인 치료계획을 세우는 것조차 지시 없이도 아동이 긍정적이고 건강하게 성장할 수 있다고 믿는 아동중심 놀이치료 이론의 기본가정과 모순되는 것처럼 보일 수 있다.

처방적 놀이치료

많은 범이론적인 모델(transtheoretical model)들은 공통적으로 아동과 치료자의 관계가 놀이치료의 효과에 가장 중요하다고 동의하고, 비지시적 놀이치료와 지시적 놀이치료를 혼합하고 병행한다. **처방적 놀이치료** 모델은 1997년 『놀이치유: 특정 아동기 장애를 위한 개별화된 놀이치료(The Playing Cure: Individualized Play Therapy for Specific Childhood Disorders)』에서 처음 소개되었다(Kaduson & Cangelosi, 1997; Kaduson et al., 2020). 처방적 놀이치료는 개인내담자의 특정 요구에 맞게 놀이치료 계획을 조정하는 방식으로 이론과 기법을 사용해야 한다는 입장의 치료적 접근이다(Schaefer, 2001). 이 모델은 내담자가 치료실에 오게 된 특정 문제를 다루고 해결하는 것에 초점을 둔다(Wonders, 2020). 처방적 놀이치료에서 임상가는 개인내담자에게 맞춤식 초기상담, 사정, 사례개념화의 과정을 거친 후, 목표지향적인 치료계획을 수립해야 한다(O'Connor et al., 2016). Stone(2020)은 임상가가 여러 이론을 통합하고, 처방적 놀이치료의 다양한 원칙을 효과적이고 성공적으로 치료계획에 적용하기 위해서는 고도로 숙련된 임상기술이 필요하다고 기술했다.

처방적 놀이치료 접근을 소개하고 채택하기에 앞서, 선택한 이론적 모델이전부는 아니더라도 대부분은 내담자에게 적용 가능하고 효과적이라는 기본 가정이 있었다. 우리에게는 효과가 없다는 증거가 없다(O'Connor et al., 2016). 오히려 처방적 놀이치료는 현재 드러난 서로 다른 이슈와 진단에 서로 다른 이론을 함께 적용하는 것이 가능하며 효과적이라고 주장한다. 처방적 놀이치료 임상가는 개인내담자의 요구를 충족시키고, 개인내담자의 맞춤형 치료계획을 개발하기 위해 의도적이고 의식적으로 이론을 전환한다(Kaduson et al., 2020).

치료자가 치료계획과 개입의 제공방식에 유연성을 가질 여지가 있다는 측면에서 Adler 학파 놀이치료는 처방적인 놀이치료 모델로 볼 수 있다. Adler 학파 놀이치료 모델의 4단계는 아동중심 접근으로 시작하여, 라포 및 내담자-치료자 관계 맺기가 잘 형성되면, 지시적 놀이치료 개입으로 전환한다(Kottman & Ashby, 1999).

생태학적 아동심리 놀이치료 임상 모델도 메타이론적이고 통합적인 모델이라는 점에서 처방적 모델이다(O'Connor & Vega, 2019). 이 모델은 치료자가 아동의 급변하는 발달적 요구와 아동이 포함된 가족 및 사회체계의 복잡성에 따라 변화할 준비가 되어 있을 의무가 있다고 주장한다(O'Connor, 2016). 생태학적 놀이치료는 "아동의 생태체계 맥락에서 전체 아동을 다룬다."(O'Connor, 2000, p. 87) 이를 위해 치료자는 각 내담자가 자신의 고유한 생태체계에 의해 형성되었고 영향을 받는 고유한 개체(유기체)로 바라보고 그 관점에서 접근해야 한다.

관계, 라포, 존중, 수용을 강조하는 비지시적 놀이치료의 원칙은 모든 놀이치료의 기본이다. 아동이 자유로운 생각과 감정을 표현할 수 있는 공간을 만들어 주는 것과 마찬가지로, 아동중심 놀이치료의 추적하기와 반영하기, 책임감 돌려주기의 기법은 놀이치료의 지시적인 접근에서도 지속적으로 사용될 수 있다(Wonders, 2019).

놀이치료에서 가족 및 부모-자녀 관계

1950년대부터 1960년대까지 사회사업과 가족체계 이론이 중요하게 떠오르며, 부모-자녀 관계의 질에 보다 많은 관심을 갖게 되었다(Wood, 2001). 시간이 흐르면서, 가족체계의 맥락을 고려하는 놀이치료적 관점이 아동심리치료에 더 적합한 치료방법으로 이해되었다.

Murray Bowen의 가족체계 이론은 1950년대 심리학 분야에 영향을 미친 최초의, 가장 주목할 만한 이론 중 하나였다. 그의 이론은 가족구성원 간의 거리감과 친밀감의 정도가 직접적인 불안수준으로 드러나는 패턴이 있다는 생각에 기초한다(Brown, 1999). 그는 가족체계 내 불안을 낮추기 위해서, 치료자는 가족구성원들이 스스로 다른 가족구성원과 구별되는 존재임을 인식할 수 있도록 도와야 한다고 믿었다. 또한 그는 가족 내에서 표현되는 정서의 기능에 대해 가족구성원들의 인식(awareness) 수준을 높이는 경험을 해야 한다고 주장했다(Brown, 1999). Murray의 가장 큰 공헌은 가계도(genogram)이다. 임상가에게 가계도는 확장된 가족의 역동에 대한 시각적인 표상을 설계하도록 돕는 가족나무 같은 도표이다. 가계도는 가족구성원들이 자신의 가족체계에 대해 인식하도록 도움을 준다. 놀이치료를 하는 임상가들은 이 도구를 아동내담자와 그들의 가족을 돕기 위해 접수면접과 사례개념화 과정에서 보조도구로 종종 사용한다.

Virginia Satir는 만약 한 가족구성원이 고통스럽게 싸우고 있다면, 모든 가족구성원은 어떤 식으로든 함께 고통 속에 있다고 주장했다. Satir는 공동가족치료(Conjoint Family Therapy)를 통해 모든 가족구성원이 고통의 감소를 경험할 뿐만 아니라 자신의 요구를 충족시키며 동시에 가족기능을 향상시키는 방법을 찾을 수 있다는 것을 보여 주었다. Satir는 비언어적 의사소통이 큰 비중을 차지한다는 것을 강조하며, 그렇기 때문에 언어를 사용하지 않고 치료 회기에서 드러나는 가족역동에 대한 가족구성원의 관점을 제공하기 위한 **가족조각**

(family sculpting)과 같은 기법을 개발했다(Satir, 1967; Kaslow, 2012). Minuchin 등(1967)은 가족 내 하위체계를 연구했고, 임상가는 관찰된 건강하지 않은 패턴을 중단시키기 위해 직접적으로 개입할 필요가 있다고 보았고, 특히 격리(disengagement)와 밀착(enmeshment)의 연속성을 고려했다. 가족놀이치료의 선구자 중 Carl Whitaker는 가족치료 과정에 아동을 포함시켜야 한다고 주장하였다(Gil Institute, n.d.). Eliana Gil은 놀이를 치유제로 인식하며, 함께 놀면서 온 가족이 방어를 낮추고 더 강한 유대감을 갖는다고 보았다. 가족체계 안에서 어린 아동이 목소리를 낼 수 있는 기회를 제공하기 위해 가족치료에서 놀이를 사용하였다(Gil, 2016).

1960년대에는 가족체계에 대한 관심이 고조되면서, 아동치료 임상가는 부모-자녀 관계의 강화를 도울 필요성에 대해 인지했다. Bernard와 Louise Guerney는 이러한 요구에 대응하여 부모놀이치료(Filial Therapy)를 개발하였다(Guerney, 1964; Hutton, 2004). Guerney 부부는 종종 부모의 바람직하지 않은 행동이 정신병리적 요소라기보다는 양육기술의 부족과 관련이 있다고 보았다. 아동중심 놀이치료 시 부모가 치료과정에 지지적일 때 효과적이었고, 이후에 부모가 자녀에게 아동중심 놀이치료 기술을 활용할 수 있도록 훈련하는 것이 타당하다고 보았다(Vanfleet & Topham, 2016). Garry Landreth는 2002년에 부모놀이치료의 한 형태인 부모-자녀 관계치료(Child-Parent Relationship Therapy)를 개발하였다(Bratton & Landreth, 2006; Duffy, 2008; Lindo et al., 2016).

1991년 Kevin O'Connor의 통합적인 이론의 생태학적 놀이치료(Ecosystemic Play Therapy) 모델 도입으로 놀이치료 초기 사례개념화 과정에서 아동이 속한 가족과 사회적 맥락을 신중하게 고려한다(O'Connor, 2001). 생태학적 놀이치료는 모든 치료과정 단계에서 아동의 발달수준을 고려하며 치료계획을 조정한다. 이러한 모델은 아동을 둘러싼 복잡한 체계적 역동이 아동의 요구에 영향을 미치며, 빠르게 발달하는 아동의 요구에 치료자가 변화할 준비를 해야 한다는 입장이다. 생태학적 놀이치료에서 치료자는 놀이치료실에 온 아동을 위한 치료자 역할뿐만 아니라, 아동을 도와 다양한 가족구성원 및 사회체계와 함께 작업하는 역할을 하게 된다(O'Connor, 2016).

Melanie Klein의 작업에서 비롯된 부모-자녀 간 애착과 대상관계에 대한 초점은 이후 John Bowlby와 Donald Winnicott의 연구에서 그 효과성이 입증되었고, (테라플레이를 만든) Ann Jernberg와 Phyllis Booth에게 영향을 미쳤다(O'Connor et al., 2016). 테라플레이 개발 과정에서 Jernberg와 Booth는 치료경험과 관계를 이해할 때, 접촉의 직관적이며 양육적인 요소에 초점을 둔 Austin Des Lauriers와 Viola Brody의 작업을 차용하여 적용하였다(Jernberg & Booth, 2001). 테라플레이는 부모-자녀 간 애착의 질에 주의를 기울이고, 치료자에 의해 촉진되는 부모-자녀 상호작용을 연결하는 경험을 갖도록 하는 지시적인 놀이기반 치료모델이다(Jernberg & Booth, 2001). 테라플레이는 균열이 생긴 부모-자녀 유대관계를 복구하고 치유의 기회를 제공하여, 애착장애 치료에 효과적이라는 것이 입증되었다(Korkeaoja & Niemi, 2012).

치료과정에서 양육적인 접촉을 강조한 Viola Brody의 연구에서 입증되었듯이, 발달놀이치료(Developmental Play Therapy)는 타인과의 애착관계를 실험하기 위해 고안된 다양한 체험활동을 제공한다(Courtney, 2006). Janet Courtney(2020b)는 퍼스트플레이 치료라는 모델을 사용하여 Viola Brody의 작업에 기반한 연구를 발표하고, 임상 훈련을 제공하였다. 퍼스트플레이 치료모델은 훈련된 치료자가 부모에게 전-상징적(pre-symbolic) 상호작용인 놀이와 양육적인 접촉을 만들고, 영아의 건강한 뇌발달을 향상시키는 방법을 알려준다.

놀이치료의 현재 및 미래 동향

최근 놀이치료 분야에서 많은 아동치료자는 단일한 이론모델에서 벗어나 이론모델들을 통합하는 방향으로 나아가는 추세이다(Drewes, 2011). Schaefer와 Drewes(2014)가 놀이치료에 대한 통합적이고 처방적인 접근의 맥락에서 놀이의 치료적 힘을 제시함에 따라, 많은 치료자가 범이론적인(transtheoretical) 방법으로 훈련을 받고 있다. 치료자의 이론적 정향은 치료과정, 치료계획, 목표설정, 사례개념화의 뼈대 역할을 하지만(John & Segal, 2015), 개인내담자의 특정 요구를 충족시키기 위해서는 보다 폭넓은 이론적 기반을 가진 치료자가 더 이로울 수 있다.

오늘날 우리는 가족 및 사회적 관계의 질에 의해 아동의 뇌가 어떠한 영향을 받고 형성되는지 살피는 신경과학과 뇌 발달을 이해하기 위해 노력하고 있다. 아동내담자와 함께 공감하는 존재인 치료자는 놀이의 즐거운 경험을 통해 새로운 신경회로를 만든다(Stewart et al., 2016). 아동은 훈련된 치료자와의 정서적 안전감을 느끼며 반복적인 놀이치료 회기를 경험하며, 아동의 무의식적 각성체계는 안정감을 찾게 된다(Gaskill, 2019). 놀이치료에서 치료자가 개입하고 아동과 조율하는 경험은 신경과학 측면에서 변화를 위해 가장 필수적인 매개체를 제공하는 것이다(Gaskill & Perry, 2017). Hong과 Mason(2016)은 놀이치료 과정에서 일어나는 대부분의 작업이 아동의 신경생물학(neurobiology)적으로 어떤 영향을 미치는지 연구해 왔으며, 놀이치료자들은 놀이치료 작업과 신경생물학은 실제로 밀접한 관련이 있다는 것을 확신하게 되었다. 놀이치료 분야가 계속 확장됨에 따라 임상가들은 신경과학에 대해 더 많은 것을 배우게 될 것이며, 빠르게 발달하는 아동의 뇌가 놀이치료실에서의 경험에 의해 어떤 의미 있는 영향을 받는지 알게 될 것이다.

2020년부터 시작된 원격정신건강 진료의 필요성에 따라 놀이치료 서비스를 제공하는 아동·가족치료자들은 내담자에게 원격놀이치료와 원격가족지원 서비스의 치료를 제공하면서 동시에 조율하기, 관계 맺기, 관계 유지하기를 위한 수단과 방법을 다양화하고 심화시키는 방법을 배우도록 요구받아 왔다. 과학기술은 놀이치료 회기에서 오랫동안 다루어지지 않았지만, 2020년 팬데믹을 겪으며 놀이치료 분야의 확장을 위해서 과학기술을 수용해야 할 필요성이 요구되었다. 간과할 수 없는 사실은 아동들이 디지털 시대에 태어났다는 것이다(Prensky, 2001; Prensky 2012; Stephen, 2020). 오늘날 놀이치료 서비스를 제공하는 임상가는 아동의 삶이 어떻게 과학기술과 연결되어 있고, 놀이치료 경험에서 과학기술을 어떻게 사용해야 할지에 대해 친숙해져야 할 필요가 있다(Hull, 2016). 놀이치료 분야는 우리의 작업 토대가 되는 이론의 근원에 충실하면서, 치료과정에 과학기술을 치료적으로 사용하고 그 방법이 세상에 알려지는 방향으로 빠르게 변화하고 있다(Perry, 1999; Snow et al., 2009). Stone(2020)은 『디지털 놀이치료(Digital Play Therapy)』에서 관계 안에서 과학기술을 사용함으로써 공유되는 경험이 유익하다는 증거를 인용했고, 과학기술의 사용과 관련하여 사람들이 균형을 찾는 방법을 배울 필요성에 대해 논의하며, 정신건강전문가들이 이러한 균형감을 찾기 위해 노력하는 가족을 도와야 한다고 제안하였다. 과학기술에 크게 의존하며 진화하는 사회에서, 서비스를 받는 내담자를 가장 잘 돕기 위해 효과적인 과학기술 활용법을 배우려는 노력은 불가피한 일이다.

최근 심리학 분야에서 이러한 논의와 정신건강 병리학의 개념화에서 잠재적인 변화에 대한 연구가 있었다. 학자들은 전통적인 접근법이 불충분하다는 의문을 제기하고 있으며, 심리학에서 사용되었던 전통적인 하향식 접근(top-down approach)과 달리, 더 많은 것을 발견하기 위한 상향식 접근(bottom-up approach)을 찾고 있다. 이러한 변화의 결과는 다양한 진단과 치료에 대한 새로운 개념화와 접근방식의 수집일 수 있다(Michelini et al., 2020; Ross & Margolis, 2019). 특히 아동과 가족에게 임상적으로 적용되는, 정신건강과 병리학 관점에서 의미 있는 사고전환의 시도는 치료자에게 중요한 부분이 될 것이다.

결론

급변하는 사회적 요구가 있는 아동과 가족에게 윤리적이고 효과적인 놀이치료 서비스를 제공하기 위해, 임상가는 모든 놀이치료 이론의 뿌리와 갈래를 깊이 이해해야 한다. 임상가에게 놀이치료가 어떻게, 언제, 어디서 처음 시작되었는지에 대한 역사를 이해하고, 진화하는 이론과 실제에 친숙해지는 것은 아동과 가족을 치료하기 위해 자신이 선택한 접근과 임상적 개입의 정당화를 가능하게 하기 때문에 중요하다. 다음 장에서 다루게 될 사례개념화와 치료계획에 대한 과정을 완벽하게 포용하기 위해서는 우선, 임상가가 역사적 이론에 확고하게 뿌리를 두고 있다고 느껴야 한다.

참고문헌

Adler, A. (1924). *The practice and theory of individual psychology*. Harcourt Brace.

Ariès, P. (1962). *Centuries of childhood; a social history of family life*. Knopf.

Ashby, L., & Horn, M. (1990). Before it's too late: The child guidance movement in the United States, 1922-1945. *The Journal of American History, 77*(2), 713. https://doi.org/10.2307/2079299

Axline, V. M. (1969). *Play therapy*. Ballantine Books.

Baker, D. B. (1988). The psychology of Lightner Witmer. *Professional School Psychology, 3*(2), 109-121.

Basden, G. T. (1966). *Among the Ibos of Nigeria: an account of the curious and interesting habits, customs and beliefs of a little known African people by one who has for many years lived amongst them on close and intimate terms*. https://ehrafworldcultures.yale.edu/document?id=ff26-006

Beaumont, L. (1994). Child's play in classical Athens. *History Today, 44*(8), 30-36.

Beck, A. T. (1964). Thinking and depression: Theory and therapy. *Archives of General Psychiatry, 10*, 561-571.

Bornstein, M. H., Putnick, D. L., & Lansford, J. E. (2011). Parenting attributions and attitudes in cross-cultural perspective. *Parenting, 11*(2-3), 214-237. https://doi.org/10.1080/15295192.2011.585568

Bratton, S., Ray, D., & Rhine, T. (2005). The efficacy of play therapy with children: A meta-analytic review of treatment outcomes. *Journal of Professional Psychology Research and Practice, 36*(4), 376-390.

Bratton, S. C., & Landreth, G. L. (2006). *Child parent relationship therapy (CPRT) treatment manual: A 10-session filial therapy model for training parents*. Routledge.

Brodie, B. (1998). Historical overview of health promotion for children and families in late 19th- and 20th-century America. In M. E. Broome, K. Knafl, & K. Pridham (Eds.), *Children and families in health and illness* (pp. 3-14). SAGE Publications, Inc. https://www.doi.org/10.4135/9781452243313.n1

Brown, J. (1999). Bowen family systems theory and practice: Illustration and critique. *Australian and New Zealand Journal of Family Therapy, 20*(2), 94-103. http://doi.org/10.1002/j.1467-8438.1999.tb00363.x

Cattanach, A. (2008). *Narrative approaches in play with children*. Jessica Kingsley Publishers.

Cavett, A. (2018, May 3-4). *Play therapy with children impacted by trauma: Facilitating healing through narrative* [Paper presentation]. North Dakota Psychological Association

Conference, West Fargo, North Dakota.

Cherry, K. (2020, March 20). How Erik Erikson's own identity crisis shaped his theories. *Very Well Mind*. https://www.verywellmind.com/erik-erikson-biography-1902-1994-2795538

Coates, S. W. (2004). John Bowlby and Margaret S. Mahler: Their lives and theories. *Journal of the American Psychoanalytic Association, 52*(2), 571-601. http://doi.org/10.1177/00030651040520020601

Courtney, J. A. (2006). *Assessing practitioner experiences of developmental play therapy* [Doctoral dissertation, Barry University School of Social Work]. ProQuest. https://search.proquest.com/openview/2404372e85ad800a56c27c84ad0466ab/1?pq-origsite=gscholar&cbl=18750&diss=y

Courtney, J. A. (2020a). *Healing child and family trauma through expressive and play therapies: Art, nature, storytelling, body & mindfulness*. W.W. Norton & Company.

Courtney, J. (Ed.) (2020b). *Infant play therapy*. Routledge. https://doi.org/10.4324/9780429453083

D'Angelo, E. J., & Koocher, G. P. (2011). Psychotherapy patients: Children. In J. C. Norcross, G. R. VandenBos, & D. K. Freedheim (Eds.), *History of psychotherapy: Continuity and change* (pp. 430-448). American Psychological Association.

Dentan, R. K. (1978). Notes on childhood in a nonviolent context: The Semai case. In A. Montagu (Ed.), *Learning non-aggression* (pp. 94-143). Oxford University Press.

Donaldson, G. (1996). Between practice and theory: Melanie Klein, Anna Freud and the development of child analysis. *Journal of History and Behavioral Science, 32*(2), 160-176. https://doi.org/10.1002/(SICI)1520-6696(199604)32:2〈160::AID-JHBS4〉3.0.CO;2-#

Donn, L. (2011). *Freud and Jung: Years of friendship, years of loss*. CreateSpace.

Douvan, E. (1997). Erik Erikson: Critical times, critical theory. *Child Psychiatry and Human Development, 28*, 15-21.

Dreikurs, R. M. D., & Soltz, V. R. N. (1992). *Children: The challenge*. Penguin Group.

Drewes, A. A. (2011). *Integrative play therapy*. Germany: Wiley.

Duffy, K. (2008). *Filial therapy: A comparison of child-parent relationship therapy and parentchild interaction therapy* [Doctoral dissertation, Ball State University]. Cardinal Scholar BSU. https://cardinalscholar.bsu.edu/handle/123456789/193381

Eddins-Folensbee, F. F. (2001). Theraplay: Innovations in attachment-enhancing play therapy. *Journal of the American Academy of Child & Adolescent Psychiatry, 40*(8), 984-986. http://doi.org/10.1097/00004583-200108000-00025

Edgcumbe R. (2000). *Anna Freud*. Routledge.

Ellis, A. (1962). *Reason and emotion in psychotherapy*. Carol Publishing Corporation.

Erikson, E. H. (1959). Identity and the life cycle: Selected papers. *Psychological Issues, 1*, 1-171.

Erikson, E. H. (1977). *Toys and reasons: Stages in the ritualization of experience*. WW Norton & Company.

Flanders, W. (2020, September 25). Epigenetic principle - Personality. *Flanders Health*. https://www.flandershealth.us/personality-2/epigenetic-principle.html#:~:text=Erikson

Freud, A. (1937). *The ego and the mechanisms of defence*. L. and Virginia Woolf at the Hogarth Press, and the Institute of Psycho-Analysis.

Freud, S., Strachey, J., & Freud, A. (1955). *The standard edition of the complete psychological works of Sigmund Freud*. London: Hogarth Press and the Institute of Psycho-Analysis.

Friedman, H. S., & Mitchell, R. R. (2002). *Sandplay: Past, present and future*. Taylor and Francis.

Fritscher, L. (2019, August 13). How the relationship with our mothers affects relations with others. *Very Well Mind*. https://www.verywellmind.com/what-isobject- relations-theory-2671995

Gaskill, R. (2019, September). Neuroscience helps play therapists go low so children can aim high. *Play Therapy* (pp. 8-10).

Gaskill, R. L., & Perry, B. D. (2017). The neurobiological power of play: Using the neurosequential model of therapeutics to guide play in the healing process. In C. A. Malchiodi & D. A. Crenshaw (Eds.), *Creative arts and play therapy for attachment problems* (pp. 178-196). Guilford Press.

Geissmann, C., & Geissmann, P. (1998). *A history of child psychoanalysis*. Routledge.

Gil Institute. (n.d.). Family therapy (and family play therapy). http://www.gilinstitute.com/services/formats/family.php

Gil, E. (2016). *Play in family therapy*. The Guilford Press.

Ginott, H. (1961). *Group psychotherapy with children: The theory and practice of play therapy*. Jason Aronson.

Grant, J. (1998). *Raising baby by the book: The education of American mothers*. Yale University Press.

Green, E. J. (2014). *The handbook of Jungian play therapy with children and adolescents*. JHU Press.

Guadiano, B. (2008). Cognitive-behavioral therapies: Achievements and challenges. *Evidence Based Mental Health, 11*(1), 5-7.

Guerney, B., Jr. (1964). Filial therapy: Description and rationale. *Journal of Consulting Psychology, 28*(4), 304-310. https://doi.org/10.1037/h0041340

Harris, P. (2014). *An analysis of Melanie Klein's The Psychoanalysis of Children*. University of Machester.

Heywood, C. (2018). *A history of childhood*. Polity.

Hoffman, L. (2017). Un homme manque: Freud's engagement with Alfred Adler's masculine protest: Commentary on Balsam. *Journal of the American Psychoanalytic Association. 2017, 65*(1), 99-108. http://doi.org/10.1177/0003065117690351

Hoffman, L. (2020). How can I help you? Dimensional versus categorical distinctions in the assessment for child analysis and child psychotherapy. *Journal of Infant, Child & Adolescent Psychotherapy, 19*(1), pp. 1-15. https://doi.org/10.1080/15289168.2019.1701866

Holder, A. (2018). *Anna Freud, Melanie Klein, and the psychoanalysis of children and adolescents*. Routledge.

Hong, R., & Mason, C. M. (2016). Becoming a neurobiologically-informed play therapist. *International Journal of Play Therapy, 25*(1), 35-44. https://doi.org/10.1037/pla0000020

Hug-Hellmuth, H. (1913). *A study of the mental health of a child*. Nervous & Mental Disease Publishing Company.

Hull, K. (2016). Technology in the playroom. In K. J. O'Connor, C. E. Schaefer, & L. D. Braverman (Eds.), *Handbook of play therapy* (pp. 613-627). John Wiley & Sons Inc.

Hutton, D. (2004). Filial therapy: Shifting the balance. *Clinical Child Psychology and Psychiatry, 9*(2), 261-270. https://doi.org/10.1177/1359104504041922

Jernberg, A., & Booth, P. B. (2001). *Theraplay®: Helping parents and children build better relationships through attachment-based play* (2nd ed.). Jossey-Bass.

John, S., & Segal, D. L. (2015). Case conceptualization. In R. L. Cautin, & S. O. Lilienfeld (Eds.), *The Encyclopedia of Clinical Psychology* (pp. 1-4). Wiley. https:// doi.org/10.1002/9781118625392.wbecp106

Johnson, J. (2015). The history of play therapy. In K. J. O'Connor, C. E. Schaefer, & L. D. Braverman (Eds.), *Handbook of play therapy* (pp. 17-30). John Wiley & Sons.

Jones, M. C. (1924). The elimination of children's fears. *Journal of Experimental Psychology, 7*(5), 382-390. https://doi.org/10.1037/h0072283

Jung, C. G. (1964). *Man and his symbols*. Dell.

Kaduson, H., & Cangelosi, D. M. (1997). *The playing cure: Individualized play therapy for specific childhood problems*. Jason Aronson.

Kaduson, H. (2015). Play therapy across the life span: Infants, children, adolescents, and adults. In K. J. O'Connor, C. E. Schaefer, & L. D. Braverman (Eds.) (2016), *Handbook of play therapy* (pp. 327-340). John Wiley & Sons.

Kaduson, H., Cangelosi, D. M., & Schaefer, C. E. (2020). Basic principles and core practices of prescriptive play therapy. In H. Kaduson, D. M. Cangelosi, & C. E. Schaefer (Eds.), *Prescriptive play therapy: Tailoring interventions for specific childhood problems* (pp. 3-13). The Guilford Press.

Kalff, D. M. (2003). *Sandplay: A psychotherapeutic approach to the psyche*. Temenos Press.

Karpiak, C. P., Norcross, J. C., & Wedding, D. (2016). Evolution of theory in clinical psychology. In J. C. Norcross, G. R. VandenBos, D. K. Freedheim, & B. O. Olatunji (Eds.), *APA handbooks in psychology®. APA handbook of clinical psychology: Theory and research* (pp. 3-17). American Psychological Association.

Kaslow, F. W. (2012). Appendix D: A brief history of the field of family psychology and therapy. In F. Shapiro, F. W. Kaslow, & L. Maxfield (Eds.), *Handbook of EMDR and family therapy processes* (pp. 438-454). http://doi.org/10.1002/9781118269985.app4

Klein, M. (1932). *The psychoanalysis of children*. (*The international psycho-analytical library, No. 22.*). Hogarth.

Knell, S. M. (2004). *Cognitive-behavioral play therapy*. Rowman & Littlefield.

Korkeaoja, P., & Niemi, R. (2012). Treating a reactive attachment disorder with Theraplay therapy. *PsycEXTRA Dataset*. http://doi.org/10.1037/e579192013-204

Kottman, T. (2001). Adlerian play therapy. *International Journal of Play Therapy, 10*(2), 1-12. https://doi.org/10.1037/h0089476

Kottman, T., & Ashby, J. (1999). Using Adlerian personality priorities to custom-design consultation with parents of play therapy clients. *International Journal of Play Therapy, 8*(2), 77-92. http://doi.org/10.1037/h0089432

Kottman, T., & Ashby, J. S. (2015). Adlerian play therapy. In D. A. Crenshaw, & A. L. Stewart (Eds.), *Play therapy: A comprehensive guide to theory and practice* (pp. 42-47). The Guilford Press.

Kottman, T., & Meany-Walen, K. (2016). *Partners in play: An Adlerian approach to play therapy* (3rd ed.). American Counseling Association.

Kramer, R. (2019). *The birth of relationship therapy: Carl Rogers meets Otto Rank*. Psychosozial-Verlag. https://doi.org/10.30820/9783837974690

Lancy, D. F. (2017). *Raising children: Surprising insights from other cultures*. Cambridge University Press.

Landreth, G., & Sweeney, D. (2009). Child centered play therapy. In K. J. O'Connor, & L. D. Braverman (Eds.), *Play therapy theory and practice: comparing theories and techniques* (pp. 17-21). John Wiley & Sons.

Landreth, G. L. (2012). *Play therapy: The art of the relationship* (3rd ed.). Taylor & Francis.

Leblanc, M., & Ritchie, M. (2001). A meta-analysis of play therapy outcomes. *Counselling Psychology Quarterly, 14*(2), 149-163. https://doi.org/10.1080/09515 070110059142

Lenormand, M. (2012). Hug-Hellmuth or the impasses of an objectifying conception of the infantile. *Recherches en Psychanalyse, 13*(1), 74-86. https://doi.org/10.3917/rep.013.0074

Levy, D. M. (1938). "Release Therapy" in young children. *Psychiatry, 1*(3), 387-390. http://doi.org/10.1080/00332747.1938.11022205

Lilly, J., & Heiko, R. (2019, September). Jungian analytical play therapy. *Play Therapy, 14*(3), 40-42.

Lin, Y., & Bratton, S. C. (2015). A meta-analytic review of child-centered play therapy approaches. *Journal of Counseling & Development, 93*(1), 45-58. doi: 10.1002/j.1556-6676.2015.00180.x

Lindo, N. A., Bratton, S. C., & Landreth, G. L. (2016). Child parent relationship therapy: Theory, research and intervention process. In L. A. Reddy, T. M. Files-Hall, & C. E. Schaefer (Eds.), *Empirically based play interventions for children* (pp. 241-261). American Psychological Association. https://doi.org/10.1037/14730-013

Lowenfeld, M. (1935). *Play in childhood*. V. Gollansz.

Mahler, M., (1952). On child psychoses and schizophrenia: autistic and symbiotic infantile psychoses. *Psychoanalytic Study of the Child, 7*, 288-305.

Mannoni, M. (1970). *The child, his "illness," and the others*. New York, NY: Pantheon Books.

Michelini, G., Palumbo, I. M., DeYoung, C. G., Latzman, R., & Kotov, R. (2020). Linking RDoC and HiTOP: A new interface for advancing psychiatric nosology and neuroscience. https://doi.org/10.31234/osf.io/ps7tc

Mills, J., & Crowley, R. (2014). *Therapeutic metaphors for children and the child within* (2nd ed.). Routledge.

Minuchin, S., Montalvo, B., Guerney, B. G., Jr., Rosman, B., & Schumer, F. (1967). *Families of the slums*. Basic Books

Mintz, S. (2006). *Hucks raft: A history of American childhood*. Cambridge: Belknap Press of Harvard University Press.

Mosak, H., & Maniacci, M.(1999). *Primer of Adlerian psychology: The analytic - behavioural - cognitive psychology of Alfred Adler* (1st ed.). Routledge. https://doi.org/10.4324/9780203768518

Moustakas, C. E., & Schalock, H. D. (1955). An analysis of therapist-child interaction in play therapy. *Child Development, 26*(2), 143. https://doi.org/10.2307/1126296

Moustakas, C. E. (1959). *Psychotherapy with children: The living relationship*. Harper.

Moustakas, C. E. (1997). *Relationship play therapy*. Rowman & Littlefield.

O'Connor, K. J. (2000). *The play therapy primer*. Wiley.

O'Connor, K. (2001). Ecosystemic play therapy. *International Journal of Play Therapy, 10*(2), 33-44. https://doi.org/10.1037/h0089478

O'Connor, K. (2016). Ecosystemic play therapy. In *Handbook of play therapy* (pp. 195-223).

John Wiley & Sons.

O'Connor, K. J., Schaefer, C. E., & Braverman, L. D. (2016). *Handbook of play therapy*. John Wiley & Sons.

O'Connor, K. & Vega, C. (2019). Ecosystemic play therapy. *Play Therapy, 14*(3), 32-34.

Olson-Morrison, D. (2017). Integrative play therapy with adults with complex trauma: A developmentally-informed approach. *International Journal of Play Therapy, 26*(3), 172-183

Parry-Jones, W. L. (1989). Annotation. The history of child and adolescent psychiatry: its present day relevance. *Journal of Child Psychology and Psychiatry, 30*, 3-11.

Perry, B. D. (1999, March). The effects of technology on the brain. *Scholastic*. https://www.scholastic.com/teachers/articles/teaching-content/effects-technology-brain

Plastow, M. (2011). Hermine Hug-Hellmuth, the first child psychoanalyst: Legacy and dilemmas. *Australasian Psychiatry, 19*(3), 206-210. https://doi.org/10.3109/10398562.2010.526213

Prensky, M. (2001). Digital natives, digital immigrants. *On the Horizon, 9*(5), 1-6.

Prensky, M. (2012). *From digital natives to digital wisdom: Hopeful essays for 21st century learning*. Corwin Press.

Rank, O. (1936). *Will therapy; an analysis of the therapeutic process in terms of relationship*. Knopf.

Rasmussen, L. A., & Cunningham, C. (1995). Focused play therapy and non-directive play therapy: Can they be integrated. *Journal of Child Sexual Abuse, 4*(1), 1-20.

Ray, D. (2011). *Advanced play therapy* (1st ed.). Routledge.

Ray, D. C., Armstrong, S. A., Balkin, R. S., & Jayne, K. M. (2015). Child-centered play therapy in the schools: Review and meta-analysis. *Psychology in the Schools, 52*(2), 107-123. https://doi.org/10.1002/pits.21798

Rey, J. M., Assumpção, F. B., Bernad, C. A., Çuhadaroğlu, F. C., Evans, B., Fung, D., Harper, G., Loidreau, L., Ono, Y., Pūras, D., Remschmidt, H., Robertson, B., Rusakoskaya, O. A., & Schleimer, K. (2015). History of child and adolescent psychiatry. In J. M. Rey (Ed.), *IACAPAP e-textbook of child and adolescent mental health*. Geneva: International Association for Child and Adolescent Psychiatry and Allied Professions.

Rogers, C. R. (1967). *On becoming a person: a therapist's view of psychotherapy*. Robinson.

Rogerson, C. H. (1939). *Play therapy in childhood*. Oxford University Press.

Ross, C., & Margolis, R. (2019). Research domain criteria: Strengths, weaknesses, and potential alternatives for future psychiatric research. *Molecular Neuropsychiatry, 5*(4), 218-236. https://doi.org/10.1159/000501797

Russ, S. W. (2003). *Play in child development and psychotherapy: Toward empirically supported practice*. Routledge.

Satir, V. (1967). *Conjoint family therapy* (2nd ed.). Science & Behavior Books.

Schaefer, C. (2001). Prescriptive play therapy. *International Journal of Play Therapy, 10*, 57-73.

Schaefer, C. E., & Drewes, A. A. (2014). *The therapeutic powers of play: 20 core agents of change*. Wiley.

Seymour, J. W. (2016). An introduction to the field of play therapy. In K. J. O'Connor, C. E. Schaefer, & L. D. Braverman (Eds.), *Handbook of play therapy* (2nd ed., pp. 3-15). John Wiley & Sons, Incorporated.

Shelby, J., & Campos, K. G. (2011). Cognitive-behavioral play therapy for traumatized children. In A. A. Drewes, S. C. Bratton, & C. E. Schaefer (Eds.), *Integrative Play Therapy* (107-128). Wiley. http://doi.org/10.1002/9781118094792.ch7

Silverman, M. G., & Caughey, J. L. (1980). Faanakkar: Cultural values in a micronesian society. *Man, 15*(1), 205. https://doi.org/10.2307/2802020

Snow, M. S., Wolff, L., Hudspeth, E. F., & Etheridge, L. (2009). The practitioner as researcher: Qualitative case studies in play therapy. *International Journal of Play Therapy, 18*(4), 240.

Stein, E. (2010). Otto Rank: pioneering ideas for social work theory and practice. *Psychoanalytic SocialWork, 17*(2), 116131. https://www.tandfonline.com/doi/full/10.1080/15228878.2010.512535

Stephen, C. (2020). Young learners in the digital age. In L. Green, D. Holloway, K. Stevenson, T. Leaver, & L. Haddon (Eds.), *The Routledge Companion to Digital Media and Children* (pp. 57-66). Routledge. https://doi.org/10.4324/9781351004107-5

Stevens, R. (2009). *Erik H. Erikson: Explorer of identity and the life cycle*. Palgrave Macmillan.

Stewart, A. L., Field, T. A., & Echterling, L. G. (2016). Neuroscience and the magic of play therapy. *International Journal of Play Therapy, 25*(1), 4-13. https://doi.org/10.1037/pla0000016

Stone, J. (2020). *Digital Play Therapy*. Routledge. https://doi.org/10.4324/978042 9001109-4

Stor, A. (1977, April 10). The games children play. *New York Times*. The Editors of Encyclopaedia Britannica. (2020, June 11). *Erik Erikson*. https://www.britannica.com/biography/Erik-Erikson

Taft, J. (1933). *The dynamics of therapy in a controlled relationship*. Macmillan. https://doi.org/10.1037/10602-000

Terner, J. R., Pew, W. L., & Aird, R. A. (1978). The courage to be imperfect: The life and work of Rudolf Dreikurs.

Thom, D. (1928). Everyday problems of the everyday child. *Archives of*

Pediatrics & Adolescent Medicine, 36(1), 190. https://doi.org/10.1001/archpedi.1928.01920250201021

Turner, B. A. (2005). *The handbook of sandplay therapy*. Temenos Press.

Turns, B. A., & Kimmes, J. (2014). "I'm NOT the Problem!" Externalizing children's "Problems" using play therapy and developmental considerations. *Contemporary Family Therapy, 36*(1), 135-147. https://doi.org/10.1007/s10591-013-9285-z

Vanfleet, R., & Topham, G. (2016). Filial therapy. In K. J. O'Connor, C. E. Schaefer, & L. D. Braverman (Eds.), *Handbook of play therapy* (pp. 135-167). John Wiley & Sons.

Viner, R. (1996). Melanie Klein and Anna Freud: The discourse of the early dispute. *Journal of the History of the Behavioral Sciences, 32*(1), 4-15.

Watts, R. E., & Critelli, J. W. (1997). Roots of contemporary cognitive theories in the individual psychology of Alfred Adler. *Journal of Cognitive Psychotherapy, 11*(3), 147-156. https://doi.org/10.1891/0889-8391.11.3.147

Watts, R., & Pietrzak, D. (2000). Adlerian "Encouragement" and the therapeutic process of solution-focused brief therapy. *Journal of counseling and development, 78*, 442-447. 10.1002/j.1556-6676.2000.tb01927.x.

Wolpe, J. (1958). *Psychotherapy by reciprocal inhibition*. Stanford University Press.

Wolpe, J. (1969). *The practice of behavior therapy*. Pergamon.

Wonders, L. (2019, March 04). Resources for child centered and directive play therapy in the play room. https://wonderscounseling.com/resources-for-child-centered-anddirective-play-therapy-in-the-play-room/

Wonders, L. L. (2020). Play therapy for children with selective mutism. In H. G. Kaduson, D. Cangelosi, & C. E. Schaefer (Eds.), *Prescriptive play therapy: Tailoring interventions for specific childhood problems* (pp. 92-104). The Guilford Press.

Wood, A. (2001). The origins of family systems wok social workers contributions to the development of family theory and practice. *Australian Social Work, 54*(3), 15-29. http://doi.org/10.1080/03124070108414329

제2장

사례개념화 및 치료계획 수립 시 이론의 적용

Lynn Louise Wonders

놀이치료는 역사적으로 이론적 모델에 기반한 심리치료의 한 형태이다. 놀이치료는 치료적 관계를 맺기 위해, 놀이 자체를 목적으로 사용함으로써 아동의 정신적·행동적 치유와 성장을 지원한다. 임상가는 효과적이고 윤리적으로 놀이치료 서비스를 제공하기 위해서, 이론의 역사와 놀이의 치료적 힘이 어떻게 결합되었는지, 그리고 사례개념화 및 치료계획에 적용되었는지에 대해 본질적으로 이해하는 것이 중요하다. 일반적으로 놀이치료 임상가들은 한두 개의 이론적 모델로 초기 훈련을 받지만, 전체 놀이치료 서비스를 이해할 수 있도록 이론에 대해 더 깊이 이해하는 과정은 가치 있는 일이다. 종종 놀이치료자들은 아동과 가족 및 사회체계에 대한 중요한 정보를 신중하게 수집하고 고려하는 시간을 갖지 않고, 성급하게 치료와 개입을 제공하는 오류를 범한다. 효과적인 치료계획을 수립하기에 앞서 내담자에 대한 다양한 정보를 수집하고, 검토하고, 종합하는 과정을 익히는 훈련은 반드시 필요하다. 이 장에서는 치료적 개입에 기반한 이론적 근원을 존중하는 관점에서 목표지향적인 치료계획을 수립하고 이를 활용한 사례를 다룰 것이다. 또한 이론의 중요성에 대한 논의, 문제 확인(problem identification)과 사례개념화 및 치료계획의 과정에 대해서도 논의할 것이다. 이 장의 후반부에서는 치료자들이 놀이치료 과정의 진실성 확보를 위한 노력으로 사례개념화 및 치료계획 과정에 어떻게 놀이의 치료적 힘과 이론을 목표지향적으로 적용하는지를 다룰 것이다.

이론의 중요성

이론적 토대는 심리치료 진실성(integrity)의 기반이며(Drapela, 1990), 치료자가 무엇을, 어떤 이유에서 적용하는지에 대해 명확히 깨닫게 돕는다(Norcross et al., 2013). 이론은 내담자가 쉽게 이해하거나 설명하기 어려운 경험을 명확히 하기 위해 고안되고, 개발되고, 채택되며, 전개되는 모델이다(O'Connor & Ammen, 2013). 이론은 치료자로 하여금 내담자가 치료에 가져온 경험과 표현을 이해하고 통합할 수 있게 돕는다(Wampold, 2019). 어떤 이론들은 치료자가 가족체계 안에 존재하는 행동, 사고, 역동을 이해하고, 적절한 치료접근을 선택할 수 있도록 돕는다(Drapela, 1990). 이론은 치료자에게 내담자의 세계, 경험, 관점을 이해하는 방법을 알려 주며, 이는 내담자가 겪고 있는 어려움(문제)에 대한 임상가의 이해를 돕는다. 치료과정이 자발적으로 전개될 것인지, 또는 치료자의 임상적인 지식 정도에 따라 얼마나 안내하고 얼마나 지시할 것인지는 이론에 의해 결정된다.

선행연구에서 상당한 범위의 정신의학 관련 증거기반 이론 모델의 효과성은 입증되었다(Lawver & Blankenship, 2008; Cook et al., 2017). 선행연구에서 특정 이론보다 종합적으로 더 효과적인 이론은 없다고 증명했지만, 특정 진단에 보다 효과적인 특정 이론의 배경을 입증하는 연구들도 있다(Fall et al., 2010). 예를 들어, 오랫동안 인지행동치료는 아동내담자의 불안 치료에 가장 효과적인 치료모델로 입증되어 왔다(Comer et al., 2019; Banneyer et al., 2018). Myrick과 Green(2012)은 강박장애(OCD) 치료를 위한 증거기반 이론적 모델과 놀이치료를 통합했던 강력한 사례를 제안했으며, 이는 다른 진단에도 적용될 수 있다. 놀이치료는 일반 대중들, 의료계 그리고 심지어 심리학의 많은 분야에서도 아동중심 놀이치료만 대표적인 것으로 오해하는 경우가 많다. 1장에서 설명한 바와 같이 놀이치료는 풍부하고 다양한 심리학적 · 정신의학적 뿌리를 둔 이론적 배경과 접근법을 포괄하는 용어이다. 메타분석을 통해, 아동과 가족 대상의 심리치료 모델로서 비지시적 놀이치료와 지시적 놀이치료가 효과적인 이론적 수단임이 입증되었다(Bratton et al., 2005). 임상가는 내담자에게 나타나는 어려움의 진단기준을 고려한 뒤, 특정 진단에 적합한 증거기반 연구에 뿌리를 둔 이론적 접근법과 개입을 살펴보는 것이 바람직하다(American Psychological Association, 2006).

1장에서는 현재와 미래의 동향을 고려하여, 놀이치료 분야를 형성한 이론적 모델의 기원과 진화에 대한 역사를 살펴보았다. 1장에서 논의한 바와 같이, 비지시적 접근법을 활용하는 이론들은 내담자 스스로가 해답을 가지고 있어, 치료자의 비지시적 · 수용적 · 긍정적 치료관계의 결과로, 내담자가 자연스럽게 그 답을 실현하게 된다는 근본적인 믿음을 가지고 있다(Landreth, 2012; Mullin & Rickli, 2014). 반대로, 지시적 접근법을 사용하는 이론들은 내담자의 문제가 무엇인지 파악하고 이해하기 위해 치료자는 준비되어 있으며 치료적으로 문제를 다루고 해결할 수 있는 가장 좋은 방법을 가지고 있다고 가정한다(Leggett & Boswell, 2017). 범이론적이고 통합적인 접근법은 개인내담자의 현재 요구와 사회적 맥락에 의해 결정된 다양한 이론을 활용할 수 있는 이점이 있다(Schaefer, 2001; Chang, 2013). 특히 처방적 놀이치료는 개인내담자의 특정 요구에 따라 놀이치료 계획을 맞춤화하는 방식으로 이론과 기술을 사용하라고 요구한다(Schaefer, 2001).

내담자의 상황을 면밀히 조사하는데, 놀이치료 이론은 접근방식, 치료자의 역할 및 치료경험이 내담자에게 어떻게 영향을 미칠 것인지를 알려 주는 명확한 틀이 된다. 일부 이론적 모델은 온전하게 비지시적 접근법에 기인하며, 일부는 온전하게 지시적 접근법에 기인하고, 또 다른 이론적 모델은 통합적인 접근법을 사용한다(〈표 2-1〉 참조). 놀이치료에서 치료관계만으로 내담자의 치유와 변화에 충분한가에 관해서는 서로 다른 신념이 있을 수 있으나, 모든 놀이치료에서 공통된 이론적 원리인 치료자와 내담자의 관계 및 라포는 아동내담자 및 양육자와의 치료과정에서 기초적이고 필수적인 요소이다(Brown et al., 2014; Lugo et al., 2017). 놀이와 신뢰할 수 있는 관계적 연결이 긍정적인 치료결과로 이어지는 것이다(Kottman & Meany-Walen, 2018).

〈표 2-1〉 놀이치료의 여덟 가지 이론과 그 접근법

이론	접근
아들러 학파	통합적
아동중심	비지시적
인지행동	지시적
발달	지시적
생태학	통합적
게슈탈트	통합적
융 학파	비지시적
대상관계/애착	지시적

문제 확인하기

놀이치료를 시작할 때, 일반적으로 양육자가 보고하는 주 호소 문제나 이슈들이 있다. 이런 드러나는 이슈는 양육자가 아동을 치료에 의뢰하는 이유이다. 드러나는 문제가 확인되면, 이 문제는 사례개념화 및 치료계획 과정의 시작을 의미하는 진단으로 바뀔 수 있다(Schwitzer & Rubin, 2015). 관찰된 문제를 확인하는 첫 번째 단계로 임상가는 『정신장애 진단 및 통계편람 제5판(DSM-5)』[1)]에 설명된 하나, 또는 그 이상의 진단기준에 일치하는 증상 패턴을 기록한다(American Psychiatric Association, 2013). DSM-5의 한계(Khoury et al., 2014; Wakefield, 2016; Muller, 2017)와 현재 정신건강 분야에서 진단하고 분류하는 방법에 대한 논쟁은 여전히 있지만(Clark et al., 2017; Yager & Feinstein, 2017; Ross & Margolis, 2019; Michelini et al., 2020), 우리는 증상학(symptomology)과 진단기준에 부합되며 드러나는 문제의 초기 특성을 명명하기 위한 시작점으로 활용할 수 있다. 이것은 임상 제제(clinical formulation)의 시작이다(Jongsma & Bruce, 2010). 종종 양육자들은 그들의 문제에 초점을 맞춘 치료를 받으러 온다. 그들은 치료자가 빨리 해결책을 찾아 주기를 바란다. 성공적인 치료과정을 위해서는 아동, 양육자 그리고 치료자가 치료의 목적이 되는 문제를 확인하고, 어느 정도 합의점을 갖는 것이 이상적이다(Zubernis & Snyder, 2015; Hawley & Weisz, 2003). 일부 내담자들은 치료실에 오게 된 문제가 무엇인지 명확히 알지만, 어떤 내담자들은 특정 진단이 가능한 증상을 보고하면서도 자신의 문제에 대한 모호한 생각을 가지고 있는 경우가 있다(Zubernis & Snyder, 2015). 초기 진단은 일찍 할 수 있다. 이것은 임상가가 사례개념화를 통해 내담자가 경험하고 필요로 하는 것을 더 잘 이해하는 방법이다(Schwitzer & Rubin, 2015). 그러나 사례개념화 과정이 전개되는 동안, 드러나는 문제가 내담자의 전반적인 상황을 모두 포괄하지 못하는 것이 매우 일반적이다. 초기 진단은 사례개념화 및 치료과정에서도 수정되고 변화할 수 있다. 접수면접 과정에서 치료자는 양육자의 염려를 이해하고 있으며, 초기 문제를 확인하고 있다는 안심을 시켜주어야 한다. 그리고 철저한 사례개념화 과정을 시작하기 위해서 내담자의 중요한 정보를 수집할 때, 접수면접의 초점을 노련하게 다룰 필요가 있다.

---

1) 역자 주: 2022년 DSM-5-TR이 발간되었으며 국내 번역서는 2023년 학지사에서 출간되었다.

사례개념화

사례개념화는 양질의 심리치료 서비스에 필수적인 것으로 인식된다(Sperry, 2010). 그러나 초보 놀이치료자에게 사례개념화는 압도적인 과정처럼 느껴질 수 있다(Neukrug & Schwitzer, 2006). 사례개념화 과정은 내담자가 보고한 문제와 치료계획을 세우는 치료자의 능력 사이의 가교 역할을 한다(John & Segal, 2015; Sperry, 2010). Ray(2011)는 놀이치료에서 요구하는 사례개념화에 대해 설명했다. 치료자는 놀이의 본질과 아동발달을 이해할 수 있는 기초적인 능력과 가족 맥락에서 내담자에 대한 고유한 지식을 수집하고 활용할 수 있는 치료기술을 가지고 있어야 한다. Berman(2018)에 따르면 사례개념화는 치료자에게 내담자는 누구이며, 어떤 이유에서 그들이 그러한 경험을 하는지 이해하도록 안내하는 방법에 관해 기술하는 것이다. Berman은 임상가가 신중한 사례개념화 과정을 거치지 않고 치료를 서두르면, 치료과정은 내담자가 실제로 필요로 하는 것과 달리 잘못된 방향으로 나아갈 수 있다고 경고한다.

사례개념화는 내담자의 현재 상황을 가장 잘 이해하기 위해 다양한 방법으로 정보를 수집하는 이상적이며 심층적인 과정이다(Neukrug, 2020). 아동은 가족 · 사회 · 문화체계에 둘러싸여 있다(O'Connor & Ammen, 2013). 제시된 상황을 고려하며 적절한 방법으로 양육자, 가족구성원, 그리고 아동의 사회체계에 있는 주요한 다른 구성원을 가능한 수준에서 참여시키는 것이 사례개념화 과정과 치료과정에 도움이 될 수 있다(O'Connor & Ammen, 2013; Dowell & Ogles, 2010; Karver et al., 2006). 임상가들이 정보수집 과정을 시작함에 따라 치료자는 의학적 역사, 심리사회적 역사, 그리고 문화적 상황을 고려하여 민감하게 가족 및 사회체계 맥락에 대해 질문을 한다. 문화적 민감성을 갖추기 위해서는 치료자가 자신의 문화적 정체성, 개인적 신념, 편견과 태도를 검토해야 한다(O'Connor & Ammen, 2013). 임상가는 문화적 겸손의 태도를 가지기 위해, 타인의 생생한 경험, 가치, 관점에 대해 성찰하고 수용적이어야 한다(Hook et al., 2017).

임상가는 이상적으로 객관성과 주관성의 연속선상에서 변화와 균형의 사이를 오가며 애를 쓸 것이다. 그러기 위해서 임상가에게는 내담자의 주관적인 삶의 경험으로부터 내담자에게 일어나고 있는 일을 이해하고 개념화하는 과정에서 임상 지식을 토대로 한 객관적인 렌즈도 필요하다(Hegelund, 2005; Schrank et al., 2013; Ridley et al., 2017). 그러나 연구자는 자연과학 분야처럼 객관적인 연구에서조차도 객관적인 연구만으로 충분하지 않은 현상학적 영역을 고려해야 한다(Rosen, 2015). 놀이치료에서 치료자가 아동이나 양육자와 관계를 맺고, 연민을 느끼고, 주관적인 현실을 이해하려고 할 때, 주관적인 경험과 표현 내에서 주로 조율하는 과정이 일어난다. 이 과정에서 치료자는 임상 지식의 적용과 균형을 이루기 위해 내담자의 삶의 경험에 호기심을 가지고 참여해야 할 것이다(Neukrug, 2020).

양육자들은 아동을 놀이치료 서비스에 의뢰할 때, 일반적으로 임상가들이 자신과 같은 시각에서 문제해결 방법을 찾으며 전문성을 발휘해 주기를 기대한다. 따라서 초기에 치료자가 양육자에게 다가갈 때, 수용적이고 환영하는 태도를 유지하면서 전문성에 대한 기대를 충족시키고 주요한 배경 정보를 성공적으로 수집하는 행위가 그래서 중요하다. 임상가는 아동과 놀이로 가득한 상호작용을 통해, 라포를 형성하고 통찰력을 갖도록 도우며, 연령에 적합하게 정서적으로 안전하고 환영받는 환경을 제공한다. 양육자 및 아동내담자와 접수면접 시, 임상가는 양육자와 아동이 실제로 그들의 삶의 경험, 직면한 문제, 그리고 타고난 강점에 대한 전문가라는 것을 이해하는 것이 중요하다(Waters & Asbil, 2013). 임상가는 많은 임상 지식을 갖고 있지만, 내담자는 치료자가 이해하기 위해 노력해야만 하는 내담자 자신에 대한 지식을 가지고 있다(Tervalon & Murray-Garcia, 1998). 치료자는 초기과정에 내담자에게서 이러한 정보를 수집하고, 관심과 염려를 드러내며 라포 형성을 촉진한다. 이러한 초기과정이 치료과정 전반에 걸쳐 신뢰 관계의 기반을 다지는 데 도움이 된다. 임상가가 양육자와의 초기와 이후 지속적인 대화를 통해 얻은 관점, 그리고 치료실에서 아동을 관찰하고 얻은 관점을 통해 임상가의 사례개념화 형성은 발전한다.

구조화된 접수면접에서 임상가는 아동의 세계에 관한 정보탐색을 통해 체계적 맥락을 완전히 이해할 수 있다(Kronengold, 2016). 아동은 진공 상태에서 발달하는 것이 아니며, 사회와 가족체계에 의존적인 존재이다(O'Connor & Ammen, 2013). 임상가에게는 접수면접을 위해 할당된 시간과 같은 제한이 있을 수 있다. 따라서 중요한 정보는 수집하면서 라포와 신뢰를 쌓을 수 있는 최적의 방법은 양질의 질문을 하는 것이다. 양육자와 아동에게 수집된 정보를 바탕으로, 첫 회기에서 치료자는 아동의 내·외적 세계에서 일어나는 일에 대해 이해할 수 있다. 놀이치료의 첫 번째 과정에서 양육자가 놀이치료에서 기대하는 바를 탐색할 때 치료자의 이론적 배경이 영향을 미칠 수 있다. 치료자의 접근방식이 지시적이든 비지시적이든, 내담자의 배경 정보를 수집하면서 라포와 신뢰를 구축하는 것은 필수적인 과정이다(Senko & Bethany, 2019).

사례개념화의 시간적-맥락적 모델(temporal-contextual model)은 치료자에게 내담자의 정보를 수집하고 종합하기 위한 비이론적(non-theoretical) 구조를 제공한다. 이 모델은 내담자의 강점과 특성에 주목하여 과거와 현재, 그리고 환경적 맥락의 사건과 경험의 연대표를 고려할 수 있게 돕는다(Zubernis et al., 2017). 임상가는 내담아동의 출생 시 경험, 영아기, 발달 단계별 특성, 아동 및 가족의 병력 및 정신건강력, 가족역동의 과거와 현재, 사회체계 및 문화적 고려사항 등 과거 및 최근 사건의 맥락을 검토한다. 치료자는 아동의 기질과 부모의 양육방식도 물어볼 수 있다. 포괄적인 심리사회적 맥락에 대한 정보는 양육자가 처음 제시한 문제를 넘어 아동의 요구에 대해 보다 넓은 시각을 갖는데 치료자에게 도움이 된다(O'Connor & Ammen, 2013).

Schwitzer와 Rubin(2015)은 사례개념화의 4단계 과정을 역피라미드 모델로 제시했는데 이는 다음과 같다. ① 문제 확인하기, ② 테마와 패턴이 있는 증상 조직화하기(organizing), ③ 이론적 추론(theoretical inferences) 적용하기,

④ 추론을 내담자의 특정 요구에 맞게 구체적으로 요약하기. 시간적-맥락적 모델과 역피라미드 모델은 치료계획을 시작할 수 있도록 정보를 수집하고, 관찰하고, 통합하기 위해 구조화된 수단으로 활용된다. 일단 임상가가 발달사(history) 및 가족과 사회체계 맥락에서 내담자의 문제를 완전하게 이해하면, 치료계획 과정을 시작할 수 있는 토대가 마련된다.

치료계획

치료계획은 진단과 사례개념화를 통해 정리된 정보를 실행 가능한 계획으로 통합하고(Schwitzer & Rubin, 2015), 내담자가 치료과정에서 어떻게 변화할 것인지 보여 주는 지도의 역할을 한다(Zubernis et al., 2017). 성공적인 치료과정을 위해 아동, 양육자, 그리고 치료자가 아동이 치료받는 이유에 대해 이상적인 합의를 해야 한다(Hawley & Weisz, 2003). 사례개념화 과정을 통해 치료자는 초기 진단을 하고, 이후에 더 많은 정보가 관찰되고 수집됨에 따라 보다 정제된 진단이 가능할 것이다. 아동이 드러내는 이슈의 원인과 요인은 치료계획의 세부 정보로서, 치료목적과 치료목표 설정에 도움이 된다(Horowitz, 1997). 종종 초기에 나타난 문제가 치료에서 다루어져야 하는 유일한 문제가 아닐 수 있다. 때때로 드러난 문제가 실제 주된 고려사항이 아니라, 치료과정에서 중요하게 확인되고 다뤄져야 하는 문제의 증상일 수 있다. 사례개념화 과정을 통해 정보가 철저히 수집되고 완전히 이해되면, 임상가는 초기에 확인된 문제에 대해 가족이나 사회적 맥락에서 아동 및 양육자의 치료목표를 결정하고 논의할 수 있다. 치료자가 아동 및 양육자로부터 치료목표에 대해 동의를 얻는 것은 치료계획 과정의 중요한 부분이며, 이것은 주로 초기에 형성된 라포에 달려 있다(Wonders, 2020; Nock et al., 2001).

이론적 접근과 관계없이, 놀이치료 과정에서 양육자를 가능할 때마다 적극적으로 참여시킴으로써 가족체계 맥락에 중점을 두는 것이 이상적이다. 많은 선행연구에서 아동정신건강 장애 유형 전반에 걸쳐, 일관적으로 부모가 치료에 참여할 때 아동의 문제가 개선된다는 결과가 입증되어, 부모참여의 효과를 지지하고 있다(Lin & Bratton, 2015; Dowell & Ogles, 2010; Karver et al., 2006, Bratton et al., 2005; LeBlanc & Ritchie, 2001). Gil(2016)은 가족치료에서 놀이가 가족과의 작업을 향상시키는지, 아동의 놀이치료에서 가족참여가 아동의 치료적 경험을 향상시키는지에 대해 논의했다. 그리고 Gammer(2009)는 가족체계를 이해하는 과정에서 아동의 의견을 포함시켜야 하는 중요성에 대해 기술하고 있다. Daley와 동료들(2019)은 구조적 가족체계이론, 애착이론, 그리고 놀이치료를 통합하는 접근법을 고려한 심층 연구를 제안했다.

아동의 치료에 부모가 적극 참여하면 확실한 이점이 있음에도 불구하고, 양육자가 참여하지 않는 경우가 흔하게 발생한다(Baker-Ericzén et al., 2013; Haine-Schlagel et al., 2011). 선행연구에서 양육자가 아동의 치료에 참여하지 않는 경우, 치료 회기에서 보이는 치료적 진전이 가정에서 일반화될 가능성이 적다는 것을 의미한다(Karver et al., 2006). 치료자는 처음부터 양육자를 따뜻하게 환영하고, 치료과정에서 라포 형성 및 유지에 모든 노력을 기울여야 한다. 치료과정에서 양육자가 비난이나 평가를 받는다고 느끼게 되면 양육자의 치료적 참여를 방해할 수 있기 때문이다(Baker-Ericzén et al., 2013). 부모가 아동의 치료에 참여할 수 없는 경우, 임상가는 이용가능한 모든 출처로부터 가족력과 현재의 맥락에 대한 정보를 수집하고 아동의 양육과 관리를 제공하는 성인이 누구든지 참여시키려고 시도해야 할 것이다.

치료목표는 치료가 시작될 때, 내담자와 치료자가 합의한 행동과 경험의 변화로 정의할 수 있다(Grosse & Grawe, 2002). Katz 등(2016)은 심리치료에서 내담자의 증상 감소에 초점을 둔 목표보다는 새로운 행동이나 행위를 촉진하는 방식에 목표를 세웠을 때 더 동기부여가 된다는 것을 발견했다. Nurcombe(1989)는 목표지향적인 치료계획이 직관적인 치료계획을 대체해야 한다고 주장했다. 초기에 이러한 정보탐색은 양육과 관련된 변수로 인해 시간의 제약을 받기도 하지만, 실제로 목표지향적인 치료계획이 보다 효과적임이 입증되었다. Nurcombe는 목표지향적인 치료계획을 위한 6단계 과정을 제공하였다.

1. 중요한 문제 및 잠재력을 확인한다.
2. 문제/잠재력을 목적으로 다시 작성한다.
3. 각 목적에 도달하기 위해 필요한 시간을 추정한다.
4. 각 목적에 대해 최소 두 개의 측정 가능한 목표를 확인한다.
5. 각 목적에 대해 증거기반, 사회문화적 적절성, 그리고 이용가능한 자원에 따라 개입방법이나 치료방법을 결정한다.
6. 만약 치료가 진행 중이거나 목적이 달성되었다면, 각각의 목표/목적을 모니터하기 위한 장치를 확인한다(2014, p. 9).

목표지향적인 치료계획을 활용하는 것은 치료과정을 위한 지침을 만들고, 그 과정에서 목적이 달성되는지 검토하여 효과를 측정하는 방법을 수립하는 것이다. 이는 놀이치료의 진실성을 강화하는 것이다. 치료자가 놀이치료 회기에서 관찰하는 아동의 패턴과 양육자 및 다른 중요한 성인(예: 아동의 교사)의 보고를 통해, 치료결과를 측정할 수 있다. 임상가가 목표지향적인 치료과정을 활용하는 방법은 이론적 배경에 따라 다르며, 이것은 다음 섹션에서 추가로 논의할 것이다. 치료계획 모델을 사용하는 것은 치료과정에서 치료 결과를 효과적으로 측정하기 위해 이론을 의도적으로 적용하는 데 매우 도움이 된다.

사례개념화 및 치료계획에 이론 적용하기

앞서 설명했듯이, 사례개념화 모델에 익숙해지는 것은 치료자가 적응적이고 효율적으로 기능하며, 선택한 이론적 배경에 따라 치료계획을 수립하는 데 도움을 준다(Betan & Binder, 2010). 앞에서 강조한 바와 같이, 치료자의 놀이치료 접근방법이 비지시적인지 지시적인지와 관계없이, 임상가의 책임은 처음부터 아동과 양육자에게 따뜻하고, 수용적이며, 허용적인 치료환경을 제공하는 것이다.

비지시적 이론

사례개념화 및 치료계획에 대한 생각은 인본주의나 비지시적인 이론의 기본 가설에는 모순되는 것처럼 보일 수 있다. 비지시적 이론은 내담자가 해답을 가지고 있어, 이상적인 환경과 치료적 관계만 주어지면 놀이를 통해 자연스럽게 문제가 해결될 것이라는 믿음에 기초한다. 그러나 이론의 원칙을 어기지 않고, 비지시적 놀이치료를 통해 사례개념화 및 목표지향적인 치료계획을 한 사례가 있다. 비지시적인 이론가라 하더라도 치료과정의 객관적 측면과 주관적 측면을 지원하기 위해, 사례공식화와 치료계획을 수립하는 방법을 찾을 수 있다.

아동중심 놀이치료 이론

아동중심 놀이치료자는 서둘러 사례공식화를 하지 않고, 천천히 치료목표를 결정할 것이다. 이 이론은 아동이 해답을 가지고 있다고 주장한다. "모든 아동은 자기실현을 위해 끊임없이 노력하려는 강력한 힘을 가지고 있다. 이러한 본질적인 노력은 독립, 성숙, 자기지시(self-direction)를 향한다." (Landreth, 2012, p. 62) 아동중심 놀이치료자는 내담아동에게 자연치유와 해결의 과정을 위해 필요한 탐색, 표현, 경험을 할 수 있는 시간과 공간을 제공한다. Ray(2011)가 논의한 바와 같이, 치료자는 아동의 치료과정을 허용하기 위해 지시 없이 온전히 회기 안에서 존재할 수 있지만, 아동이 경험하고 있는 문제를 확인하도록 돕기 위해 사례개념화 및 치료계획은 놀이의 주제를 충분히 관찰한 후 분석하는 작업을 회기 밖에서 한다. Nurcombe의 목표지향적 치료계획 모델(2014)을 기초로, 아동중심 놀이치료자는 아동의 놀이에서 드러나는 주제를 관찰하고 드러나는 문제를 치료목표로 재구성할 수 있다. 아동중심 놀이치료자는 지시적인 놀이치료자의 치료계획보다 목표설정 기간이 덜 구체적일 수 있다. 순수한 아동중심 놀이치료자의 경우, 치료계획을 세우기 위한 부모상담 회기에서도 추적하기, 반영하기, 책임 돌려주기, 치료적 제한설정하기를 치료기법으로 사용할 것이다. 부모놀이치료(filial therapy)나 부모-자녀 관계치료(child-parent relationship therapy)는 아동중심 이론에 기초하므로 상호보완적으로 치료계획의 일부가 될 수 있다.

놀이치료 회기에서 양육자가 아동의 놀이주제를 관찰하도록 함으로써, 양육자가 치료의 진전을 이해하도록 도울 수 있다(Ray, 2011). 치료자가 놀이주제가 바뀌고 변화하는 것을 관찰하면서, 이전에 아동의 삶에서 드러났던 문제가 양육자나 교사들이 보고한 대로 해결되기 시작하는 경우가 종종 있다. 아동중심 임상가는 목표지향적인 치료계획에 따른 진전을 측정하기 위해 이러한 관찰과 보고를 활용할 수 있다.

Jung 학파 분석학적 놀이치료

아동중심 이론가와 마찬가지로, 순수한 융 학파 놀이치료자도 아동의 치료과정을 절대로 서두르지 않는다(Allan, 1997). 치료자는 아동의 치유와 성장이 은유로 표현되는 상징으로 나타나도록 모든 것을 허용하는 관찰자 입장을 취한다(Green, 2014). 융 학파 놀이치료자는 아동의 치료과정을 존중하면서 인내심을 갖고 관찰하며 아동의 놀이 속 원형적인(archetypal) 주제를 알아차리기 위해 그들의 지식과 능력을 사용하여 분석한다(Green, 2009). 아동중심 놀이치료자와 마찬가지로 융 학파 놀이치료자는 회기 안에서 전적으로 비지시적이며, 관찰한 내용을 회기 밖에서 분석할 수 있다. 치료 초기에 나타나는 초기 원형의 관찰은 임상가에게 아동이 고심하고 있는 문제에 대해 알려 줄 수 있으며, 치료자가 사례를 개념화하고, 이러한 문제를 치료의 목표와 목적으로 재구성하는 데 도움을 준다. 아동의 주관적이고 현상학적인 실제(reality)를 존중하면서 관찰된 주제의 변화를 추적함으로써 치료적 진전을 측정할 수 있다.

지시적 이론

지시적 놀이치료 이론에서는 아동 문제의 본질을 이해하기 위해 치료자가 가지고 있는 지식과 기술의 본질에, 그리고 해결책을 위해 어떤 개입이 구현되어야 하는지에 더 많이 의존한다. 이론적 모델에 따라, 가볍게 구조화한 것부터 보다 엄격한 수준의 지시적인 놀이치료가 있을 수 있다. 그러므로 모든 놀이치료 분야의 치료적 모델은 치료실이 치료적 관계를 형성하고 발전할 수 있는 공간이어야 한다는 것에 동의한다. 지시적 놀이치료 이론은 더욱 구체적인 관점으로 사례개념화에 초점을 둔다. 이러한 이론적 배경들은 아동 문제의 본질을 확인하고, 아동의 개선 및 해결에 필요한 개입을 확인하는 데 보다 제한된 범위를 제공한다는 장점이 있다.

발달놀이치료

Viola Brody는 아동의 자기 발달은 신체의 인식에서부터 시작되는 것, 건강하고 애정 어린 접촉의 치료적 활용을 통해 아동의 자기감이 출현하는 것이라고 표명하면서 발달놀이치료 이론의 근원을 기술했다. Brody는 애정 어리고, 적절하며, 치료적인 접촉이 이 이론의 핵심이라고 강조한다(Brody, 1997). Courtney와 Siu(2018)는 치료에서 접촉을 사용할 때 임상가는 임상적 · 윤리적 역량이 있어야 한다고 강조하는 연구를 발표했다. Courtney(2020)는 영아와 유아의 최적의 뇌 발달과 건강한 애착을 강화할 수 있도록 돕기 위한 지시적 교육과 촉진적 개입을 사용하는 영아놀이치료(FirstPlay Therapy®) 모델에 대해 기술했다. 사례개념화와 치료계획의 측면에서, 발달놀이치료 이론은 발달적 요구, 결함 및 개입에 목적을 두고, 놀이로 가득하며 안전한 접촉을 통해 아동의 현재 문제를 확인하는 과정을 거친다. 지시적 치료모델에서 지식과 기술이 있는 치료자는 양육자를 교육하고, 전상징적(pre-symbolic) 놀이와 접촉을 포함한 개입을 촉진한다. 치료의 진전을 측정하는 것은 치료자가 양육자와 아동 간 상호작용의 본질을 관찰한 것에 기초할 것이다.

대상관계 놀이치료

대상관계는 초기 발달 단계 동안 애착붕괴, 단절, 또는 트라우마로 고통받은 아동을 돕기 위한 애착기반 놀이치료이다. 치료자는 조율, 공동조절(coregulation), 공감의 기술로 아동과 안전한 치료적 관계를 발달시키는 것으로 놀이치료를 시작한다. 종종 치료자가 소개하는 개입은 모래치료나 핑거페인팅과 같이 놀이로 가득하고, 감각에 초점을 맞춘 활동이다. 이러한 종류의 감각적 개입은 하부 뇌(lower brain)의 기능장애를 해결하는 데 도움이 된다. 치료자는 양육자가 회기 사이에 감각기반 활동을 지속할 수 있도록 지도한다(Patton & Benedict, 2015). 이 이론이 통합적 접근으로 인정받고 있지만, 치료자가 놀이치료 회기나 가정에서의 경험을 직접적으로 제공하며, 아동 및 부모-자녀 관계를 위해 필요한 지식을 제공한다는 점에서 지시적인 모델로 분류된다. 발달놀이치료와 마찬가지로, 대상관계 치료자는 애착붕괴나 결핍의 관점에서 아동의 현재 문제를 보기 때문에, 치료자가 직접 개입하는 것이 치료의 목표와 목적이다. 치료의 진전은 양육자의 보고뿐만 아니라 치료적 관계 및 지시적 놀이 활동에 대한 아동의 반응을 관찰하여 확인할 수 있다.

인지행동 놀이치료

인지행동 놀이치료에서는 목표지향적 치료계획을 개념화하고 설정하는 것이 가장 확실한 이론적 기초가 될 수 있다. 이 이론은 아동의 건강한 기능을 방해하는 생각과 신념을 확인하고 변화를 돕는다면, 아동은 보다 큰 이해감

(sense of understanding)과 역량(empowerment)을 발달시킬 것이라는 믿음에 기반을 두고 있다(Knell, 1995). 이 놀이치료 이론은 인지행동 원리의 영향을 받으며, 언어적 · 비언어적 표현과 상호작용을 통해 알게 된 아동내담자의 요구와 발달 단계에 민감한 부분을 통합한다(Knell, 2009). 아동이 드러내는 문제를 이해하는 과정은 부모면담을 통한 심리사회적 발달사 수집과 아울러, 아동의 증상 정도와 강도를 확인하기 위한 놀이기반 평가를 통해 이루어진다. 개입은 게임과 놀이로 가득한 활동을 치료자가 수립 · 감독한 목적과 목표에 기초하여 제공한다. 대부분의 인지행동 놀이치료는 치료자가 교사의 역할을 수행하며, 발달적으로 적절한 놀이기반의 활동을 통해 심리교육을 제공한다. 치료의 진전은 치료 회기 내에서도 측정하고, 부모와 교사의 도움을 받아 회기 사이의 행동 측정을 통해 추적한다.

통합적이고 처방적인 이론

최근 이론적 모델을 통합하는 아동치료자들이 증가하면서, 급속하게 진화하고 있는 놀이치료 분야가 있다. 현재 놀이치료에서 많은 임상가는 놀이의 치료적 힘의 스펙트럼에 근접하며, 내담자의 요구를 충족시키기 위해 다양한 이론적 모델의 장점을 제공하는 처방적 접근을 사용한다(Drewes & Cavett, 2019). 임상가가 하나의 단일 이론모델보다 통합적 모델로 발전시키기 위해 폭넓은 심리치료 분야와 대학원 훈련 프로그램에 참여하는 경향이 증가하고 있다(Jones-Smith, 2019). 실제로 역사적으로 통합적인 본질을 지니고 있는 수많은 놀이치료 이론모델이 있다.

Adler 학파 놀이치료

Adler 학파 놀이치료에서 아동내담자는 본능을 따르기보다, 사회적 존재이며, 그들의 목표에 따라 자연스럽게 나아간다고 본다. 이 이론적 정향은 각 내담자의 요구를 가족적 · 사회적 체계의 맥락에서 충족시키기 위해 Adler 학파 이론에 근원을 둔 다양한 이론들을 차용한다(Kottman & Meany-Walen, 2016). Adler 학파 놀이치료자는 치료의 초기 단계에 치료적 신뢰와 라포 형성을 중요하게 다루는 비지시적 접근을 사용하고, 후기 단계에서는 보다 지시적인 개입을 도입하는 경향이 있다. 사례개념화의 측면에서, 아동이 속한 사회적 체계를 광범위하게 탐색하고, 놀이치료 과정에 참여하는 양육자들이 아동의 세계와 경험에 대해 완전히 이해하도록 돕는다. 치료목표와 목적은 치료자, 아동, 그리고 양육자 간의 협력 과정에서 설정될 수 있다. Adler의 이론에서 사람들은 목표에 따라 움직이기 때문에, 치료목표를 논의하고 합의하는 과정은 이론적 모델과 자연스럽게 일치한다. 이론적으로 Adler 학파 놀이치료의 가장 중요한 목표는 의미와 소속감을 얻는 방법과 좌절감에 건강하게 대처하는 방법을 개발하기 위해, 친사회적인 방법으로 타인과의 유대를 경험하는 것이다(Kottman & Meany-Walen, 2016; 2018). 그러나 Adler 학파 놀이치료자들은 치료계획과 개입을 특정 내담자에게 맞추기 때문에, 개별 치료목표는 드러난 문제와 근본적인 개인 내 · 개인 간 어려움을 기반으로 내담자의 강점을 강화하는 것에 초점을 맞춘다(Kottman & Ashby, 2019).

생태학적 놀이치료

생태학적 놀이치료는 범이론적이고 통합적인 모델을 사용하는 처방적 모델이다(O'Connor & Vega, 2019). 생태학적 놀이치료 모델에서 치료자는 급변하는 아동의 발달적 요구와 아동이 속한 가족 및 사회체계의 복잡성에 따라 변화할 필요가 있다(O'Connor, 2016). 이 이론적 모델에서 치료자는 내담자를 그가 속한 고유한 생태계에 영향을 받고 형성된 고유한 복합체로 보고 접근해야 한다(O'Connor, 2000, p. 87). 이 이론적 모델은 양육자가 처음 제시한 문제를 넘어 아동의 요구에 대한 광범위한 관점을 공식화하기 위해 포괄적인 심리사회적 맥락을 고려한다(O'Connor & Ammen, 2013). 체계의 맥락과 다양한 놀이치료 이론으로부터 도출된 접근법으로 치료목표나 목적은 진행 과정에서 역동적이며 유동적인 추적을 통해 치료자뿐만 아니라 아동 및 양육자와의 공동작업에 의해 결정될 것이다.

게슈탈트 놀이치료

게슈탈트 놀이치료는 아동내담자의 감각, 신체, 정서, 인지를 포함한 모든 측면의 통합된 기능과 관련된 경험적 치료이다. 이 이론은 아동의 감각, 신체, 정서 및 사고가 통합적으로 사용되지 않을 때, 아동은 행복하게 주변세계와 성공적으로 관계 맺을 수 있는 능력의 발달이 방해받게 된다(Carroll, 2009). Oaklander(2001)는 게슈탈트 놀이치료의 목표에 대해 아동이 단절된 자신의 일부를 되찾고 통합할 수 있도록 돕는 것이며, 치료자는 아동이 치료목표를 달성할 수 있도록 치료의 경험과 기회를 제공해야 한다고 설명했다. Carroll과 Orazco(2019)는 게슈탈트 놀이치료의 목표에 대해 아동이 '통합된 삶'을 경험하는 것이라고 기술하였다. 다음은 치료목표가 작동하는 예시이다. 게슈탈트 놀이치료는 아동의 요구를 반영하고, 따뜻하고, 환영하며, 놀이로 가득한 환경 및 신뢰 기반의 치료적 관계에서 아동의 요구에 반응하는 아동중심 접근을 중요시한다. 또한 치료자는 치료목표를 달성하기 위해 놀이기반에서 아동에게 필요한 경험을 제공하기 위한 지시와 개입을 활용한다. 게슈탈트 놀이치료는 아동중심 놀이치료와 지시적이고 구조화된 놀이치료를 통합하여 개입한다.

처방적 놀이치료

처방적 놀이치료는 개인내담자의 특정한 요구에 따라 놀이치료 계획의 맞춤화를 위해 이론과 기법을 사용한다(Schaefer, 2001). 이 모델은 내담자가 치료실로 내방하게 하는 특정 문제의 해결방법을 고심해서 찾는다(Wonders, 2020). 임상가는 접수면접, 사정, 사례개념화 과정을 거쳐 내담자에게 맞춘 목표지향적인 세밀한 치료계획을 세운다(O'Connor, 2016). 치료자가 성공적으로 이론을 통합하여 처방적 놀이치료의 원리를 내담자에게 적용하기 위해서는 고도화된 임상기술을 보유하고 치료계획 과정을 명확히 이해해야 한다(Stone, 2020).

놀이의 치료적 힘의 안내 나침반

오랫동안 심리치료 분야에서 임상가가 내담자를 위해 매개체를 고려하는 것이 치료서비스의 효과를 보다 잘 이해하도록 돕는다는 견해는 이미 자리매김하였다(Kazdin, 2003). Schaefer와 Drewes(2014)는 놀이가 단순히 치료적 개입을 위한 수단이 아니라, 놀이 자체가 아동을 위한 변화의 매개체라고 제안한다. 더 나아가, 다양한 놀이의 힘을 생산해 내는 놀이의 스펙트럼이 존재한다는 사실을 전제로 한다. 놀이의 치료적 힘이 놀이치료 분야에서 하나의 통일된 기반이었다. 치료자가 어떤 접근법이나 어떤 이론적 배경을 사용하든 상관없이, 놀이치료는 아동이 학습하고 성장하도록 돕는 데 효과적인 방법임이 입증되었다.

Schaefer와 Drewes(2014)는 놀이 자체를 설명하는 놀이의 네 가지 중요한 힘과 변화의 핵심 요인으로 분류하였다. ① 놀이는 의사소통을 촉진한다. ② 놀이는 정서적 건강을 함양한다. ③ 놀이는 사회적 관계를 강화한다. ④ 놀이는 개인의 강점을 증가시킨다. 이러한 놀이의 힘은 변화가 필요한 20개의 핵심 어젠다가 있다([그림 2-1]).

변화의 이러한 핵심 요인들은 놀이치료 과정의 "마음과 영혼(heart and soul)"이라고 한다(Schaefer & Drewes, 2014). 놀이의 힘과 변화의 구체적인 요인들을 확인함으로써, 임상가는 치료과정에서 모든 개입의 목적을 분류할 수 있다. 임상 슈퍼바이저는 놀이치료 회기에서 일어나는 일과 그 목적에 대한 참고할 지침으로 놀이치료 훈련을 받는 치료자들에게 안내할 수 있다. 놀이치료 수련생은 특정 접근법의 사용, 특정 이론적 근거의 활용, 개입에 대한 타당성의 정당화를 위해 놀이의 치료적 힘에 의존할 수 있다. 임상가는 양육자가 놀이치료 과정을 이해하고 지속적으로 관심을 갖도록, 놀이의 치료적 힘과 변화의 핵심 요인을 반영함으로써 모든 이론적 배경을 기초로 치료계획을 구체화할 수 있다.

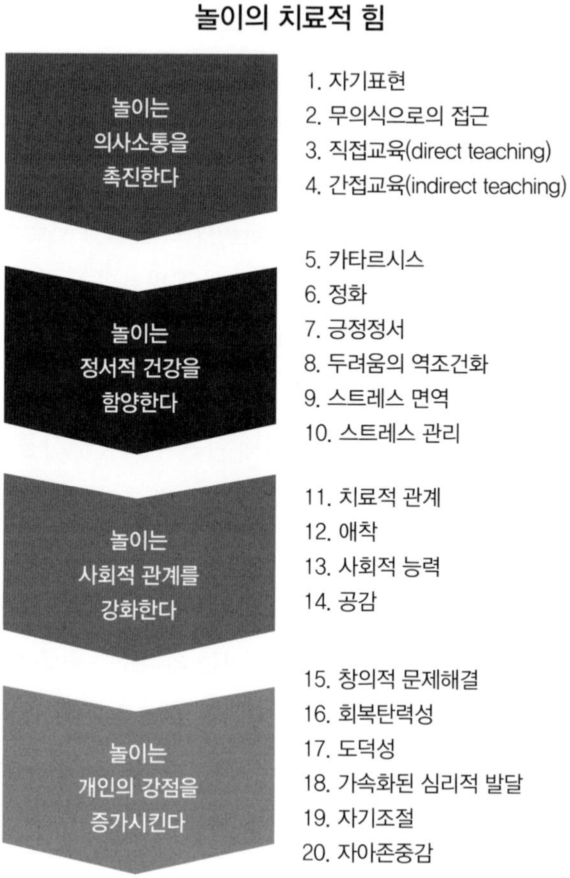

[그림 2-1] 놀이의 치료적 힘

Schaefer & Drewes (2014)에서 발췌.

결론

치료자가 급변하는 사회적 요구를 가진 아동과 그 가족에게 윤리적이고 효과적인 놀이치료 서비스를 제공하기 위해서는 모든 놀이치료의 이론적 토대에 대한 깊고 폭넓은 이해가 필수적이다. 놀이치료가 언제, 어디서, 어떻게 처음 시작되었는지 풍부한 역사를 이해하고 이론과 실제의 발전 과정을 숙지하는 것은 치료자가 아동 내담자와 그 가족의 치료를 위해 선택한 접근 방식과 임상적 개입을 이해하고 정당화할 수 있도록 하는 데 중요한 역할을 할 것이다. 다음 장에서 다룰 사례개념화 및 치료계획 과정을 완전히 수용하기 위해서는 먼저 치료자가 역사적 이론에 확고한 뿌리를 두고 있어야 한다.

참고문헌

Allan, J. (1997). Jungian play psychotherapy. In K. J. O'Connor and L. M. Braverman (Ed.), *Play therapy theory and practice: A comparative presentation* (pp. 100-130). Wiley.

American Psychiatric Association (2013). *Diagnostic and statistical manual of mental disorders (DSM-5®)*. American Psychiatric Pub.

American Psychological Association (2006). Evidence-based practice in psychology: APA presidential task force on evidence-based practice. *American Psychologist, 61*(4), 271-285. http://doi.org/10.1037/0003-066X.61.4.271

Baker-Ericzén, M., Jenkins, M., & Haine-Schlagel, R. (2013). Therapist, parent, and youth perspectives of treatment barriers to family-focused community outpatient mental health services. *Journal of Child & Family Studies, 22*(6), 854-868. https://doi.org/10.1007/s10826-012-9644-7

Banneyer, K. N., Bonin, L., Price, K., Goodman, W. K., & Storch, E. A. (2018). Cognitive behavioral therapy for childhood anxiety disorders: A review of recent advances. *Current Psychiatry Reports, 20*(8). https://doi.org/10.1007/s11920-018-0924-9

Berman, P. S. (2018). *Case conceptualization and treatment planning: Integrating theory with clinical practice*. SAGE Publications.

Betan, E. J., & Binder, J. L. (2010). Clinical expertise in psychotherapy: How expert therapists use theory in generating case conceptualizations and interventions. *Journal of Contemporary Psychotherapy, 40*(3), 141-152. https://doi.org/10.1007/s10879-010- 9138-0

Bratton, S. C., Ray, D., Rhine, T., & Jones, L. (2005). The efficacy of play therapy with children: A meta-analytic review of treatment outcomes. *Professional Psychology: Research and Practice, 36*(4), 376.

Brody, V. A. (1997). *Dialogue of touch: Developmental play therapy*. Jason Aronson.

Brown, R. C., Parker, K. M., McLeod, B. D., & Southam-Gerow, M. A. (2014). Building a positive therapeutic relationship with the child or adolescent and parent. *Evidence-Based CBT for Anxiety and Depression in Children and Adolescents*, 63-78. https://doi.org/10.1002/9781118500576.ch6

Carroll, F. (2009). Gestalt play therapy. In K. J. O'Connor & L. D. Braverman (Eds.), *Play therapy theory and practice: Comparing theories and techniques* (pp. 283-314). John Wiley & Sons Inc.

Carroll, F., & Orazco, V. (2019). Gestalt play therapy. *Play Therapy, 14*(3), 36-38.

Chang, J. (2013). Creative interventions with children: A transtheoretical approach.

Clark, L. A., Cuthbert, B., Lewis-Fernández, R., Narrow, W. E., & Reed, G. M. (2017). Three approaches to understanding and classifying mental disorder: ICD-11, DSM-5, and the National Institute of Mental Health's Research Domain Criteria (RDoC). *Psychological Science in the Public Interest, 18*(2), 72-145. https://doi.org10.1177/1529100617727266. PMID: 29211974.

Comer, J. S., Hong, N., Poznanski, B., Silva, K., & Wilson, M. (2019). Evidence base update on the treatment of early childhood anxiety and related problems. *Journal of Clinical Child & Adolescent Psychology, 48*(1), 1-15. https://doi.org/10.1080/15374416.2018.1534208

Cook, S. C., Schwartz, A. C., & Kaslow, N. J. (2017). Evidence-based psychotherapy: advantages and challenges. *Neurotherapeutics: The Journal of the American Society for Experimental NeuroTherapeutics, 14*(3), 537-545. https://doi.org/10.1007/s13311-017-0549-4

Courtney, J. A., & Siu, A. F. Y. (2018). Practitioner experiences of touch in working with children in play therapy. *International Journal of Play Therapy, 27*(2), 92-102. https://doi.org/10.1037/pla0000064

Courtney, J. A. (2020). *Infant play therapy: Foundations, models, programs, and practice*. Routledge.

Daley, L., Miller, R., Bean, R., & Oka, M. (2019). Family system play therapy: An integrative approach. *The American Journal of Family Therapy, 46*, 1-16. https:// doi.org/10.1080/01926187.2019.1570386.

Dowell, K. A., & Ogles, B. M. (2010). The effects of parent participation on child psychotherapy outcome: A meta-analytic review. *Journal of Clinical Child & Adolescent Psychology, 39*(2), 151-162. https://doi.org/10.1080/15374410903532585

Drapela, V. J. (1990). The value of theories for counseling practitioners. *International Journal for the Advancement of Counselling, 13*(1), 19-26. https://doi.org/10.1007/bf00154639

Drewes, A., & Cavett, A. (2019, September). Cognitive behavioral play therapy. *Play Therapy, 14*(3), 24-26.

Fall, K. A., Holden, J. M., & Marquis, A. (2010). *Theoretical models of counseling and psychotherapy* (2nd ed.). Routledge.

Gammer, C. (2009). *The child's voice in family therapy: A systemic perspective*. W.W. Norton & Company.

Gil, E. (2016). *Play in family therapy*. The Guilford Press.

Green, E. J. (2009). Jungian analytical play therapy. In K. J. O'Connor & L. D. Braverman (Eds.), *Play therapy theory and practice: Comparing theories and techniques* (pp. 83-121). John Wiley & Sons Inc.

Green, E. J. (2014). *The handbook of Jungian play therapy with children and adolescents*. JHU Press.

Grosse, M., & Grawe, K. (2002). Bern inventory of treatment goals: Part 1. Development and first application of a taxonomy of treatment goal themes. *Psychotherapy Research, 12*(1), 79-99. https://doi.org/10.1080/713869618

Haine-Schlagel, R., Brookman-Frazee, L., Fettes, D. L., Baker-Ericzén, M., & Garland, A. F. (2011). Therapist focus on parent involvement in community-based youth psychotherapy. *Journal of Child and Family Studies, 21*(4), 646-656. https://doi.org/10.1007/s10826-011-9517-5

Hawley, K., & Weisz, J. (2003). Child, parent and therapist (dis)agreement on target problems in outpatient therapy: The therapist's dilemma and its implications. *Journal of Consulting and Clinical Psychology, 71*(1), 62-70. http://doi.org/10.1037/0022-006X.71.1.62

Hegelund, A. (2005). Objectivity and subjectivity in the ethnographic method. *Qualitative Health Research, 15*(5), 647-668. https://doi.org/10.1177/1049732304273933

Hook, J. N., Davis, D., Owen, J., & DeBlaere, C. (2017). *Cultural humility: Engaging diverse identities in therapy*. American Psychological Association.

Horowitz, M. (1997). *Formulation as a basis for planning psychotherapy treatment* (1st Ed.). American Psychiatric Press.

John, S., & Segal, D. L. (2015). Case conceptualization. *The Encyclopedia of Clinical Psychology*, 1-4. https://doi.org/10.1002/9781118625392.wbecp106

Jones-Smith, E. (2019). *Theories of counseling and psychotherapy: An integrative approach*. SAGE Publications.

Jongsma, A. E., & Bruce, T. J. (2010). *Evidence-based psychotherapy treatment planning DVD workbook*. John Wiley & Sons.

Karver, M., Handelsman, J., Fields, S., & Bickman, L. (2006). Meta-analysis of therapeutic relationship variables in youth and family therapy: The evidence for different relationship variables in the child and adolescent treatment outcome literature. *Clinical Psychology Review, 26*(1), 50-65. https://doi.org/10.1016/j.cpr.2005.09.001

Katz, B. A., Catane, S., & Yovel, I. (2016). Pushed by symptoms, pulled by values: Promotion goals increase motivation in therapeutic tasks. *Behavior Therapy, 47*(2), 239-247. https://doi.org/10.1016/j.beth.2015.11.002

Kazdin, A. (2003). Delineating mechanisms of change in child & adolescent therapy: Methodological issues and research recommendations. *Journal of Child Psychology and Psychiatry, 44*(8), pp. 1116-1129.

Khoury, B., Langer, E. J., & Pagnini, F. (2014). The DSM: mindful science or mindless power? A critical review. *Frontiers in Psychology, 5*, 602. https://doi.org/10.3389/fpsyg.2014.00602

Knell, S. M. (1995). *Cognitive-behavioral play therapy*. Jason Aronson.

Knell, S. M. (2009). Cognitive-behavioral play-therapy. In K. J. O'Connor & L. D. Braverman (Eds.), *Play therapy theory and practice: Comparing theories and techniques* (2nd ed., pp. 203-236). Wiley.

Kottman, T., & Ashby, J. (2019). Adlerian play therapy. *Play Therapy, 14*(3), 12-13.

Kottman, T., & Meany-Walen, K. K. (2018). *Doing play therapy: From building the relationship to facilitating change*. Guilford Publications.

Kottman, T., & Meany-Walen, K. (2016). *Partners in play: An Adlerian approach to play therapy*. John Wiley & Sons.

Kronengold, H. (2016). *Stories from child & adolescent psychotherapy: A curious space*. Taylor & Francis.

Landreth, G. L. (2012). *Play therapy: The art of the relationship*. Routledge.

Lawver, T., & Blankenship, K. (2008). Play therapy: A case-based example of a nondirective approach. *Psychiatry, 5*(10), 24-28.

Lin, Y., & Bratton, S. C. (2015). A meta-analytic review of child-centered play therapy approaches. *Journal of Counseling and Development, 93*(1), 45-58. doi: 10.1002/j.1556-6676.2015.00180.x

LeBlanc, M., & Ritchie, M. (2001). A meta-analysis of play therapy outcomes. *Counseling Psychology Quarterly, 14*, 149-163. doi: 10.1080/09515070110059142

Leggett, E. S., & Boswell, J. N. (2017). Directive play therapy. In E. S. Leggett & J. N. Boswell (Eds.), *Directive play therapy: Theories and techniques* (pp. 1-15). Springer Publishing Co.

Lugo, A. M., King, M. L., Lamphere, J. C., & McArdle, P. E. (2017). Developing procedures to improve therapist-child rapport in early intervention. *Behavior Analysis in Practice, 10*(4), 395-401. https://doi.org/10.1007/s40617-016-0165-5

Michelini, G., Palumbo, I. M., DeYoung, C. G., Latzman, R., & Kotov, R. (2020). Linking RDoC and HiTOP: A new interface for advancing psychiatric nosology and neuroscience. https://doi.org/10.31234/osf.io/ps7tc

Muller, R. J. (2017). *The Four Domains of Mental Illness*. Routledge. https://doi.org/10.4324/9781315142821-1

Mullin, J. A., & Rickli, J. M. (2014). *Child-centered play therapy workbook: A self-directed guide for professionals*. Research Press.

Myrick, A. C., & Green, E. J. (2012). Incorporating play therapy into evidence-based treatment with children affected by obsessive compulsive disorder. *International Journal of Play Therapy, 21*(2), 74-86. https://doi.org/10.1037/a0027603

Neukrug, E. (2020). *Skills and techniques for human service professionals: Counseling environment, helping skills, treatment issues*. Cognella Academic.

Neukrug, E., & Schwitzer, A. M. (2006). *Skills and tools for today's counselors and psychotherapists: From natural helping to professional counseling*. Brooks/Cole Publishing Company.

Nock, M., Kazdin, A., & Kazdin, P. (2001). Parent expectancies for child therapy: Assessment and relation to participation in treatment. *Journal of Child and Family Studies, 10*(2), 155-180.

Norcross, J. C., Pfund, R. A., & Prochaska, J. O. (2013). Psychotherapy in 2022: A Delphi poll on its future. *Professional Psychology: Research and Practice, 44*(5), 363-370. https://doi.org/10.1037/a0034633

Nurcombe, B. (1989). Goal-directed treatment planning and the principles of brief hospitalization. *Journal of American Academy of Child and Adolescent Psychiatry, 1*, 26-30. http://doi.org/10.1097/00004583-198901000-00005

Nurcombe, B. (2014). Diagnosis and treatment planning in child and adolescent mental health problems. In J. M. Rey (Ed.), *IACAPAP e-Textbook of Child and Adolescent Mental Health* (pp. 1-21). International Association for Child and Adolescent Psychiatry and Allied Professions.

Oaklander, V. (2001). Gestalt play therapy. *International Journal of Play Therapy, 10*(2), 45-55. https://doi.org/10.1037/h0089479

O'Connor, K. J. (2000). *The play therapy primer*. Wiley.

O'Connor, K. (2016). Ecosystemic play therapy. In *Handbook of play therapy* (pp. 195-223). John Wiley & Sons.

O'Connor, K. J., & Ammen, S. (2013). *Play therapy treatment planning and interventions: The ecosystemic model and workbook* (2nd ed.). Elsevier/Academic Press.

O'Connor, K., & Vega, C. (2019). Ecosystemic play therapy. *Play Therapy, 14*(3), 32-34.

Patton, S. C., & Benedict, H. E. (2015). *Object relations and attachment-based play therapy*. In D. A. Crenshaw & A. L. Stewart (Eds.), *Play therapy: A comprehensive guide to theory and practice* (pp. 17-31). The Guilford Press.

Ray, D. (2011). *Advanced play therapy* (1st ed.). Routledge.

Ridley, C. R., Jeffrey, C. E., & Roberson, R. B. (2017). The process of thematic mapping in case conceptualization. *Journal of Clinical Psychology, 73*(4), 393-409. https://doi.org/10.1002/jclp.22351

Rosen, S. M. (2015). Why natural science needs phenomenological philosophy. *Progress in Biophysics and Molecular Biology, 119*(3), 257.

Ross, C., & Margolis, R. (2019). Research domain criteria: Strengths, weaknesses, and potential alternatives for future psychiatric research. *Molecular Neuropsychiatry, 5*(4),

218-236. https://doi.org/10.1159/000501797

Schaefer, C. (2001). Prescriptive play therapy. *International Journal of Play Therapy, 10*, 57-73.

Schaefer, C. E., & Drewes, A. A. (2014). *The therapeutic powers of play: 20 core agents of change*. Wiley.

Schrank, B., Riches, S., Coggins, T., Tylee, A., & Slade, M. (2013). From objectivity tosubjectivity: Conceptualization and measurement of well-being in mental health. *Neuropsychiatry, 3*(5), 525-534. https://doi.org/10.2217/npy.13.58

Schwitzer, A. M., & Rubin, L. C. (2015). *Diagnosis & treatment planning skills: A popular culture casebook approach*. Sage.

Senko, K., & Bethany, H. (2019). Play therapy: An illustrative case. *Innovations in Clinical Neuroscience, 16*(5-6), 38-40.

Sperry, L. (2010). *Highly effective therapy: Developing essential clinical competencies in counseling and psychotherapy*. Taylor & Francis.

Stone, J. (2020). *Digital play therapy*. Routledge. https://doi.org/10.4324/978042 9001109-4

Tervalon, M., & Murray-Garcia, J. (1998). Cultural humility versus cultural competence: A critical distinction in defining physician training outcomes in multicultural education. *Journal of Health Care for the Poor and Undeserved, 9*, 117-125.

Wakefield, J. C. (2016). Diagnostic issues and controversies in DSM-5: Return of the false positives problem. *Annual Review of Clinical Psychology, 12*(1), 105-132. https://doi.org/10.1146/annurev-clinpsy-032814-112800

Wampold, B. E. (2019). *Theories of psychotherapy series. The basics of psychotherapy: An introduction to theory and practice* (2nd ed.). American Psychological Association. https://doi.org/10.1037/0000117-000

Waters, A., & Asbil, A. (2013). *Reflections on cultural humility*. American Psychological Association. www.apa.org/pi/families/resources/newsletter/2013/08/culturalhumility.

Wonders, L. L. (2020). Play therapy for children with selective mutism. In H. G. Kaduson, D. Cangelosi, & C. E. Schaefer (Eds.), *Prescriptive play therapy: Tailoring interventions for specific childhood problems* (pp. 92-104). The Guilford Press.

Yager, J., & Feinstein, R. E. (2017). Potential applications of the National Institute of mental health's research domain criteria (RDoC) to clinical psychiatric practice. *The Journal of Clinical Psychiatry, 78*(04), 423-432. https://doi.org/10.4088/jcp.15nr10476

Zubernis, L., & Snyder, M. (2015). *Case conceptualization and effective interventions: Assessing and treating mental, emotional, and behavioral disorders*. SAGE Publications.

Zubernis, L., Snyder, M., & Neale-McFall, C. (2017). Case conceptualization: Improving understanding and treatment with the temporal/contextual model. *Journal of Mental Health Counseling, 39*(3), 181-194. https://doi.org/10.17744/mehc.39.3.01

제3장
원격놀이치료

Jessica Stone

이 시간은 우리가 함께 변화하고 성장하기 위해 애쓴 시간이기에
우리 모두 어떤 식으로든 지금을 기억하고 소중하게 여길 거라고 생각해요.
(2021년 1월 3일, J. Flynn과의 개인 교신)

놀이치료의 역사, 기초, 치료 개념화가 확고하게 정립되면서, 놀이치료자는 다양한 환경과 플랫폼에 이런 정보를 조정해서 적용할 수 있게 되었다. 2020년 봄, COVID-19로 인해 대다수 놀이치료자는 매우 짧은 시간 동안 원격으로 심리치료 서비스를 제공하는 방식으로 빠르게 변화하였다. 치명적인 바이러스의 확산을 막는 데 필요했던 사회적 거리두기는 한동안 대면으로 진행되는 치료 회기를 갖기 어려울 것이라는 점을 시사하였다. 치료실에서 활용되던 기술과 지식을 디지털 플랫폼에 적용해야 할 때였다.

혼란이 조금 가라앉고 나자, 치료자들은 원격심리치료 서비스에 대한 실행계획을 평가하고 결정해야 한다는 점을 빠르게 인식하였다. 이러한 실행계획에는 다음과 같은 질문을 포함한다. 치료자와 내담자가 한 공간에 있지 않은 채 어떻게 서비스를 지속해서 제공할 것인가? 어떤 플랫폼을 이용하고 보안이 어떻게 유지되는가? 안전 문제나 다른 우려는 없는가? 주, 자격증제도, 연방정부, 위반행위(malpractice) 규정, 학회 수준에서 법적 · 윤리적으로 고려해야 하는 것은 무엇인가? 치료자가 '당황한 상태에서' 내담자를 어떻게 도울 것인가? 치료자들이 어떻게 원격심리치료 서비스를 제공할 것인가? 우리는 원격심리치료에서 실제로 무엇을 하는가? 이 주요한 질문들에 대한 답은 다음 핵심 지침에서 찾을 수 있다.

1. 치료자는 훈련과 경험을 통해 이미 가지고 있는 기본 원칙을 새로운 환경인 디지털 플랫폼에 적용한다. 여기에는 사례개념화와 치료계획부터 직접적인 개입 경험, 부수적으로 취할 연락과 대화까지 모두 포함된다.
2. 법적 · 윤리적 필수요건을 확인하고 그 결과를 기록해 놓는다.
3. 서비스를 전달할 새로운 수단으로 선택한 프로그램과 플랫폼이 치료자가 확인한 필수요건에 어떻게 부합하는지 검토하고 이를 기록해 둔다. 사용하려는 자원들이 여러 규정과 기준(즉, HIPAA 규정)에 부합하는지 검토하면서 선택할 필요가 있다.
4. 원격심리치료를 위한 동의서를 포함하여 적절한 법적 · 윤리적 관련 서류를 준비해 놓는다.
5. 내담자가 원격심리치료에 적합한지 평가한다. 평가 시 안전성, 진단, 접근성, 사회경제적 상황, 가족역동, 문화 등을 고려한다.
6. 치료에서 새로운 요소를 시도하거나 추가할 때 늘 그래 왔듯 원격심리치료 산업의 선도자들로부터 슈퍼비전이나 자문을 받는다.

이 장에서는 원격서비스의 역사와 향후 방향을 소개하려고 한다. 1900년대 초 원격의료로 시작된 원격서비스 관련 풍부하고 놀라운 역사에 대한 검토를 통해, 우리가 어떻게 전 세계적 팬데믹에도 불구하고 지속적으로 치료서비스를 제공하는 놀라운 시기에 도달했는지 역사적으로 이해할 수 있다. 치료를 디지털로 제공하게 된 급격한 채택과정, 많은 사람이 경험한 깨달음, 원격심리치료 제공에서의 장단점을 검토하기 위해 COVID-19 팬데믹 시대에서의 원격심리치료 서비스를 논의한다. 마지막으로, 다양한 영역 중에서도 정신건강 분야에서 원격서비스의 통합을 위한 미래 방향이나 가능성을 논의한다.

원격의료

COVID-19 이전의 역사

대부분 사람은 2006년으로 원격의료 100주년이 되었다는 것에 놀랐다(Strehle & Shabde, 2006). 1970년대 Thomas Bird가 '원거리에서의 치유'로 번역될 수 있는 그리스어 'tele'와 라틴어 'medicus'를 혼합하여 '원격의료(telemedicine)'라는 용어를 처음 만들었지만(p. 195), 이 개념은 20세기 초가 되어서야 사용되었다. 원격의료 기법을 처음으로 개발하고 적용한 임상가로 간주되는 네덜란드 생리학자인 Willem Einthoven은 1906년 『Archives Internationales de Physiologie』에 연구 결과를 발표하였다(Strehle & Shabde, 2006; Einthoven, 1906). 심장초음파 검사 결과가 1,500m 이상의 전화선을 통해 전송되기도 하였다(Cadogan, 2020). 이후 100년 동안, 원격의료는 원거리에서의 치유를 제공하기 위해 다양한 방식으로 사용됐다.

특히 정신건강서비스 측면에서 1957년 이전 Cecil Wittson 박사가 네브래스카주에 있는 학생들에게 정신과적 훈련을 제공하기 위해 폐쇄회로, 단방향 텔레비전을 활용하기 시작하였다. 1957년에는 이러한 서비스가 비동기식, 양방향 통신으로 아이오와주와 노스다코타주 그리고 사우스다코타주로 확장되었고, 1959년에는 자문과 치료를 위해 비동기식 비디오를 사용하였다. 1969년 매사추세츠주 제너럴 병원에 첫 번째 원격클리닉이 만들어졌고, 임상가들은 병원으로부터 거의 약 4.8km 떨어진 로건 국제공항에 있는 아동과 성인들에게 서비스를 제공하였다(WeCounsel, 2021; University of Nebraska, n.d.).

1996년 『Telemedicine: A guide to assessing telelcommunications for health care』라는 중요한 책이 출판되었다(Field, 1996). 미래지향적인 전문가들은 서비스에 대한 접근을 포함하여 다양한 서비스 제공 시스템을 개선하기 위해 당시의 기술을 더 체계적으로 많이 사용하는 것을 기대하였다. 기술과 혁신을 결합하는 것에 초점을 두면서, 원격의료는 "거리상 참여자들이 같이하지 못할 때 건강 의료를 제공하고 지지하기 위해 전자 정보와 통신을 사용"(p. 1)하는 것으로 정의되었다. The Institute of Medicine(IOM)의 프로젝트에 포함된 자료의 핵심은 '임상적 원격의료의 평가'에 사용할 틀을 발달시키는 것으로, "정책입안자를 안내하고, 환자와 임상가들을 안심시키며, 건강 관리자에게 정보를 제공하고, 단점을 파악해 프로그램을 향상하는 것과 같은 원격의료를 위해 노력하고 있는 사람들을 돕기 위함이었다."(p. 2) 이 당시 주요 쟁점은 원거리와 산간 지역에 있는 사람들, 건강 상태가 안 좋거나 교통수단이 마땅치 않은 혹은 직장이 멀거나 감옥에 수감된 사람과 같이 대면으로 제공되는 서비스에 참석할 수 없는 사람들을 위한 서비스의 필요성에 대한 강조였다.

그래서 IOM은 다음과 같은 방향으로 연구를 수행하였다. ① 의료의 질과 건강 결과, ② 서비스 접근성, ③ 의료비용과 비용 효율성, ④ 환자의 지각, ⑤ 임상가의 지각(Field, 1996). 궁극적으로 연구, 탐색, 구조에 대해 더 많은 제안이 이뤄졌고, 원격의료 시스템의 사용을 적절하게 평가하기 위해 "기술적 · 임상적 · 행정적 프로세스가 어떻게 작동하는지 설명하고, 실제로 이것들이 어떻게 구현되는지 결정하는 것"의 중요성이 강조되었다(p. 5).

장애물

원격의료는 시간이 지나면서 여러 어려움에 부딪혔다. 원격 플랫폼을 통해 제공되는 서비스의 질에 대한 우려의 목소리가 있었지만, 다른 우려들이 더 컸던 것으로 보인다. 확실한 것은 건강에 초점을 둔 다양한 분야가 역사와 전통을 더 중시하였다는 점이다(DiCarlo et al., 2021). 새로운 기법과 방식이 제공되었을 때, 실제로 적용하기까지는 더디고 여러 어려움이 있는 건 흔한 일이다. 더욱이 의료서비스 전달과 관련된 비즈니스는 그러한 서비스 전달과 관련하여 재정적 목적과 동기가 있다. Field(1996)가 기술하였듯, 1960년부터 1980년까지의 원격의료 프로젝트 대부분은 임상실험과 연구를 위한 연구비 수혜의 어려움으로 연구 기간이 종료되면 프로그램도 같이 종료되었다. 왜 이런 일이 발생했을까? 임상가와 내담자에게 필요한 장비구매와 유지에 소요되는 비용, 매체에 익숙하지 않은 점과 같이 다양한 이유가 있다. 하드웨어와 소프트웨어의 기술 발전과 절감된 비용으로 인한 보급성은 여러 우려를 감소시켰지만, 다음과 같은 다른 도전들에 직면한다.

- 정보 및 통신 기술의 발전: 기술 영역에서 사물이 자주 변화하고 빠르게 발전한다.
- 복잡하고 종종 다루기 힘든 기술 인프라: 이는 개인과 조직을 위한 프로토콜과 구조를 만들기 벅차고 어려울 수 있다.
- 다양하고 때로는 현란한 원격의료 기술 및 용도: 하드웨어와 소프트웨어의 선택사항이 너무 많아 압도적이고 혼란스러우며, 임상 및 재정적 결정은 어려울 수 있다.
- 원거리 의학을 하는 데 있어 종종 일반 기관과 개인이 도움을 받을 수 있는 협력 수준의 미비: 서비스에 대한 접근이 오랜 관심사였음에도, '깨지지 않으면 고치고 싶지 않다'는 인식이 역사적으로 이러한 협력을 제한하였다. COVID-19 이전에 '원격'이 붙은 무엇인가를 채택하는 쪽으로 변화하는 것은 여러 가지 이유로 저항에 부딪혔으나 상황은 채택이라는 큰 도약을 촉진한다.

- 국가 보건의료시스템의 재구조화: 대형 기관을 재구조화하고 구조화의 목표를 향해 필요한 전환을 지시하기 위해서는, 권력을 가진 사람들과 변화의 가치에 대한 충분한 상호이해가 필요하다.

그리고 마지막으로 중요한 것은 다음과 같다.

- 기업의 이익에 도움이 되지 않는 임상 연구에 투자하기를 선호하지 않는 투자자가 소유한 기업의 성장: 자본은 많은 것을 가능하게 하고, 대면 서비스는 원격 시스템을 통해 제공되는 서비스와는 다른 다양한 욕구와 필요성을 포함한다.

(Field, 1996, p. 4)

세계보건기구(WHO)는 '정보통신기술(ICTs)'의 이점을 검토하기 위한 기구를 설립했다. 이 기구는 Global Observatory for eHealth(GOe)로 명명되었으며 정책, 표준 및 모범 사례를 알리기 위해 전 세계, 국가, 지역 상태를 평가하기 위한 임무를 수행하였다(World Health Organization, 2010, p. 6). 세계보건기구 회원국들에 대한 조사는 2005년과 2009년에 실시되었으며, 2005년의 조사 결과는 2009년 조사의 방향과 내용에 영향을 미쳤다. 2009년의 조사는 114개국에서 수행되었고 원격방사선학, 원격병리학, 원격피부학, 원격심리학이라는 네 가지 주요 원격의료 분야의 개발을 조사하는 데 집중되었다. 연구 결과, 개발도상국의 우려는 기술적 전문성, 비용 및 인프라 부족에 크게 집중된 반면, 선진국은 환자의 사생활, 비밀보장, 수요가 별로 없는 것으로 지각, '의료시스템의 우선순위와 경쟁해야 하는 것'에 대한 우려를 더 자주 언급하는 것으로 조사되었다. 근본적으로 '이 모든 것에는 비용이 들 텐데 그럴 만한 가치나 필요성이 있는가?' '현재 시스템에 어떤 영향을 미치고, 환자 정보를 어떻게 보호하는가?'와 같은 질문이 제기된다. 대기업의 재정적 우려에 대한 강력한 표현만이 아니라(Field, 1996; World Health Organization, 2010) "다른 의료 서비스와 경쟁하기보다는 원격의료를 강화"하려는 욕구도 있다(World Health Organization, 2010, p. 7).

이처럼 정보를 수집할수록 원격의료 서비스의 출현에 많은 변동이 있었다는 것이 명백해졌다. 치료자가 고려할 주요 영역은 임상치료 측면, 이론적 적절성, 장비의 비용 및 조달 등을 포함한다. 큰 변화로 인한 어려움에는 어떤 환경에든 적합하다고 정의된 비용과 성능 평가가 포함될 수 있다.

1. 변경 비용이 더 많이 들고 성능은 더 떨어지는가?
2. 변경 비용이 적절하고 성능이 더 높은가?
3. 비용이 적게 들고 성능이 더 좋은가?
4. 비용이 적게 들고 성능도 우수한가?
5. 비용이 더 많이 들지만, 성능이 더 우수한가?
6. 비용이 적게 들지만, 성능이 떨어지는가? (Field, 1996)

이 질문 중 몇 가지에 대한 답은 명백하다. 만약 어떤 것이 비용이 많이 들면서 수행 수준이 똑같거나 낮다면 그 변화는 할 가치가 없고 대부분 원하지 않는 결과를 초래할 것이다. 관련된 모든 기준에 따라 다른 선택지들은 더 모호해진다. 성과와 가치에 관한 결정이 어떻게 그리고 누구에 의해 내려지는지는 아직 답변이 이루어지지 못한 문제이다. 역사적으로, 원격의료를 대규모로 구현하는 것은 다양한 동기와 지각되는 수요에 따라 제기되기도 묻히기도 하였다. COVID-19는 확실히 많은 동기와 지각된 요구를 변화시켰고, 따라서 상기 언급된 분석과정은 새로운 의미가 있다.

더 최근의 상황

2000년에 Lewin Group 주식회사는 1996년 IOM 보고서를 업데이트하기 위해 노력하였다. "원격심리치료에 대한 환자들의 만족도가 지속적으로 높은 것으로 입증되었으나"(p. 2) 원격심리치료 서비스가 광범위하게 채택되는 것을 막는 특정 요소들이 있다는 점을 발견했다(Lewin Group, Inc. HHS-10-97-0012, 2000). 연구의 복잡성과 보험적용의 어려움, 자원의 할당이 지속적인 장애물로 확인된다. 이는 임상가들이 직업적 충실성을 유지하는 동시에 서비스를 제공하는 확장된 방법의 가치를 찾을 필요가 있다는 초기 제기된 문제를 계속해서 보여 주는 것이다. 초기 제기된 문제에는 다음도 포함된다. 정부와 보험기관은 입증되지 않은 서비스를 위해 자원을 할당하지 않도록 그러한 서비스에 대한 촉진 및 보험급여에 대한 가치를 인식할 필요가 있다. 연구자들은 표준화된 용어와 평가 방법에서의 가치를 확인할 필요가 있다. 그리고 환자는 전통적이지 않은 서비스 전달 방법에서의 가치를 경험할 필요가 있다. 환자/내담자들은 원격서비스 옵션에 대해 긍정적인 목소리를 자주 나타냈다(Simpson et al., 2021; Gustke et al., 2000). 원격서비스가 가장 필요한 사람인 내담자를 위해 원격서비스를 더 많이 활용하는 것에 시간, 생각, 에너지, 돈을 투자하는 것은 역사적으로 제공자, 금융 시스템, 연구자에게 맡겨졌다.

이 모든 것의 핵심은 내담자의 만족으로 이는 반복적으로 높다고 규명되었다(Field, 1996; Robinson et al., 2015; Rosic et al., 2020; Gustke et al., 2000; Batastini et al., 2020). 최근 20년간 원격심리치료와 대면으로 전달된 서비스에 대한 Batastini 등(2020)의 메타분석 연구 결과는 원격심리치료 서비스의 유용성을 지지한다. 57개의 연구를 검토한 이 메타분석 연구는 상담실에 있는 사람의 실제적 존재가 얼마나 중요한지를 이해하는 데에도 초점을 맞췄지만, 원격심리치료에 대한 높은 만족감도 발견하였다. 구체적인 예시로, Gustke 등(2000)의 연구는 495명의 연구대상자에게 정신건강을 포함한 원격의료 서비스를 제공하였고, 다음과 같은 결과가 산출되었다. 참여자의 99%가 "나는 전문의와 적절히 소통할 수 있었다."라고 답하였다. 참여자의 98.2%는 "오늘 나를 괴롭히던 것을 전문의가 이해할 수 있어서 편안했다."라고 답하였다. 참여자의 98.7%가 "원격의료는 의료서비스를 더 쉽게 받을 수 있게 해 주었다."라고 응답하였다. 오직 3.3%의 참여자만이 "다음번엔 좀 불편하더라도 전문의를 대면으로 만나고 싶다."라고 답하였다(2000, p. 9).

앞으로 나아가며

앞으로 나아가며 우리는, 만약 소비자 만족도가 높다면, 왜 다양한 분야가 그렇게 오랫동안 원격심리치료를 전형적인 임상 과정으로 통합하는 것을 고려할 필요가 없다고 묵살하고 피해 왔는지 스스로에게 물어봐야 한다. 우리는 놀이치료에서 이러한 유형의 질문을 하고, 미성년자와 함께 작업하는 과정에 적합한 특정 기준을 발달시킬 필요가 있다. 이제까지 대부분의 연구는 원격심리치료 서비스에 대한 성인들의 만족도와 상호작용에 초점을 두어 수행되었다. 놀이치료자는 대개 아동들을 치료하기 때문에 일반적으로 그리고 특히 놀이치료에서 아동에게 원격심리치료 서비스를 전달할 때 이전의 결과를 어떻게 적용할 수 있는가? 본 저자의 경험으로는 COVID-19로 인한 사회적 거리두기가 시작되었을 때 치료가 100% 원격심리치료로 전환되었고, 이전 내담자를 유지하면서 새로운 내담자가 추가되기도 하였다. 많은 내담자가 가능한 놀이치료실에서 만나는 대면 회기를 정기적으로 가지면서도 원격심리치료 회기를 계속하고 싶다고 말하였다.

아동을 대상으로 놀이치료자들이 연구를 수행하는 것은 더 복잡한데, 보호자가 미성년자를 데리고 오고, 보호자는 본인의 지각, 욕구, 의견을 치료에 가지고 오며, 진실한 정보를 얻기 위해 아동과 보호자 간의 역동이 신중하게 분석되어야 할 필요가 있기 때문이다. 만족 기준이 서로 다를 수 있으므로 최소한, 내담자-치료자, 가족-치료자, 보호자/부모/치료자, 내담자 본인, 그리고 보호자/부모의 역동이 설명되고 신중하게 분석될 필요가 있다.

원격심리치료, COVID-19

원격의료와 다른 원격서비스의 역사를 통해 알 수 있는 것처럼, 이러한 접근을 채택하는 것은 여러 이유로 오래 걸렸다. 특히 비용편익(cost-benefit) 요구 분석 결과는 원격서비스가 전 세계적으로 사용되는 것에 도움이 되지 않았다. 일부 임상가들은 COVID-19 이전에 원격서비스를 활용하고 있었지만, 임상 장면에서 '부수적으로' 활용하거나 매우 외진 곳에 거주하는 사람들 혹은 특별한 진단을 받은 사람들처럼 틈새 수요를 맞추기 위해 제공하는 것으로 생각하였다. 앞에서 언급한 공급자의 낮은 활용 및 제공과 내담자의 높은 만족도 간의 차이는 이러한 서비스 제공의 개념화를 진전시키고 확대할 때 강조되고 탐색해야 할 부분이다.

성장

2020년 COVID-19 팬데믹 기간 동안 사회적 거리두기의 필요성으로 인해 원격심리치료에 대한 사용과 관심은 극적으로 증가하였다. Fair Health(2020a)는 미국에서 2019년 4월과 2020년 4월에 원격심리치료와 관련된 주요 정보를 추적하고 비교하였다. 2019년 4월, 미국에서 원격심리치료 사용 비율은 0.15%였고, 2020년 4월에는 13%였는데, 이 수치는 평균 8335.51%의 증가율이다. 미국 동북부 지역은 미국 다른 지역보다 먼저 COVID-19 환자 유입을 경험하였고 이 지역의 원격심리치료 채택 증가율은 26,209%로 놀라운 증가율을 보였다(Fair Health, 2020a; 2020b). 미국심리학회(The American

Psychological Association: APA)가 회원들을 대상으로 조사한 결과, 75%의 임상가가 COVID-19 팬데믹 기간 동안 내담자들을 원격으로만 만났다고 보고했다(Edwards-Ashman, 2021). 놀이치료 영역에서도 비슷한 양상이 나타났다. 예를 들어, 2020년 3월 14일 Cara Gruhala가 창설한 'Tele-PLAY Therapy Resources and Support'라고 불리는 페이스북 단체의 회원수는 첫 달에만 24,010명으로 증가하였고(2021년 1월 2일, C. Gruhala와의 개인 교신), 2021년 1월에는 회원수가 36,100명으로 증가하였다. 이 단체의 임무는 "아동들을 위한 원격심리치료 서비스를 탐구할 목적으로 놀이기반 개입을 사용하는 정신건강 제공자들을 지지적인 커뮤니티에서 연결하는 것"을 포함한다(Facebook, 2021). 다른 단체들도 유사하게 급격한 회원 증가를 경험하였다. 이런 변화는 원격심리치료 서비스 제공 및 임상가들의 요구에 있어 엄청난 변화를 의미한다.

Fair Health는 원격심리치료 사용량에 더해 2019년과 2020년의 동일한 달을 비교하여 원격심리치료 서비스의 상담 예약 유형을 조사하였다. 상기 언급한 4월의 결과와 유사하게, 원격심리치료 사용의 극적인 증가에 있어 몇 가지 구분되는 지점을 파악할 수 있었다. 상위 5개 Current Procedural Terminology (CPT)[1]절차 코드를 비교 분석하여 추가적으로 급격한 차이점을 파악할 수 있었는데, 2019년 4월 원격치료에 사용된 상위 5개 CPT 코드는 다음과 같다. 5~10분간 의사가 환자에게 전화하는 서비스인 99441, 환자의 자기관리를 위한 교육과 훈련을 위한 98960, 30분간 기존의 환자진료소나 기타 외래방문을 위한 99213, 마지막 7일 동안 의사들의 사후진료를 위한 99444, 10분간의 새로운 환자나 다른 외래환자 방문을 위한 99201 등이다. 2020년 4월에는 상황이 다음과 같이 극적으로 달라졌다. 앞과 동일한 내용으로 15분간 의사의 진료 99213, 25분간 기존 환자진료소 99214, 60분간 심리치료 90837, 45분간 심리

1) 역자 주: 미국에서 보험적용을 받기 위해서는 공인된 의료행위 코드를 부여받아야 하는데 가장 널리 사용되는 것이 CPT 코드이다.

치료 90834, 11~20분간 의사가 환자에게 전화하는 서비스 99442 등이다(Fair Health, 2020a). 기본적으로 COVID-19 전에 원격심리치료는 주되게 빠른 후속 조치와 교육적인 목적의 의사 방문을 위해 사용되었으나, 2020년에 사용된 상위 5개 CPT 코드에 심리치료 한 회기가 포함되는 변화가 빠르게 일어났다. 무수히 많은 정신건강 제공자와 내담자들은 놀라울 정도로 짧은 기간 동안 원격심리치료 서비스로 전환했다.

급격한 채택

이러한 급격한 사용량 증가와 서비스 구조, 매체의 급격한 변화에 대한 우려가 없었던 것은 아니다. COVID-19 봉쇄 직후 '우리가 해야 하는가, 말아야 하는가?'라는 딜레마가 옆으로 밀려나면서 개인정보 보호, 보안, 접근성, 특정 장애에 대한 적합성 및 제공자에 대한 지불 등이 주요 우려점이었다(Calkins, 2021; O'Brien & McNicholas, 2020; DiCarlo et al., 2021). 장기적으로 사용할 수 있는 원격정신건강 회기 내에서 사용되는 프로그램의 발전과 함께 임시 조항이 이러한 우려의 많은 부분을 다루었다.

급격한 변화는 많은 임상가에게 스트레스를 주었고 정신없는 일이었지만, 일부 내담자들에게는 원격심리치료 양식이 선호되고 우수한 서비스일 수 있다는 것을 임상가가 인식하는 것은 중요하다. 원격심리치료는 실제 일부 내담자와 그들의 가족들에게 더 긍정적인 결과를 가져올 수 있다(Simpson et al., 2021; DiCarlo et al., 2021). 어떤 내담자들은 치료실에 들어가는 것이 편안하다고 생각한다. 치료실은 내담자들과 내담자의 중요한 표현을 담는 공간이다. 다른 내담자에게는 본인의 환경, 환경에 대한 본인의 통제, 편안함을 주는 아이템, 물리적 거리가 표현의 자유를 허용한다. 친밀감과 근접성은 편안할 수 있으나 위협적이고 심지어 안전하지 않고 트라우마 상황이나 경험을 상기시킬 수 있다. 논의하기 어려운 주제를 가진 내담자에게는 "가상공간에서 만나는 회기가 '보호'의 느낌을 불러일으킨다."(DiCarlo et al., 2021, p. 3) 원격정신건강은 미래의 어느 시점에 대면 회기를 갖는 것을 목표로 하는 내담자에게 점진적 과정으로 유용할 수 있다. 사람들은 다르고 그들의 욕구도 다르다. 임상가들이 단순히 환경에 따르는 본인들의 편안한 수준만을 주장할 것이 아니라 내담자의 욕구를 고려하고 통합하는 것은 중요하다.

Yellowlees 등(2020)은 3일 만에 UC Davis Health 정신의학과를 대면에서 100% 원격심리치료로 전환하였다. 이들은 'Rapid Conversion of an Outpatient Psychiatric Clinic to a 100% Virtual Telepsychiatry Clinic in Response to COVID-19'라는 글에서 원격심리치료로 클리닉을 전환하기 위한 단시간의 청사진을 제공한다. 그러한 전환을 위한 핵심 요소는 다음과 같다.

1. 계획 이행: 결정적인 행동을 취하고 계획을 수립, 제정 및 이행한다.
2. 모든 직원과 소통: 계획의 특정 요소를 구현하기 위한 하위그룹을 만들고, 모든 우려나 요구사항에 대해 의사소통하는 것이 중요하다.
3. 예약된 약속이 있는 모든 내담자에게 통지한다.
4. 모든 제공자와 직원이 적절한 장비와 훈련을 받았는지 확인한다.
5. 요구사항 및 운영을 평가하고 가능한 한 변경할 수 있는 시범 기간이 포함된 서비스 시작일을 고려한다(Yellowlees et al., 2020, p. 750).

내담자들은 가상 회기에 참여할 기회에 대해 안도와 감사함을 표현하였고, 2020년 7월 COVID-19 봉쇄가 해제된 후에도 많은 내담자가 원격심리치료 회기의 지속을 희망하였다. 이것은 중요하다. 내담자들의 욕구를 충족하고, 진료의 연속성을 유지하며, 필요한 건강 요구사항을 다루기 위한 클리닉의 조직적인 접근방식에 대해 내담자들은 긍정적인 반응을 보였고 감사해 하였다. 우리가 다른 많은 시나리오에서 알고 있듯이 어떤 상황에서 리더의 힘과 태도는 종종 다른 사람들을 위한 분위기를 형성하는데, 이 클리닉에서 내담자들은 변화와 접근 가능성에 의해 지지받았다고 느꼈다. 클리닉의 우려사항은 내담자에게 연락하기, 필요한 장비에 접근할 수 없는 내담자(전화 회기도 제공됨), 임상가들을 위한 기술적 어려움, HIPAA 규정을 준수하는 플랫폼 사용 확인 등을 포함한다(Yellowlees, 2020).

상당한 주의

임상가로서 '상당한 주의' 혹은 '심사숙고'(due diligence) 과정은 우리의 행동, 결정, 정책에서 내담자에게 해를 끼치지 않도록 노력하고 있음을 확인하는 것이다. Merriam-Webster 사전에서는 '상당한 주의'를 다음과 같이 정의한다.

1. 법률: 타인이나 타인의 소유물에 손해를 입히지 않기 위해 합리적인 개인이 행사하는 주의
2. 경제: 사업상 거래를 위한 준비과정에서 회사나 조직이 연구나 분석을 수행하는 것(Merriam-Webster, 2021).

임상가로서 우리는 새로운 치료 수단을 활용하는 치료적 요소에 주의를 기울이면서, 자격증이 있는 전문가로서 규제적 · 윤리적 · 법적 요소에도 주의를 기울여야 한다. 급격한 변경이나 의사결정을 내릴 때는 속도를 늦추고 '상당한 주의' 요소를 검토하여 모든 사람이 최대한 보호받을 수 있도록 하는 것이 중요하다.

규칙 및 요구사항

정신건강 제공자들은 주, 연방, 의료 과실 보험, 면허 및 전문조직을 포함하지만 이에 국한하지 않는 다수의 정부나 관리 기관에 응답한다. '상당한 주의' 과정에서 임상가들의 영역을 감독하는 해당 기관에 연락하고 해당 연락을 문서화해야 한다. 임상가들은 각 구성요소를 상세히 설명하고 해결 및/또는 유

지가 필요한 주요 항목을 편집할 수 있는 서식을 생성하는 것이 좋다. 원격행동건강 분야의 지식, 훈련, 자원 분야의 선두 주자인 Maheu는 원격심리치료 종사자를 위한 주요 권장 사항을 다음과 같이 설명한다.

1. 주정부 차원에서 원격심리치료 관련 법적 책임을 이해한다. 최신 경향을 확인하기 위해 게시물과 업데이트를 구독한다. 현재 자격증을 취득한 곳 외의 주정부에서 서비스를 제공하기 위해 다른 주정부의 자격증을 취득해야 하는지 검토한다. 일부 주에서는 임시 자격증을 제공하고 있고, PSYPACT와 같은 기관은 여러 주에서 호혜적으로 인정되는 자격증을 제공하고 있다. "면허를 소지한 치료자들이 주 경계를 넘나들며 보다 쉽게 치료를 제공할 수 있도록 규정을 영구적으로 개선할 필요가 있고, 증가하는 원격 환자의 요구를 충족시킬 필요가 있다."(Pennic, 2020)
2. 귀하의 상담분야 책임보험이 귀하가 제공하고 있거나 제공하고자 하는 서비스와 이를 제공하는 지역을 보장하는지 확인한다. 그러한 보장을 얻기 위해 추가적인 보험적용 범위나 훈련이 필요한지 파악해야 한다. 책임보험 회사에 요구사항, 적용 범위, 제한사항, 사양 등을 서면으로 요청하여 받는다.
3. 특정 분야에 허용된 진료 기준을 조사하고 이해한다. 자원에는 주 자격증 위원회, 전문학회나 조직의 윤리 위원회(지역 및 국가), 필요에 따라 공식적으로 상담하는 동료 등이 포함될 수 있다.
4. 원격심리치료 회기 동안 기술적인 어려움부터 안전 계획까지 어떤 것이든 예상치 못한 상황에 관한 서면 정보를 내담자에게 제공한다. 이러한 내용은 상담동의서에 포함될 것이다.
5. 검증된 연구를 통해 확인되지 않은 혁신적인 서비스를 제공하는 경우 구두와 서면으로 내담자에게 알려 준다. "장비 고장으로 인한 진단, 치료 문제를 방해할 수 있는 전자 장비가 가질 수 있는 결함을 포함한 원격심

리치료 서비스 전달의 이점과 한계, 상담이 제공되는 장소 관련 문제해결을 위한 관할권 포기 선택, 제공되는 장비 및 서비스에 대한 간략한 설명 및 목적상 이점, 서비스 제공의 잠재적 위험과 기타 결과에 대한 내용"이 상담동의서에 포함되어야 한다(p. 79). 상담동의서 내용과 관련하여 법적 · 윤리적 자원을 참조하고 각 내담자/보호자/법정대리인의 서명을 문서에 받는다.

6. "치료가 치료 표준에 부합한다는 증거를 제공하기 위해" 모든 임상 정보를 문서화해야 한다(p. 79). 여기에는 모든 접수면접 자료와 문서들을 포함한다. 내담자, 특히 미성년자의 사진과/혹은 영상 자료는 적절한 보호와 윤리적 고려를 통해 처리되어야 한다.
7. 직원이 있는 경우 이들은 조직에서 규정하는 가장 최신의 조직 및 요구사항을 알고 있어야 한다.
8. 특히 원격심리치료를 위해 수강한 모든 교육과정에 대한 문서를 보관한다. 교육과정에서 법적 · 윤리적 측면을 고려하는지 확인한다. 가장 최신의 정보들을 획득하기 위해 일정 기간 교육과정에 참여한다.
9. 암호화된 전자메일, 저장장치, HIPAA 규정을 준수하는 플랫폼 등 내담자 정보의 모든 전송 및 저장에서 적절한 보호기능을 확인하고 사용한다. 비밀 보장 및 보안, 상담 자료와 슈퍼비전 자료의 저장 및 불러오기 시 잠재적인 유출을 조사하고 이해한다.
10. 상담동의서 공유, 모든 제공 서비스 관련 전략, 모든 환자 정보, 기록, 자료 등의 처리 등에 대한 지침을 동료, 윤리위원회 등으로부터 구하기 위한 노력을 문서화한다. 상담을 위한 귀하의 '상당한 주의' 과정을 보여 주는 노력을 문서화한다.
11. 원격심리치료 분야의 전문가로부터 슈퍼비전이나 자문을 구하고 모든 상호작용을 문서화한다. 특정 주제에 대해 자문받은 경우 권장 사항과 이를 따르거나 따르지 않는 이유와 근거를 적어 놓는다.

12. 보안을 최우선으로 하는 잘 설계된 시스템에 대한 투자는 잠재적인 개인 정보 침해를 막을 것이다.

(Maheu, 2020, pp. 78-80에서 발췌)

HIPAA 규정을 준수하는 플랫폼

2019년 미국 정부의 완화된 조치에도 불구하고 임상가들은 내담자와 관련해 수집한 개인 건강 정보(PHI)를 보호하는 플랫폼과 서비스를 활용해야 한다. 이 완화된 조치는 연장될 수는 있지만 2021년 1월 20일 만료될 예정이다. 그러나 임상가들은 완화된 조치의 연장 여부와 무관하게 보호된 매체를 사용하는 것이 중요하다. 미국에서는 1996년 HIPAA라고 불리는 건강보험 이전 및 책임에 관한 법이 정신건강 전문의와 관련자들을 위한 지침과 개인 건강 정보 보호를 명시하였다. 개인 건강 정보를 수집하고 HIPAA 규정을 준수하는 플랫폼은 종종 사업 협약서(Business Associate Agreement: BAA)를 제공한다. HIPAA를 준수하는 개인 건강 정보 수집 플랫폼을 활용하고 회사와 BAA를 체결하며 내담자/가족에게 잠재적인 위험을 알려 주는 임상가는 '상당한 주의'를 위해 적극적으로 노력하고 있다.

상담동의서

상담동의서는 제공되는 치료의 위험과 편익에 관한 임상가와 내담자/보호자 간의 기본적인 합의이다. 조직적이고 법률적인 자문을 통해 임상가가 활용하는 상담동의서의 내용이 확인되어야 한다. 이러한 보호는 주로 내담자를 위함이지만 치료자를 위한 보호기능도 제공한다. 미국심리학회(The American Psychological Association, 2020)는 심리학자들을 위해 상담동의서에서 고려해야 할 중요한 요소들의 예시를 제공한다.[2] 상담동의서를 구성하는 데 적절한

---

2) https://www.apa.org/practice/programs/dmhi/research-information/informed-consent-checklist

조직의 기준을 참고해야 한다. 본인이 고용된 상황일지라도 본인 자신과 본인의 상담에 책임을 져야 한다. 내담자에게 제공된 서류가 직접 만나거나 치료실 회기 그리고 원격심리치료 서비스 모두에 필요한 자료와 정보를 전달하는지 확인해야 한다.

접근성

수년 동안 정신건강서비스 접근에 대한 우려가 논의되었다. 위치, 신체적 어려움, 사회경제적 측면, 문화적 요소, 건강 문제, 가족역동, 안전 문제는 모두 정신건강 치료 약속에 참석하는 개인의 능력에 영향을 미치고 미칠 수 있다. 어떤 사람들에게는 가장 가까운 정신건강서비스가 약 160km 떨어져 있는 곳일 수 있다(Weir, 2021). 다양한 이유로 인해 소외된 지역사회가 미국 전역에 있다. 치료계획을 수립하고 실행할 때는 내담자의 요구를 고려해야 한다.

정보격차

> 정보격차는 사회에서 정보통신기술(ICTs)의 불균일한 분포를 설명하는 용어이다. 정보격차는 ① 선진국과 개발도상국(글로벌 격차), ② 한 국가 내의 다양한 사회경제적 집단(사회적 격차), ③ 인터넷에서 정치적 관여 관련하여 다양한 사용자들(민주적 격차) 간 컴퓨터와 인터넷의 접근(1차 정보격차)과 활용(2차 정보격차)의 차이를 모두 포함한다. 일반적으로 이러한 차이는 사회적 불평등을 강화하고 새로운 미디어에 접근하고 사용하는 사람들(가진 사람들)과 그렇지 않은 사람들(가지지 못한 사람들) 사이에 지속적인 정보와 지식 격차를 초래한다(Britannica, 2021).

정보격차 개념은 원격심리치료 임상가들이 고려해야 하는 중요한 개념이다. 하드웨어에 대한 접근 정도가 불균형한데 이를 그럴 수밖에 없다고 여기면 안 된다. 어떤 사람들은 전화, 스마트폰, 컴퓨터, 태블릿 등에 접근이 가능하고, 다른 사람들은 그렇지 않은 정보격차가 전 세계에 존재할 수 있다. 지리적 및 경제적 현실은 이러한 접근성 문제에 큰 영향을 미칠 것이다(O'Brien & McNicholas, 2020). "임상가들이 이러한 요소를 고려하고 모든 환자를 치료할 수 있는 공평한 접근을 보장하기 위해 노력하는 것이 현명하다."(p. 252) 이러한 상황에서 창의력은 중요할 것이다. 접근방식에는 내담자에게 필요 물품을 대여하는 것(예: 공예자료, 책, 와이파이에 접근할 수 있는 구형 스마트폰과 같은 비대면 회기를 위한 놀이치료 물품), 내담자가 가진 물품을 활용하여 치료개입을 하는 것, 내담자에게 물품을 제공하기 위한 보조금 신청 등이 포함될 수 있다.

사람들의 요구

National Alliance on Mental Illness(NAMI)는 미국 성인 5명 중 1명이 매년 정신질환을 경험하고 20명 중 1명이 심각한 정신질환을 경험한다고 보고하였다. 또한 6~17세 청소년 6명 중 1명이 정신건강 장애를 경험하고, 평생 정신질환의 50%는 14세에, 75%는 24세에 발병하고 자살은 10~34세의 사망 원인 2위였다(National Alliance on Mental Health, 2020). 2017년 조사에 따르면 3,970만 명의 미국 성인이 치료받지 않은 약물 사용 문제 및/또는 정신건강 장애가 있었다. 많은 사람이 치료가 필요하다고 생각하지 않거나 치료를 받을 수 없다고 생각한다고 조사되었다. 이 결과는 Kessler 등(2001)의 연구 결과와 동일한데, "상황적 장벽, 재정적 장벽, 문제가 저절로 좋아질 것이라는 생각, 스스로 문제를 해결하고 싶어 하는 것, 본인 의지에 반해 강제 입원되는 것을 두려워하는 것"이 정신건강 치료를 받는 데 걸림돌이 된다고 보았다. 20년이 흘렀음에도 불구하고 이렇게 유사한 결과가 나타난 것은 정신건강서비스에 대한 접근성 저하와 높은 수준의 필요성에 대한 미국의 해묵은 문제를 보여 주는 것이다.

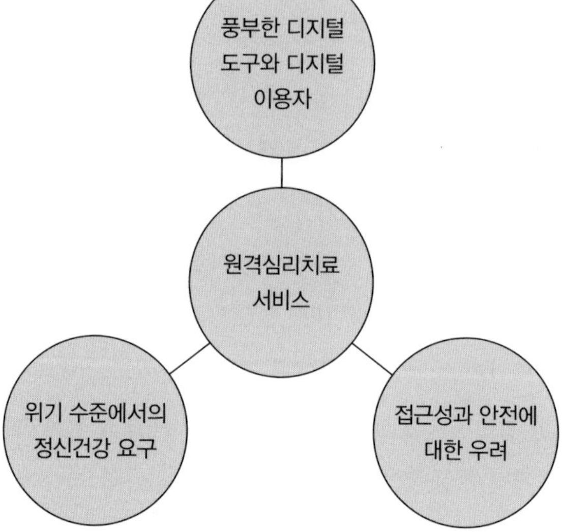

[그림 3-1] 원격심리치료 통합으로의 세 가지 요소

치료받지 않은 정신건강 문제를 가진 성인은 한때 정신건강 치료 혜택을 받을 가능성이 가장 큰 아동이었다. 2018년 통계에 따르면 보수적으로 추정하더라도 아동 7명 중 1명이 아동 학대 및/또는 방임을 경험한다고 보고되었다(Center for Disease Control, 2020). 놀이치료를 포함한 정신건강 분야는 내담자를 옹호하고 내담자에게 진실성과 유연성을 가지고 서비스를 제공하기 위해 단결해야 한다. 원격심리치료는 COVID-19 팬데믹 상태를 넘어서도 사람들에게 제공할 수 있는 중요한 선택이다. 모두에게 효과가 있지 않지만, 근본적인 선택사항 중 하나이다. ① 접근성과 안전에 대한 우려, ② 풍부한 디지털 도구와 디지털 이용자, ③ 위기 수준에서의 정신건강 요구라는 세 가지 측면을 고려할 때, 우리는 전통적인 방법 외 추가적인 선택사항이 필요하다([그림 3-1] 참조).

원격놀이치료

이제 원격놀이치료를 검토해 보자. 놀이치료 서비스를 제공하는 방식은 완전히 바뀌었고 내담자의 경험, 연구, 치료적 이득은 우리 분야의 미래를 알려 줄 것이다. 이 책의 앞부분에 정의된 것처럼, 원격놀이치료는 전통적인 서비스가 어렵거나 불가능했던 사람들과 장소들로 놀이치료의 범위를 넓힐 것이다.

치료적 동맹

치료의 주요 요소 중 하나는 치료적 동맹이다. COVID-19 이전 많은 임상가는 원격서비스를 통해 동맹과 연결이 이뤄질 수 있다는 것을 믿지 않았다. 감사하게도 원격심리치료 서비스의 많은 긍정적인 측면이 인식되고 실현되면서 대다수는 이제 그렇게 믿지 않는다. 말 그대로 내담자의 세계로 들어가 그들의 환경, 일어나는 모든 상호작용, 가족 반려동물, 특별한 담요나 봉제인형, 그리고 어떤 경우에는 이러한 중요한 것들이 없다는 점을 보는 독특한 경험은 놀이치료 과정에 가치를 더했다. Straus와 O'Neil(2020)은 'Play Together Apart'라는 글을 썼다. 이 글은 COVID-19 팬데믹 초기 New England 임상가들의 원격놀이치료 사례를 논의했다. 논의된 사례 중 하나인 Tony는 골판지 상자에 베개와 담요를 넣어 요새를 만들고, 전화로 상담을 진행하던 치료자와 함께 숨었다.

> Tony는 코를 맞대고 치료자를 똑바로 쳐다보며 "좋아요, 이제 우리는 안전한 곳에 있어요. 바이러스는 우리를 찾을 수 없어요."라고 속삭였다. 이 둘은 나머지 회기 내내 가상적으로 껴안고 있었고 때때로 겁먹은 작은 Tony는 사랑하는 어른을 그가 만든 안전한 장소에서 용감하게 보호했다.
>
> (Straus & O'Neil, 2020, p. 34)

새로운 서비스 제공의 시대에서 치료적 동맹/라포의 구성요소를 재고하고 재정의해야 할 때이다. 치료적 관계는 놀이치료 과정의 핵심 요소로 간주된다. Stone(2021)은 라포를 "상호 관심에 기초한 참여자들의 상호적이고, 공감적이며, 조화롭고 우호적인 연결"로 정의한다(p. 40). 원격서비스에 대한 내담자 만족도에 관한 결과를 토대로, 어떤 치료적 상호작용의 구성요소가 라포의 구축과 유지에 기여하는지 혹은 손상을 입히는지 의문을 품게 된다. 내담자가 원격서비스를 통해 라포가 구축/유지된다고 느낀다는 결과는 이전에 가진 신념을 어떻게 지지하거나 변경하게 될까?

우리는 다음과 같은 다양한 요소를 살펴볼 수 있다. 라포를 구축/유지하기 위해 정말 필요한 것은 무엇인가? 누가 역동에 무엇을 가져오고, 각 요소가 어떤 영향을 미치는가(또는 미치지 않는가)? 이러한 유형의 질문에 대한 답변을 확인하면 다양한 환경에서 이러한 요소를 구현/해결하는 방법을 이해하기 시작할 수 있다. 우리는 오랜 믿음과 모순되는 대답을 좋아하지 않을 수도 있지만, 어떤 노력을 기울이는 것이 우리 분야의 미래를 형성하고 알려 주는 데 도움이 되는지 발견하고 분별하는 것은 도움이 될 수 있다.

> 많은 경우, 기술 변화의 전체적인 영향에 관한 제한된 양의 정보에도 불구하고 우리는 분명히 앞으로 나아가 일부 기술을 채택할 필요가 있다. 이것이 딜레마이다. 이러한 새로운 시스템, 도구, 프로토콜 및 사용 지침의 개발과정에 참여하지 않으면 다른 사람들이 우리를 위해 그렇게 할 것이다.
>
> (Maheu, 2020, p. 78)

디지털 도구

Baker(2019)에 따르면 치료에 디지털 도구를 포함하는 것은 치료동맹과 관련하여 역효과를 낸다고 오랫동안 생각해 왔으나, 앞부분에 제시된 수많은 내담자 만족도와 관련된 연구는 이것이 사실이 아님을 보여 준다. Miclea 등(2010)은 원격서비스, 전화, 이메일 및/또는 문자 메시지를 포함하는 임상가-내담자 상호작용에 대한 하이브리드 접근방식이 대면 치료 또는 약물 치료만큼 효과적이라는 것을 발견했다.

"원격심리학과 다른 기술 혁신[예: 모바일 앱, 가상 현실, 빅데이터 및 인공지능(AI)]의 통합은 정신건강 지원의 개선을 위한 흥미로운 미래 전망을 열어 주었다."(DiCarlo et al., 2021, p. 1)

Stone(2021)이 설명한 『Digital Play Therapy™』[3]는 놀이치료에서 디지털 도구의 치료적 사용을 위한 기본 구조를 소개한다. 놀이의 치료적 힘(Schaefer & Drewes, 2014), 처방적 놀이치료, 디지털 놀이치료(DPT)의 5C를 포함한 기초적인 작업을 통해 임상가는 이 접근법에 포함된 원칙에 자신감을 느낄 것이다. DPT의 5C는 역량(competency), 문화(culture), 편안함(comfort), 일치성(congruence) 및 능력(capability)을 포함한다. 이 책의 처음 두 장에 포함된 전통적인 원칙과 함께 이러한 기본적 놀이치료 원칙을 적용하면 놀이치료자가 임상적으로 건전하고 효과적인 치료계획과 개입을 개념화할 수 있다. 자세한 내용은 『디지털 놀이치료』를 참고하길 바란다(Stone, 2021).

두 가지 유형의 원격놀이치료 제공 방법

원격놀이치료는 비동기식과 동기식이라는 두 개의 뚜렷이 구분되는 방식으로 제공될 수 있다.

> 동기식 프로그램은 실시간으로 그리고 환자와 의료 제공자 간 양방향 실시간 상호작용으로 진행된다. 여기에는 환자의 스마트폰, 태블릿 또는 카메라가 있는

3) 역자 주: 이 책은 2023년에 『디지털 놀이치료』로 국내 번역 출판되었다.

> 컴퓨터를 사용하여 수행되는 가상에서 만나는 약속이 포함된다. 스마트폰이나 태블릿을 사용할 때 환자는 먼저 제공자와 연결될 수 있는 앱을 다운로드해야 한다.
>
> '저장 및 전달' 애플리케이션이라고도 하는 비동기식 프로그램은 실시간이 아닌 나중에 의료 제공자가 보고 응답하는 이미지, 비디오 및 기타 임상 정보의 전송을 포함한다. 이 경우 환자는 의료 제공자에게 개인 건강 애플리케이션의 건강 정보(예: 혈압)를 모니터링하고 추적하기 위해 의료기기를 착용할 수 있다.
>
> (Mahar et al., 2018, p. 939)

HIPAA 규정을 준수하는 플랫폼을 통해 가상으로 이뤄지는 회기는 동기식 서비스 제공으로 간주된다. 이메일 또는 문자 메시지(HIPAA 규정 준수는 비동기식에도 적용됨)와 같이 다른 시간에 읽거나 회신하거나 향후 수행할 작업은 비동기식으로 간주된다. 앞에서 언급한 바와 같이, Baker(2019), Miclea 등(2010), DiCarlo 등(2021)의 연구 결과는 동기식 및 비동기식 치료서비스의 조합이 내담자에게 좋은 서비스를 제공한다는 것을 발견했다.

우리는 실제로 무엇을 하는가

이 장의 대부분은 원격의료 서비스와 관련된 역사적 경험과 관점에 초점을 맞추고 있고, 당면한 사회적 거리두기 요구와 그 이후의 필요성 모두를 놀이치료에 통합하는 것의 중요성에 초점을 맞추고 있다. '상당한 주의'를 기울인 임상가는 5C 디지털 놀이치료를 만나거나 열망해 왔고 적절한 하드웨어와 소프트웨어를 확보하였으나 여전히 기기 앞에서 무엇을 해야 할지 고민하고 있다.

궁극적으로, 치료적 기초와 접근법을 확고히 파악하고 내담자와 그들의 요구에 대한 확고한 실무 지식을 갖춘 놀이치료자는 사례가 진행됨에 따라 적용할 강력한 치료계획을 세울 것이다. 놀이치료가 치료실, 대면, 혹은 원격 중 어느 방식으로 진행되든, 회기에서는 놀이의 치료적 힘을 활성화하는 것을 목표로 디지털이든 아니든 검증된 도구를 사용하여 치료계획이 구현될 것이다. 놀이가 병행놀이든 공동놀이든, 치료자가 놀잇감을 제공하거나 내담자가 본인이 가진 것을 사용하든, 혹은 비디오 게임에서 만나든, 내담자와 임상가는 의미 있고, 강력하며, 연결된 방식으로 상호작용할 수 있다.

치료계획 및 사례개념화에서 확인된 요소는 치료 궤적뿐 아니라 보호자나 다른 중요한 사람들과의 의사소통에 대한 정보도 줄 것이다. 치료의 이러한 주요 측면은 치료를 제공하고, 다른 사람들과 논의하며, 사례노트 및/또는 보고서를 작성할 때 사용할 수 있는 견고한 기반을 만들 것이다. 프로세스의 각 단계는 다음 단계를 위한 기반을 구축한다. 즉, 이론적 토대, 사례개념화, 원격의료의 역사, 기초, 연구에 대한 지식, 완화된 상황의 포함, 법적 · 윤리적 고려사항 및 문서화, 그리고 궁극적으로 서비스 제공은 유연한 놀이치료자를 교육하고, 정보를 제공하는 탄탄한 기초를 제공하기 위해 모두 함께 작동한다. 이 모든 것이 우리가 만나는 내담자에게 이득이 된다.

COVID-19 이후

어느 시점에서 세계는 COVID-19 팬데믹 제한에서 풀려날 것이고 뉴노멀, 즉 새로운 '일상'이 올 것이다. 일부 사람들에게는 이것이 가능한 팬데믹 이전으로 돌아가고 싶은 희망을 포함할 것이다. 다른 사람들은 COVID-19 기간을 거치면서 목표, 일, 습관, 관심사 등의 우선순위를 재설정하였다. 다른 사람들은 약간 오래된, 약간 새로운, 약간의 성장과 회복, 그리고 그 사이에 무엇이든 섞여 있는 어떤 혼합된 무엇인가를 향해 새로 발견한 자유와 경험을 찾아 나가는 것이다.

마찬가지로, 치료자들은 2019년까지 발생한 변화에 대해 과도한 반응을 보였다. 많은 치료자는 위험에도 불구하고 원격심리치료로의 전환에 대해 스트레스를 표현하고 대면 치료로 복귀(혹은 중단하지 않음)했다. 다른 치료자들은 이미 원격의료에 대한 선호로 치료실을 떠났지만, 또 다른 치료자들은 대면과 원격을 혼합한 서비스 제공 가능성이 임박하여 미래가 어떻게 변할지 확신하지 못한다. 내담자와 가족들은 이러한 변화를 통해 차이를 경험했다. 한때 반차를 내고 아이를 학교에서 데려오고 치료가 끝날 때까지 기다렸다가 학교로 다시 데려간 후 마침내 직장으로 돌아가야 했던 부모들은 참석하는 데 잠깐의 시간만 걸렸던 원격으로 이뤄지는 치료 회기를 경험한 후에는 이전으로 돌아가기를 꺼릴 수 있다. 고용주들은 부모들이 원격으로 이뤄지는 치료 회기를 옹호하는 것을 선호하거나 요구할 수 있다. 일부 학교는 학부모가 일을 떠날 필요가 없고 학생들이 수업 시간을 덜 놓치게 하려고 치료 회기를 가질 수 있는 개별적 공간을 학교에 마련해 주고 있다. 원격으로 이뤄지는 회기가 생산적이고 목표를 향해 나아간다면, 치료실에서 회기를 갖는 것을 고집하는 것이 내담자에게 최선의 이익인가? 내담자들은 치료실에서 진행되는 회기를 갖지 않아 퇴보했는가? 이것들은 (그리고 더 많은 것들은) 미래의 치료가 어떻게 보일지를 알려 주는 중요한 질문들이다. 다시 한번, 누군가는 "그렇다!"고 대답할 것이다. 치료실에서 진행되는 회기는 정말로 가치가 있다. 다른 사람들에게는 원격으로 진행되는 회기가 전통적인 치료와 관련된 많은 장애나 좌절을 없앴다. 사람들은 여전히 각각의 선택지와 이것의 장단점을 탐구함으로써 이익을 얻을 것이고, 유연하고 맞춤형인 치료 프로토콜을 만들 수 있다.

원격의료 서비스는 팬데믹 및 사회적 거리두기가 요구되는 상황에서 많은 사람의 요구를 충족시킬 수 있는 강력한 대안이었고, 이제까지의 오래된 역사는 향후 긍정적인 미래 전망과 지속적인 사용을 예측하게 한다. 치료 선택지와 전문가에 대한 접근은 내담자와 가족들을 위해 기하급수적으로 확대될 것이다. 더 많은 연구, 구조, 경험, 규제 지침이 제공될수록, 임상가는 장기 사용에 더 편안함을 느낄 것이다(O'Brien & McNicholas, 2020).

미래를 내다본다

활동의 형세

많은 가상 치료 서비스 제공업체 중 하나인 AbleTo의 CEO인 Hofer는 여섯 가지 원격치료 및 정신건강 예측과 관찰하고 준비해야 할 동향을 설명하였다 (Pennic, 2020). 서비스 제공업체 사업주인 Hofer는 확실히 그의 사업을 염두에 두고 설명하였지만, 우리는 Hofer의 관점으로부터 몇 가지 생각해 볼 만한 요소를 발견할 수 있다.

주요 구성요소는 연구와 결과 측정일 것이고, 이는 치료접근을 적용하는 것에 대한 기업들의 확신을 높일 수 있을 것이다. 다음 인용문은 '환자 결과를 측정하기 위한 엄격한 증거 기반 규준'에 대한 요구를 포함한다.

> 의료 산업은 정신건강 관리에 대한 접근을 높이고 양질의 의료가 어떻게 보이는지를 정의하는 방향으로 진전을 이뤘다. 이제 2021년 산업계는 우리가 품질을 측정하는 방법에 대해 초점을 맞출 필요가 있다. 정신건강이 믿을 수 없을 정도로 뜨거운 시장이 되고 새로운 진입자들을 위해 너무 많은 자금이 쏟아지면서 많은 지도자는 환자의 결과를 측정하기 위해 엄격하고 증거에 기반한 기준의 부족을 우려하고 있다(para 1).

시장 점유율은 모든 기업, 심지어 치료자들에게도 확실한 관심사이다. 의뢰는 어떻게 받나? 우리가 제공하는 서비스를 지역사회에서 어떻게 계획할 것인가? Hofer는 "증거에 기반한 엄격성과 양질의 임상 치료를 보여 주지 않는 조직은 사라질 것이고, 건전한 정신건강 치료를 제공하는 조직은 성공할 것"이라고 제안한다(para 2). 당신이 무엇을 하고 있고 왜 하고 있는지를 이해해야 한다. Digital Play Therapy의 5C에 포함된 모든 것을 계획하고 통합시키면 당신의 치료는 성공할 것이다.

정신건강 치료의 주요 초점 중 하나는 유연성이다. 처방적 놀이치료 접근법은 임상가가 내담자의 요구에 따라 치료적 과정을 조정할 수 있기 때문에 이러한 관점과 상당히 일치한다. 더 이상 '모든 것에 적용되는 하나의 치료' 접근방식은 용납되지 않을 것이고 허용되어서도 안 된다. "정신건강은 하나의 해결책이 있어야 하는 하나의 조건이 아니다. 그것은 서로 다른 개입이 있어야 하는 복잡한 조건의 이질적인 집단을 포함한다."(Pennic, 2020, para 5) 앞으로 나아가 우리는 사람들의 독특하고 집단적인 요구와 경험을 존중하는 데 초점을 맞추고 둘 다를 존중하는 서비스를 제공해야 한다. 우리는 '정신건강의 복잡성과 뉘앙스를 해결할 수 있는 해결책 세트'를 만들 필요가 있다. 시장은 향후 이러한 부분을 더 염두에 두고 정신건강을 지나치게 단순화하려는 시도를 피해야 한다(para 5).

불평등과 접근성에 관심을 둘 수 있다는 것이 희망적인 부분 중 하나이다. "COVID처럼 원격치료는 의료시스템에 오랫동안 존재해 온 근본적인 불평등을 드러냈다."(para 7) 치료자는 내담자와 가족의 복잡한 요구와 자원에 대한 접근을 이해하면서 치료 회기에 참여해야 한다. 임상가로서 우리 분야를 어떻게 개선할 것인가? Hofer는 "2021년에는 양질의 정신건강 관리가 접근성과 비용 효율성에 더 중점을 두고 필요한 모든 대상에게 전달되는 데 더 큰 초점을 맞출 것"이라고 기대한다(Pennic, 2020, para 7).

자기관리와 치료 경계, 어려움, 욕구의 인정을 포함한 임상가의 과제는 무엇보다도 중요하다. 팬데믹 동안 임상가들은 큰 다차원적 변화에 직면해 왔다. 치료 원칙을 우선순위로 유지하는 동시에 물류, 재정, 가족들의 요구, 건강, 개인적 요구, 온라인 교육, 전문적 요구사항 등을 관리하는 것은 가장 노련한 전문가에게도 어려움을 제기했다. "…… 임상가들은 팬데믹 동안 전례 없는 도전에 직면했다. 몇 달 동안, 집에서 일하고, 가상공간에서 내담자를 만나며, 일과 가정 간 균형을 맞추면서도 COVID-19의 영향으로 어려움을 겪고 있는 내담자를 지원해 왔다."(Pennic, 2020, para 10)

궁극적으로, 치유를 가져오는 것은 관계이다. 듣고, 이해하고, 보고, 받아들여졌다고 느끼는 것은 힘, 회복, 관계의 문을 연다(Stone, 2021). 이 팬데믹 중심의 변화를 통한 가장 심오한 깨달음 중 하나는 연결에 관한 것이다. 연결은 기본적인 수준에서 실제로 존재하기만 하면 스크린, 문자 및/또는 전화를 통해서도 이루어질 수 있다.

> 기술이 의료와 정신건강에서 많은 긍정적인 변화를 주도하고 있지만, 우리는 인간관계의 가치를 기억할 필요가 있다. 임상 개입은 치료를 제공하는 실제 사람들에 따라 달라지지만, 환자와 제공자 모두의 목소리는 원격의료 또는 가상에서 이뤄지는 치료와 같은 기술을 통해 치료 전달에 대한 우리의 접근방식을 안내할 필요가 있다. 제공자와 환자가 서로 만들어 내는 관계는 치료의 핵심 동인이며 기술은 그것을 대체하는 게 아니라 인간의 연결을 보완한다.
>
> (Pennic, 2020, para 8)

요구

미래에는 주되게 현재 및 미래의 정신건강 제공자들을 위한 훈련과 잘 구성되어 수행된 연구가 요구된다. 원격심리치료 서비스로 신속하고 광범위하게 전환되기 전에는 원격의료와 관련된 교육이 거의 제공되지 않았다. 이러한 교육과 경험의 부족은 치료를 전달하는 대체방식에 대한 우려와 부정적인 견해에 기여한다.

결론

COVID-19가 발생하기를 바랐던 사람은 아무도 없었지만, 100년 이상의 원격의료 역사와 발전을 우리가 원할 때 참고할 수 있다는 것은 행운이다. 이러한 풍부한 역사적 배경은 정신건강서비스 제공과 치료의 연속성을 유지할 수 있는 능력을 선택할 수 있도록 도왔다. 원격심리치료 서비스의 함의와 장기적인 영향은 광범위하다. 이 시나리오의 긍정적인 부산물은 내담자에게 제공되고 임상가가 배울 수 있는 선택사항에서 급격한 변화와 발전을 포함한다. 현재 임상가들은 정신건강 역사에서 결정적인 순간을 목격하고 참여하고 있다.

경험과 결합한 증거기반 개입을 통합하는 접근방식에 대한 숙고는 향후 강력한 치료 가능성으로 결론지어질 것이다.

참고문헌

Altvater, R. A., Singer, R. R., & Gil, E. (2018). Part 2: A qualitative examination of play therapy and technology training and ethics. *International Journal of Play Therapy, 27*(1), 46-55. doi:10.1037/pla0000057

American Psychological Association (2020). Informed consent checklist for telepsychological services. https://www.apa.org/practice/programs/dmhi/researchinformation/informed-consent-checklist

Baker, L. (2019). Therapy in the digital age. In J. Stone (Ed.), *Integrating technology into modern therapies* (pp. 37-47). Routledge.

Batastini, A. B., Paprzycki, P., Jones, A. C. T., & MacLean, N. (2021). Are videoconferenced mental and behavioral health services just as good as in-person? A metaanalysis of a fast-growing practice. *Clinical Psychology Review, 83*, 1-99.

Britannica (2021). *Digital divide*. https://www.britannica.com/topic/digital-divide

Cadogan, M. (2020). *Willem Einthoven*. https://litfl.com/willem-einthoven/

Calkins, H. (2021, January/February). Online therapy is here to stay. *Monitor on Psychology, 52*(1), 78-82.

Center for Disease Control (CDC) (2020). *Preventing child abuse and neglect*. https://www.cdc.gov/violenceprevention/childabuseandneglect/fastfact.html

DiCarlo, F., Sociali, A., Picutti, E., Pettorruso, M., Vellante, F., Verrastro, V., Martinotti, G., & di Giannantonio, M. (2021). Telepsychiatry and other cutting edge technologies in COVID-19 pandemic: Bridging the distance in mental health assistance. *International Journal of Clinical Practice, 75*, Art. no. e13716. https://doi.org/10.1111/ijcp.13716

Edwards-Ashman, J. (2021, January/February). Advocacy will help secure expanded telehealth coverage. *Monitor on Psychology, 52*(1), 83-85.

Einthoven, W. (1906). (H. W. Blackburn, Trans.). *The Telecardiogram*. (Original work published 1955). https://www.sciencedirect.com/sdfe/pdf/download/eid/ 1-s2.0-0002870357903678/fi st-page-pdf

Fair Health (2020a). Monthly telehealth regional tracker, Apr. 2020. https://s3 .amazonaws.com/media2.fairhealth.org/infographic/telehealth/apr-2020-nationaltelehealth.pdf

Fair Health (2020b). Media outlets reference our data. https://www.fairhealth.org/ press-release/telehealth-claim-lines-increase-8-336-percent-nationally-from-april-2019-to-april-2020

Facebook, 2021. Tele-play therapy resources and support group. https://www.facebook.com/groups/2377497079019547/about

Field, M. J. (1996). *Telemedicine: A guide to assessing telecommunications for health care*. National Academy Press.

Gustke, S. S., Balch, D. C., West, V. L., & Rogers, L. O. (2000). Patient satisfaction with telemedicine. *Telemedicine Journal, 6*(1), 5-13.

Kessler, R. C., Berglund, P. A., Bruce, M. L., Koch, J. R., Laska, Leaf, P. J., Manderscheid, R. W., Rosenheck, R. A., Walters, E. E., & Wang, P. S. (2001). The prevalence and correlates of untreated serious mental illness. https://www.thefreelibrary.com/The+prevalence+and+correlates+of+untreated+serius+mental+illness······.-a087430349

Lewin Group, Inc. HHS -10-97-0012 (2000). Assessment of approaches to evaluating medicine: Final report. https://aspe.hhs.gov/system/files/pdf/139216/index.pdf

Mahar, J. H., Rosencrance, G. J., & Rasmussen, P. A. (2018). Telemedicine: Past, present, and future. *Cleveland Clinic Journal of Medicine, 85*(12), 938-942. doi: https://doi.org/10.3949/ccjm.85a.17062 https://www.ccjm.org/content/85/12/938

Maheu, M. M. (2020). Telehealth: Risk management in the re-tooling of health care. *Law & Governance, 7*(1), 78-80. https://www.longwoods.com/content/16422// telehealth-risk-management-in-the-re-tooling-of-health-care

Merriam-Webster (2021). Due diligence. https://www.merriam-webster.com/ dictionary/due%20diligence

Miclea, M., Miclea, S., Ciuca, A., & Budău, O. (2010). Computer-mediated psychotherapy: Present and prospects. A developer perspective. *Cognition, Brain, Behavior: An interdisciplinary journal, 14*(3), 185-208.

National Alliance on Mental Health (2020). *Mental health by the numbers*. https:// www.nami.org/mhstats

O'Brien, M., & McNicholas, F. (2020, May 21). The use of telepsychiatry during COVID-19 and beyond. *Irish Journal of Psychological Medicine, 37*(4), 250-255. https://www.cambridge.org/core/journals/irish-journal-of-psychological-medicine/article/useof-telepsychiatry-during-covid19-and-beyond/C748863E9950F24FF7BFF3277CA93628

Pennic, F. (2020, December 30). 6 Mental health & teletherapy predictions; Trends to watch in 2021. HIT Consultant. https://hitconsultant.net/2020/12/30/ mental- health-teletherapy-predictions-trends 2021/

Robinson, J. D., Turner, J. W., & Wood, K. (2015). Patient perceptions of acute care telemedicine: A pilot investigation. *Health Communication, 30*(12), 1269-1276.

Rosic, T., Lubert, S., & Samaan, Z. (2020). https://pubmed.ncbi.nlm.nih.gov/32 799956/ Virtual psychiatric care fast-tracked: Reflections inspired by the COVID-19 pandemic

Schaefer, C. E., & Drewes, A. A. (2014). *The therapeutic powers of play: 20 core agents of change* (2nd ed). Wiley.

Simpson, S., Richardson, L., Pietrabissa, G., Castelnuovo, G., & Reid, C. (2021).

Videotherapy and therapy alliance in COVID-19 [Manuscript submitted for publication]. doi: 10.1002/cpp.2521

Stone, J. (2021). *Digital play therapy: A clinician's guide to comfort and competence* (2nd ed). Routledge.

Strehle, E. M., & Shabde, N. (2006). One hundred years of telemedicine: Does this new technology have a place in paediatrics? *Arch Dis Child, 91*, 956-959. doi: 10.1136/adc.2006.099622 http://www2.hawaii.edu/~strev/ICS614/materials/Strehle%20Shabde%20One%20hundred%20years%20of%20telemedicine%202006.pdf

Straus, M., & O'Neil, K. (2020, May/June). Playing together apart. *Psychotherapy Networker, 44*(3), 32-37.

University of Nebraska (n.d.). *Cecil L. Wittson*. https://archives.nebraska.edu/agents/people/1473

U.S. Government Accountability Office (2019). Behavioral health: Research on health care costs of untreated conditions is limited. https://www.gao.gov/products/gao-19-274

World Health Organization (2010). *Telemedicine opportunities and developments in member states*. https://www.who.int/goe/publications/goe_telemedicine_2010.pdf

WeCounsel (2021). *Telemental health: History*. https://www.wecounsel.com/telementalhealth/

Weir, K. (2021, January/February). There's a new push to reach underserved communities. *Monitor on Psychology, 52*(1), 64-67.

Yellowlees, P., Nakagawa, K., Pakyurek, M., Hanson, A., Elder, J., & Kales, H. (2020). Rapid conversion of an outpatient psychiatric clinic to a 100% virtual telepsychiatry clinic in response to COVID-19. *Psychiatric Services, 71*(7), 749-752.

제4장

원격정신건강 놀이치료실에서의 문화적 겸손

Carmen Jimenez-Pride

문화와 다양성

문화와 다양성은 복잡하고 끊임없이 변화하며 진화한다. 역사적으로 문화와 다양성은 피부색, 민족, 또는 종교에 한정되어 있었다. 다문화 집단은 특성이나 관습을 공유하거나 공통된 역사를 가지고 있음에도 불구하고 동일하지 않다. 개인은 여러 복합적인 집단의 일부이며, 이러한 하위집단에서 복합적인 사회적 정체성을 지닌다. 문화와 다양성의 개념은 실제로 전통적으로 보이거나 드러나는 것보다 더 광범위하다.

문화와 다양성을 논의할 때는 연령, 성별, 성적 지향, 능력(장애), 사회경제적 지위, 세대, 혼인 여부, 관심사, 교육, 직업, 취미 등의 주관적 경험도 고려해야 한다. 이 장에서는 문화와 다양성, 그리고 이러한 용어들이 현재 사회에서 원격정신건강(telemental) 서비스에서 어떻게 드러나는지 알아보고자 한다. 모든 내담자가 인터넷 그리고/또는 기타 기술적인 자원들을 가지고 있지 않을 수 있기 때문에, 기술적인 격차와 관련된 문화적 역량(cultural competence) 및 문화적 겸손(cultural humility)의 중요성을 탐색할 것이다. 임상가의 목표는 자신이 안다고 생각하는 것에서 벗어나 이 장의 전체에 걸쳐 설명된 원격정신건강 서비스의 새로운 문화적 규범이 무엇인지 탐구하는 것이다.

문화

Zimmerman(2017)은 다음과 같이 주장했다.

> "문화는 언어, 종교, 음식, 사회적 관습, 음악 및 예술을 포함하는 특정 집단의 특징과 지식이다."(para 1) 인류학자 Cristina De Rossi는 문화의 개념에 더 깊이 빠져들며 기술했다. "문화는 종교, 음식, 입는 것, 입는 방법, 언어, 결혼, 음악, 옳고 그르다고 믿는 신념, 식탁에 앉는 법, 손님을 맞이하는 법, 사랑하는 사람을 대하는 법, 그리고 그 외 수백만 가지를 포함한다."
>
> (Zimmerman, 2017, para 3)

Merriam-Webster 사전(2020a)에는 문화라는 단어에 대한 다양한 정의가 있다.

- 인종, 종교, 또는 사회집단의 관습적인 믿음이나 사회적 형태, 그리고 물질적 특성
- 기관이나 조직을 특징짓는 공유된 태도, 가치, 목표, 관행의 집합
- 가치, 특정 분야와 관련된 관습이나 사회적 관행, 활동, 또는 특성
- 직업 및 사회적 기술과 구별되는 순수 예술, 인문학, 그리고 광범위한 측면의 과학에 대한 지식과 취향(Merriam-Webster, 2020a, para 1)

정의된 바와 같이, 문화는 흔히 사용되는 용어이며, 복합적인 체계에 걸친

광범위한 의미를 내포한다. Hudspeth(2016)는 "우리는 정신건강 실무자이자 연구자로서 내담자와 작업할 때, 문화적 고유성을 고려해야 한다고 배운다"고 명시했다(p. 113). 실무자는 수많은 문화에 대한 정의와 개인이 속한 다양한 문화적 하위집단에 대한 자신의 생각을 기초로 내담자 집단을 평가하고 그들과 작업하며 규준으로 간주할 수 있는 것들에서 벗어나야 한다. 이와 더불어 중요한 것은 다양한 문화적 하위집단의 구성원으로서 자격을 확인하기 위해 자신을 평가하는 것이다. 문화적 유사성 및 연관성을 평가하기와 내담자가 치료환경 내에서 보고 듣는 것을 느끼도록 허용하기 등 과거의 일반적인 하위집단을 살펴보는 것은 실무자로 하여금 내담자와의 의도적인 치료적 관계를 발전시키는 데 도움이 될 것이다.

임상가는 문화적 고유성을 수용함으로써 전체론적 관점에서 내담자가 유익한 수준의 통찰력과 이해력을 얻게 한다. 다음에서 문화라는 용어와 관련성이 높은 다양성이 무엇인지를 살펴보려고 한다.

다양성

다양성은 "집단이나 조직에 속한 여러 유형의 사람들(예: 다른 인종이나 문화를 가진 사람들)을 포함하는 것"으로 정의된다(Merriam-Webster, 2020b, para 1).

> 다양성은 여러 집단과 사람들을 구별하기 위해 사용될 수 있는 모든 차원이다. 간단히 말해서, 다양성은 나이, 성별, 민족성, 종교, 장애, 성적 지향, 교육, 국적의 차원에서 스스로가 구별되는 점을 존중하고 감사하며 그들에게 힘을 실어 주는 것이다. 그것은 사람들이 차이를 진정으로 가치 있게 여기도록 단순히 관용을 베푸는 것 이상으로 서로 이해하는 것을 의미한다.
>
> (Global Diversity Practice, 2020, para 1)

구조(construct)로서의 다양성이 항상 문화적 차이를 수반하는 것은 아니다. 다양성이 없이 문화는 존재할 수 없으며, 우리가 내담자에게 자주 발견하는 것도 바로 문화적 다양성이다. 변화를 허용하거나 주변 세계를 통합하면서 문화적 기본 원칙을 고수하는 집단이 그 예가 될 것이다. 다른 예로는 과학기술을 허용하지 않거나 치료 아이디어에 동의하지 않는 엄격한 지역사회에서 성장한 사람들도 이제는 과학기술 서비스를 통합하고 더 많은 치료적 개입에 참여하려는 것도 포함될 수 있다.

문화적 다양성

Belfield(2012)에 따르면, 문화는 개인이 그들의 환경 안의 어떤 것을 평가하기 위해 사용하는 렌즈로 간주될 수 있다. "문화적 다양성은 중요하다. 우리의 국가, 직장, 학교가 점점 더 다양한 문화, 인종, 민족 집단으로 구성되기 때문이다."(Belfield, 2012, para 6)

> 문화적 다양성 또는 다문화주의라고 불리는 것은 다양한 질(quality)과 무수히 다른 문화이다. 문화적 다양성은 한 사회 내에 다양한 사람들의 집단이 실제로 존재한다는 것을 인정하고 존중하는 체계이다. 이 체계는 그들의 사회문화적 차이를 존중하고, 각 개인이 그것을 기념할 수 있도록 장려한다. 또한 다양한 문화를 가진 환경은 사회구성원 모두가 자신뿐만 아니라 타인의 문화적 정체성에도 힘을 실어 주는 데 상당한 기여를 한다.
>
> (M. J., 2020, para 5-7)

치료 상황에서 문화적 차이를 인정하는 것은 내담자와 실무자 간에 더 많은 존중과 이해를 가능하게 한다. 내담자들이 그들의 문화적 다양성을 존중받고 있음을 확인하고 느끼도록 실무자는 원격정신건강 매체를 통해 환경을 촉진해야 한다. 이는 실무자가 개인적이고 직업적인 삶에 다양한 문화가 존재할 수 있음을 인식하면서부터 가능해진다. 또한 문화적 하위집단이 다양할 수도, 그렇지 않을 수도 있다는 것을 인식해야 한다. 실무자는 내담자, 가족, 동료와의 관계에서 문화적 차이를 존중하는 것은 피할 수 없는 사실이다. 실무자들은 문화적 표현에 대한 개인의 권리를 인정하고, 문화적 표현이 타당하다는 이해를 발전시켜야 한다. 이를 위해서 상담자의 특정 하위집단에서 내담자의 역할에 대한 확고한 이해, 또는 문화적 표현의 중요성이나 가치에 대한 확고한 이해는 훈련을 통해서 가능하다. 내담자를 향한 존중을 유지하는 상담자의 능력은 지속적인 치료적 관계 형성을 통해 유지될 수 있다. 즉, 내담자와 그들이 속한 하위집단 내에서의 역할과 그들이 쓰는 문화적 표현에 대한 상담자의 깊은 이해가 수반되면 내담자로 하여금 신뢰와 안정감의 수준을 높일 수 있다.

전문가 윤리강령에 따르면, 상담자는 서비스가 어떻게 실행되는지를 인식하고, 내담자의 문화를 가치 있게 여기며 기회를 열어 두어야 한다. 예를 들어, 실무자는 내담자의 신념, 전통, 관습이 문화적 정체성과 속해 있는 문화적 하위집단에서 가치 있다는 개념을 유지하며 활동해야 한다.

문화적 다양성의 측면에서 타인을 이해하기 위한 공간을 허용하는 것은 치료적 관계의 성장에 필요한 존중의 수준을 보여 준다. 우리는 문화적 겸손, 그리고 문화적 겸손과 문화적 다양성 간의 관련성의 개념을 기억해야 한다.

문화적으로 유능한 모범사례

정신건강 실무자는 문화적 인식을 높임으로써 윤리적으로 문화적 역량의 모범사례를 실천할 의무가 있다. 미국놀이치료학회(APT)와 전문적인 윤리강령에 기반을 둔 실무자들은 그들이 서비스를 제공하는 다양한 사람들을 이해하도록 장려받고 그러한 의무를 갖는다. APT의 모범사례는 "놀이치료자들은 모든 주, 연방 법률, 주의 자격 위원회 요건, 그리고 주요 전문기관이 공포한 법적·윤리적 법규를 준수해야 한다."(미국놀이치료학회, 2019a, p. 2)는 것이다.

APT 모범사례에서 명시한 내용과 마찬가지로, 미국사회복지사협회(NASW)에도 법적·윤리적 규정 준수를 위한 문화적 역량 실천에 관한 윤리강령이 있다.

> 사회복지사는 개인차와 문화적·인종적 다양성을 염두에 두고 각 개인을 배려하고 존중하는 방식으로 대한다. 사회복지사는 사회적 책임을 지는 내담자의 자기결정권을 촉진한다. 사회복지사는 내담자의 능력향상과 변화의 기회를 제공하고, 그들의 요구를 다루기 위해 노력한다. 사회복지사는 내담자에 대한 책임과 사회에 대한 책임을 인식한다. 사회복지사는 직업의 가치, 윤리적 원칙, 그리고 윤리적 규준과 일치하는 사회적으로 책임 있는 방식으로 내담자의 이익과 사회이익 사이의 갈등을 해결하고자 한다.
>
> (미국사회복지사협회, 2017, p. 6)

비록 모든 실무자가 미국사회복지사협회에 소속된 것은 아니지만, 그 가치와 윤리적 원칙은 상담가, 심리학자, 그리고 결혼 및 가족치료자의 전문기관 모두 관련이 있다. 각 기관은 자격증이 있는 실무자들이 일련의 윤리적 원칙, 규준, 또는 내규를 준수하도록 관리한다. 명시된 지침을 준수하지 않는 실무자는 모범사례(best practice)에서 벗어날 위험이 있으며, 내담자와의 치료적 관계를 위험에 빠뜨릴 수 있다.

오늘날 세계적 추세를 볼 때, 치료를 실천함에 있어 실무자가 문화와 다양성의 역할을 이해하는 것은 필수적인 일이 되었다(Kottman & Meany-Walen, 2016). 드러나는 문제 그 이상을 바라보는 것은 치료자가 치료서비스를 위해 원인 탐색만 하지 않고, 문화와 다양성의 관점에서도 내담자를 바라봐야 한다. 드러나는 문제 그 이상을 탐색할 때, 실무자는 서비스를 제공하는 내담자와 가족을 위해 보다 깊은 치유의 공간을 만들게 된다. 게다가 드러나는 문제 그 이상을 바라볼 때, 실무자는 문제에 대해 '나는 보이지 않아요(I do not see)'의 사고방식이 요구된다. 여기에는 피부색, 인종, 민족, 종교, 생물학적 성, 사회적 성 등이 포함된다. '나는 보이지 않아요'의 사고방식이 작동할 때, 치료적 치유 공간에서 내담자 역시 보이지 않는다고 느끼는 채로 남아 있게 될 것이다. 내담자 가족의 역사적 내러티브, 일반적인 트라우마, 문화적 정체성, 가치, 규범, 전통에 대해 더 깊이 파고들어 내담자의 문화와 다양성을 존중하고 가치 있게 여기는 것은 지속적으로 치료관계를 강화하고 치유의 기회를 증진시킬 것이다. 또한 이러한 실천은 내담자와 가족이 치유공간에서 소속감을 갖도록 도울 수 있다(Kottman & Meany-Walen, 2016). 실무자는 내담자가 문화적 역량을 실천하도록 도울 임무가 있다. 이 임무를 성공적으로 수행하기 위해서, 실무자는 치료환경에서 문화적 겸손을 실천하는 방법을 이해하고, 문화와 다양성에 대한 실무지식을 가져야 한다.

문화적 겸손

문화적 겸손(culture humility)은 Melanie Tervalon과 Jann Murray-Garcia가 의료 분야의 불평등을 해결하기 위해 개발한 개념이다(Tervalon & Murray-Garcia, 1998). 문화적 겸손의 개념은 1998년 이후 다양한 실천 분야로 확장되었다. 문화적 겸손은 문화적 역량의 개념을 넘어선다. 문화적 겸손은 자신의 문화유산을 인식하고, 문화가 태도와 신념 및 경험에 미치는 영향을 인식하며, 그 힘의 역동을 알아채고 조치를 취하는 것이다(Asbill & Water, 2013). 요약하면, 문화적 역량은 지식이고, 문화적 겸손은 행동이다.

문화적 겸손과 문화적 다양성은 종종 밀접한 연관성을 갖는다. 실무자는 문화적 겸손을 실천할 때 나타날 수 있는 도전이나 한계를 인식해야 한다. 치료

관계를 형성하거나 유지하는 동안 갈등이 발생할 수 있다. 이러한 갈등은 치료관계를 지속하고 건강한 치료환경을 유지하기 위해 다루어져야 한다. 실무자는 내담자와의 관계에서 가치의 차이나 갈등을 알아차려야 한다.

문화적 겸손을 이해할 때, 치료관계에서 실무자와 내담자로서의 가치가 있으며, 이것이 치료목표의 설정에서 허용된다는 점이 중요하며, 그렇게 되어야 치료는 수월하게 앞으로 나아간다. 가치 간의 갈등이 너무 커서 목표설정과 치료관계의 진전이 어려울 때도 있다(Davis et al., 2017). 가치의 차이 및 문화적 다양성을 알아채는 것은 갈등을 고조시키지만, 갈등의 발생 원인을 이해하는 데 필수적이다. 이것은 포용과 이해의 관계를 만드는 데 도움이 된다.

문화적 역량

문화적 역량은 문화적 차이에 대해 긍정적인 태도로 다른 문화적 관습과 세계관에 대한 지식을 받아들이고, 문화를 넘나들며 상호작용 기술을 습득하고 연습하면서, 다양한 문화를 지닌 사람들과 상호작용하는 능력이다(미국사회복지사협회, 2015). 문화적 역량을 받아들일 때 정신건강전문가는 도덕적이며 윤리적인 공간에서 내담자들을 만나고, 그들이 누구인지를 받아들이며, 그들의 관점에서 그들의 행동, 능력, 관습을 배우게 된다. 정신건강전문가들은 문화의 본질에 함께 머무르며 특정 하위집단에 대한 기능을 배운다.

문화적 역량은 다른 문화의 사람들을 이해하는 능력 및 상호작용 능력으로 인정받는다. 문화, 다양성, 문화적 겸손의 중요성과 마찬가지로, 문화적 역량을 갖추기 위해서는 자신의 문화에 대한 이해가 있어야 하며, 다른 사람의 문화적 하위집단, 신념, 관습을 배우고, 가치 있게 여기고, 존중하는 열망과 의지가 있어야 한다.

문화적 역량을 정의하려는 시도는 해당 분야에서 문화적 역량에 대한 진전된 논의를 위한 근본적인 도전과제 중 하나이다. 문화적 역량은 전문기관의 윤리강령이나 모범사례에 따라 실무자에게 요구되는 하나의 실천이다. 또한 이 개념은 정신건강 관련 단체, 학교, 지역사회, 사회 단체, 전문기관 등 어디에서나 필요하다.

Gil(2005)은 문화적 역량을 갖추기 위한 세 가지 단계를 제안했다. 첫 단계는 치료자가 타인에 대해 배우고, 그들의 세상을 보는 관점을 배움으로써, 민감성을 구축해야 한다. 두 번째 단계는 치료자가 자신의 한계를 파악하기 위해 집중하며 책임감 있게 지식을 습득해야 한다. 마지막 단계는 치료자가 지식을 습득할 뿐만 아니라 그 지식을 활용하여 행동이 변화되어야 한다. 치료자는 자신의 부족한 영역에 대해 슈퍼비전, 상담, 훈련을 지속하면서 문화적 역량의 실천을 발달시켜 나가야 한다(Morrison Bennett & Eberts, 2014, p. 17).

문화적 역량, 문화적 겸손, 그리고 원격정신건강 놀이치료

원격정신건강은 기술(테크놀로지; technology) 플랫폼에서 임상서비스를 제공하는 것이다(Chaet et al., 2017). Altvater(2019, p. 10)는 "기술은 우리 일상생활의 필수적인 부분이 되었다."고 했다. 기술과 기술의 산물을 사용하는 일은 직장과 일상생활에서 계속 증가하고 있다. 기술의 사용은 정신건강 분야뿐만 아니라 놀이치료 분야에서도 증가하고 있다(Altvater et al., 2018). 기술과 놀이치료의 관계를 생각할 때, 우선 드는 생각은 놀이치료실에서 기술적 아이템을 사용하는 것이다. 놀이치료실이 기술적인 환경이 되었을 때 무슨 일이 일어날까? 이를 위해 실무자는 원격으로 놀이치료 서비스를 제공할 때, 내담자의 생활방식 및 생활환경에 대한 유연성과 융통성이 있어야 한다(Mellenthin, 2020).

놀이치료의 실제나 원격놀이치료의 실제에서 문화적 겸손에 관한 증거기반의 연구는 아직 없다. 그러나 이 주제에 관한 논의는 놀이치료 환경에서 문화적 겸손의 실천에 대한 인식을 높이는 기회가 될 수 있다. 이 분야에 대한 지속적인 증거기반 연구는 과제로 남아 있으며, 놀이치료협의체와 정신건강공동체의 대화가 더욱 요구된다. 임상전문가는 스스로 자기와 자신의 특권, 편견, 역할에 대해 평가하고, 자신이 서비스를 제공하는 지역사회에 어떠한 영향을 미치는지도 평가한다. 원격놀이치료 서비스의 실천으로 문화적 겸손의 필요성을 확인하려면, 놀이치료자는 문화적 역량에 관한 지식을 늘리고, 원격놀이치료 서비스 제공 시 문화적 차이가 주는 영향을 인식해야 한다.

> 가능하다면, 사회복지사는 기술과 자원에 접근하기 어려운 개인, 가족, 집단과 지역사회의 접근을 옹호해야 한다. 그들은 장애, 제한된 영어 실력, 제한된 재정, 기술에 대한 지식 부족, 또는 질병 등이 있는 취약계층이기 때문이다.
>
> (미국사회복지사협회, 2017, p. 26)

2017년 미국사회복지사협회(National Association of Social Workers)는 미국사회복지위원회(Association of Social Work Boards), 미국사회복지교육협의회(Clinical Social Work Association), 미국임상사회복지협회(Clinical Social Work Association)와 함께 〈사회복지실천의 기술표준(Standards for Technology in Social Work Practice)〉을 공표하였다. 이 출판물은 기술의 실제 이용에 초점을 둔 표준을 사회복지사들에게 제공했다. 2019년, 미국놀이치료학회는 놀이치료에서 『원격정신건강 구현을 위한 윤리적 고려사항(Ethical Considerations for Implementing Telehealth Health in Play Therapy)』을 공표하였다(미국놀이치료학회, 2019b). 두 발표물에는 모두 원격놀이치료의 실천을 위한 적합한 실제와 윤리적 고려사항이 논의되고 있다. 다양한 전문기관들이 원격정신건강 서비스와 관련된 윤리적·모범적 실천을 위한 지침을 공표하고 있다. 원격정신건강 서비스를 제공하면서 문화적 겸손을 실천하는 것에 대한 구체적인 언급은 아직 없다.

원격놀이치료의 문화적 고려사항과 한계

인터넷

인터넷은 놀이치료자와 내담자 간의 연결장치 역할을 한다. 인터넷은 많은 사람들과 연결되기 위해 사용하는 접근가능한 자원이며, 휴대전화 및 집 전화와 함께 종종 공공장소에서 무료로 제공된다(Kazdin & Blasé, 2011). 인터넷은 광범위한 접근을 가능하게 하는 자원이지만, 원격놀이치료 서비스 제공을 위한 인터넷 서비스 이용이 불가능한 사람들도 있다. 문화적 고려사항에는 인터넷 서비스를 받을 수 없는 개인도 가정해야 한다는 것이 포함된다. 문화적 겸손의 실천을 위해서는 놀이치료자가 서비스를 제공하고 있는 사람들에 대한 가설과 관점을 고려할 때, 인터넷 서비스를 받지 못하는 내담자에 대한 편견이 치료적 관계와 내담자와의 작업에 어떠한 영향을 미치는지에 대해 깊이 파고들어 살펴보는 것도 필요하다.

하드웨어와 소프트웨어

정신건강 분야에서 기술의 사용이 증가함에 따라, 현장에서는 컴퓨터, 태블릿, 휴대전화가 거의 매일 사용된다. 놀이치료자는 기술의 하드웨어를 활용하여 훈련, 연구, 원격놀이치료 서비스를 제공하지만(Mathews, 2020), 특정 인구는 이러한 기술적 아이템에 접근하지 못할 수도 있다. Celano와 Neuman(2010)은 “저소득층 아동들은 종종 가정용 컴퓨터가 없고, 기술습득에 필요한 컴퓨터의 사용을 위해 투쟁해야 한다”고 기술했다(p. 68). 문화적 관행과 같은 다른 요소들도 가정환경에서 기술 자원의 제한을 초래할 수 있다. 하드웨어가 부족할 때, 소프트웨어의 활용은 불가능하다.

필요한 하드웨어와 소프트웨어 확보를 위한 자원의 부족에 초점을 두지만, 소프트웨어와 하드웨어를 조작하기 위한 기술 부족 같은 측면도 고려해야 한다. 기술 부족은 아동과 성인에게 원격정신건강서비스의 진행이 도전으로 받아들여져 반항을 일으킬 수 있다. 기술이나 자원 부족 시, 저항의 위험은 더욱 커진다. 문화적 고려사항에는 내담자의 문화적 관행을 검토하여 자원에 대한 내담자의 인식을 발달시키는 것도 포함된다. 문화적 겸손의 실천은 놀이치료자에게 문화적 차이를 기초로 자신의 자원을 인식하고 필요한 조치를 취하도록 요구할 것이다.

물질적 자원

현장에서 놀이치료 서비스 제공은 원격놀이치료보다 재료와 관련된 이점으로 간주될 수 있다. 아동은 놀이치료의 치유과정에 참여하기 위해 선택된 놀잇감과 아이템으로 구조화된 환경에 참여할 수 있는 능력을 갖는다. 원격놀이치료가 모든 내담자에게 동일한 이점을 갖는 것은 아니다. 서비스를 받는 개인은 내담자의 자원에 따라 사용 가능한 물질적 자원의 제한이 있는 가정환경에 존재할 가능성이 높다. 문화적 겸손의 실천은 내담자를 원격정신건강 놀이치료에 참여시키기 위해 준비하고, 내담자의 자원과 환경, 문화적 고려사항을 살펴보는 놀이치료자의 모든 행위를 포함한다.

개인정보 보호와 관련된 고려사항

원격놀이치료를 받는 집단의 문화적 역동에는 개인정보 보호와 비밀보장에 영향을 미칠 수 있는 요인이 포함된다. Fisher와 ProQuest Ebooks(2013)에 따르면, 치료환경의 비밀보장은 모든 정신건강전문가에게 윤리적인 의무이며, 내담자와 놀이치료자 사이에 공유된 정보의 비밀보장을 요구한다.

치료실에서 치료할 때, 치료자는 개인적이고 비밀스러운 공간을 제공하는 능력이 필요하다. 원격놀이치료에서 놀이치료자는 내담자의 사생활과 비밀보장 유지를 위해 내담자와 가족에게 의지한다. 종종 치료서비스가 사적인 공간의 제한을 받는 아동의 가정에서 이루어지게 된다. 다양한 가족과의 작업에서 치료자는 아동의 가족구성원에게 문화가 어떠한 역할을 하는지, 그리고 가족구성원이 어떤 역할을 하는 사람인지 이해하고 인식할 필요가 있다(Park et al., 2019).

문화적 원격놀이치료 개입

아동과의 놀이치료는 나무로 된 모형 장난감, 종이, 물감 등과 같은 작고 기본적인 재료를 이용하여 1900년대 초부터 시작되었다(Landreth, 2012). 오늘날 놀이치료자는 내담자를 위한 공간에 지시적이고 비지시적인 놀이치료 개입에서 이용할 수 있는 놀잇감과 재료를 잘 갖추고 있다. 원격놀이치료를 제공하기 위해, 놀이치료자는 놀이치료 회기를 계획하고 참여할 때 보다 더 의도적이어야 한다. 놀이치료 개입 시 원격플랫폼에 지속적으로 참여시킬 수 있는 놀이치료 도구를 준비하는 것과 더불어 서비스를 제공받는 내담자를 이해하는 것이 중요하다.

독서치료

독서치료는 치료세팅에서 책을 사용한다. 책은 아동이 일상을 다루는 통찰력, 은유, 학습의 대안을 얻도록 돕기 위한 도구로 사용된다(Kottman & Meany-Walen, 2016). 원격놀이치료에서 놀이치료자는 자신이 책을 읽거나 아동이 책을 읽는 동안, 아동이 책을 보도록 전자책을 활용하여 화면공유를 할 수 있다.

놀이치료자는 내담자에게 전통적인 방법으로 책을 읽어 주거나 유튜브나 비디오를 이용할 수 있다. 독서치료를 하면서 문화적으로 다양해지는 방법은 다양한 문화집단과 관습적인 인물이 등장하는 책을 활용하는 것이다.

정서적인 문해력 증진을 위한 연습은 아동에게 자신의 어려운 스토리를 나눌 때 자기표현을 위한 감정과 정서의 단어를 제공하게 된다(Goodyear-Brown, 2019). 또한 정서적인 문해력은 언어적·비언어적 의사소통을 증가시킨다. 정서적인 문해력에 초점을 둔 다문화적 감정차트 활용 시, 동물의 표정과 피부색을 이용하는 것은 문화적 다양성을 실천하는 방법이다.

치료자는 아동이 자기, 가족, 그리고 경험을 반영해 볼 수 있도록 돕는 책을 선택한다. 또한 책은 창의적인 상호작용 방식을 학습하도록 도우며, 정서적인 문해력을 높이기 위해 사용될 수 있다. 다음의 책들을 활용할 수 있다.

- 『동물원에서 까꿍놀이』(Dixon, 2018)
- 『안돼, 안돼, 엘리자베스』(Jimenez, 2017)
- 『엘리자베스가 친구를 만들어요』(Jimenez, 2019)
- 『올리의 참외배꼽』(Easter, 2018)
- 『내가 자랐을 때』(McEachern, 2017)
- 『키가 작아도』(Latta, 2017)
- 『제이미는 제이미야』(Moradian, 2018)
- 『반인종주의 아기』(Kendi, 2020)
- 『가족책』(Parr, 2003)
- 『감정에 집중해』(Jimenez-Pride, 2018)
- 『잭은 느껴요』(Flynn, 2017)
- 『치유의 감정』(Baker, 2017)
- 『두 개의 감정』(Cain, 2001)

표현예술

"표현예술은 시각예술, 동작, 드라마, 음악, 글쓰기, 다른 창의적 과정들과 결합하여 개인적 성장과 공동체의 발달을 촉진한다."(국제표현예술치료학회, 2017, para 3) 놀이치료에서 사용되는 표현예술적 개입은 가상서비스에서의 상호작용과 참여를 증가시킬 수 있다. 기본적인 문화의 정의와 표현예술 개입은 내담자가 자신의 인종 및 사회적 정체성에 자부심을 갖게 한다. Goicoechea와 동료(2014)에 따르면, 내담자가 인종의 정체성에 자부심을 갖는 것은 차별에 대처하고 부정적 고정관념을 내면화하는 위험을 감소시키는 데 도움이 된다. 원격정신건강에서 재료가 전혀 또는 거의 필요 없는 표현예술은 가족이 재료를 준비해야 한다거나 치료자가 재료를 준비해야 한다는 부담을 완화시킬 수 있다.

창의적인 그림 그리기는 아동을 스토리텔링에 참여시키고, 자기표현을 하는 지시적인 프롬프트 활동이다. 원격놀이치료에서 치료자는 내담자들이 자신을 표현하는 그림을 그릴 수 있도록 짧은 시간과 프롬프트를 제공함으로써 창의적인 그림 그리기 활동을 한다. 창의적인 그림 그리기 활동은 사고, 감정, 신념에 대한 시각적 표현을 제공하기 위해 활용될 수 있다.

음악

Dansereau(2015)에 따르면, 악기는 구조적이기도 하고 비구조적이기도 하다. 아동은 원격상담 회기에서 자신의 악기를 만들거나 자신이 악기가 될 수 있다. 음악은 모든 문화적 배경에서 존재하며, 아동이 비언어적인 방법으로 사고와 감정을 표현하도록 한다. 원격놀이치료에서 음악을 사용하는 것은 내담자를 회기에 참여하는 것을 돕는다. 원격놀이치료에 참여하는 동안 문화적 겸손의 실천을 통해 치료자는 음악과 관련된 자신의 편견을 인식해야 한다. 또한 치료자는 치료실에서 사용하는 음악과 악기의 종류에 의도적으로 개입할 수 있다.

사례

기본 정보 및 배경

8세 여아인 아프리카계 미국인 Peyton은 우울증 증상과 학교 및 가정에서 반항적인 행동이 증가하여 치료에 의뢰되었다. Peyton은 어머니, 할머니와 함께 살고 있고, 초등학교에 다니고 있었다. Peyton은 정서 및 행동장애(Mixed Disturbance of Emotions and Conduct)를 동반한 적응장애(Adjustment Disorder)로 진단되어 치료를 시작했다. Peyton은 원격정신건강서비스로 전환되기 전 치료실에서 두 달간 놀이치료에 참여했다.

주 호소 문제 및 가족 정보

초기 사정 시 어머니는 Peyton이 학교 친구와 그녀가 좋아하던 활동과도 단절되기 시작했고, 학교와 가정에서 반항적인 행동을 보인다고 보고했다. Peyton의 문제행동에는 지시를 따르지 않는 것, 교사와 성인에게 말대꾸하는 것, 폭발적인 공격성이었다. Peyton은 자신의 생각과 감정을 표현할 때 어려움이 있었다. 그녀는 행동을 선택해야 할 때나 사람과 상황에 대해 자신의 감정을 표현해야 할 때 종종 "모르겠어요"라고 말했다. Peyton은 어머니와 할머니와 살고 있었고, 아버지와는 접근이 제한되어 있었으며 아버지에 대해서는 거의 말하지 않았다. 어머니는 풀타임으로 일하고 있었고, 할머니가 Peyton의 방과 후 주 양육자였다.

원격놀이치료로 전환

Peyton은 내면가족체계(Internal Family Systems: IFS) 모델로, 두 달에 한 번 개인치료실에서 치료에 참석했다. 내면가족체계는 내담자가 내적 영역(internal parts)을 확인하도록 돕고, 내면체계에 대한 지식과 그 체계가 외부체계와 상호작용하는 방법에 관한 지식을 향상시키는 것에 초점을 둔다(Schwartz & Sweezy, 2020). Peyton은 원격상담으로 전환되는 4주 동안 치료서비스를 받지 못했다. Peyton의 어머니는 Peyton이 전통적인 학교 수업에서 원격 가정학습으로 전환하는 데 어려움이 있어, 이에 초점을 둔 치료를 하고 싶다고 놀이치료자에게 연락했다. 그녀의 어머니는 Peyton이 학교 공부에 노력하지 않고, 종종 과제를 놓친다고 했다. 또한 Peyton이 온라인에서 선생님과 또래들에게 무례하게 행동한다는 것도 공유했다. Peyton의 가정 내에서의 반항적인 행동도 증가했다.

수업전환 당시 Peyton의 학교는 학생들에게 기술적 자원이나 자료를 제공하지 않았다. Peyton의 가족은 노트북을 구입했고, 지역의 전화서비스 제공업체로부터 무료로 저속 인터넷서비스를 제공받았다. 어머니의 근무 일정 때문에 기술적 이해가 부족한 Peyton의 할머니가 수업을 돕고 있었다.

원격정신건강서비스를 시작하면서, 놀이치료자는 가족에게 다음과 같은 물품들을 우편으로 보냈다.

- 크레파스와 마커
- 흰 종이
- 잡지
- 포커스 온 필링즈(Focus on Feelings)®©의 감정포스터
- 아이스크림 막대
- 딱풀

• 색인카드

첫 회기

첫 원격놀이치료 회기에서 가정학습에 대한 감정을 표현하는 그림 그리기를 지시했을 때, Peyton은 저항했다. Peyton은 화면을 보지 않고, 원격놀이치료 회기 동안 방 안을 마구 돌아다녔다. Peyton은 종이에도 마구잡이로 모양을 그렸고, 그림에 어떠한 맥락도 없었다. 질문을 받을 때는 낮은 목소리 톤으로 대답했다.

2회기

Peyton은 회기 내내 말을 하지 않았다. 놀이치료자는 종이에 생각을 쓰거나, 가상플랫폼의 채팅 기능으로 답변할 수 있다는 선택권을 주었다. 그녀는 채팅 기능으로 지난 치료 회기와 비대면 수업 시 할머니가 방을 떠나지 않는다는 상황을 공유했다. Peyton은 할머니가 큰 소리로 통화하고, 그녀가 수업 시간에 했던 말을 어머니에게 보고한다고 했다. 놀이치료자는 치료서비스 참여에 대한 Peyton의 요구를 확인하기 위해 채팅 대화를 제안하고 참여시켰다. 그녀는 놀이치료자에게 할머니의 행동에 대해 어머니와 대화하고 싶다고 말했다.

놀이치료자는 어머니에게 이 상황을 공유했고, 원격상담 회기 동안 비밀보장과 프라이버시의 중요성에 대해 논의했다. 놀이치료자는 치료실 세팅과 원격상담 서비스에서 역동의 차이에 대해 논의했다. 어머니는 회기에서 Peyton의 프라이버시가 중요하다는 것을 이해하지 못했었다고 했다. 또한 그녀는 아이들에게는 프라이버시가 필요하지 않다는 신념 때문에 할머니가 방 안에 머무르고 있다고 했다.

Peyton의 어머니는 가정에서 프라이버시에 대한 의식을 높일 수 있는 방법에 대해 논의했다. 어머니는 치료 회기 동안에는 Peyton을 방 안에 머무르게 하고 그녀의 프라이버시를 보호하는 방법에 대해 할머니와 대화해 볼 계획이라고 했다.

3회기

회기가 시작할 때 Peyton은 방에 혼자 있다고 했다. Peyton이 말로 응답하는 경우가 많아졌고, 원격상담 회기에 참여하기 시작했다. 학교와 치료에 대한 자신의 요구에 대해 어머니와 토론한 것을 공유했다. Peyton은 어머니가 치료실 세팅과 원격 세팅의 차이점에 대해 이해한 후, 자신의 요구에 대해 어머니와 의논할 때 더 자신감을 갖게 되었다고 했다.

원격치료 서비스 제공 시, 생각과 느낌에 대한 언어적 반응이 증가했고, 가정과 학교에서 반항적인 행동이 감소되어 치료적 진전이 있었다. 원격상담에 대한 Peyton의 태도가 변했고, 성적이 향상되었다.

원격놀이치료에서 문화적 겸손의 실천

문화는 기호, 가치, 윤리, 관습을 함께 공유하는 사람들의 복합적인 집단을 포함하며, 모든 놀이치료자에게 문화적 역량의 수준을 인식하게 하고, 문화적 다양성에 대해 이해하도록 한다. 인식을 높이기 위한 시작 단계는 현재 놀이치료자가 자신의 관습을 평가하고 신념을 인식함으로써 실제 세팅과 방법의 다양성을 시도해 보는 것이다. 문화적 겸손의 실천은 내담자를 만나기 전, 놀이치료자가 자신의 편견과 특권을 인식하고, 그것이 원격놀이치료 서비스에 미치는 영향을 인식하면서 시작된다.

문화적 겸손의 실천은 자신에 대한 정직함의 수준, 윤리적 원칙의 전문적인 규범과 문화적 다양성의 실천 관리위원회와의 상충되는 영역에 주목하고 개인적인 삶과 직업적인 변화를 기꺼이 받아들일 것을 요구한다.

다음은 실무자가 스스로 점검하는 질문의 예시이다.

- 내담자나 그들의 가족이 직면하고 있는 문화적 이슈에 대한 자신의 관점은 무엇인가?
- 내담자의 인종적 정체성에 따라 그들을 거부했는가?
- 어떤 문화집단에 대해 부정적인 생각이 있는가?
- 내담자의 성적 지향에 따라 그들을 거부했는가?
- 자신의 선천적 특권을 인식하고 있는가?
- 스스로 얻은 특권을 인식하고 있는가?
- 감정에 따라 특정 사람들에게 적절한 서비스를 제공해야 하는 내담자를 거부했는가?
- 자기중심적인 관점에서 사고하거나 행동하지 않는다고 확신하는가?
- 학문적인 글만 읽지 않고, 문화와 관련된 지식과 경험을 얻으려고 시도하는가?

다음 질문은 원격놀이치료 서비스에 영향을 미칠 수 있는 문화 및 가족역동을 자세히 알아보는 질문의 예시이다. 이러한 질문은 초기 사정이나 원격놀이치료로의 전환을 위한 면담에서 활용하는 것이 좋다.

- 원격정신건강서비스에 대한 내담자의 이해 정도는 어떠한가?
- 원격정신건강서비스를 위해 고려해야 할 영적·종교적 관습이 있는가?
- 내담자의 지역사회는 누구를 지지하는가?
- 우리가 인식해야 할 문화적 이슈나 고려사항을 공유해야 한다.
- 원격정신건강서비스에 영향을 미칠 수 있는 가족역동이 있는가?

• 내담자 가정에는 원격상담 회기를 위해 사용될 수 있는 사적인 공간이 있는가?
• 원격상담 회기에서 사용할 기술적 도구들을 가지고 있는가?
• 기술적 서비스를 유지하는 것이 가족 경제에 부담이 되는가?

결론

윤리적이고 효과적인 놀이치료 서비스 제공을 위해, 놀이치료자가 원격정신건강서비스 제공 시 문화적 겸손을 실천하는 것은 내담자에 대해 보다 큰 인식을 갖는 것이다. 자기를 인식하고, 자신의 신념과 편견을 인식하는 것은 서비스의 제공 방식에 영향을 미칠 수 있다. 놀이치료자는 창의적인 놀이치료 접근법을 활용하여 내담자의 치유를 촉진하는 공간을 마련하는 특별한 기회를 가지게 된다.

참고문헌

Altvater, R. A., Singer, R. R., & Gil, E. (2018). Part 2: A qualitative examination of play therapy and technology training and ethics. *International Journal of Play Therapy, 27*(1), 46-55. doi:10.1037/pla0000057

Altvater, R. (2019). Research-informed technological transitions in psychotherapy. In J. Stone (Ed.), *Integrating Technology into Modern Therapies* (pp. 11-23). Routledge.

Asbill, L., & Water, A., (2013, August). *Reflections on cultural: Given the complexity of multiculturalism, it is beneficial to understand cultural competency as a process rather than an end product*. American Psychological Association. https://www.apa.org/pi/families/resources/newsletter/2013/08/cultural-humility

Association for Play Therapy (APT) (2019a). *Play therapy best practices*. https://cdn.ymaws.com/www.a4pt.org/resource/resmgr/publications/best_practices_-_sept_2019.pdf

Association for Play Therapy (APT) (2019b). *Ethical considerations for implementing telemental health in play therapy: A reflective exercise for play therapists based on the association for play therapy's best practice guidelines*. https://cdn.ymaws.com/www.a4pt.org/resource/ resmgr/telehealth/Dugan_Ray_SKN_-_Telemental_H.pdf

Baker, L. (2017). *Healing feelings: A healing story for children coping with a grownup's mental illness*. Yorkshire Publishing

Belfield, L. D., (2012, December 18). What is cultural diversity? https://www. purdueglobal.edu/blog/social-behavioral-sciences/what-is-cultural-diversity

Cain, B. (2001). *Double-dip feelings*. Magination Press

Celano, D. & Neuman, S. B. (2010). A matter of computer time: Low-income children often lack home computers and struggle to get the computer time they need to achieve the skills necessary to be competitive. *Phi Delta Kappa, 92*(2), 68.

Chaet, D., Clearfield, R., Sabin, J. E., & Skimming, K., (2017). Ethical practice in telehealth and telemedicine. *Journal of General Internal Medicine: JGIM, 32*(10), 1136-1140. doi:10.1007/s11606-017-4082-2

Dansereau, D. R. (2015). Young children's interactions with sound-producing objects. *Journal of Research in Music Education, 63*(1), 28-46.

Davis, D., DeBlaere, C., Hook, J., & Owen, J. (2017). Navigating value differecenes and conflicts. In *Cultural Humility: Engaging Diverse Identities in Therapy* (pp. 162-163). Washington: American Psychological Assocition.

Dixon, K. (2018). *Peek-a-Boo at the Zoo*. Warren Publishing

Easter, S. (2018). *Ollie's Outie*. Warren Publishing

Fisher, M. A., & ProQuest Ebooks. (2013). *The ethics of conditional confidentiality: A practice model for mental health professionals*. Oxford University Press.

Flynn, J. (2017). *Jack feels: An emotional literacy resource*. CreateSpace Independent Publishing

Gil, E. (2005). From sensitively to competence in working across cultures. In E. Gil & A. A. Drewes (Eds.), *Cultural issues in play therapy* (pp. 3-25). New York, NY: Guildford Press.

Global Diversity Practice (2020). *What is diversity and inclusion?* https://globaldiversitypractice.com/what-is-diversity-inclusion

Goicoechea, J., Wagner, K., Yahalom, J., & Medina, T. (2014). Group counseling for at-risk African American youth: A collaboration between therapists and artists. *Journal of Creativity in Mental Health, 9*(1), 69-82. https://doi.org/10.1080/15401383.2013.864961

Goodyear-Brown, P. (2019). *Trauma and play therapy: Helping children heal*. Routledge.

Hudspeth, E. F. (2016). Play therapy applications with diverse cultures. *International Journal of Play Therapy, 25*(3), 113. https://doi.org/10.1037/pla0000030

International Expressive Arts Therapy Association (2017). *About us*. https://www.ieata.org/

Jimenez, C. (2017). *No, no Elizabeth*. Warren Publishing

Jimenez, C. (2019). *Elizabeth makes a friend*. Warren Publishing

Jimenez-Pride, C. (2018). *Focus on feelings*. Play Therapy with Carmen Publishing

Kazdin, A. E., & Blasé S. L. (2011). Rebooting psychotherapy research and practice to reduce the burden of mental illness. *Perspectives on Psychological Science, 6*(1), 21-37. doi: 10.1177/1745691610393527

Kendi, I. (2020). *Antiracist baby*. Penguin Random House

Kottman, T., & Meany-Walen, K. (2016). *Partners in play: An Adlerian approach to play therapy* (3rd ed). American Counseling Association

Landreth, G. L. (2012). *Play therapy: The art of relationship* (3rd ed.). Routledge/Taylor & Francis Group.

Latta, I. (2017). *Despite the height*. Warren Publishing

M. J. (2020, December 9). *Cultural diversity - how & why diverse culture makes our world better?* Diversity. Social. https://diversity.social/cultural-diversity/#gsc.tab=0

Mathews, E. B. (2020). Computer use in mental health treatment: Understanding collaborative documentation and its effect on the therapeutic alliance. *Psychotherapy (Chicago, Ill.), 57*(2), 119-128. doi:10.1037/pst0000254

McEachern, J. (2017). *When I grow up*. Warren Publishing

Merriam-Webster (2020a). *Culture*. https://www.merriam-webster.com/dictionary/ culture

Merriam-Webster (2020b). *Diversity*. https://www.merriam-webster.com/dictionary/diversity

Mellenthin, C. (2020, December). The therapeutic powers of play at work in the age of telehealth. *Play Therapy, 15*(4), 20.

Moradian, A. (2018). *Jamie is Jamie*. Free Spirit Publishing

Morrison Bennett, M., & Eberts, S. (2014). Self-expression. In C. Schaefer & A. Drewes (Eds.), *The Therapeutic Powers of Play: 20 Core Agents of Change* (pp. 17-18). Hobeken: John Wiley & Sons Inc.

National Association of Social Workers (2017). *Code of ethics*. https:// www.socialworkers.org/about/ethics/code-of-ethics/code-of-ethics-english

National Association of Social Workers (2015). *Standards and indicators cultural competence in social work practice*. https://www.socialworkers.org/LinkClick.asp x?fileticket=7dVckZAYUmk%3D&portalid=0

Park, S. S., Wiemers, E. E., & Seltzer, J. A. (2019). The family safety net of black and white multigenerational families. *Population & Development Review, 45*(2), 351-378. https://doi.org/10.1111/padr.12233

Parr, T. (2003). *The family book*. Little Brown and Company

Schwartz, R. C., & Sweezy, M. (2020). *Internal family systems therapy* (2nd ed.). The Guildford Press

Tervalon, M., & Murray-Garcia, J. (1998). Cultural humility versus cultural competence: A critical distinction in defining physician training outcomes in multicultural education. *Journal of HealthCare for the Poor and Underserved, 9*, 117-125.

Zimmerman, K. A. (2017, July 13). What is culture? *Live Science*. https://www.livescience.com/21478-what-is-culture-definition-of-culture.html

제2부

실제 적용

• • •

제5장

트라우마 플레이와 원격심리치료: 스크린을 활용하는 새로운 방법

Paris Goodyear-Brown and Kate Worley

트라우마 플레이(TraumaPlay™)는 트라우마 및 애착장애가 있는 아동, 청소년 그리고 그들의 보호체계를 다루는 유연 순차적 놀이치료 모델이다. 여기에서 보호체계는 친부모, 양부모, 교사, 베이비시터, 그리고 심지어 축구코치까지 포함할 수 있다. 트라우마 플레이는 놀이에 대한 신경생물학적 이해와 놀이가 가지는 치유의 힘을 기초로 하며, 애착이론의 관점을 토대로 자녀나 부모에게 치료가 필요할 경우 면담을 진행한다. 여기에는 일곱 가지 치료적 틀이 있는데, 다양한 개입방법을 자유롭게 활용할 수 있는 우산과 같은 역할을 한다. 임상가가 부모에게 치료 파트너로서의 역할을 강화시켜 트라우마 치료작업에 참여하도록 하는 치료목표들이 있다. 증거기반 치료목표들은 임상적이며 창의적인 수많은 비계(scaffolding)와 놀이기반 개입들을 통해 치료적 성장을 위한 발달 촉진 자극들을 제공하는 것이다. 트라우마 플레이는 놀이치료의 효과를 활용하고 비지시적 및 지시적 접근방법을 통합하여 아동과 가족이 심리적 외상으로부터 치유될 수 있도록 내담자의 욕구에 따라가는 아동중심적 접근방식을 취한다(Goodyear-Brown, 2010; 2019; 2021).

통합적 패러다임을 기반으로 하는 이 모델은 아동과 함께 작업하는 증거기반 트라우마 치료에 일련의 놀이기반 구성요소들이 적용된 것이다. 각 구성요소는 트라우마 치료의 중요한 차원을 의미하며 구체적 치료목표와 개입방법을 나타낸다. 구성요소는 다음과 같다.

- 안전감과 안정감 강화하기
- 현재 대처방식에 대한 진단과 적절한 대처방법 논의하기
- 생리반응 진정시키기
- 자기조절 강화하기
- 파트너로서의 부모
- 정서 읽기능력 증진하기
- 놀이기반의 점진적 노출: 심리적 외상 후 놀이(노출의 연속과 경험적 숙달 놀이)
- 사고, 감정, 관계로 인한 영향뿐만 아니라 신체 감각에 대한 세부적 요소들을 통합하는 일관된 트라우마 내러티브 만들기
- 사고세계에 대응하기(인지적 왜곡 수정하기, 잘못된 귀인 다루기, 부정적인 자기대화를 긍정적인 자기대화로 제안하기)
- 심리적 외상 후 자기에 대한 긍정적 의미 만들기

트라우마 플레이 치료자들은 아이의 회복력을 기르기 위해 놀이의 치료적 힘을 활용한다. 또한 무수히 많은 완화제를 통해 트라우마와 관련된 내용에 아이가 다가갈 수 있는 적정 수준을 맞추고자 노력한다. 이와 관련된 내용은 놀이치료자의 팔레트(Goodyear-Brown, 2019)에 나와 있으며, 아동과 청소년이 힘든 일들에 직면했을 때 안전에 대한 신경지(neuroception)를 증진시키고 대응하는 능력을 만드는 방법을 보여 준다. 이 완화제는 모두 애착관계에 기초하며 운동감각적 개입, 욕구 만나기, 은유, 접촉, 유머, 자연, 새로운 경험, 담아주기가 포함된다. 트라우마 플레이의 핵심 개념은 돌봄의 물줄기로 요약되며, 치료과정에서 치료자가 세 가지 주요 역할인 안전한 보스, 양육자, 이야기 지

킴이를 이루어 내는 것을 포함한다.

트라우마 플레이 구성요소의 원격심리치료 전환

현재의 대처방식에 대한 진단과 적절한 대처방법 논의하기

트라우마 작업에 있어서 가장 좋은 실제 중 하나는 어렵고 힘든 내용을 다루기 전에 내담자의 현재 대처방식을 평가하는 것이다. 대처나무(coping tree)는 스크린을 통해 쉽게 활용해 볼 수 있는 트라우마 플레이의 기본 개입방법이다. 이 놀이기반 평가는 국립 아동 트라우마 스트레스 네트워크(the National Child Traumatic Stress Network: NCTSN)와 놀이치료학회(Association for Play Therapy: APT)의 협력을 통해 만들어졌다. 이는 내담자들이 자신의 적응적 또는 부적응적 대처전략 목록들을 모두 살펴보도록 돕는다. 치료자는 가상 포털을 통해 Apple Farmer Annie(Wellington, 2004)를 읽는 것으로 시작한다. 그러곤 나무에서 떨어져 땅에 남겨진 사과에 무슨 일이 일어났는지(썩었는지 벌레가 먹었는지 등), 날씨는 어땠는지, 나무에 매달려 잘 익은 사과가 맛있는 음식으로 얼마나 많이 변했는지 함께 알아본다. 그리고 다음과 같은 질문을 하면서 채점기준표를 사용하여 적응적 또는 부적응적 대처전략들을 비교해 본다. "너에게 일어났던 공포스러운 일이 생각날 땐 어떻게 하니?" 구체적으로 떠오르는 트라우마 기억이 없다면 "너가 정말 스트레스를 받을 땐 어떻게 하니?"로 물어본다. 임상가는 스크린에 아이가 선호하는 화이트보드 도구를 공유하고 나무를 그린 뒤 모든 대처전략들을 살펴볼 수 있도록 대화를 촉진한다. [그림 5-1]은 전문가 집단이 온라인 웨비나(webinar)에서 완성한 집단 대처나무의 한 예이다. 대처나무는 개별 아동/청소년 또는 가족 집단에서 사용하기 적합하며, 이 개입은 놀이적 요소가 있으며 스크린에 저장도 가능하다.

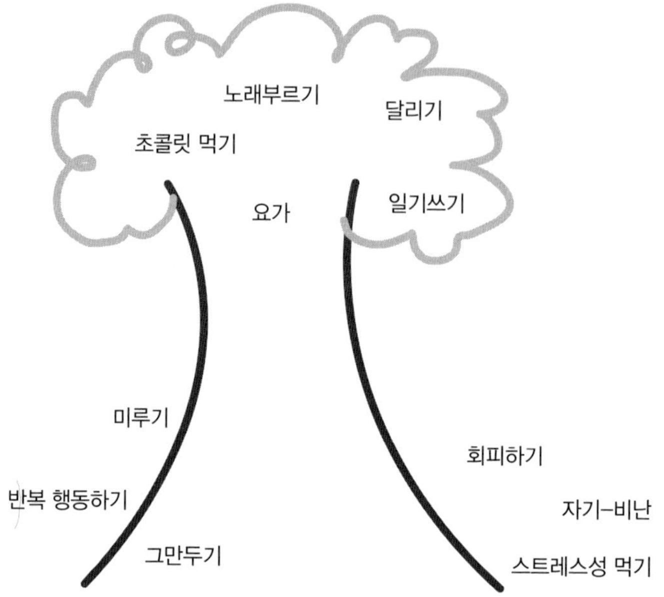

[그림 5-1] 집단 대처나무

생리반응 진정시키기

감각수딩메뉴(sensory soothing menu)는 원격상담 회기에 쉽게 활용할 수 있다. 이 개입에서는 아이가 다른 메뉴 아이템들과 짝을 이루는 다양한 감각 아이템들을 선택한다. 아이들은 트라우마 플레이 감각수딩메뉴 워크시트(Goodyear-Brown, 2021)를 만드는 것을 즐기며, 나만의 메뉴 아이템을 만들어 가지는 소유감을 느끼게 된다. 메뉴 옵션에는 '당신의 내면을 기분 좋게 하거나 안전감을 느끼게 하는' 맛, 냄새, 촉각, 소리, 시각적 이미지가 포함된다. 원격상담 회기 시, 상담자는 내담아동으로 하여금 자신의 보물을 찾아보고 보여 주도록 하면서 물건 찾기 게임처럼 그 활동에 참여하도록 도울 수 있다. 내담아동들은 촉각을 진정시켜 주는 특별한 담요나 청각을 진정시키는 음향 기계를 보여 주는 것을 좋아한다. 아이와 보호자가 메뉴 아이템을 생각할 수 없는 경우, 치료자는 부모-자녀 간 짝으로 이루어지는 수딩 도구를 개발할 수도 있다. 이러한 개입을 통해 부모들은 스트레스를 겪고 있는 자녀에게 도움이 되는 에센셜 오일이나 동물인형들을 발견하게 된다.

치료자는 가상 포털을 통해 가정용품들을 활용하여 내담아동과 부모들에게 삼위일체의 뇌(triune brain)의 욕구들에 대해 알려 줄 수 있다. 치료자들은 내담아동들과 함께 가정에서 흔히 볼 수 있는 비품들(예: 베이킹 소다, 렌즈 용액, 풀 등)로 슬라임이나 우블렉(Oobleg)을 만들어 보면서 감각 욕구들을 충족시킬 수 있다. 또한 아이들은 가정용품을 활용해 조절 훈련에 유용한 악기를 만들어 볼 수도 있다. 트라우마 플레이 치료자들은 아이가 악기를 자발적으로 사용하는 것을 내적 상태를 조절하기 위한 외적 작업의 한 방식이라 여긴다. Tedx 토크에 나온 비디오 클립인 〈Trauma and Play Therapy: Holding the hard Stories(트라우마와 놀이치료: 힘든 스토리 담아 주기)〉(Goodyear-Brown, 2018)는 트라우마를 겪은 아이가 자신의 몸에서 무슨 일이 일어나는지를 노래로 표현하는 과정을 보여 준다. 말로 표현하는 단계(신피질/생각하는 뇌) 전에 아이는 기타의 모든 현을 치며 열광적으로 소리를 내어(그 결과, 불협화음이 생김, 짤랑짤랑 소리가 남) 반복적인 멜로디를 만드는 데 시간을 보냈다. 이 어린 아이가 자기 내부의 변화를 외적으로 표현하는 모습을 보는 것은 정말 놀라운 일이었다. 치료자가 트라우마 플레이 가상 회기 초기에 내담아동으로 하여금 집에서 흔히 구할 수 있는 말린 콩을 빈 깡통에 넣어 악기를 만드는 활동을 해 보도록 제안할 수 있다. 물론 치료자도 같은 활동을 한다. 치료자와 내담아동은 서로 속도를 조절하여 번갈아 맞추어 보며 진행한다. 이 작업은 다음 회기의 시작이나 끝나는 시점에 불안을 줄여 주는 연결장치로 사용할 수 있는 중간대상/과정이 되고 치료과정에 참여하고 조율할 수 있는 촉진제가 된다.

대부분의 가상 플랫폼에는 치료자 화면이나 가족 화면에 있는 것을 공유하는 기능이 있다. 이것을 통해 치료자는 Calm 또는 Headspace와 같은 모바일 앱에 있는 배경화면을 보여 주고 새로운 호흡법을 시연하며 생리반응을 진정시키는 참신한 개입방법을 지속적으로 제공할 수 있다. 힘든 내용을 다루는 적정 수준을 찾아야 할 때, 즉 과민한 내담자가 힘든 과정을 인식하고 이완할 수 있도록 도와야 할 때, 치료자와 내담자는 전신운동과 스트레칭이 포함된 요가 루틴(유튜브 또는 다른 어떤 것이든 모두 가능)을 같이 해 볼 수 있다. 이때 치료자는 부적절한 화면이 팝업창에 뜨거나 다른 비디오의 미리보기 화면이 실행되는 것에 대해 항상 주의해야 한다. 트라우마 플레이에서 치료자에게는 안전한 보스의 문지기 역할이 중요하다. 이 때문에 치료자들은 화면을 공유하기 전에 웹사이트 페이지, 광고 등의 모든 부분을 살펴보고 콘텐츠에 대한 안전 점검을 준수한다. 예를 들어, 짧은 요가 루틴이나 비디오를 검색할 때, 매우 선정적인 포즈나 의상, 배경음악이 나타날 수 있다. Nurture House[1]에 오는 많은 가족 중에는 성적 트라우마를 가진 아이들도 있다. 그들은 트라우마를 상기시키거나 자극하는 내용들에 의해 쉽게 영향을 받는다. 우리는 바운더리 세우기와 신체 안전에 관한 커리큘럼을 수시로 제공한다. 'Tackling Touchy Subjects' 커리큘럼이 디지털로 만들어졌는데, 이는 아이들이 치료자와 함께 화면을 통해 바운더리 게임을 하기도 하고 실제 작업 가능한 유인물에 색칠하기나 글쓰기를 할 수 있도록 구성되어 있다(Goodyear-Brown, 2013). 원격상담에서 종종 사용하는 〈Consent for Kids〉라는 제목의 짧은 비디오는 아이들이 동의(consent)에 대해 이해할 수 있도록 발달수준에 맞는 적절한 언어와 이미지로 설명해 준다(Blue Seat Studios, 2016).

『Hey Warrior』『Mindful Monkey, Happy Panda』『Sit Like a Frog』와 같은 독서치료 자료들의 온라인 버전은 여러 웹사이트에서 활용 가능하며, 이를 통해 상향 조절(upregulating)과 하향 조절(downregulating)의 순환을 연습하는 단계를 정해 줄 수 있다. 어떤 내담자에게는 수용의 창(Window of Tolerance: WOT)에 대한 간단한 비디오 설명이 도움이 된다(Farrell, 2018). 〈The Window

---

1) 역자 주: 본 저자가 소속된 미국 테네시주 프랭클린에 있는 단독주택의 치료센터이다. 부속기관으로 트라우마 플레이 연구소가 있으며, 치료 및 임상가들의 현장 실습이 이루어지고 있다. 지속적인 온라인 교육과 전 세계 치료자들을 위한 훈련 프로그램도 운영하고 있다.

of Life and the Tale of Two Lands〉라는 제목의 영상에는 판다가 강을 따라 떠다니는 장면이 나온다. 판다가 불의 땅을 지날 때는 깊은 심호흡을 하며 탈출하고 얼음의 땅을 지날 때는 몸을 움직여 탈출한다. 이는 가상을 통해 WOT를 멋지고 매력적인 방식으로 소개하게 된다. 치료자는 잭슨 파이브의 〈ABC〉와 같은 흥겨운 비트의 음악을 골라 내담아동과 신나게 몸을 움직여 스크린을 통해 댄스파티를 한다. 이 활동은 매우 강렬한 활동이다. 그러고 나서 치료자는 심장박동 앱을 선택해서 자신과 내담아동의 심박수를 측정하고 마음챙김 활동을 한 후 다시 측정해 본다. 가상공간에서 만날 때는 스마트폰 렌즈가 산소측정기 역할을 할 수 있다. 분당 심박수가 떨어지는 것을 보면서 내담아동은 자신의 생리반응을 조절할 수 있다는 사실을 발견하고 놀라워한다.

정서 읽기능력 증진하기

아동의 정서 읽기능력은 감정에 관련된 어휘, 감정을 알아차리고 정확하게 전달하는 능력, 그리고 감정이 자아와 환경에 의해 영향을 받는 방식에 대한 이해로 구성된다(Goodyear-Brown, 2010). 다양한 트라우마 플레이 개입을 통해 아이들은 자신의 정서 읽기능력을 증가시켜서 대처와 조절 기술을 높이게 된다(Goodyear-Brown, 2010). 너의 마음 색깔(Color-Your-Heart)과 감정 무지개(feelings rainbow)는 가상 화이트보드에서 평가와 개입 시 잘 사용할 수 있는 활동 예이다(Goodyear-Brown, 2002; 2005). 각각의 개입 시, 치료자는 화이트보드에 하트나 무지개 템플릿을 만들 수 있다. 일부 아이들은 화이트보드를 이미 숙지해서 자신만의 템플릿을 스스로 만들어 보겠다고 얘기할 수도 있다. 설명하자면, 이 아이들은 자신의 몸에서 도파민 분비를 유도하는 이 기계(가상 화이트보드)를 다루는 데 숙달감을 얻고자 하는 것이다. 또한 아이들은 치료자로부터 숙달된 능력을 인정받으면 옥시토신이 분비된다. 원격심리치료는 신체 접촉의 제한과 같은 놀이치료 과정에 변화를 가져왔지만, 신경화학 작업을 일으키기 위해 유사한 접근방법들의 제공이 가능하다(Goodyear-Brown, 2019; Porges, 2009).

Nurture House의 임상가 중 한 명인 Patrick Smith는 어떤 원격 플랫폼에도 잘 맞는 원격심리치료 회기를 위한 정서 읽기 개입을 개발했다. 이 개입에서 상담자는 아이들 자신이 가장 좋아하는 TV프로그램, 영화, 비디오 게임에 나오는 캐릭터들로 정서 차트를 만들도록 한다. 임상가들은 주로 복합 정서 차트를 가지고 있지만, 개별 정서 차트를 만드는 작업을 통해 아이들은 정서를 식별하고 명명하는 데 적극적으로 참여하게 된다. 더욱이 아이가 좋아하는 TV프로그램에 대해 이야기를 나누고 다양한 캐릭터들을 구별하며 치료자는 아이의 세계와 아이에게 영향을 미치는 것들에 대한 창을 가지게 된다.

트라우마 플레이 치료자 자격증을 가지고 활동 중인 동료 Kristie Cain은 자신의 집단상담 대기실에 토드파(Todd Parv) 감정카드 두 세트를 전시하고 있다. 팬데믹이 일어났을 때, 그녀는 카드가 전시된 벽을 사진으로 찍어서 현재 가상 회기에서 가장 인기 있는 트라우마 플레이 연구소에 공유했다. 스크린을 통해 이미지를 공유하고 가상공간에서 틱택토(Tic-Tac-Toe)이나 커넥트 포(Connect Four) 놀이를 하는 데 다양한 색 포스트잇이 도구로 사용된다. 팬데믹이 정점이었을 때 Nurture House 임상가들이 개발한 Foodie Faces라고 하는 독서치료 개입이 있다(Wurtzel & Wurtzel, 2020). 화면을 마주하고 실제 책을 읽고 있던 6세 내담아동이 그 책의 앞과 뒤의 표지에 줄지어 있는 얼굴표정에 호기심을 보였다. 이 어린아이는 내부 표지 사진을 찍어 화면을 통해 공유하고 감정 단어를 색 포스트잇에 적어서 붙여 두는 방식으로 치료자와 활동을 했다. 이 책에 있는 모든 얼굴들은 계란에 핀토콩(Pinto bean) 눈을 붙이고 빨간 고추로 입을 만드는 식으로 만들어져 있다. 주방에 있는 음식들로 감정얼굴을 만들어 낸 기발한 이 책의 아이디어에 따라 치료자와 부모/아동도 자신들의 주방에서 음식 재료들을 찾아 감정얼굴을 만드는 작업을 하며 많이 웃었다. 아이들이 음식을 가지고 놀이하도록 하는 또 다른 독서치료 자료인 Foods with Moods(Freymann & Elffers, 2018)도 이와 같은 개입을 촉진한다. 정서 탐구와 음식이 결합된 활동은 스크린을 통한 연결을 강화하면서 기본적인 욕구를 충족시킨다.

파트너로서의 부모

부모들은 팬데믹 기간 동안 그 어느 때보다 더 많은 지지가 필요하다. 봉쇄와 간헐적 격리, 온라인 수업은 (부모와 자녀의) 스트레스를 심화시킨다. 2020년, 우리의 커뮤니티는 좁은 세계로 축소되어 버렸다. 매일, 매주, 매달 정기적으로 만나는 커뮤니티 공간과 사람들과의 관계가 가지는 역할은 아무리 강조해도 지나치지 않다. 부모와 자녀는 시간배분, 기분전환, 또래집단, 공동 관심사 등을 통해 서로 간의 관계에서 오는 긴장을 완화시킨다. 몸 외부의 환경으로 인해 내적으로 느끼게 되는 외수용감각(exteroception)은 우리의 행복감에 큰 영향을 줄 수 있다. 트라우마 플레이에서 우리는 서로 간 초점을 맞추기에 이 정도가 '딱 좋아'라고 느낄 수 있도록 도와줄 수 있는 공간의 크기를 발견하곤 한다(Goodyear-Brown, 2010). 팬데믹으로 인해 우리 모두는 매일 똑같은 작은 공간에서 생활해야 했고, 특히 신체활동이 필요한 아이들에게 이러한 제약은 문제가 되고 있다. 가족들은 집안에 갇혀 서로 간 공간과 욕구를 끊임없이 조율하고 있다. 비순종적이며 공격적이고 심한 조절장애를 가진 자녀를 키우는 부모들에게 물리적 공간의 제약이 자녀의 큰 행동(big behavior)들을 훨씬 더 크게 보이게 한다. 원격상담 세션 동안 우리가 제공하는 실제 활동 중 하나는 아이가 부모와 함께 이 방 저 방을 다니며 더 새롭고 다양한 방식으로 공간을 살펴보도록 하는 것이다. 낡은 천으로 요새나 텐트를 만드는 것과 같은 간단한 활동은 외수용능력을 다르게 만들어 줄 수 있다. 우리는 부모가 가정 내에 양육누크(Nurture Nook)를 디자인하거나 자녀를 기쁘게 수용할 수 있는 활동을 준비할 수 있도록 하여 서로 간 연결이 이루어지는 양육시간을 매일 가지도록 돕는다. 가상현실(VR)—여기에서는 아동이 상호작용할 수 있는 360도 환경에 몰입하도록 돕는 3차원 그래픽시스템으로 정의(Ihemedu-Steinke et al., 2017)—을 사용함으로써 확장된 환경(예: 아름다운 숲이 우거진 지역, 산, 탁 트인 들판, 터널이나 동굴과 같은 작은 공간)을 제공할 수 있다. VR은 아이들이 조절과 문제해결, 사회적 기술 등의 발달과 관련한 작업을 할 때 크고 작은 공간을 제공한다(Lamb et al., 2019).

파트너로서의 부모 역할을 강화하는 데 초점을 두는 트라우마 플레이는 스크린을 통해 가족을 지속적으로 돕는 데 아주 적합하다. '안전한 보스' '양육자' '이야기 지킴이'의 역할을 구체적으로 습득하는 과정을 통해 양육자들은 치료자로부터 안아 주는 경험을 새롭게 하게 되고 그 경험을 통해 부모는 상처받은 자녀를 돌볼 수 있게 된다. 양육기술 촉진과 연습뿐만 아니라 심리교육에 있어서도 부모들이 반영능력을 키울 수 있도록 돕기 위한 뇌반구적 놀이 경험을 균형 있게 제공한다. 트라우마 플레이에 관한 새 교재인 『Parents as Partners in Child Therapy: A Clinician's Guide(2021)』[2]에는 원격상담에서 활용할 수 있는 45가지 유인물들이 포함되어 있다. 이 유인물과 활동들은 다음의 치료목표에 도움이 된다. 즉, 양육 수치심에 대한 인식 전환하기, 문제행동을 보이는 자녀에게 다시 연민 가지기, 자녀와 연결된 상태로 존재를 긍정하며 아이의 욕구에 맞는 훈육절차 따르기, 조절연습이 필요한 아이와 공동조절하기, 자녀를 기쁘게 수용함으로써 힘든 스토리를 담아 주는 수용의 창(WOT) 확장시키기 등이다. 스크린을 통해 아이들의 힘든 스토리를 읽어 주는 것은 부모와 자녀 모두에게 위안이 되며 양육의 한 형태가 될 수 있다.

---

2) 역자 주: 번역서 『아동심리치료에서 파트너로서의 부모: 임상가를 위한 가이드』(시그마프레스, 2022). 이 장에 나오는 낯선 개념과 용어들은 이 책 안에 수록되어 있다.

트라우마 내러티브

점진적 노출의 한 형태인 심리적 외상후 놀이(Goodyear-Brown, 2019)는 세 가지 방법을 통해 생각, 감정, 감각적 인상이 포함된 트라우마 내용들을 통합할 수 있도록 도와준다. 첫 번째 방법은 노출의 연속(continuum of disclosure)이다. 이 과정은 아동주도 놀이 시 아동이 우리에게 조금씩 보여 주는 트라우마 관련 내용과 정보를 참고로 한다. 두 번째 방법은 경험적 숙달놀이(Experiential Mastery Play: EMP)이며, 아이가 새로운 무언가를 성취해 냈을 때 올라오는 자신감을 활용하여 트라우마와 관련된 내용에 다가갈 수 있도록 한다. 스크린을 활용한 마인크래프트와 같은 플랫폼들은 환경을 구축하고 함께 만들어 가는 방법을 선택하도록 하고, '난 할 수 있어'라는 느낌을 가지도록 해주며, 그로 인해 자신감이 올라와(옥시토신과 도파민이 방출됨) 그 세션 내에서 다루어지는 힘든 내용들에 대해 아이가 다가갈 수 있도록 돕는다. 우리가 원격 심리치료를 진행하며 계발 중인 'Who's Got the Power?'는 마술 지팡이를 만들어 화면을 통해 상대편을 다양한 동물로 변신시키는 게임이다. 치료자는 자신의 컬렉션에 있는 마법 지팡이를 소개한 후 내담아동에게도 자신만의 마법 지팡이를 찾거나 만들어 보도록 한다. 일부 아이들은 지팡이 만드는 과정에 매우 몰두하기도 한다. 내담아동은 특별한 막대를 찾는 동안 휴대폰이나 아이패드를 들고 앞마당이나 뒤뜰로 나가는 등 실외에서 세션을 가질 수도 있다. 그런 다음, 집에 있는 재료들을 사용하여 막대를 색칠하거나 장식한다. 어떤 내담아동들은 펜이나 세척솔을 들고선 지팡이인 척할 수도 있다. 아이는 "아브라카다브라, 내가 너를 개구리로 만들겠다!"라고 말한다. 만약 치료자가 놀이치료실에 있다면, 화면 아래로 재빨리 사라지고 마치 자신이 개구리로 바뀐 것처럼 개구리 피겨를 화면에 보이도록 놓을 수 있다. 또한 치료자는 개굴개굴 소리를 내거나 방 안을 점프하고 돌아다니며 자신이 개구리로 바뀐 것처럼 몸으로 표현할 수도 있다. 어떤 식이 되었든 아이들은 즐겁게 웃고 엄청난 힘을 느끼며 화면을 통해 서로가 연결되어 있는 순간을 공유하게 된다. 최근 부모-자녀 쌍 세션에서, 아빠와 아이가 모두 원숭이로 변신했다. 원숭이 소리를 내면서 겨드랑이를 긁어 대는 모습을 보며 엄청 웃었다. 그런 다음, 그들은 치료자를 니모로 변신시키기 위해 공모했고…… 그들은 치료자가 상상의 바다에서 꿈틀거리며 헤엄치는 걸 보며 한참을 웃었다. 놀이를 통해 의사결정을 함께 하는 경험과 거기에서 생겨난 즐거움으로 인해 애착유대가 강화된다.

놀이기반 점진적 노출의 세 번째 방법은 아이가 힘든 내용들에 다가가기 위해서 더 많은 지지가 필요할 때 트라우마 내러티브 지시문을 더 구조화해서 제공하는 것이다. 이 접근법의 특징은 다양한 매체를 통해 노출의 적정 수준을 맞추는 것이다. 퍼펫인형, 모래상자, 시각적 스토리텔링, 놀이장면 꾸미기는 COVID-19 이전부터 트라우마 플레이의 내러티브 작업 도구였으며, 이들 각각은 가상작업을 할 수 있도록 변환되었다(Goodyear-Brown & Gott, 2019). 치료자들은 디지털 퍼펫 스토리를 함께 만들기 위해 휴대폰이나 아이패드로 Puppet Pals 앱을 사용할 수 있다. 트라우마가 떠오르는 상황이 되면 공격행동을 보이는 한 내담아동이 자신을 표현하기 위해 '복싱 다람쥐'를 골랐다. 그러곤 불안을 느낄 때 도움을 요청하려고 주먹을 쥐어 보이는 대신, 말로 표현하는 것을 배울 수 있도록 돕는 역할로 '요정 대모'를 골라 치료자에게 그 역할을 맡겼다.

내담자들은 원격심리치료 세션 동안 강력하고 아름다운 모래상자 세계를 만드는 데 Virtual Sandtray App®©(가상 모래상자 앱)(Stone, 2015)을 활용할 수 있다. StoryBird 웹사이트는 시에서부터 만화책, 그림책, 긴 이야기 책에 이르기까지 다양한 시각적 스토리텔링 내용들을 담고 있어서 각 내담아동에게 맞는 적정 수준의 자료를 제공할 수 있다. 한 사례로 언어와 인지능력에 한계가 있는 태아 알코올 증후군을 가진 한 입양아가 있었다. 이 아동은 우울과 불안으로 손목 긋는 행동이 있었는데 StoryBird 사이트가 이 사례에 잘 활용되었다. 이 내담아동은 자신의 내적 고통에 대한 정교한 이야기를 쓰지는 못했지만, 먼저 시각적 이미지를 선택한 다음, 그 그림 위에 몇 개의 단어와 구절을 쓰면서 자신의 주제에 접근하여 자해행동에 대해 어느 정도의 성찰을 할 수 있게 되었다. '힘든 일'에 대해서 적정 수준의 노출이 이루어지도록 하는 것은 트라우마 플레이의 특징 중 하나이며, 원격 세션에서도 창의적인 방법으로 이루어질 수 있다.

원격심리치료로의 전환과 윤리적 이슈

2020년 봄, 대부분의 기관과 현장에서와 마찬가지로 Nurture House에 있는 우리도 원격심리치료로의 전환을 체감했다. 우리는 이 이전에는 기본적으로 대면 치료를 진행하고 있었으며, 원격심리치료로의 전환이 막막하게 느껴졌다. 하지만 안전을 보장하기 위해서는 필요한 조치였다. 아동과 청소년과의 상담에서 기존 치료 형식은 아니지만, 원격심리치료는 효과적인 선택이라는 연구 결과가 나오고 있다. 부모훈련, 부모-자녀 상호작용치료, 트라우마 중심 인지행동치료는 원격심리치료를 통한 치료에서 효과가 입증된 접근방식들이다(Funderburk et al., 2008; Lerman et al., 2020; Stewart et al., 2020). 이 장에서 알 수 있듯이, 트라우마 플레이 모델도 원격심리치료에 적용 가능하다. 다음 단락에서는 원격심리치료를 적용할 때 우리가 맞닥뜨릴 수 있는 윤리적 이슈와 상담 실제에 도움을 줄 수 있는 해결책에 대해 다루고자 한다.

Nurture House의 임상가 대부분은 원격심리치료의 경험이 없었다. 이 때문에 전문가 팀은 안전 및 윤리적 실제를 보장하기 위한 원격심리치료 훈련 프로그램을 만들었다. 또한 우리 팀은 이 전환 과정에 대한 추가적 지원을 제공하기 위해 매주 집단 슈퍼비전을 실시했다. 우리는 임상가와 내담자의 안전 보장과 윤리적 실제에 대한 지침도 만들었다. 예를 들어, 우리 상담자들은 위기 사례의 경우 매 회기 전에 내담자의 주소를 확인하고 해당 주(state, 州) 안에서 회기가 진행되고 있는지 확인했다. 회기가 진행되는 동안 보호자가 같은 방에 없을 경우, 위급 상황 시 바로 연락할 수 있는 비상 연락망을 준비해 두는 것이 필수였다. 원격심리치료를 진행하는 데에는 윤리적 문제를 고려하는 것이 꼭 필요하다. 이는 트라우마 플레이 모델 이론을 가상적으로 적용할 때도 마찬가지이다.

트라우마 플레이에서 이야기 지킴이, 양육자, 안전한 보스로서의 치료자 자기(self)의 치료적 활용은 치료를 개념화하는 데 필수적이다. 이 세 가지 역할 모두가 필수적이지만, 그중 원격심리치료에서 안전한 보스로서의 치료자 역할이 가장 어렵다. 우리가 가족들에게 설명하는 것과 마찬가지로, 안전한 보스는 건강한 구조화를 통해 아이들의 안전을 지켜 주는 안전한 성인을 의미한다. Nurture House에서 우리는 교육, 바운더리 설정, 모델링, 돌봄, 지지 등을 통해 가족들의 정서적 · 신체적 안전을 지키기 위한 작업을 한다(Goodyear-Brown, 2019). 대면 세션에서는 안전한 보스의 행동 모델링이 매끄럽고 간단하게 진행되었으나, 가상 세션에서 안전한 보스로서의 우리의 존재는 조정되어야 한다는 점을 금방 알아챌 수 있었다. 우리 연구원들은 내담자의 안전과 윤리적 이슈 방지를 위해 새로운 안전한 보스 지침들을 만들었다.

신체적 · 심리적 안전감을 느낄 수 있도록 하기 위해 Nurture House의 임상가들은 내담아동과 항상 가까운 거리를 유지한다. 회기가 진행되는 동안 근접성을 유지하는 것은 내담아동으로 하여금 우리가 관심을 가지고 집중하고 있다는 것을 보여 주는 효과가 있다. 원격심리치료로 전환되면서 우리가 가장 고민했던 부분은 회기가 진행되는 동안 필요에 따라 사적인 공간이 보장되어야 한다는 점도 있었던 반면, 아이의 신체적 안전이 최우선 고려되어야 한다는 것이었다. 아이들마다 각자 차이는 있지만 일반적으로 7세 이하의 아이들은 회기 동안 부모의 시야 안에 있어야 한다고 우리는 판단했다. 우리에겐 복잡한 트라우마를 경험한 내담아동이 많았다. 우리는 그중 일부 연령이 높은 아이들도 회기 중에 성인의 감독이 필요한 경우가 있다는 점을 발견하고 사례별로 이 문제에 대한 결정을 내렸다. 아동의 조절능력, 주의력, 대인관계능력은 종종 트라우마의 영향을 받는다. 이는 부모가 없는 상황에서 원격상담을 진행할 수 있을지를 결정하는 데 필수 고려사항이다(D'Andrea et al., 2012). 아이가 치료자와 일대일의 시간을 가지길 원하지만 부모의 도움이 필요한 경우, 부모나 아이가 헤드폰을 쓰는 등의 방식들로 문제를 해결할 수 있다. 테네시주에서는 16세가 되면 아이가 스스로 심리치료에 대한 법적 동의를 할 수 있다. 이 경우 16세 청소년의 사생활 보호는 필수적이다(Kerwin et al., 2015). Nurture House에서는 가족과 함께하는 작업을 강조하고 있지만, 대면 치료에서와 같은 수준의 내담자 사생활 보호가 이루어진다는 점을 신뢰할 수 있도록 해야 했다.

가정에 아이들이 여럿일 경우에는 사생활 보호와 비밀 보장을 확보하는 것이 어려웠다. 더군다나, 많은 부모는 아이들의 원격수업과 기타 다른 일정들을 관리하면서 재택근무까지 하고 있었다. 이런 상황은 상담자에게는 아이가 부모로부터 돌봄을 받고 있다는 느낌을 받을 수 있도록 도울 수 있었을 뿐 아니라 가족체계를 조정할 수 있는 기회가 되었다. 일부 사례의 경우, 임상가들은 형제자매 또는 부모와 함께하는 가족 세션으로 전환하기도 했다. 일정 문제로 대면 치료에서는 진행할 수 없었던 가족과의 세션이 가능해지는 아름다운 결과를 낳기도 했다. 이전에 상담시간 동안 아이를 관리하기 힘들었던 가족들의 경우, 엄마와 아빠가 주방에서 저녁식사 준비를 하면서 내담아동을 관찰하는 것까지도 가능해졌다. 상담자가 부모와 함께 성공적인 세션을 가질 수 있도록 돕는 또 다른 경우들도 있다. 예를 들면, 상담시간이 끝나고 약속시간을 조정하여 아이가 좋아하는 보상활동을 할 수 있도록 잘 도울 수 있었다(Rattan & Wrightington, 2021; Premack, 1965).

결론

COVID-19 팬데믹으로 인해 정신건강 분야에서 전례 없는 원격심리치료 서비스가 추진되었다. 한 번도 가상 서비스를 시도해 본 적 없는 임상가와 기관들은 전국에 봉쇄령이 내려지고 며칠 만에 원격심리치료를 제공해야 하는 현실을 마주했다. 이 경험을 통해 많은 상담자는 가까운 미래에 정신건강 서비스에 있어서 원격심리치료가 영구적으로 활용될 것이라는 점과 그것이 가지는 다양한 이점들에 대해서도 발견했다. 불행히도 이 책이 출판되는 지금도 COVID-19는 여전히 존재한다. 하지만 트라우마 플레이 실무자들 그리고 보다 광범위한 놀이치료 분야가 서로 협력하여 지원과 가상 개입을 제공하는 모습을 보면 믿기지가 않는다. COVID-19로 인한 전환은 우리에겐 도전이었지만, 한편으론 대면 치료에서는 불가능했던 가정 내 가족들의 모습을 친밀하게 들여다볼 수 있게 해 주었다. 많은 사례에서, 스크린을 통한 작업이 힘든 내용들을 다루는 데 적정 수준을 지킬 수 있도록 해 주는 효과가 있었기 때문에 개별 작업이 잘 이루어지게 촉진시키기도 하였다. 또 어떤 경우에는 일정 때문에 대면 상담이 어려웠던 사례를 진행하는 계기도 되었다. 놀이치료에서 원격심리치료가 확장되어 이루어지는 것을 통해 앞으로 보다 유연한 방식의 상담서비스가 제공될 것이라 기대한다.

참고문헌

Blue Seat Studios. (2016, October 4). *Consent for kids [Video]*. YouTube. https:// www.youtube.com/watch?v=h3nhM9UlJjc

D'Andrea, W. D., Ford, J., Stolboach, B., Spinazzola, J., & van der Kolk, B. A. (2012). Understanding interpersonal trauma in children: Why we need a developmentally appropriate trauma diagnosis. *American Journal of Orthopsychiatry, 82*, 187-200.

Dye, H. (2018). The impact and long-term effects of childhood trauma. *Journal of human behavior in the social environment, 28*, 381-392.

Farrell, T. (2018, July 6). The window of tolerance reimagined. https://fb.watch/5FfhPECZb-/

Freymann, S., & Elffers, J. (2018). *Foods with moods: A first book of feelings*. Arthur A. Levine Books.

Funderburk, B. W., Ware, L. M., Altshuler, E., & Chaffin, M. (2008). Use and feasibility of telemedicine technology in the dissemination of parent-child interaction therapy. *Child Maltreatment, 13*, 377-382.

Goodyear-Brown, P. (2002). *Digging for buried treasure: 52 prop-based play therapy interventions for treating the problems of childhood*. Paris Goodyear-Brown.

Goodyear-Brown, P. (2005). *Digging for buried treasure 2 (52 more prop-based play therapy interventions for treating the problems of childhood)*. Paris Goodyear-Brown.

Goodyear-Brown, P. (2010). *Play therapy with traumatized children: A prescriptive approach*. John Wiley & Sons.

Goodyear-Brown, P. (2013). *Tackling touchy subjects*. Goodyear-Brown.

Goodyear-Brown, P. (2018, March 17). Trauma and play therapy: Holding hard stories [Video]. YouTube. https://www.youtube.com/watch?v=SbeS5iezIDA&t=579s

Goodyear-Brown, P. (2019). *Trauma and play therapy: Helping children heal*. Routledge.

Goodyear-Brown, P. (2021). *Parents as partners in child therapy: A clinician's guide*. Guilford.

Goodyear-Brown, P., & Gott, E. (2019). *Tech, trauma work and the power of titration*. In J. Stone (Ed.), *Integrating technology into modern therapies: A clinician's guide to developments and interventions* (pp. 109-123). Routledge.

Ihemedu-Steinke, Q. C., Erbach, R., Halady, P., Meixner, G., & Weber, M. (2017). Virtual reality driving simulator based on head-mounted displays. In G. Meixner & C. Müller (Eds.), *Automotive user interfaces* (pp. 401-428). Springer International.

Kerwin, M. E., Kirby, K. C., Speziali, D., Duggan, M., Mellitz, C., Versek, B., & McNamara,

A. (2015). What can parents do? A review of state laws regarding decision making for adolescent drug abuse and mental health treatment. *Journal of Child and Adolescent Substance Abuse, 24*, 166-176.

Lamb, R., Etopio, E., & Lamb, R. E. (2019). *Virtual reality play therapy* [Unpublished manuscript]. University at Buffalo. https://www.researchgate.net/profile/Richard_Lamb2/publication/323557382_Therapeutc_use_of_virtual_reality_to_overcome_real world_problems/links/5a9d62b70f7e9be37968b759/Therapeutic-use-of-virtualreality-to overcome-real-world-problems.pdf

Lerman, C. D., O'Brien, J. M., Neely, L., Call, A. N., Tsami, L., Scheiltz, M. K., Berg, K. W., Graber, J., Huang, P., Kopelman, T., & Cooper-Brown, J. L. (2020). Remote coaching of caregivers via telehealth: Challenges and potential solutions. *Journal of Behavioral Education, 29*, 195-221.

Perry, B. D., & Azad, I. (1999). Posttraumatic stress disorders in children and adolescents. *Current Opinion in Pediatrics, 11*, 310-316.

Porges, S. W. (2009). The polyvagal theory: New insights into adaptive reactions of the autonomic nervous system. *Cleveland Clinic Journal of Medicine, 76* (Suppl 2), S86-S90. https://doi.org/10.3949/ccjm.76. s2.17

Premack, D. (1965). Reinforcement theory. In D. Levine (Ed.), *Nebraska symposium on motivation* (pp. 123-180). Nebraska Press.

Rattan, S., & Wrightington, M. (2021). Premack's principle and visual schedules. In M. I. Axelrod, M. Coolong-Chaffin, & R. O. Hawkins (Eds.), *School-based behavioral intervention case studies: Effective problem solving for school psychologists*. Routledge.

Siegel, J. D., & Bryson, P. T. (2011). *The whole-brain child: Twelve revolutionary strategies to nurture your child's developing mind*. Bantam Books.

Siegel, J. D., & Bryson, P. T. (2020). *The power of showing up: How parental presence shapes who our kids become and how their brains get wired*. Ballantine Books.

Stewart, W. R., Orengo-Aguayo, R., Young, J., Wallace, M. M., Cohen, A. J., Mannarino, P. A., & de Arrellano, A. M. (2020). Feasibility and effectiveness of a telehealth service delivery model for treating childhood posttraumatic stress: A community-based, open pilot trial of trauma-focused cognitive-behavioral therapy. *Journal of Psychotherapy Integration, 30*, 274-289.

Stone, J. (2015). The virtual sandtray app. www.sandtrayplay.com/Press/ VitrualSandtray Article01.pdf

Wellington, M. (2004). *Apple farmer Annie*. Puffin Books.

Wurtzel, B., & Wurtzel, C. (2020). *Foodie faces*. Hachette Book Group.

제6장
원격심리치료에서 애착이 미치는 힘

Clair Mellethin

애착은 우리의 삶과 관계의 기반이다. 부모와 양육자와의 관계를 통해 아이는 내적 작동 모델(internal working model)을 발달시킨다. 건강하고 안정된 애착관계 안에서 자랐을 때, 아동은 '나는 사랑받는 아이고, 사랑스럽고 존재할 만한 가치가 있는 아이야. 세상은 예측 가능하고 긍정적인 곳이지.'라는 고유한 신념구조를 형성한다. 불안정하고 양가적인 애착유형을 경험하며 성장한 아이는 그들의 세상이 예측 불가능하고 신뢰할 수 없기 때문에 전혀 다른 내적 작동 모델을 형성하고 자신의 가치와 존재에 대해서 의문을 제기할 수 있다(Bowlby, 1982).

애착이론은 유럽의 세계대전 이후 John Bowlby에 의해 처음으로 제안되었다. 그는 전쟁, 입원, 피난, 물리적 거리 등으로 헤어진 아동과 가족을 위해 일한 최초의 정신분석의 중 한 명이었다. Bowlby(1988)는 애착을 인간 간의 지속적인 심리적 연결로 설명했다. 그의 이론은 "애착행동이 일시적으로 발생했다 소멸되는 현상, 그리고 아동과 개인이 특정 타인과 맺는 지속적인 애착을 설명하려는 시도"로 발전했다(p. 29). 애착행동이란 "안정감을 위해 다른 사람을 찾는 것"(Mellenthin, 2019, p. 4)일 뿐만 아니라 세상에 더 잘 대처하거나 위험으로부터 보호를 제공할 수 있는 사람과의 근접성을 유지하는 것이다(Bowlby, 1988). 이러한 행동은 옹알이하기, 울기, 눈 마주치기, 안기 위해 손을 뻗기, 부모를 따라가기 혹은 사람 가까이에 앉기 등처럼 적응적인 방식으로 나타날 수 있다. 이런 행동에 대한 부모의 민감성과 적절한 양육 반응은 건강한 대처 반응일뿐만 아니라 아이의 내적 작동 모델을 형성하는 데도 매우 중요하다.

부모와 자녀 사이의 안정 애착 발달을 통해 아동의 신체적, 신경학적, 정서적 그리고 정신적 발달에 최적의 성장이 일어난다. Parrigon 등(2015)은 "부모와 자녀 사이의 애착관계는 자녀의 감정 이해, 대처 전략 및 다양한 정서적 경험을 다루는 방법을 포함하는 감정 기술을 배우는 핵심 메커니즘이다."(p. 27) 라고 말했다. 스트레스나 심리적 외상 시 이러한 애착 추구 행동이 활성화되는데, 애착 시스템의 성격에 따라 반응적이고 양육적인 보살핌을 제공하는 애착 대상이거나, 아이를 고통스럽게 하는 부모를 겪을 수 있다. 후자의 경우 결과적으로, 양쪽 모두 소외감과 두려움을 느끼게 된다.

복잡한 현대 사회의 가족들은 전 세계적인 팬데믹, 학교와 데이케어 센터의 폐쇄, 원격 온라인 학습, 친구나 가족구성원 그리고 교사들과 사회적 거리두기를 해야만 하는 도전에 직면하고 있다. 인류는 창의성, 유연성과 기술을 사용하여 애착대상 및 지원체계와의 연결을 유지하고 복원하는 방식으로 대응하고 있다. 이 장에서는, 이러한 사건들이 애착에 미치는 영향과 함께 놀이치료자가 놀이의 힘과 치료적 관계를 원격심리치료에서 어떻게 강화하고 유지할 것인지 대해 논의할 것이다.

연구

신경과학은 Bowlby가 20세기 초 가정한 것을 확인했다. 우리는 말 그대로 자궁에서 처음 시작하여 평생에 걸쳐 연결되어 있다(Schore & Schore, 2012).

현대 애착이론은 안정 애착이 우뇌의 신경학적 발달에 미치는 영향과 정서 그리고 감정을 조절할 수 있음을 확인했다(2012). 아이는 부모와의 관계에서 발달한 애착패턴을 통해 즐거움, 기쁨과 마찬가지로(Mellenthin, 2019) 스트레스, 심리적 외상, 두려움(Bowlby, 1988)에 반응하는 방법을 배운다.

Byng-Hall(1995)은 다음과 같이 말했다. “애착은 가족생활의 핵심이다. 그들은 생애주기 전반에 걸쳐 보살핌과 보호를 제공할 수 있는 유대감을 형성하는데, 유대감은 가장 강렬한 감정(관계가 형성될 때의 기쁨과 단절될 때의 괴로움)을 불러일으키거나, 불안정해지면 문제를 야기할 수 있다.”(p. 45) 아동에게는 일차 애착대상(대개는 부모)과 일생 동안 다양한 애착 요구를 충족시킬 수 있는 애착대상이 될 여러 명의 돌보는 성인이 필요하다. 선생님, 코치, 멘토, 튜터, 성직자, 이웃, 친족/확대 가족 등이 이러한 역할을 한다. 애착에 대한 체계적 관점을 통해 이러한 유대 관계 형성의 필요성과 중요성을 인식하고, 놀이치료에서 원격심리치료로의 전환이 도래한 세상의 변화와 함께 위협, 방해 및 분리로 인해 애착 시스템이 어떻게 활성화되는지(Shapiro, 2010)를 아는 것도 중요하다.

원격심리치료로의 전환

대면 심리치료에서 원격심리치료로의 전환은 많은 치료자에게는 도전이었고, 놀이치료 실습의 새로운 영역이었다. 그러나 원격심리치료는 수년 동안 존재해 왔으며 아동과 청소년에게 성공적으로 시행되어 왔다(Domoff et al., 2019). COVID-19가 전 세계적으로 유행하기 전에 놀이치료 분야에서는 치료실에서 기술을 활용하고, 아동을 원격심리치료 서비스에 참여시키는 것에 대해서는 상당히 저항적이었다. 비평가들은 원격심리치료가 치료적 관계에 해롭고(Lily, 2018) 부모와 자녀 사이의 안정 애착을 잠재적으로 위협할 수 있음

(Courtney & Nowakowski, 2018)을 우려했으며, 또한 사회적 고립을 증가시켜 뇌에 미치는 부정적 영향을 두려워했다(Domoff et al., 2019).

하지만 아동과 청소년의 경우, 사회 참여와 연락을 위해 멀리 사는 조부모님과 영상통화부터 친구와 하는 틱톡까지, 기술과 가상 관계 경험이 없는 삶을 알지 못하기 때문에(Stone, 2018) 원격심리치료로의 전환은 훨씬 더 자연스럽고 단순했다. 많은 아동은 이미 사랑하는 사람들과 가상의 관계 유지를 경험하고 있었고(Mellenthin, 2019), 원격심리치료 역시 이와 크게 다르지 않다고 보았다. McNary 등(2018)은 "노트북, 태블릿, 스마트폰과 같은 기기 없이는 삶을 살아 본 적이 없고, 항상 인터넷에 쉽게 접속할 수 있는 디지털 네이티브인 아동은 성인과 기술을 다르게 바라볼 수도 있다는 점을 이해하는 것이 매우 중요하다."(p. 5)라고 신랄하게 조언했다.

가상 놀이치료실에 있는 성인, 특히 치료자가 가상 수단을 통해 치료적 관계를 형성하고 유지하는 방법을 이해하는 것은 내담자가 치료관계에서 안전하고, 보살핌을 받고 있고, 안정감을 느끼도록 돕는 데 매우 중요하다. Geller(2020)는 치료적 존재(presence)는 안정감 형성과 보다 강력한 치료적 동맹 구축 그리고 치료적 효과의 증진을 위해 필요하다고 강조한다. Geller는 "존재는 심리적 · 정서적 안정감을 불러일으키는 메커니즘을 통해, 치료자와 내담자 사이에 작업 관계를 강화시키고…… 내담자가 '느꼈고'(Siegel, 2010), 만났고, 이해받았다고 느끼도록 돕는다."(p. 2)라고 기술했다. 치료적 존재란 치료자가 그 회기에 치료자의 온전한 자기를 가지고 오는 것을 포함해 내담자와 함께 있는 방식이다. 이는 치료자가 '자신에 기반을 두고' 내담자의 언어적 그리고 비언어적 경험을 인식하고 반응하면서 내담자의 애착과 관련된 요구에 맞춰 반응하는 것을 돕는다(Gellar, 2020).

원격심리치료의 가상 경험에서는 놀이치료 회기에 완전히 존재하는 것처럼 내담자의 애착 추구 행동에 맞춰 반응하는 것이 중요하다. 아이들은 어른들의 비언어적 의사소통을 읽는 데 매우 능숙하고, 치료자의 참여 부족에 매우 민감하거나 치료자가 기술 경험에 당황하거나/좌절해 그들과 함께하는 시간을 즐기지 못할까 봐 매우 두려워할 수도 있다. 또한 아이들은 이러한 순간에 이미 형성되어 있는 부정적 내적 작동 모델을 활용하면서 자기가치감과 자기수용에 연결해 내면화할 수도 있다. 이는 내담자와 치료자 사이에 치료적 관계 단절을 유발할 수 있다. Eubanks 등(2019)은 치료적 단절을 "내담자와 치료자 간의 긴장 혹은 치료목표에 대한 불일치, 치료 과제에 대한 협력의 실패 또는 그들 사이의 정서적 유대감의 긴장"으로 정의했다(Dolev-Amit et al., 2020, p. 2).

치료자가 내담자의 원격심리치료 경험에 적응하지 못하면, 그 둘은 부조화와 잠재적 치료 단절의 순간을 겪고 치료관계에 혼란과 상처를 남길 수 있다. 치료관계의 단절을 구분하는 것뿐만 아니라 이것이 발생했을 때 관계를 회복하고 해결하는 것 또한 중요하다(Safran & Muran, 2000). 치료관계의 단절은 원격심리치료 경험에서는, 예를 들어 내담자가 취약성을 드러내거나 정서적 친밀감을 나누기 시작하는 바로 그 순간에 기술적 결함이 발생하거나 연결이 끊어지는 경우처럼 의도치 않게 생길 수 있다. 치료자는 갈등이 있는 가족치료 회기에서 오디오가 꺼져, 언어적 의사소통을 온전히 이해하지 못하게 될 수도 있다. 비록 가족구성원들 사이에 비언어적 의사소통의 변화를 볼 수 있다고 해도 말이다. 치료자는 이런 원격치료 경험 때문에 내담자와 정서적으로 단절되었다 느낄 수 있고, 연결이 끊어져 생긴 감정을 내담자에 대한 감정과 혼동할 수 있다(Dolev-Amit et al., 2020).

이러한 단절을 치료적 관계 안에서 다루는 것은 매우 중요하다. 아주 어린 아이들도 놀이치료와 단절이 되는 순간을 경험할 수 있다. 원격심리치료로 전환하면서, 예를 들어 내담자는 개별 놀이치료 회기에 대면 상담을 지속할 수 없는 치료자의 행동에 상처를 느낄 수 있다(Dolev-Amit et al., 2020). 치료자는 이에 대해 감정적으로 상처 입을 수 있는 가능성에 대해 솔직하고 직접적으로 이야기하는 것이 중요하다. 또한 내담자가 안전한 공간에서 자신의 감정을 치료자와 처리할 수 있도록 해야 한다. 단절에 대해서 분명히 하고, 언어화하는 것은 놀이치료자가 불편한 상황일지라도 반드시 필요하다. 단절에 관해 이야기를 나누고 명확히 하고 함께 해결해 나가는 것은 치료적 성장을 위한 긍정적 기회가 될 것이다(Safran & Muran, 2000). 이러한 교정의 순간은 자신이 자기 가치에 대한 부적응적인 스키마나 믿음을 변화시키거나 수정해 새로운 건설적인 대인관계 경험을 만드는 데에 도움이 된다.

개입

놀이치료는 치료자가 놀이의 치료적 힘을 활용하고(Schaefer & Drewes, 2014), 특히 치료적 관계를 발전시키는 것에 기반을 두는 것이 중요하다. 놀이치료는 놀이치료자가 아동의 내적 상상과 경험의 세계로 들어갈 때 애착과 관계를 항상 중심에 둔다. 전통적인 놀이치료실에서와 마찬가지로, 온라인 놀이치료실에서도 치료자가 진정한 자신이 되도록 허용하는 것은 중요하다. Landreth(2002)는 "치료자가 놀이치료 관계에 가져오는 가장 중요한 자원은 자기 차원이다. 기능과 기술은 유용한 도구이지만 치료자 자신의 인격을 사용하는 것이 가장 큰 자산이다."(pp. 104-105)라고 기술했다. 유도된 심상(guided imagery), 표현 예술 및 아동중심 놀이치료와 같은 시간을 초월한 개입은 원격심리치료에서도 잘 활용할 수 있다.

'걱정 없는 나의 세상(My Worry-Free World)'(Mellenthin, 2020)은 유도된 심상과 표현 예술을 결합한 애착 중심 놀이치료(Attachment Centered Play Therapy: ACPT) 기법이다. 이 개입은 부모와 자녀가 함께 사용하도록 고안되었지만, 개인, 가족 또는 그룹 치료에 사용하도록 수정할 수 있다. 이것은 대화형식의 심상유도 과정으로 아이는 환상 여행을 따라 자신의 경험을 말로 표현할 수 있다. 이는 COVID-19 팬데믹과 그에 따른 사회경제적 셧다운 이후에 개발되었다. 원격심리치료로의 전환, 학교 폐쇄 및 고립 증가 기간에 많은 아동 및 청소년 내담자들은 두려움과 불안, 외로움으로 어려움을 겪었다. 유도된 심상은 원격심리치료에서 효과가 있고, 내담자에게 스크립트를 시작하기 전 원하는 미술용품을 준비하라고 안내할 수 있다.

> 눈을 감고, 당신의 호흡에 귀를 기울여 보세요. 당신의 신체에서 숨이 들어오고 나가는 소리가 들리나요? 이제 다리를 꼬지 않고 두 발을 땅에 딛으세요. 발 아래 바닥이 느껴지나요? 당신의 가슴이 거대한 열기구 같다고 상상해 보세요. 다음, 숨을 들이마시면서 풍선 전체를 땅에서 뜨는 데 필요한 공기로 채웁니다. 준비됐나요? 길고, 깊게 천천히 숨을 들이마시고, 당신의 풍선을 가득 채우세요. 숨을 내쉬면서 큰 숨으로 모든 걱정을 날려 버려요. 자, 이제 풍선이 하늘을 떠다닐 수 있도록 조금 더 채워 줍시다. 숨을 내쉬면서 날려 버리고 싶은 걱정 하나를 더 생각하고 당신의 날숨에 불어서 날려 버려요. 열기구는 아직 떠 있나요? 우리는 열기구가 하늘에 떠 있는데 필요한 만큼 깊고 느린 호흡을 할 수 있어요(아동이 그들의 열기구가 준비되었다고 한다면 치료자는 스크립트의 다음 부분으로 이동한다).
>
> 이제 열기구가 떠오르는 상상을 해 보세요. 안전하게 올라갈 수 있도록 바구니를 안정적으로 잡으세요. 우리는 스트레스 요인도, 나쁜 감정도, 걱정도 전혀 없는 마법 같은 곳으로 떠갈 것입니다. 우리가 하늘에 떠서 특별한 걱정이 없는 장소로 이동하고 있다고 상상해 보세요. 마법 같은 장소를 볼 수 있나요? 내부에 있습니까, 아니면 외부에 있습니까? 걱정으로부터 자유로운 이곳은 어떤 색이 보이나요? 주변에 사람이나 동물 혹은 사물이 있습니까? 당신 혼자인가요? 마법의 장소를 탐험하기 시작할 때 주변에 무엇이 있는지 확인해 보세요. 이 걱정 없는 곳에 있는 기분은 어떤가요?

마법의 장소를 탐험한 후에는 부모와 내담아동을 초대해 준비한 미술용품으로 걱정 없는 세상을 만들도록 한다. 부모는 아동의 지시에 따라 하나의 세상을 만들 수도 있고, 공유할 수 있는 세상을 나란히 만들 수도 있다. 그리고 작업하는 동안에는 가능한 한 조용히 하는 것이 좋다. 그들이 완성했을 때 치료자는 다음과 같은 질문을 할 수 있다.

- 걱정 없는 세상에서 가장 좋았던 점은 무엇인가요?
- 걱정 없는 세상으로 데려오고 싶은 사람은 누구인가요?
- 현실 세계에서 가장 큰 걱정거리는 무엇입니까?
- 현실 세계에서 걱정되거나 두려울 때 누가 도와줄 수 있습니까?

아동이 일주일 동안 필요할 때에 걱정 없는 세상을 방문할 수 있도록 '닻 내리기(anchoring)'를 연습하는 것이 유용할 수 있다. 이는 풍부한 감정을 재생산하는 데 유용한 신경 언어 프로그래밍(Neuro Linguistic Programing: NLP) 기술이다. '닻을 내리기'는 감정과 선택된 신체 반응의 연합을 만든다(Paras, 2020).

내담자가 손을 모으는 것과 같은 신체적 행동을 선택하고 그들의 특별한 걱정이 없는 세상으로 돌아가는 것을 상상하는 회기에서 이것을 함께 연습하는 것은 도움이 된다. 그들이 마음속에 이 장소를 찾을 수 있다면 좋을 감정을 들이마시고, 그들의 몸을 마법 같은 공간으로 채우도록 초대해야 한다. 그들이 '가득 찼다고' 느낄 때 눈을 뜨고 치료실로 되돌아올 것을 요구해야 한다. 손을 풀거나 그 어떤 몸동작이든 중립적인 자세를 취하도록 한다. 매번 동일한 신체 움직임을 3번씩 하도록 한다. 자원을 강화하기 위해 부모와 자녀를 초대해 일주일 동안 그들의 마법 세계로 가는 연습을 하게 한다.

'멈추기, 협동하기 그리고 듣기(Stop, Collaborate, and Listen, Mellenthin, 2020)는 이야기 치료, 놀이치료 그리고 Smule이 만든 오토랩(AutoRap)이라는 앱을 활용하는 또 다른 매우 재미있는 개입이다. 지난 몇 년 동안 오토랩을 사용해 왔고, 아동, 가족과 함께 애착 지향적인 작업에 재미있는 기능을 추가해 왔다. 내담자가 스마트폰이나 태블릿에 대고 말하면 오토랩은 그들이 말한 것을 랩 음악으로 만들 것이다. 오토랩은 함께 음악을 만들고, 어렵거나 고통스러운 이야기를 나누고, 가족이 함께 작업하여 이야기를 쓰고 공유할 수 있는 강력한 방법이었다. 종종 가족 이야기를 함께 쓰는 것은 매우 감동적인 경험인데, 특히 심리적 외상, 과도기와 슬픔을 경험한 이후에 그러하다. 가족이 그들의 이야기를 재생하고, 랩 가사 형태로 들었을 때, 그들은 종종 킥킥거리기 시작하고 얼마 안 가서 함께 웃게 될 것이다. 함께 공유하는 이러한 순간은 가족이 함께 슬퍼하고, 함께 창조하고, 함께 웃고 춤출 수 있게 하기 때문에 핵심 애착 시스템을 강화시키는 역할을 한다.

윤리

가족 기반 원격놀이치료 서비스를 제공할 때 고려해야 할 사항이 많이 있다. 치료자는 부모-자녀 애착 작업을 시작하기 전에 신체적 · 성적 · 정서적 안전을 포함하여 가족체계 내의 안전 문제를 평가해야 할 필요가 있다. 치료자의 물리적 존재 없이 경계와 안전감을 유지하기 위해서 치료자는 갈등 완화에 특히 주의를 기울이고 숙련되어야 한다. 연구에 따르면 위기와 학교 폐쇄의 시기에 아동 학대와 가정 폭력의 비율이 증가한 것으로 나타났다(Cluver et al., 2020). 스트레스가 많거나 심리적 외상 시기에 반항적 행동, 분열된 애착행동 그리고 혼란스러운 대인관계는 아동이 보이는 가장 흔한 반응들이다(DePierro et al., 2019; Gurwitch et al., 2020). 이러한 행동은 부모의 스트레스 및 고통과 결합되어 아동 및 청소년의 정신건강 문제 증가와 정적 상관관계에 있었다(Gurwitch et al., 2020).

또 다른 윤리적 관심 영역은 기술 자원에 대한 가족의 접근이다. 치료자와 마찬가지로, 가족의 기술적 지식, 시설, 기술에 대한 신뢰와 능력을 고려해야 한다(Gurwitch et al., 2020). COVID-19 팬데믹 상황에서 소외된 취약 지역 사회의 기술 격차가 더 심하게 나타나기 때문에 이것은 도전의 영역이었다. 놀이치료 재료를 포함해 자원에 대한 가족의 접근성을 염두에 두는 것 또한 매우 중요하다. 집에 있는 장난감이나 미술용품을 활용하여 놀이치료 키트를 만들도록 가족을 초대하는 것은 '올바른 것'을 가져야 한다는 압박감을 완화할 수 있다. 치료자는 저렴한 놀이치료 키트를 만들 수 있고, 원격심리치료 서비스를 원활히 진행하는 데 필요한 물품을 내담자 가정으로 보낼 수도 있다.

이 장에서 다룰 윤리적 관심의 마지막 영역은 내담자에게 원격심리치료서비스를 적절하고 효과적으로 제공할 수 있도록 훈련받은 치료자의 중요성이다. 전 세계적으로 COVID-19 팬데믹이 시작되면서 많은 치료자는 내담자에게 임상 서비스를 가장 효과적으로 제공하는 방법에 대한 교육이나 지식이 거의 없는 상태에서 온라인으로 치료 서비스를 제공하는 낯선 세계로 내몰렸다. 미국원격의료협회(The American Telemedicine Association: ATA)는 국제놀이치료학회(Association for Play Therapy)를 포함한 주요 정신건강 분야의 관리위원회와 함께 원격심리치료 사용에 관한 윤리적 지침을 만들면서 아동 및 청소년을 대상으로 한 원격심리치료를 위한 실습 지침을 만들었다(Myers et al., 2017). 치료자들은 정신건강 분야의 지침을 따를 윤리적 의무가 있다.

사례

Jamal은 2020년 봄에 COVID-19의 세계적인 팬데믹으로 인한 국가 폐쇄 명령 이후 불안 증상이 악화되어 원격심리치료 서비스에 의뢰되었다. 부모는 Jamal이 항상 불안한 아이였고, 감정 폭발을 일으키기 쉬우며, 분노 발작의 어려움이 있다고 보고했다. Jamal은 최근 온라인 수업이 시작된 이후부터 학교 출석을 거부하기 시작했다. Jamal은 부유한 지역에 살고 있고, 형제 관계에서 중간으로 누나 둘과 남동생 둘이 있다. 가상 부모 접수면접 시, 부모님 두 분다 참석했고, 서로 매우 편안해 보였다. 그들은 카메라가 두 사람 모두를 볼 수 있도록 2인용 의자에 서로 가깝게 앉아 Jamal의 행동에 대한 우려와 불만을 번갈아 가면서 이야기했다. 아버지는 자신은 헤지 펀드를 관리하고 있고, 원격으로 쉽게 일할 수 있기 때문에 이번 폐쇄 이전에도 재택근무를 해 왔다고 말했다. 어머니는 전업주부로 자녀를 돌보고 있다고 보고했다. 두 부모의 정신건강 이력을 검토할 때, Jamal의 어머니는 입양되었고, 대부분의 어린 시절과 청소년 시기를 위탁 시스템에서 보냈다고 했다. 그리고 그녀의 양부모는 청소년이 된 그녀를 위탁케어시스템에 다시 맡겼다. 그녀는 자신의 생물학적인 가족 정보에는 접근할 수 없었기 때문에, 생물학적 가족 관련해서 아는 것이 없었다. 그녀는 남편이 "상심과 고통으로 가득 찬 삶에서 나를 구해 줬다"고 보고했다. Jamal의 아버지는 어머니와 여자 형제들의 불안을 경험했다고 말했다. 그는 핵가족에서 자랐고, 부모와 형제들과는 정기적으로 영상통화를 한다고 했다. 그는 현재 연로한 부모님에게 상당한 재정적 지원을 하고 있었다. 부모는 둘 다 COVID-19 팬데믹으로 인해 가족과 물리적으로 가까워질 수 없는 상황에 상실감을 표현했다.

초기 원격으로 진행된 접수 놀이평가에서, Jamal은 수줍어하기는 했지만 호기심을 갖는 것 같았다. 부모도 참여하도록 했으나 치료자의 초대를 거절했다. 처음에 Jamal은 손으로 얼굴을 가렸지만, 치료자의 질문에 답하기 위해 엿보곤 했다. 그는 자발적으로 장난기 넘치는 까꿍 질문과 답변 게임에 참여하기 시작했다. 치료자가 그의 질문에 답할 때 Jamal은 더 자주 눈 맞춤을 하였고, 원격놀이치료 회기가 끝날 무렵에는 똑바로 앉아 치료자에게 완전히 집중했다. Jamal과 관계를 형성하는 것은 비교적 쉬웠으나 치료적 신뢰를 구축하고 아동, 부모와 동맹을 맺는 데에는 몇 주가 걸렸다.

처음 몇 회기 동안에 Jamal은 부끄러워했고, 익숙해지는 데 도움이 필요했다. 치료자는 그가 가상 놀이 회기 동안 항상 자신의 침실에 앉아 있다는 것을 알았다. 치료자는 아동이 아늑하고 편안하게 느끼는 데 도움이 되는 물건과 회기 동안에 즐겁게 가지고 놀 수 있는 아이템들을 찾도록 격려했다. 그리고 Jamal이 가장 좋아하는 장난감 중 하나를 소개한 뒤 이것을 그 회기 동안 도구와 자원으로 사용하는 것을 가상 놀이치료 회기를 시작하는 의식으로 삼았다. Jamal은 학교나 동네에 친구가 없었기 때문에 자기가 가장 좋아하는 동물 인형을 가장 친한 친구라고 했다. 그는 자신의 외로움과 또래관계에 대한 욕구, '아무도 나를 선택하지 않을 것'이라는 슬픈 감정과 부적절감을 탐색할 수 있었다. 이어진 부모 상담에서 그의 어머니는 자녀가 친구가 없다는 것을 확인했고, 집에서 동생들과 놀면 더 편할 것 같아 동네 아이들과 놀지 말라고 했다고 했다. 팬데믹은 동네 밖으로 나가지 않고, 플레이 데이트를 잡기 위해 노력도 하지 않으며, 그 약속을 거절하는 일에도 좋은 변명거리였다.

6주 차부터 치료자는 부모를 정기적으로 만나 부모의 양육 방식에 내재된 근본적인 애착 문제를 다루었고, Jamal의 불안정한 애착유형이 치료 의뢰가 필요할 정도로 문제행동들에 어떤 영향을 미치고 있는지 이해하는 데 도움을 주기 시작했다. Jamal의 아버지는 일이 너무 바빠서 참여할 수 없다고 말하면서 참석을 거부했다. 그러나 어머니는 매주 부모 상담에 정기적으로 참석했고, 그녀의 과거 애착 손상과 관계 경험이 자녀에게 의도치 않은 메시지를 전달하는 데 미치는 영향을 인식할 수 있었다. 그녀는 가상 부모-자녀 놀이치료 회기에 어린 아들과 함께 참여하였고, 놀이치료에 함께했다. 그들의 관계가 성장할수록 그들의 애착 역시 긍정적이고 건강한 방식으로 성장했다.

시간이 지나 Jamal은 아버지에게 치료에 함께하자고 언어로 초대를 할 수 있었다. 아버지는 자녀의 초대이기에 기꺼이 응했다. Jamal은 아버지와 함께 '괴물 느끼기(Feeling Monsters)'(Mellenthin, 2018)를 만들고 싶다고 했고, 아버지에게 괴물을 장식하는 방법을 지시하고 '전 세계 모든 사람이 느끼는' 감정에 대해 알려 주었다. 그들은 함께 행복과 분노를 나타내는 두 개의 괴물을 만들기로 결정했다. Jamal의 아버지는 아들에게 매우 반응적이었고, 편안하게 자녀와 함께했다. 그들은 함께 즐거워하며 분노를 상징하는 '우주에서 가장 못

생긴 괴물'을 만들었고, 우스꽝스러운 창의성에 몰두했다. 창의성을 함께 나누면서 Jamal은 차츰 자신의 미칠 것 같은 기분이 실제로는 슬픔과 외로움이라는 것을 나누기 시작했다. 그들은 이것을 함께 탐색할 수 있었고, 또한 Jamal의 아버지는 자녀에게 이러한 감정이 엄습할 때 어떻게 지지할 수 있는지 잘 알게 되었다. Jamal은 아버지에게 "아빠, 일을 미뤄 두고 나랑 더 잘 놀아 주세요."라고 요구했다. 자녀의 내면세계를 새로운 방식으로 이해하기 시작하자 Jamal 아버지의 눈에 눈물이 고였을 뿐만 아니라 자신이 과거에 아들의 애착 추구 행동을 어떻게 오해하고 있었는가를 깨달았다.

Jamal과 그의 부모는 그 후로도 몇 주 동안 가상 놀이치료 회기에 함께 참여했다. 그들이 함께 더 안전한 애착을 재형성해 가면서, Jamal의 불안과 공격성은 많이 감소했다. 그는 동네 수영 팀에 합류할 수 있었고, 동네 친구를 사귀기 시작했다. 어머니는 사회적 거리두기가 여전히 유지될 수 있는 야외에서 플레이 데이트를 허락했다. 종결회기에서 Jamal은 치료자에게 마침내 자신은 행복하고, "나도 다른 사람들처럼 훌륭하다는 것을 믿어요."라고 스스로 말했다. 그의 내적 작동 모델은 자신은 사랑받고 있고, 사랑받을 만하고 사랑받고 소속될 가치가 있다고 믿는 쪽으로 변화되었다.

결론

오래된 격언처럼 치료자 당신은 놀이실에 존재하는 '최고의 놀잇감'이다. Cochran 등(2010)은 "그 어떤 놀잇감이나 기술보다 더 중요한 것은 치료적 관계이고, 만약 치료자가 '파손'되어 깊은 공감, 진정성과 무조건적인 긍정적 관심의 핵심 조건들과 관련될 수 없다면, 치료는 이루어지지 않을 것이다." (p. xii)라고 말했다. 시간의 흐름과 기술의 진보가 이 진술의 중요성을 바꾸지는 않았다. 우리가 만나는 가족과의 치료적 관계에서 놀이의 힘을 통해 안정 애착을 유지하고, 재형성하고, 수정하고, 만드는 것은 우리가 놀이치료자로서 할 수 있는 가장 중요한 일이다. 원격심리치료는 이것을 바꾸지 않았으며, 단지 우리 임상 작업의 최전선에 다음 개척지를 가져왔을 뿐이다.

참고문헌

Bowlby, J. (1982). *Attachment and loss*. Basic Books.

Bowlby, J. (1988). *A secure base. Parent-child attachment and healthy human development*. Routledge.

Byng-Hall, J. (1995). Creating a more secure family base: Some implications of attachment theory for family therapy. *Family Process, 34*, 45-58.

Cluver, L., Lachman, J. M., Sherr, L., Wessels, I., Krug, E., Rakotomalala, S., Blight, S., Hillis, S., Bachman, G., Green, O., Butchart, A., Tomlinson, M., Ward, C. L., Doubt, J., & McDonald, K. (2020). Parenting in a time COVID-19. *The Lancet, 395*, e64. https://dx.doi.org/10.1016/S0140-6736(20)30736-4

Cochran, N. H., Nordling, W. J., & Cochran, J. L. (2010). *Child-centered play therapy: A practical guide to developing therapeutic relationships with children*. Wiley.

Courtney, J. A., & Nowakowski, E. (2018, September). Technology and the threat to secure attachments: What play therapists need to consider. *Play Therapy, 3*(13), 10-14.

DePierro, J., D'Andrea, W., Spinazzola, J., Stafford, E., van Der Kolk, B., Saxe, G., Stolbach, B., McKernan, S., & Ford, J. D. (2019). Beyond PTSD: Client presentations of developmental trauma disorder from a national survey of clinicians. *Psychological Trauma: Theory, Research, Practice, and Policy*. Advance online publication. https://doi.org/10.1037/tra0000532

Dolev-Amit, T., Leibovich, L., & Zilcha-Mano, S. (2020). Repairing alliance ruptures using supportive techniques in telepsychotherapy during the COVID-19 pandemic. *Counselling Psychology Quarterly,* 1-14. doi: 10.1080/09515070.2020.1777089

Domoff, S. E., Harrison, K., Gearhardt, A. N., Gentile, D. A., Lumeng, J. C., & Miller, A. L. (2019). Development and validation of the problematic media use measure: A parent report measure of screen media "addiction" in children. *Psychology of Popular Media Culture, 8*(1), 2-11. doi: 10.1037/ppm0000163

Eubanks, C. F., Lubitz, J., Muran, J. C., & Safran, J. D. (2019). Rupture Resolution Rating System (3RS): Development and validation. *Psychotherapy Research, 29*(3), 306-319

Geller, S. (2020). Cultivating online therapeutic presence: strengthening therapeutic relationships in teletherapy sessions. *Counselling Psychology Quarterly*, 1-17. doi: 10.1080/09515070.2020.1787348

Gurwitch, R. H., Salem, H., Nelson, M. M., & Comer, J. S. (2020). Leveraging parentchild interaction therapy and telehealth capacities to address the unique needs of young children during the COVID-19 public health crisis. *Psychological Trauma: Theory,*

Research, Practice, and Policy, 1(12), S82-S84

Landreth, G. L. (2002). *Play therapy: The art of the relationship* (2nd ed.). Brunner-Routledge.

Lilly, J. P. (2018, September). Leave technology out: A conscious choice for promoting unconscious play. *Play Therapy, 3*(13), 17.

McNary, T., Mason, E., & Tobin, G. (2018). The unexpected purpose of technology in the playroom: catharsis. *Play Therapy, 13*(3), 4-7.

Mellenthin, C. (2018). *Play therapy: Engaging and powerful techniques for the treatment of childhood disorders*. Pesi Publishing.

Mellenthin, C. (2019). *Attachment centered play therapy*. Routledge.

Mellenthin, C. (2020, April). Play therapy in the age of telehealth [webinar.] Presentation for Kentucky Play Therapy Association.

Myers, K., Nelson, E., Rabinowitz, T., Hilty, D., Baker, D., Barnwell, S. S., Boyce, G., Bufka, L. F., Cain, S., Chui, L., Comer, J. S., Cradock, C., Goldstein, F., Johnston, B., Krupiniski, E., Lo, K., Nelson, E., Cain, S., & Sharp, S. (2017). Considerations for conducting telemental health with children and adolescents. *Child and Adolescent Psychiatric Clinics of North America, 26*(1), 77-91. https://doi.org/10.1016/j.chc.2016.07.008

Paras, S. (2020, January 15). 5 NLP techniques that benefit the coaching journey. Coacharya. https://coacharya.com/blog/neuro-linguistic-programming-nlp-techniques-benefit-coaching/

Parrigon, K. S., Kerns, K. A., Abtahi, M. M., & Koehn, A. (2015). Attachment and emotion in middle childhood and adolescence. *Psychological Topics, 1*(24), 27-50.

Safran, J. D., & Muran, J. C. (2000). *Negotiating the therapeutic alliance: A relational treatment guide*. Guildford Press.

Schaefer, C. E., & Drewes, A. A. (2014). *The therapeutic powers of play* (2nd ed.). Wiley.

Schore, A. N., & Shore, J. R. (2012). Modern attachment theory: The central role of affect regulation in development and treatment. In A. N. Schore (Ed.), *The science of the art of psychotherapy* (pp. 27-51). Norton.

Siegel, D. J. (2010). *The mindful therapist: A clinician's guide to mindsight and neural integration (Norton Series on Interpersonal Neurobiology)*. W.W. Norton & Company.

Shapiro, J. (2010). Attachment in the family context: Insights from development and clinical work. In S. Bennett & J. K. Nelson (Eds.), *Adult attachment in clinical social work*. Essential clinical social work series (pp. 147-172). Springer. doi: 10.1007/978-1-4419-6241-6_9

Stone, J. (2018, September). Play therapy needs the baby and the bathwater. *Play Therapy, 3*(13), 16.

제7장

가상 EMDR과 원격놀이치료

Jackie Flynn

이 장에서는 아동과 청소년이 트라우마 및 다른 고통스러운 사건을 치료하는 것을 돕는 EMDR(Eye Movement Desensitization and Reprocessing, 안구 운동 민감 소실 및 재처리)과 놀이치료라는 강력한 치료 접근 방식을 간략하게 살펴보고자 한다. 이 장은 가상으로 트라우마 치료를 실시하는 데 관심이 있는 아동과 청소년 치료자를 위한 것으로, 심리치료 분야에서 아동과 청소년 내담자를 대상으로 한 개입에 초점을 맞춘다. 여기에 소개된 정보는 EMDR 또는 놀이치료 정식 수련을 대신할 수는 없다. 안전하고 윤리적인 실습을 위해 EMDRIA(Eye Movement Desensitization and Reprocessing International Association, 국제 EMDR 협회) 및 국제놀이치료학회(APT)와 같은 전문 학회에서 아동치료에 중점을 둔 공인교육, 자격을 갖춘 슈퍼비전 그리고 EMDR 관련 상담을 알아보는 것이 필요하다.

가상으로 제공되는 이 두 치료법의 통합은 아동 및 청소년과의 원격 작업을 위한 강력한 조합이다. 이 글에서는 가상으로 제공되는 놀이치료를 나타내기 위해 원격놀이치료라는 용어를 사용할 것이다. 그러나 대면 상담과 같이 가상 EMDR과 원격놀이치료의 통합이 모든 내담자에게 적절하고 효과적이지는 않다. 임상적 고려사항을 이 장 전체에 걸쳐 제시하는데, 이는 치료를 시작하기 전 임상가가 적절성을 판단하는 데 도움이 되기 위함이다. 기준과 프로토콜은 시간이 지남에 따라 변할 수 있으므로, 이 장에서 설명하는 일부 정보는 독자가 읽는 시점에서는 더는 유용하지 않고 다른 내용으로 대체될 수도 있다는 데 주의해야 한다. 가상 EMDR과 원격놀이치료의 전문 훈련을 윤리적 전문성 개발의 일환으로 임상가들에게 적극 권장한다.

팬데믹 이후의 성장

이 글을 쓰는 시점에 세계는 COVID-19 팬데믹이 가져온 지속적인 변화에 적응하는 중이다. 변화는 어려울 수 있다. COVID-19는 우리의 치료적 관행을 변화시켰고, 아마 이는 영원히 지속될 수 있다. 그러나 모든 변화가 부정적인 것은 아니다. 팬데믹은 임상가들에게 새로운 기술을 배우고, 사물을 다르게 생각하며 원격치료와 같은 미지의 영역으로 모험을 떠나야 한다고 요구했다.

아동과 청소년 치료자들은 전 세계의 다른 많은 의료 전문가와 함께 양질의 정신건강서비스를 가상으로 제공해야 하는 임무를 맡았고, 이는 가볍게 볼 일은 아니었다. 이것은 아동과 청소년 내담자를 대면으로 만나는 많은 임상가의 일상적 업무에 상당한 변화를 몰고 왔다. 놀이치료실에서 내담자를 만나는 것에서 HIPAA 규정을 준수하는 플랫폼을 사용하여 원격정신건강서비스를 제공하는 것으로의 전환은 이제 새로운 표준으로 여겨진다.

아동기 트라우마 이해하기

아동 및 청소년과 함께 일하려면 발달에 대한 지식과 함께 전문 기술이 필요하다. 발달하는 뇌는 놀랍다. 나이와 상관없이 불리한 삶의 경험으로부터 빨리 회복할 수 있는 능력은, 치유과정을 지원하기 위해 학습된 삶의 경험에서 얻은 유용한 정보를 끌어내는 능력이 뒷받침한다. EMDR에서는 이를 **적응형 정보**(Adaptive Information)라 부른다. '당신을 죽이지 않는 고통은 당신을 더 강하게 만들 것이다.'라는 오래된 격언은 일부 사람들에게는 사실일 수 있지만 대가 없이 오지는 않는다. 종종 우리의 내담자들은 우리가 **트라우마**라고 부르는 삶의 고통스럽고 불안한 사건으로 인해 생긴 부적응 행동 때문에 치료를 시작한다. 처리되지 않은 어린 시절의 트라우마는 겉으로 보기에는 전혀 무관한 건강 문제, 그리고 혼란과 투쟁으로 가득 찬 삶으로 이어질 수 있다(Nakazawa, 2015). 정신건강치료는 일생에 걸친 혜택을 가져다줄 수 있다.

트라우마의 여파는 개인적 삶에 상당한 영향을 미칠 수 있다. 그래서 치료 지원을 빨리 받을수록 좋다. 시간은 기억 네트워크를 연장하고, 시간이 지남에 따라 자신에 대한 잘못된 인식과 믿음으로 일반화될 수 있다. 즉, '나는 안전하지 않다'와 같은 인식이 오래 지속될수록 더 많은 작업을 수행해야 할 수 있다. 트라우마는 중립적인 상황에서도 사람들이 위험에 대한 신경지를 느끼게 한다(Dion, 2018). 적절한 시기에 치료를 하지 않으면 시간이 지남에 따라 삶의 충만함은 줄어들 수 있다. 인식이라고 하는 자기 믿음은 건강하고 양질의 삶을 지원할 수 있다. 하지만 자기 믿음이 건강하지 않은 경우는 예외이다. 트라우마가 '나는 안전하지 않다' '나는 부끄럽다' '나는 무기력하다' 등과 같은 잘못된 신념을 형성할 때, 특히 삶의 경험이 제한된 아동이나 청소년의 경우 정서적으로 갇힌 느낌을 가질 수 있다.

우리의 정서적 기억은 실제로 언어 및 인지 기능이 발달하기 훨씬 전인 자궁에서부터 시작되기 때문에 깊은 정서적 치유를 위해서는 대화 요법에만 의존할 수는 없다(Shapiro, 2018). EMDR과 놀이치료 기법은 발달 중인 두뇌를 존중하고 언어의 한계를 뛰어넘기 때문에 이러한 이유로 아동에게 사용할 수 있는 효과적인 치료 접근으로 돋보이는 것이다. 이런 기법들은 말, 통찰력 또는 절차에 의존하지 않는다. 내담자에게 원격으로 전달되는 경우에도 깊은 치유의 잠재력을 가지고 있다. 가상 EMDR과 원격놀이치료는 삶을 변화시키는 치유적 경험을 제공할 수 있다. 많은 경우에, EMDR을 훈련받은 임상가는 준비 단계에서 놀이 중심 개입을 통해 애착에 중점을 두고 작업한다. 바르게 전달되었다면 중재는 원격놀이치료 환경에서 커다란 잠재력을 갖는다.

가상 치료

가상 서비스는 빠르게 많은 사람에게 뉴노멀[1)]이 되어 가고 있다. 내담자와 원격치료 작업으로의 전환은 적응이 필요한 과정이었다. 아동 및 청소년과 원격으로 치료를 하는 것이 몇몇 사람들에게 처음에는 두렵게 느껴질 수도 있겠지만, 임상가들은 기술적 장치를 사용하는 능력을 강화하고 훈련을 통해 준비도를 높이며, 가장 중요하게는 치료적 관계에 집중함에 따라 적응해 나갔다. 대면에서 가상 치료로의 전환은 많은 내담자와 임상가들에게 유쾌한 놀라움을 안겨 주었다.

EMDR과 원격놀이치료

신경지

EMDR과 원격놀이치료는 주 호소 문제 둔감화를 통한 신경계 조절이 목표이다. 사회적 참여는 그 과정의 중요한 부분이다. 온라인으로 내담자와 작업

1) 역자 주: 과거에는 아니지만 현재는 정상적이거나 평범한 것으로 간주되는 수준을 일컫는 용어

을 할 때 얼굴 표정, 화면과의 근접성, 소리, 움직임 및 조명에 특히 주의를 기울여야 한다. 인간으로서 우리의 신경계는 일찍이 신체와 환경의 감각에 반응하도록 연결되어 있다(Dion, 2018). 우리 의사소통의 대부분은 단어 그 이상의 것이다. 아동, 청소년과 가상으로 작업을 할 때 임상가는 초기 안전에 대한 신경지를 만들어 냄으로써 중요한 치료적 관계를 크게 강화시킬 수 있다. 이는 물리적 분리가 일부 사람들에게 단절감을 유발할 수 있기 때문에 원격치료에서 특히 더 중요하다. Porges 박사(다미주신경 이론의 저자)가 만든 용어인 신경지는 안전에서 위험까지 내면에서 느끼는 감각의 연속체를 설명한다(Porges, 2017). 감정의 느낌은 우리가 주변 세계에 대해 어떻게 반응하는지에 영향을 미친다(Siegel & Bryson, 2019). 원격놀이치료는 발달상 적절한 방식으로 감정의 느낌을 키울 수 있다. 기본적으로 다른 사람에게 '느낌을 받는 것'이다. 이 신경지는 가상이든 대면이든 임상 회기의 일부분이다. 가상으로 내담자들과 온전히 조율하는 것이 가능한지는 가상치료 영역으로 새롭게 진출하는 임상가들의 공통 관심사이다. COVID-19 상황으로 내담자들을 위해 원격심리치료 옵션이 필요했고, 이는 가상 환경에서 아주 어린 아동들과도 깊이 있는 연결과 조율을 할 수 있다는 놀라운 현실을 보여 주었다.

트라우마

트라우마가 발생하면 누군가에게는 삶의 궤적이 바뀔 수 있다. 이미지는 시간 안에 갇혀 정지된다. 때때로 잘못된 믿음이 합리적인 신념보다 우선시된다. 신체 감각은 삶에서 '나타나고' '존재하는' 우리의 능력을 강탈할 수 있다. 아동이 트라우마를 경험할 때 이미지와 느낀 감각은 트라우마가 발생했던 발달 단계에 고착될 수 있다(Shapiro, 2018). 예를 들어, 우리는 아동 학대를 재처리하는 회기에서 5세 어린이로 나타나는 47세 내담자와 작업할 수도 있다는 것이다. "그게 옳지 않다는 것을 나도 알지만, 그래도 여전히 그렇게 느낍니다."와 같은 말들은 도움이 되는 치료가 이루어질 때까지 트라우마가 학습된 지식으로부터 어떻게 고립되어 있을 수 있는지 설명한다. EMDR 과정 전반에 걸쳐 이미지, 인지, 그리고 신체 감각에 초점을 맞춰 트라우마로 인한 정서적 어려움을 줄이는 것(이상적으로는 제거하는 것)을 목표로 한다. 내담자와 온라인에서 작업할 때, 임상가는 인터넷에서 적용되는 이미지, 비디오 및 기타 지원 미디어에 쉽게 접근할 수 있다. 노래는 회기의 일부로서 치료목표에 큰 도움이 될 수 있다. 가상 EMDR 치료를 위해 아동 치료자가 사용하는 일반적인 웹사이트는 https://app.gonoodle.com으로 가상 EMDR에 대한 양측성 자극, 정서적 균형 및 자원 확보를 위해 사용한다. 아동을 대상으로 하는 EMDR 임상가들에게 The GoNoodle 사이트는 이상적인 자원으로 움직임과 양측성 자극에 대한 재미있는 접근방법들을 제공한다.

스트레스

대부분의 경우 인류는 스트레스에 대한 회복탄력성을 가지고 있다. 스트레스는 기능적이다. 이는 우리를 안전하고 행동 모드로 유지하는 데 도움을 줄 수 있다. 하지만 지속적인 괴로움이나 불안한 사건은 틀림없이 일부 사람들에게 흔적을 남긴다. 모든 사람이 같은 방식으로 트라우마를 경험하는 것은 아니기 때문에 트라우마를 경험하는 모든 사람에게 치료가 필요한 것은 아니다. 어떤 사람들은 상상할 수도 없는 사건을 겪었음에도 그들의 삶에는 미비한 영향을 미치지만, 또 다른 사람은 상대적으로 덜 충격적인 사건을 겪으면서도 더 큰 부정적 결과를 경험할 수 있다. '큰 T'와 '작은 t'의 트라우마 개념은 개인에 따라 강도가 다를 수 있음을 설명하는 데 종종 사용된다. 이런 구분에 대해 트라우마를 '작은 t'로 표기하는 것은 개인의 고통과 괴로움을 최소화하고 대수롭지 않게 여기는 것으로 보는 의견이 있어 논란의 여지가 있다. 이러한 이유로 임상가들이 내담자의 트라우마를 평가하지 않고, 그 대신 내담자가 자신 스스로의 스트레스 수준을 결정할 수 있도록 주의를 기울이는 것이 중요하다.

트라우마는 몸과 뇌에 저장된다. 이미지, 잘못된 믿음, 신체 감각은 평소처럼 살 수 있는 우리의 능력을 변화시킬 수 있다(van der Kolk, 2014). 임상가가 아동 및 청소년 내담자와 가상으로 작업할 때 움직일 수 있는 환경을 만드는 것이 도움이 된다. 예를 들어, 젊은 내담자들은 회기 내내 계속 움직인다. 움직임은 신체에 저장된 것을 내보내는 데 큰 효과가 있다. 움직이지 못하는 것(immobilization)이 대부분 트라우마의 근원이므로, 움직임을 통해 작동하고 안도감을 제공할 수 있다. 따라서 7세 미만인 내담아동의 부모나 주 양육자에게 전자 기기(노트북, 컴퓨터, 태블릿 등)를 원격놀이치료 회기 중 아동이 이동하고 노는 모습을 잘 볼 수 있는 곳에 배치하도록 요청하는 것이 좋다. 『몸은 기억한다(The Body Keeps the Score)』(2014)에서 van der Kolk 박사는 움직임이 트라우마 치료에 얼마나 효과가 있는지를 연구했다.

전환

특히 가상으로 전달할 때 아동의 트라우마에 대한 임상 치료는 패러다임의 전환이 필요하다. 아동은 성인의 축소물이 아니다. 아동의 두뇌는 여전히 발달 중이다(Siegel & Bryson, 2019). 성인과 같은 방식으로 치료하는 것은 아동의 치료를 제한할 뿐만 아니라 어떤 경우에는 그 상황을 악화시킬 수도 있다. 트라우마의 신경과학을 이해하고 치료 전반에 걸쳐 발달하는 뇌를 존중하는 것은 특히 온라인에서 트라우마를 경험한 아동과 작업할 때 필요하다.

치료의 특징 중 하나는 내담자와 '함께 하는' 엄청난 가치이다(Landreth, 2012). 에너지를 공유한다. 고통 속에서 내담자는 혼자가 아니다. 내담자, 무엇보다 아동 및 청소년 내담자와 같은 공간에 있는 것은 많은 사람에게 양질의 치료를 위한 유일한 선택지처럼 보였다. 짐작할 수 있듯이, 치료서비스의 가상 전달로의 전환에는 저항과 회의가 있었다. 하지만 가상 치료로의 전환은 빠른 속도로 이루어졌다. 놀이치료와 EMDR 커뮤니티는 그 과정에서 사람들을 훈련시키면서 현재의 치료방법을 가상으로 신속하게 적용함으로써 한 단계 더 나아갔다. 흥미롭게도 이 분야의 일부 선구자들은 COVID-19 이전부터 이미 아동과 청소년을 대상으로 한 온라인 작업의 이점과 전달에 관해 관심을 가지고 있었다. 가상 모래상자(Virtual Sandtray®©) 앱 및 디지털 놀이치료(Digital Play Therapy™)의 창시자인 Jessica Stone 박사 그리고 놀이치료 실무에 기술구현 추세와 전환을 연구하는 Rachel Altvater 박사는 새로운 변화를 이끌어 가는 주축이다.

대면에서 비대면으로의 전환은 정말 고무적이었다. 많은 사람이 치료적 가치를 경험한 후 팬데믹 이후에도 아동 및 청소년과 온라인 작업을 계속하기로 결정했다. 원격으로 강력한 치료적 관계를 구축하고 키워 갈 수 있다는 사실을 깨닫는 것은 즐거운 놀라움이었다. 안정감은 온라인으로도 형성될 수 있었다. 전 세계적으로 점점 더 많은 아동 치료자들이 오프라인 상담실의 문을 닫고 그들의 가정 사무실에서 내담자들과 온라인으로 작업하는 것을 선택하고 있는 추세이다.

저자는 등록된 놀이치료자이자 EMDRIA 승인 컨설턴트로서, 통합된 EMDR과 놀이치료의 치유력을 공유하는 것에 열정을 갖고 있으며, 수많은 사람에게 온라인에서 아동 및 청소년과 함께 작업하는 방법을 가르치는 영광을 누려 왔다. 참고로 이 팬데믹 기간 동안 원격 학습도 급증하고 있다. 다행히도 EMDR과 놀이치료 두 기법 모두 경험적 학습과 서비스 제공을 위해 가상 영역에 매우 적합하다. 최근 훈련 회기 동안에 놀이치료 기법을 통합하여 아동 및 청소년과 함께하는 EMDR 8단계에서 많은 학생이 대면 회기보다 가상 EMDR과 원격놀이치료로 내담자들을 만나는 것을 더 선호한다고 했다.

원격놀이치료

놀이치료와 통합된 EMDR

놀이치료와 통합된 EMDR의 원격 서비스에 대해 구체적으로 알아보기 전에 각 기법의 기반을 탐색할 필요가 있다. 놀이치료부터 시작해 보자. 비지시적 놀이치료에서 지시적 놀이치료까지의 연속은 EMDR 치료의 각 단계, 즉 병력 청취(History Taking), 준비(Preparation), 평가(Assessment), 민감 소실(Desensitization), (모자란 부분의) 채움(Installation), 바디스캔(Body Scan), 종결(Closure) 그리고 재평가(Re-evaluation)에 성공적으로 통합될 수 있다(Shapiro, 2018). 이 책 첫 번째 장에서 설명한 것처럼 여러 이론적 놀이치료 접근법이 있다는 것을 아는 것은 중요하다. 대면 또는 비대면으로 내담자와 놀이치료를 통합하여 EMDR 교육을 받을 적절한 과정을 고민하고 있는 임상가라면 EMDR 기본 교육 이전에 공인된 놀이치료 교육을 받는 것이 큰 도움이 될 수 있다. 놀이치료 훈련을 받는 것은 먼저 아동발달에 대한 깊은 이해를 제공하고, 놀이의 치료적 사용은 임상가가 조기에 통합을 구상하는 데 도움이 된다. EMDR은 다른 치료, 특히 놀이치료와 잘 결합되는 고도로 구조화된 치료 유형이다.

놀이와 놀이치료

놀이치료가 어려움을 겪는 아동이 자신의 어려움에 관해 이야기할 수 있도록 돕는 데 사용된다는 것이 보편적인 가정이다. 하지만 사실, 치료적 가치는 놀이 그 자체에 의해 이루어진다. 본래 놀이는 표현, 유연성, 개방성 및 반응의 민감성을 요구한다. 대면이든 원격이든 관계없이 임상 장면에서 함께 하는 놀이의 가치는 측정할 수 없을 만큼 크다. 변화를 위한 임상적 역량에 대한 더 구체적인 정보를 원한다면 『놀이의 치료적 힘: 변화의 20가지 핵심기제(The Therapeutic Powers of Play: 20 core Agents of change)』(Schaefer & Drewes, 2014)를 참조하면 된다. Mona Delahooke 박사는 『Beyond Behaviors』에서 놀이를 아동과 함께 할 수 있는 가장 치료적인 방법 중 하나로 소개하며, 놀이가 실시간으로 하향식(반사와 자동적 생존 반응을 담당)과 상향식(고차원적 사고와 인지 인식을 담당) 기능의 통합과 사용을 지원한다고 설명했다(Delahooke, 2019). 기본적으로 대뇌반구의 통합은 사회적, 감정적 성장과 치유를 지지하는 놀이를 통해서 발생한다.

놀이는 치유의 강력한 접근법이다. 놀이치료는 언어를 사용하는 치료에 비해 아동에게는 발달적으로 더 적합한 치료 접근 방식이다(Stewart et al., 2016). 말만으로 의사소통하는 것은 아직 어린 발달 단계에 있는 뇌의 좌반구에 많은 부분을 의존한다. 인간의 뇌는 20대 중반까지는 완전히 발달되지 않는다. 이것이 놀이치료가 완전히 발달된 두뇌에 의존하지 않는 이상적인 접근방식인 이유이다. 놀이치료는 정서적 치유를 지원하는 뇌의 우반구를 더 많이 사용한다. 적절하게 전달될 때, 원격놀이치료는 가상의 영역에서 이러한 모든 이점을 제공하게 된다.

안전감과 조절

아동의 트라우마 치료는 그들에게 일어난 불행한 사건을 재처리하기 위해서 발달적으로 적합한 기술을 사용하면서 관계 안전에 특별한 주의를 기울일 때 효과가 있다. 놀이치료와 원격놀이치료는 자연스럽게 안전에 대한 신경지를 키운다. 안정감을 형성하는 데 일부 내담아동들은 시간이 더 오래 걸릴 수도 있다. 과정을 서두르지 않는 것이 중요하다. 시간을 들여 관계를 발전시키고, 온라인 환경에 익숙해지도록 하자. 차분함, 비밀보장, 놀이성을 전달하는 환경을 신중하게 만드는 것이 도움이 될 수 있다. 이는 특히 EMDR 치료를 받는 트라우마를 입은 아동과 청소년에게 해당된다. 다음을 명심하는 것이 중요하다. 관계의 안전감이 온라인상에서는 매우 분명하게 형성되어야 한다. 가상 치료에서는 사무실이라는 공간에 한정되어 있지 않기 때문에 우리는 그들을 따라다니거나 신체적으로 가까이에서 위로해 줄 수는 없다. 치료자가 내담자와 신체적으로 함께하지 않을 때, 부모나 보호자와의 직접적인 의사소통은 어린 아동을 다시 데리고 오게 하는 데 매우 중요하다. 관계의 안전성은 또한 스트레스가 많은 상황에 대한 유연성과 탄력성을 높이기 위한 움직임을 포함하여 EMDR 요법의 치료목표를 지원한다. 관계가 잘 형성된 가상 놀이(Delahooke, 2019)와 같이, 치료자와 아동 사이에 안전하고 확실한 정서적 연결이 있을 때 원격 환경에서 깊은 정서적 치유와 성장이 발생한다. 카메라 촬영 시 전면에 퍼펫과 함께 회기를 시작하거나, 어린 내담자와 함께 작업할 때 웃기는 모자나 복장을 입는 것은 안전감을 유발하고 강력한 치료 관계를 지원할 수 있다. 퍼펫은 종종 투사의 기회를 제공하며 이는 EMDR 회기에서 매우 유용할 수 있다. 일부 10대 내담자의 경우, 임상가들은 접수면접 과정에서 공유한 노래로 가상 EMDR 및 원격정신건강 회기를 시작하는 것이 치료관계를 구축할 수 있음을 발견했다.

특히 내담자와 원격으로 작업할 때 효과적인 치료가 발생하려면 강력한 치료 연결이 필수적이다(Landreth, 2012). 대부분의 경우, 이러한 동맹은 임상가가 내담자의 수용의 창(Window of Tolerance)[2] 밖 반응에 연결된 방식으로 반응함으로써 내담자와 공동 조절에 집중할 때 이루어진다. 원격놀이치료는 치료자에게 극도로 피곤할 수 있으므로 임상가는 자기 스스로를 정기적으로 잘 조절하는 것이 매우 중요할 것이다. 2020년 4월, 미국 임상가들이 온라인 치료로 전환한 직후, Lisa Dion과 Jackie Flynn은 주최로 'Regulation for Clinicians'라는 무료 교육에서 전 세계 임상가들을 위해 조절 기술의 원천을 제공하였다.

2) 역자 주: 인간이 조화롭고 적응적인 통합을 유지할 수 있는 감정적/생리적 각성의 범위를 말한다.

이 교육에서 임상가를 대상으로 특정 조절 호흡 및 운동 기술이 설명되고 시연되었다. 그녀의 저서인 『놀이치료에서의 공격성(Aggression in Play Therapy)』에서는 임상가들이 세션 내에서 내담자와 공동 조절하는 실제적인 방법을 배울 수 있다(Dion, 2018).

태블릿이나 컴퓨터와 같은 전자기기로 실시하는 원격놀이치료에서 스크린를 통해 보이는 조절장애의 단서를 임상가가 어떻게 알아차릴 수 있는지 배울 수 있다면, 원격으로 만나더라도 복잡한 트라우마 작업에 반드시 필요한 깊게 조율된 관계를 형성할 수 있으므로 치료자와 내담자 사이의 저각성 상태를 예방할 수 있을 것이다. 놀이치료에 대해 자세히 알아보려면 국제놀이치료학회(Association for Play Therapy)의 홈페이지(www.a4pt.org)를 방문하면 된다.

가상 EMDR 치료

앞서 언급한 바와 같이 안구 운동 민감 소실 및 재처리(EMDR) 기법은 비대면 및 대면 놀이치료와 잘 통합된다. 둘 다 대화만을 사용하는 것보다 더 많은 치료 가능성을 제공한다. EMDR은 국제적으로 인정되고 입증되었다. 이 장 앞부분에서 제시한 바와 같이 EMDR은 병력 청취, 준비, 평가, 민감 소실, 채움, 바디 스캔, 종결 그리고 재평가의 8단계로 이루어진다. EMDR은 1980년대 초반 외상 후 스트레스 장애를 위한 치료를 위해 Francine Shapiro가 만들었다. 그 이후로, 여러 해 동안 모든 연령대의 많은 문제에 대해 효과적인 치료로 입증되었다. EMDR 치료의 특징 중 하나는 적응형 정보 처리(Adaptive Information Processing: AIP) 모델이다. 이것은 뇌와 신체에 저장된 긍정적인

즉, 외부자극에 대한 감정을 견딜 수 있는 범위를 일컫는다. 트라우마를 겪은 사람은 수용의 창이 좁아진 상태로 동일한 자극에도 쉽게 분노 및 우울에 빠지게 되고 과잉 반응(과각성/ 해리성 하위 유형)이 나타난다고 한다.

경험과 유용한 정보를 포함하는 것에 대해 언급한다. AIP 모델에서 Shapiro는 과거, 현재, 미래라고 인식한 세 가지 측면에 주의를 기울여 EMDR의 8단계 전반에 걸친 틀을 제공한다(Shapiro, 2018). 경험이 풍부한 가상 EMDR 교육을 받은 치료자는 이 글을 읽고 이미 가상의 과정이 대면 과정과 유사해 보인다는 것을 알아차렸을 것이다. 원격놀이치료는 제한된 삶의 경험으로 인해 부족한 적응 정보를 아동과 청소년 내담자에게 쌓아 올리는 데 사용될 수 있다.

아동을 위한 효과적인 트라우마 치료로서 EMDR의 토대를 마련한 초기 개척자에는 Ana Gomez, Carolyn Settle 및 Robbie Adler-Tapia가 있다. 이러한 임상가들 덕분에 우리는 아동과 청소년의 트라우마를 치료할 수 있는 능력을 키울 수 있는 기반을 견고히 해 왔다. 그들의 기여도는 높이 평가된다. 초기 연구 이후, EMDRIA 승인 컨설턴트와 아동 치료자들이 점점 더 많아졌으며, 그들 중 대부분은 국제놀이치료학회를 통해 자격을 취득한 공인된 놀이치료자였다. 그들은 전문 훈련을 통해 아동에게 EMDR을 제공하는 방법에 대한 지식 기반을 갖추고 있다. 이러한 전문성은 가상 EMDR과 원격놀이치료 영역으로 변화하는 우리를 크게 돕는다. 임상 현장에서 공식적인 EMDR 기본 훈련을 받고, 이어서 자문을 받을 것을 여러 번 강조하는 바이다. 원격 복합 트라우마 작업만으로는 치료자의 번아웃을 초래할 수 있어 비효율적이며, 경우에 따라서는 유해한 치료가 될 수도 있다. 이 장의 이러한 개요는 가상 EMDR 및/또는 원격놀이치료를 제공하기에 적절한 교육은 아니다. EMDR과 교육 기회에 관한 자세한 정보는 www.emdria.org에서 검색해 보길 권하는 바이다.

이점과 과제

현 시점에서 대면 EMDR과 놀이치료가 결코 시대에 뒤떨어진 것은 아니다. 그러나 부인할 수 없을 정도로 변했다. 사회적 거리두기와 안면 마스크가 포함되는 경우가 많다. 이러한 변화는 다소 단절된 것처럼 느껴질 수 있다. 어떤 경우에 임상가와 내담자는 사회적 거리두기와 마스크 착용이 필요한지에 대해서 의견이 다를 수 있고, 안전에 대한 우려가 발생할 수 있다. 바이러스 감염에 대한 불안감은 내담자와 치료자 모두에게 두려움을 일으킬 수 있으며, 이는 치료과정을 방해하는 관계의 단절을 초래할 수도 있다. 안전 문제는 많은 임상가가 그들의 사무실 문을 닫고 그 대신에 가상 치료 공간을 여는 이유이다. COVID-19 재난은 우리가 떨어져 있을 때에도 양질의 치료를 받을 수 있다는 것을 분명히 보여 주었지만, 많은 임상가와 내담자는 여전히 그들의 세션을 위해 직접 만나기를 원한다는 것을 명심하는 것은 중요하다.

팬데믹 이전에 EMDRIA는 https://www.emdria.org에서 '가상 EMDR 치료 지침'이라는 제목의 보고서를 발표했다. 보고서 작성 당시 가상 EMDR 치료법은 이미 원격 전달을 통한 치료의 접근성을 높이기 위해 고려되고 있었다. 그리고 이는 팬데믹 초기에 위험 요소를 고려하여 EMDR 치료를 어떻게 진행해야 하는지에 대한 우리의 임상적 나침반 역할을 했다. 보고서에는 초기의 우려 사항 중 많은 부분이 조사, 준비, 교육, 경험 및 실제 실천을 통해 감소하였다고 명시하며 다음의 우려 사항을 제시했다. 구체적인 주요 영역은 안전, 관계와 조율, 양측 자극 옵션들, 이중 인식, 제반응의 예방과 관리, 기술적 문제의 가능성, 해리 관리, 윤리/책임/면허와 관련된 문제, 제한된 연구와 치료의 효능 및 실제 교육, 주의 산만의 가능성, 결제, 접근성 및 자원 개발, 평가 등이다.

국제놀이치료학회는 팬데믹 및 원격놀이치료에 관해 놀이치료 공동체에 유익한 정보를 제공했다. COVID-19에 관한 정보, 놀이치료실로 돌아가기 위한 지침, 해당 분야 전문가가 제공하는 놀이치료자를 위한 지원 정보, 문서 및 동영상 형식의 여러 원격 의료 자원은 모두 www.a4pt.org에서 제공하고 있다.

다음 단락에서는 가상 EMDR 치료 중 필요한 구체적이고 실행 가능한 절차에 대해 설명할 것이다. EMDRIA의 EMDR 정의에는 놀이의 치료적 힘뿐만 아니라 각 단계에서 발생해야 하는 일을 명확하게 설명한다(Schaefer & Drewes, 2014). 이 두 가지는 저자의 경력 동안 활용한 기타 수많은 자원과 더불어 여기에 제시한 기법의 발전에 큰 영향을 미쳤다. 이 글을 읽는 숙련된 EMDR 치료자에게 지도를 받은 치료자들은 이러한 기술을 설계에 맞게 사용하고, 동시에 자신만의 창의성을 발휘하여 아동과 청소년 트라우마 치료에 최대한의 치유 기회를 창출할 수 있기를 희망한다.

실제 적용

다음은 EMDRIA의 EMDR 정의에 기반한 각 단계의 필요한 절차 목록이다. EMDR의 정의에 대한 접근을 위해서 https://www.emdrhap.org/content/wp-content/uploads/2020/02/EMDRIA-Definition-of-EMDR.pdf를 참고하면 된다. 각 단계마다 광범위한 목표가 있는 한, 원격으로 적용하고 원격놀이치료와 통합하여 아동에게 사용하는 것과 같은 방법으로 유연하게 사용할 수 있다(〈표 7-1〉).

〈표 7-1〉 EMDRIA의 EMDR 정의에 따라 가상 EMDR 및 원격놀이치료의 실제 적용(EMDRIA, 2012). 8개의 행과 3개의 열로 구성된 표는 EMDR의 8단계, 절차 및 지시사항을 보여 준다. 필요한 절차에는 치료자가 상호작용에 포함할 구성요소가 포함된다. 지시사항은 각 단계 내에서 치료자가 사용할 수 있는 다양한 개입과 표현방식을 설명한다.

EMDR 단계	필요한 절차	원격놀이치료 지시어
1단계 병력 청취의 목표	• 당신의 내담자가 EMDR에 적합한지 전문적으로 판단한다. • 치료에 적절한 시기인지 결정한다. • 부정적인 사건에서 잠재적 타깃을 탐색한다. • 과거, 현재 및 미래의 문제를 포함하는 치료계획을 준비한다. • 놀이를 활용하여 내담자 삶의 긍정적이고 적응적인 측면을 확인한다. • 내담자가 안정을 유지하기 위해 적절한 정서 조절 기술과 자원을 가지고 있는지 평가한다. • 주호소 문제를 통해 갖게 되는 이차적 이득에 대해서도 탐색해 본다.	• **이 페이지를 보고 ___(아이의 이름)에 대한 몇 가지 단어를 찾아보세요. ___('창의적인'과 같은 형용사)과 ___(아이의 이름)을 생각할 때 무엇이 떠오릅니까?** 이 활동은 Tammi Van Hollander의 Greatness Sticks(Van Hollander, 2016)에 바탕으로 두고 있고, 구글 검색을 통해 빠르게 찾을 수 있다. 가상으로 전달할 경우 화면을 통해 내담아동, 아동의 부모와 공유할 문서를 만든다. 목표는 아동의 삶의 강점과 긍정적인 측면을 파악하는 것이다. • 앱 '가상 모래상자'에서 "너의 세상을 보여 줘"라는 지시문은 내담자 삶의 중요한 요소에 대한 그들의 지각을 수집하기 위한 것이다. 이 지시문을 위해 임상가들은 가상 모래상자 앱을 구매해야만 한다. 내담자 버전의 앱은 무료로 제공된다.
2단계 준비의 목표	• 사전 동의를 위한 EMDR의 틀에 대해 부모(그리고 적절한 경우 내담자)와 논의한다. • 내담자의 정서적 안정을 위해 치료관계가 충분한지 확인한다. 관계 안에서 내담자의 안전에 대한 신경지를 강화하기 위해 놀이치료를 활용한다. • 놀이라는 수단으로 자기를 진정시키며 조절에 영향을 미치는 내담자의 능력을 평가하고 지지한다. • 놀이를 통해 적절한 적응 자원을 평가하고 지원한다. • 내담자의 수용의 창을 확장하고, 놀이를 활용한 관계 능력 개발을 위한 긍정적이고 적응적인 기억 네트워크의 개발을 위해 적절한 정서 조절 기술을 평가하고 지원한다.	• **"너에게 유일하게 평화로운 장소의 이미지를 떠올려 보렴."** 미술치료의 이 지시문은 종종 평온한 장소를 가리키며 이를 시각적으로 표현한다. 임상가는 내담아동에게 그 이미지의 감각 요소를 묘사하게 해 그것의 가치를 강화시킬 수 있다. 예를 들어, **"너의 평화로운 장소(안전지대)에는 무엇이 보이고, 어떤 소리가 들리니? 어떤 느낌이 나고, 맛은 어때, 혹은 어떤 냄새가 나는 것 같아?"** 고통을 유발하는 이미지의 오염 위험을 줄이기 위해 내담아동은 그 이미지 안에 유일한 사람이라는 지시를 받는다. 혼자 있는 것은 일부, 특히 어린아이들에게는 촉발요인(trigger)이 될 수 있으므로 그 적절성에 대해서는 임상적으로 잘 판단해야 한다. 필요한 경우 재미있는 호흡법으로 대체할 수 있다.

		• **공예 용기 만들기:** 이 표현 미술 지침은 내담 아동이 종이, 풀 및 기타 일반 미술용품을 사용할 수 있어야 한다. 용기를 만드는 실질적인 방식은 안정감을 제공하고, 용기 사용에 어려움을 겪는 아동에게 깊은 수준의 이해를 제공한다. • **〈그대로 멈춰라〉라는 노래를 들어 보자.** 음악이 멈추면 우리 모두 멈춘다. 이 활동은 조율과 관계적 안전을 돕는다. 노래 〈그대로 멈춰라〉는 유튜브에서 쉽게 찾을 수 있지만, 치료자는 내담 아동이 선택한 노래를 사용해 관계에서의 중요성을 강화할 수도 있다. • **어떤 식으로든 너에게 도움이 되는 것을 찾기 위해 방을 둘러보렴. 예를 들어, 주위를 둘러보면 내 이불이 보여. 부드럽고, 나를 아늑하게 느끼도록 돕지.** 이 지시문은 내담아동이 선택한 대상(object)을 회기의 자원으로 사용할 수 있는 기회를 제공한다. 나의 경험상 내담아동에게 다음과 같은 예를 알려 주는 것이 도움이 많이 되었다. **"내 주위를 둘러보니 신발이 보이네. 신발은 내가 움직이는 것을 도와주고, 내 발을 안전하게 지켜 주지. 너의 방 안에는 뭐가 보이니? 도움이 되는 것은 무엇이니?"**
3단계 평가의 목표	• 놀이 기반 방법과 표현 예술을 사용하여 목표/문제의 구성 요소를 구분하고 대응의 기저선을 설정한다. • 내담자가 이를 표현하기 위한 이미지(또는 기타 감각적 경험)를 선택하게 하고, 표현 또는 생성하여 나타낼 수 있도록 한다. • 어린 아동들에 대한 임상적 판단으로 확인된 목표 문제에 대한 부정적인 인지를 명확히 파악한다. • 적절한 경우 재미있는 방법을 통해 확인된 목표 문제와 관련하여 긍정적인 인지를 확인한 다음, 내담아동에게 인지 척도의 타당도를 0~7점으로 평가하도록 요청한다.	• **다음과 같이 종이를 8개의 정사각형으로 접어 보렴(예시를 내담자에게 카메라로 보여 준다). 그런 다음, 처음부터 끝까지 무슨 일이 있었는지 그림으로 그려 줘. 첫 번째 칸에는 어떤 일이 먼저 일어났는지 그림으로 그려 나에게 보여 줄 수 있겠니?** 내담자가 첫 번째 부분을 그린 후, 칸마다 "그다음에는 무슨 일이 일어났니?"라고 물으며 진행하라. 질문들은 내러티브, 고통의 지점, 인식, 감정 그리고 고통의 정도를 발전시키는 데 도움이 되며, 목표 개발을 지원한다. • Hardest Part Charades: 이 재미난 활동은 놀이식으로 고통을 표현하게 해 준다. 이 방법이 모든 내담아동에게 적합하지 않을 수 있으므로 주의를 기울여 사용해야 한다. 임상적 판단이 필요하다.

	• 내담자가 관련된 감정을 확인하고, 찾고, 명명하도록 지원한다. • 내담아동에게 이미지와 부정적인 인지를 짝 지어 달라고 말한 다음(더 어린 내담자의 경우 부정적인 인지를 사용하는 데 더 신중해야 한다), 그들의 신체에서 고통의 지점을 찾으면서 고통의 이미지와 믿음을 연결하도록 요청한다.	
4단계 민감 소실의 목표	기억/문제 활성화시키기 • 내담아동에게 양측성 자극[3]을 번갈아 주면서 아동이 자신의 경험을 인지하게 한다. • 내담아동에게 놀이 혹은 미술을 통해 자신의 경험에 대해 알아차린 것을 이야기하거나 표현하도록 한다: 새로운 통찰, 연상, 정보 및 정서적 · 감각적 · 신체적 · 행동적 변화를 포함한다. • 처리가 일어나지 않는다면, 특정 절차를 사용하고 엮어 놓는다(필요할 때만 사용하고, 인지적인 작업을 과하게 사용하지는 말아야 한다). • SUD 수준[4]이 0(또는 '생태적으로 유효한' 등급)으로 낮아질 때까지 계속 지속한다. • 적절한 수준의 각성과 정서 내성을 유지할 수 있도록 내담아동을 지지한다. • 놀이식 그라운딩 기법을 사용하여 수용의 창으로 다시 이동하도록 지원한다.	• **마음속에 떠오르는 것은 무엇이든지 알아차려 보자. 우리가 움직임을 멈출 때 내가 "지금 무엇이 떠올랐지?" 라고 물을 거야. 그때 네가 생각하는 것 혹은 너의 몸에서 느껴지는 것이 무엇이든지 내게 말해 주면 돼. 난데없는 것이 떠오를 수 있는데 괜찮아. 우리가 멈출 때마다 알려 줘.** 이 비유는 원격놀이를 포함하여 무한한 응용분야에서 활용할 수 있다. • **발구르기와 거품 터트리기를 해 보자**(Wunderlich, 2010). • **마임을 보고 따라해 보자.** 이 지시어는 조율은 강화시키고 치료자가 양측성 자극의 길이와 속도를 제어할 수 있도록 한다. 마임이라는 단어에 익숙하지 않은 일부 어린이에게는 마임이라는 용어에 대한 탐색이 필요할 수도 있다. • **나비 포옹으로 두드려 보자.** 이 지시어는 신체의 반구형 통합을 제공하면서 움직임을 제공한다. 이것은 가상 EMDR 및 원격놀이치료 회기에서 내가 내담자와 함께 선호하는 양측성 자극 방법이다.

5단계 재처리의 목표	• 목표 기억과 관계된 잠재적인 새로운 긍정적 믿음을 확인한다. • 내담자가 새로운 신념을 선택하거나 이전에 확립된 긍정적 인지에 접근할 수 있도록 지원한다. • 긍정적 믿음을 떠올리도록 하고, 대상에 대한 기억(원래 대상의 본 이미지는 아닌)과 함께 긍정적인 믿음을 염두에 두도록 지시하고, 선택한 긍정적 진술의 타당도를 1~7점의 VOC 척도[5]로 평가하게 지시한다.	• **지금 당장 진실이었으면 하는 긍정적인 생각을 골라서 이렇게 터뜨려 봐(입으로 펑 소리를 내며).** 이 지시문을 위해서는 임상가는 아동에게 적합한 인지 목록을 말풍선에 배치해 두는 것이 필요할 수도 있다. 아동이 긍정적 인식에 익숙해지면 유용성이 커질 수 있다. • **지금처럼 대상의 이미지를 그려 보렴.** 이 미술치료 지시문은 재처리된 목표 기억/사건의 시각적 표현을 제공하여 적응적인 변화를 크게 강화할 수 있다.
6단계 바디 스캔의 목표	• 내담자에게 목표 사건과 긍정적인 믿음(인식)을 동시에 생각하도록 지시한 다음, 몸에서 팽팽하게 긴장되거나 비정상적인 감각이 느껴지는 곳이 있는지 찾도록 안내한다. 시각적 표현과 함께 아동에게 친숙한 신체 지지 수단을 사용한다. • 내담자가 신체 감각을 보고하면 그들이 중립적이거나 긍정적인 감각만을 보고할 때까지 양측성 자극을 계속 유지한다.	• **지금 이 순간에 느끼는 감정을 나타내기 위해 신체 윤곽선에 색을 칠해 봐. 신체의 어느 부분에서 느끼는지 보여 주렴.** 이 표현적 미술치료 지시문은 신체적 인식을 돕고 그런 다음 펜듈레이션(pendulation)[6]과 같은 고급 기술에 사용할 수 있다. • **책 In My Body I Feel을 살펴보렴, 바로 지금 너의 몸에서 무엇을 인지하고 있는지 보여 주는 감정에 관한 책(Flynn, 2020)이다.** 이 책의 시각적 표현은 감정의 위치와 이름을 알아내는 내담자들의 능력을 지지한다.

3) 역자 주: 양측성 자극이란, 양측성 안구 운동이나 청각 자극, 신체 감각 자극 등과 같이 정보 재처리 과정을 일으키는 자극의 한 세트를 가리킨다. EMDR 치료는 양측성 자극을 통해 뇌의 정보 처리 시스템을 활성화시켜 기억의 처리가 다시 일어나도록 하는 것으로 Shapiro 박사는 이를 활성화된 정보처리과정(Accelerated Information Processing)이라고 하였다.

4) 역자 주: 주관적 고통 점수 척도(Subjectives Units of Disturbances Scales: SUDS). SUDS는 고통이 없거나 불편하지 않으면 0, 상상할 수 있는 가장 큰 고통을 10이라고 할 때 내담자가 얼마나 고통스럽게 느껴지는가를 스스로 나타나게 하며 그 측정은 치료과정 중간에 여러 차례 이루어진다[로렐 파널 저, 김준기 역. 『EMDR 마음의 상처치유하기』(메가트렌드, 2008)].

5) 역자 주: 인지 타당도(Validity of Cognition: VOC). VOC 척도는 과거 사건을 떠올릴 때 내담자 자신에 대한 긍정적인 진술의 타당도를 1(완전한 거짓)에서 7(완전한 사실)까지의 척도 중 어디에 해당하는지 측정하도록 함. 즉, 과거 부정적 사건을 떠올릴 때 현재 그와 관련해 내담자 자신이 스스로를 어떻게 믿고 싶은가 긍정 진술하게 하고(예를 들어, '나는 안전하다'), 이 진술에 대해 타당도를 평가하는 것이다[로렐 파널 저, 김준기 역. 『EMDR 마음의 상처 치유하기』(메가트렌드, 2008)].

7단계 종결의 목표	• 놀이치료로 내담자가 현재에 완전히 적응하도록 하고 회기가 끝날 때와 세션 사이에 안정성을 촉진한다. • 내담자와 부모에게 회기 후에도 과정이 지속될 수 있음을 알린다. • 안정성을 유지하기 위해 놀이치료 그라운딩 기법에 대한 지도 및 경험적 실천을 제공한다. • 내담아동(및 부모)에게 회기 사이에 중요한 관찰 사항이나 새로운 증상을 관찰하고 기록하도록 요청한다. 이는 언어 또는 미술 일지를 작성함으로써 이루어질 수 있다.	• **지금 나와 함께 마음에 집중하며, 검지로 화면 위의 도형을 따라가며 3초간 모서리에서 멈추어 숨을 들이마시고 내쉬어 보렴**(코로 들이마시고 입으로 숨을 내쉬는 것을 번갈아 가며 사각형의 각 모서리에서 잠시 멈추는 것을 함께 보여 준다. 장난스러운 호흡 기술은 허공에서도 할 수 있다. 이는 내담자를 그들의 수용의 창으로 되돌리는 데 도움이 된다). • 우리 아래 땅속 깊이 숨을 들이쉬렴, 지시문 (Ogden & Fisher, 2015). • **방을 둘러보세요. 지금 볼 수 있는 다섯 가지는 무엇입니까? 당신이 들을 수 있는 네 가지는 무엇입니까? 만질 수 있는 세 가지는 무엇입니까? 냄새 맡고 싶은 것 두 가지는 무엇입니까? 맛보고 싶은 한 가지는 무엇입니까?** 이 짧은 활동은 어려운 과정 이후 비교적 빠르게 내담자를 안정시킬 수 있다. 또한 정화반응(abreaction)[7]을 회복하는 데에도 사용할 수 있다.
8단계 재평가의 목표	• EMDR 표준 세 가지 프로토콜을 활용하여 남아 있는 고통을 탐색하고, 목표하는 대상의 이전 재처리 효과를 평가한다. • 등장했을 수 있는 재미있는 방법, 현재 유발 요인, 예상되는 미래 과제 및 시스템 문제를 통해 새로운 자료를 찾는다. • 나머지 또는 새 목표가 있는 경우 3~8단계를 반복한다.	• **_____(이전 시간에 다룬 목표) 기억이 현재 어떻게 생겼는지 그림을 그려 봐.** 이 미술치료 지시문은 이전 작업의 최신 상태를 알게 해 치료자가 이전 목표로 돌아가서 재처리를 완료해야 할지, 아니면 또 다른 목표로 진행할지 여부를 결정하는 데 도움을 준다. • **_____(이전 시간에 다룬 대상)을 생각할 때 지금 어떻게 생겼을지 모래 상자를 만들어 보렴.** 이 모래상자 지시문은 이 대상에 대한 해결 수준을 이해하는 데 도움을 준다. • 이는 고통 수준에 따라 재처리를 계속 지속하기 위해 목표로 돌아가는 것이 적절하다고 판단되는 경우 3단계가 특히 유용할 것이다.

---

6) 역자 주: 진자운동. 교감신경계와 부교감 신경계 사이를 마치 진자 운동을 하듯 오가며 트라우마 에너지에 조심스럽게 접근하는 방법

7) 역자 주: 무의식 속에 억압된 기억이나 감정을 터뜨려 표현함으로써 누적된 스트레스나 긴장을 정화 또는 완화시키는 것을 일컫는 말인데 외상 당시의 분노나 슬픔 등 고통스러웠던 감정을 표현하는 것이다[(로렐 파널 저, 김준기 역. 『EMDR 마음의 상처 치유하기』(메가트렌드, 2008)].

Oliver의 가상 EMDR과 원격놀이치료에 대한 경험

Oliver는 전 세계적으로 COVID-19가 유행하기 6개월 전인 2018년에 치료를 시작했다. 당시 아동은 학교에서 잦은 배뇨 실수를 하는 배뇨 조절 장애와 타인의 안전에 대해 끝없이 걱정하고 아침 등교 전에는 격한 감정 폭발을 보였다. 그는 학교 선생님이 색상 차트를 이용해 또래들을 지도하는 상황에 과도하게 집착했다. Oliver는 두 아이 중 맏이로, 여동생이 하나 있었고, 부모와 함께 살며 부모님은 그의 요구에 지지적이었다. 대면 EMDR과 놀이치료로 4회기 후 Oliver의 증상은 사라졌고 치료는 그 당시 성공적으로 마무리되었다.

Oliver는 2020년 4월 팬데믹이 시작되자 불안 증상이 다시 나타나 치료를 다시 시작했다. 그는 안전과 관련된 강렬한 걱정을 표현하며, 수면장애와 자주 가족 갈등을 유발하는 짜증과 감정 폭발을 겪은 후에 다시 치료를 받기 시작했다. 그는 자신과 그의 가족이 죽을지도 모른다는 생각에 강한 스트레스를 받고 있었다. 부모 모두 그에게 안전감을 지원할 힘이 없다고 느끼면서 절망과 절박함을 표현했다.

가상 EMDR과 원격놀이치료 회기로 돌아왔을 때 Oliver는 산만하고도 장난기 있는 모습이었다. 그의 부모는 가정에 장난감, 미술용품 그리고 반려견인 니모와 함께 사용할 공간을 마련했다.

그가 이전에 EMDR 치료를 받았기 때문에 '1단계: 병력 청취'와 '2단계: 준비'는 필요하지 않았다. EMDR의 3~8단계는 몇 번의 놀이 기반 호흡 및 자원 찾기 활동 직후 시작됐다. 무슨 일이 일어나고 있는지 '연기'하라는 지시를 받았을 때 그는 근처의 봉제 인형으로 손을 뻗어 바이러스와 접촉했을 때의 죽음과 파괴의 장면을 나타냈다. 얼굴이 붉어지고 목소리가 떨리고 커졌다. 최악의 부분에 대해 물었을 때, 그는 아이스크림에 '코로나 세균'이라고 묘사한 것을 연기하기 위한 제스처를 했다. '나는 곧 죽을 거예요.'라는 부정적 인식이 포함되어 있었지만, 그의 나이와 정서적 강렬함이 가득 찬 표현 때문에 치료자는 이를 언어화하지는 않았다. 그는 자신의 주관적인 고통 정도를 나타내는 주관적 고통 점수(SUD)에서 팔을 전체적으로 벌렸고, 0~10 척도 중 10으로 해석되었다고 치료자는 판단했다. '나는 안전하다.'라는 긍정적인 인식이 얼마나 진실하게 느껴지는지 물었을 때, 그는 인지 타당도 척도 1~7점 중 손가락으로 2점을 나타내 보였다. 신체 감각에 대한 인식을 도와주기 위해서 내담아동에게 신체적 표현이 포함된 아동에게 친숙한 버전의 감정을 화면 공유로 보여 주었다. 회기가 끝난 후 같은 이미지를 부모에게 이메일로 보내어 내담아동의 신체 인식을 도와주기 위해 자주 참고하여 가정에서 보여 주도록 권장했다. 큰 감정이 있는지 몸을 스캔하라는 지시를 내렸을 때 그는 자신의 신체장애를 "내 배에 나쁜 느낌"이라고 설명했다. 그 시점에서 내담자는 회기 40분을 남기고 완전한 '3단계: 평가'를 받았다. 그런 다음, 치료자는 Oliver에게 자신의 아이스크림이 바이러스에 감염되었다는 생각을 억누르도록 지시하여 '4단계: 민감 소실'을 진행했다. 그는 치료자가 멈추라고 지시할 때까지 쿵쾅거리고 쿵쿵댔다. 이 행동은 약 5분 만에 SUD 척도를 빠르게 감소시켰다. 그가 아무런 방해도 받지 않았다고 보고했을 때, 치료자는 Oliver가 팔을 들고 방을 돌아다니며 "나는 안전해, 나는 안전해요"라고 활기 있게 노래 부르는 모습으로 인지 타당도(VOC)를 평가했다. 치료자는 그의 목표인 아이스크림 위의 바이러스와 '나는 안전하다'에 대해 생각하라고 했다. 그런 다음, 그것이 얼마나 사실처럼 느껴지는가 보여 달라고 했다. 그는 VOC 척도인 1~7 가운데 7로 해석되는 최대 용량으로 크게 팔 벌려 응답을 했다. "멈춰라"라고 지시를 내리고 치료의 6단계인 바디 스캔을 하라고 할 때, 그는 복부에서 느껴지는 감각이 "사라졌다"고 했다. 세션이 20분 남았을 때 치료자는 그 회기를 종료하기 위한 노력으로 Oliver에게 그의 개에 대해 조심스럽게 물었다. Oliver는 치료자가 그에게 오감을 사용하여 니모에게 주의를 기울이도록 요청하자 개를 쓰다듬고 껴안기 시작했다. 그의 몸 움직임이 몇 분 후에 눈에 띄게 진정되었다. 나머지 세션은 아동중심 놀이치료에 참여하는 데 사용되었다.

그다음 주 온라인 회기에서 놀이치료자는 내담자에게 아이스크림과 바이러스에 관해 질문하여 8단계 평가를 수행했다. 내담아동은 웃으며 "그건 어리석은 일이에요. 코로나는 내 아이스크림에 들어갈 수 없어!"라고 대답했다. 관련된 고통 수준인 0~10척도에서 0점이었기 때문에 치료자는 재처리를 계속하지는 않았다. 나머지 회기 동안 아동과 치료자는 재연결하고, 향후 회기를 위한 잠재적인 새로운 목표를 탐색하고 치료적 관계를 강화하기 위해서 아동중심 원격놀이치료에 참여했다. 두 번째 회기 후 내담아동의 증상이 호전됨에 따라 치료 회기를 일시 중단하기로 결정했다. 부모에게는 Oliver의 불안 증상이 재발할 경우 치료자에게 연락하도록 안내했다.

가상 EMDR 치료에 대한 임상적 고려사항

내담자와 가상으로 상담을 할 때 내담자의 화면 밖의 반응을 규제하고 대응하는 데는 몇 가지 어려움이 있다. 내담자의 자세, 목소리 톤, 신체 움직임 및 얼굴 표정의 변동에 세심하게 주의를 기울이면 원격으로도 단서를 인식할 수 있다(Dion, 2018). 복합 트라우마 작업 중에 깊게 연결된 관계를 구축하고 유지하는 것은 매우 중요하다. 이는 대면 및 비대면 모두에 해당되지만, 일부 사람에게는 화면을 통한 소통의 중요성에 더 많은 노력과 시간이 필요할 수도 있다. 많은 내담자가 학교에서 온라인 학습으로 컴퓨터 앞에서 오랜 시간을 보내고, 그들의 즐거움을 위해서 영화를 보고, 게임을 하는 등 스크린 타임에서 오랜 시간을 보내기 때문에 과도한 또는 부족한 각성 상태가 자주 나타날 수 있다. 복합 트라우마 작업은 내담자가 관계에서 안전감을 느끼도록 해야 하므로 내담자와 치료자 간의 조율에 초점을 맞추는 데 임상적 준비 시간이 더 많이 걸릴 수도 있다. 깊은 조율이 없으면 내담자는 회기 중에 강렬한 정서적 반응을 동반한 반응을 일으킬 위험이 더 커질 수 있다.

가족구성원 혹은 집에 있는 다른 사람들에게 미치는 영향 역시 임상적 고려 사항이다. 트라우마는 직접적으로 노출된 사람뿐만 아니라 주변 사람에게도 영향을 미친다. 부모 상담, 가족 자원 구축 회기 및 경험을 논의하기 위한 통합 회기는 치유 과정을 강화할 수 있다. 아동과 10대 청소년 내담자는 친구, 가족 구성원 그리고 지역사회에도 종종 트라우마의 여파를 경험할 수 있으며, 이는 행동, 대인관계 그리고 잠재적인 스트레스 상황에 접근하는 태도에 영향을 미칠 수 있다. 따라서 적절할 경우 부모 및 가족구성원들에게 원격 지원을 통해 자원 제공, 자문 및 상담 의뢰를 제공하는 것이 중요하다.

기술의 문제가 회기의 흐름을 방해할 수 있다. 치료자가 과정을 진행하기 위해서 사전에 부모와 간단한 회의를 예약하면 내담자가 원격심리치료 플랫폼을 통해 연결하는 어려움을 겪지 않을 수 있다. 연결의 안정성과 관련된 문제의 경우, 치료자와 내담자는 이더넷(ethernet) 케이블을 사용해 연결을 강화할 수 있다. 일반적으로, 이더넷 연결은 신뢰성, 속도 및 보안을 향상시키기 위해 사용된다. 또한 bilateralstimulation.io 또는 remotEMDR과 같은 사이트에서 전자적 형태의 양측성 자극을 사용하는 경우 내담자의 비디오가 꺼져서 내담자와 치료자 간에 시각적 단절이 발생할 수 있다. 일부 내담자의 경우, 이는 안전 문제가 될 수 있다. 의심스럽거나 안전 문제가 발생할 경우 양측성 자극의 메커니즘으로 나비 포옹을 선택하는 것이 현명할 수 있다. 이러한 기술적 어려움을 해결하는 것도 중요하지만 임상가가 원격심리치료에 참여하는 것에 대한 저항감이 있는 경우, 치료자는 지식 부족에 의한 불안감에 기인한 것임을 인지하고 슈퍼비전, 개별 지도 그리고/또는 어떤 필요한 도움을 제공할 수 있는 누군가의 지원을 구하는 것이 유익하다.

끝으로, 내담자와 원격으로 상담을 진행할 때, 비밀보장 유지가 큰 문제가 될 수 있다. 가상 EMDR과 원격놀이치료는 때때로 감정과 경험이 재처리됨에 따라 소리가 커질 수 있다. 움직임은 트라우마 회기의 필수적인 부분이다. 집에 있는 사람들이 회기의 일부를 엿듣거나 볼 수 있다. 치료자는 비밀보장을 최적화하는 환경을 만들기 위해 이 문제를 부모님이나 양육자와 함께 회기 전에 상의해야만 한다. 어린 자녀의 경우 지지 및 안전상의 이유로 부모가 회기에 참여할 수 있다. 이어버드를 사용하면 대화의 한쪽만 엿들을 수 있으므로 비밀보장에 도움이 된다.

대체로 가상의 EMDR과 원격놀이치료는 아동과 청소년 내담자에게 원격 전달을 통해 효과적인 치유의 기회를 제공한다. 이 기회는 EMDR 훈련을 받은 놀이치료자들이 위험 요인과 이점 및 도전에 대해 심사숙고해야 한다는 사실을 요구한다. 내담아동에게 온라인으로 트라우마 치료를 제공하는 것은 잠재적인 위험을 수반하지만, 내담자가 가장 필요로 할 때 치유에 대한 희망을 제공하기도 한다. 전 세계의 EMDR 훈련을 받은 아동 치료자들이 가상으로 EMDR을 제공하는 것을 받아들이는 가운데 가장 중요한 요소는 온라인에서 촉진할 수 있는 치료적 관계임을 기억하는 것이다.

참고문헌

Delahooke, M. (2019). *Beyond behaviors: Using brain science and compassion to solve children's behavioral challenges*. PESI Publishing & Media.

Dion, L. (2018). *Aggression in play therapy: A neurobiological approach for integrating intensity*. W.W. Norton & Company.

EMDRIA (2012). *EMDRIA's definition of EMDR*. https://www.emdrhap.org/content/ wp-content/uploads/2020/02/EMDRIA-Definition-of-EMDR.pdf

Flynn, J. (2020). *In my body, I Feel: A story about the felt sense of emotions*. Kindle Direct Publishing.

Landreth, G. L. (2012). *Play therapy: The art of the relationship*. Routledge.

Nakazawa, D. J. (2015). *Childhood disrupted: How your biography becomes your biology, and how you can heal*. Atria Paperback.

Ogden, P., & Fisher, J. (2015). *Sensorimotor psychotherapy: Interventions for trauma and attachment*. W.W. Norton.

Porges, S. W. (2017). *The pocket guide to polyvagal theory: The transformative power of feeling safe*. W.W Norton & Company.

Schaefer, C. E., & Drewes, A. A. (2014). *The therapeutic powers of play: 20 core agents of change*. Wiley.

Shapiro, F. (2018). *Eye movement desensitization and reprocessing (EMDR) therapy: Basic principles, protocols, and procedures*. The Guilford Press.

Siegel, D. J., & Bryson, T. P. (2019). *The yes brain: How to cultivate courage, curiosity, and resilience in your child*. Bantam.

Stewart, A. L., Field, T. A., & Echterling, L. G. (2016). Neuroscience and the magic of play therapy. *International Journal of Play Therapy, 25*(1), 4-13.

van der Kolk, B. (2014). *The body keeps the score*. Viking Penguin Group.

Van Hollander, T. (2016, November 20). The power of greatness sticks. https:// www.mainlineplaytherapy.com/post/2016/11/20/the-power-of-greatness-sticks

Wunderlich, C. (2010). In stomping feet and bubble popping. In H. G. Kaduson & C. E. Schaefer (Ed.), *101 favorite play therapy techniques*. Jason Aronson.

제8장

발달놀이치료[1]와 원격심리치료: 자폐아동을 위한 치료전략

Robert Jason Grant

자폐스펙트럼장애(ASD)는 뇌기능 손상으로 인해 의사소통과 사회적 기능이 어려운 신경발달장애이다. 질병통제예방센터(Center for Disease Control and Prevetion, 2020)는 아동 59명 중 1명이 ASD 진단을 받는다고 보고하였다. ASD 진단을 받은 많은 아동은 여러 치료를 받는다. 여러 조건에서 원격심리치료를 통한 치료적 접근이 인기를 끌고 있다. Alfuraydan 등(2020)은 원격심리치료를 개인이 원거리에서 전문적인 서비스와 지원을 받을 수 있는 메커니즘으로 정의하였다. 원격심리치료는 실시간 화상과 통신으로 진행하는 방식이 있다. 내담자와 의료 서비스 제공자는 실시간 화상이나 통신으로 상호작용하면서 진행한다. 저장된 통신 방식은 전자 메일을 발송하는 것처럼 당사자(예: 의료 제공자 및 환자)와 동시에 쌍방향으로 소통하지 않는다는 점에서 원격심

1) 역자 주: 발달놀이치료는 Robert Jason Grant 박사가 만든 Autism과 Play의 합성어로 자폐스펙트럼, adhd, 그리고 사회적 의사소통장애, 감각통합문제, 학습문제, 지적장애 등 신경발달문제를 지닌 아동과 그 가족을 대상으로 접근한다. 발달놀이치료는 정신건강전문가, 특히 놀이치료에 대한 배경 지식이 있는 전문가를 위해 설계된 신경 다양성 패러다임으로 통합가족 놀이치료 접근방법이다. 작업 치료자, 언어 및 언어 치료자, 교육 전문가와 같은 다른 전문가들도 AutPlay 교육을 들을 수 있다(출처: https://autplaytherapy.com/). 이 책에서는 발달놀이치료라는 용어를 사용하였다.

리치료에서 덜 선호한다(Alfuraydan et al., 2020).

ASD를 위한 원격심리치료는 특히 시골과 서비스가 취약한 지방에 거주하는 사람과 가족들에게 전통적인 대면 접근방식보다 서비스 접근성이 용이하다는 장점이 있다. 원격심리치료 접근방식은 서비스 제공자와 내담자의 비용(예: 이동 시간, 교통비, 결근)을 절감할 수 있다. 또한 치료 대기 시간을 단축하고, 가정에서 치료를 받기 때문에 아동들에게 보다 안전한 환경을 제공하고, 그리고 ASD 아동들은 기기를 잘 다룬다는 연구 결과도 있어 여러 측면에서 이점이 있다(Goldsmith & LeBlanc, 2004).

ASD를 대상으로 하는 원격심리치료 실행은 새로운 개념이 아니라 지속적으로 발전하고 있다(Angjellari-Dajci et al., 2013). 이것은 원격심리치료 과정이 완벽하다는 의미가 아니다. 종종 원격심리치료는 치료관계 형성과 대면이 어렵기 때문에 치료의 진전속도가 더디기도 하다. 원격심리치료 과정에서는 전형적인 대면치료에서보다 치료자의 통제가 어렵고, 특히 위기관리상황인 경우 관심과 통제의 한계로 어려움이 있을 수 있다. ASD 아동 중 사회적 불안과 결핍 문제가 있는 아동들에게는 전략적으로 그들의 집 밖으로 나오게 해서 직접적인 사회적 교류의 기회를 주어야 한다. 실제로 대면치료는 교류가 치료과정이지만 원격치료에서는 이 점이 결여될 수 있다. 게다가 치료자는 자격을 갖춘 효과적인 원격치료 의료 제공자가 되기 위해 시간과 비용을 들여 일련의 새로운 기술과 윤리 및 절차를 습득해야 한다.

발달놀이치료(AutPlay® Therapy)는 ASD 아동 및 가족을 접근하는 통합 가족놀이치료이다(Grant, 2017). 발달놀이치료는 원래 대면 정신건강 접근방식으로 설계되어 ASD 치료에서는 직접적인 개입이 필요하지만 직접 참여할 수 없는 사람들의 욕구를 충족시키기 위해 원격심리치료 과정을 통해 프로토콜을 구현했다. 이 프로토콜은 치료목표와 부모/가족을 참여시키면서 자연스럽게 대면 환경에서 원격심리치료 환경으로 바꿀 수 있다. ASD 대상에게도 원격심리치료로 발달놀이치료를 하였다. 많은 ASD 아동에게 원격심리치료가 적용되면서 발달놀이치료는 통합성과 치료결과를 보는 동시에 정신건강전문가에게 놀이치료접근 방식을 제공한다.

개요 및 연구

ASD 분야에서 원격심리치료의 위상이 높아지고 있다(Alfuraydan et al., 2020; Lindgren et al., 2016; Wacker et al., 2013; Vismara et al., 2013b; Himle et al., 2012; Boisvert et al., 2010). ASD 아동과 가족을 위한 다양한 서비스를 제공하는 방법으로 원격심리치료 접근법이 연구되었다. 또한 원격심리치료는 개인의 행동 개입 서비스 접근을 개선하기 위해 사용되었다. 여러 연구에서는 지역 클리닉, 가정 또는 학교에 있는 ASD 아동과 부모를 지도하기 위해 부모와 자녀와의 화상 회의를 통해 기능 분석(FA) 및 기능 커뮤니케이션 훈련(FCT)과 같은 행동 평가를 실시하였다(Suess et al., 2014).

매주 웹 기반 교육 콘텐츠와 화상 회의 코칭 회기를 결합한 원격심리치료 프로그램을 제안한 연구에서는 부모 교육을 지원하고 아동의 의사소통기술을 향상시킬 것이라고 하였다(Wainer & Ingersoll, 2015). 부모들은 그 시스템이 효과적이고, 유용하다고 하였다(Vismara et al., 2013a). 부모가 자녀의 행동 개입 방법을 이해하고 가정에서도 적용해 볼 수 있도록 부모 교육을 제공하는 모델로 원격심리치료의 실행 가능성과 효율성에 관한 연구가 있다(Alfuraydan et al., 2020).

이 연구 결과는 부모-자녀 상호작용을 개선하도록 돕기 위한 모델로서 원격심리치료 기술을 통해 실현 가능성, 수용 가능성 그리고 효과성에 대한 기초자료가 되었다(Alfuraydan et al., 2020).

Vismara, Young과 Rogers(2013a)는 원격심리치료를 통해 언제 어디서나 저렴한 기본 장비로 접근할 수 있다고 제안하였다. 대화형 개별화된 기능을 사용하여 의사소통하고 정보를 공유한다. 컴퓨터화된 소프트웨어, 화상 회의 및 가상 3D 대화형 프로그램은 ASD 후기 아동과 청소년에게 다양한 의사소통, 사회적, 정서적, 그리고 학업 기술을 가르치는 데 사용되었다. Baharav 및 Reiser(2010)는 온라인 화상 회의는 가정에서 진행되는 치료회기로 치료자가 언어치료를 받는 아동의 부모에게 실시간으로 피드백과 코칭을 할 수 있고, 6주 동안 전통적인 치료 환경에서와 같은 치료적 제공을 한다. 부모들은 가정에서 원격심리치료 치료회기가 클리닉에서 하는 것보다 부모들과 소통이 편리하고 설명하였다.

일상생활에서 컴퓨터와 인터넷 사용의 현저한 증가로 원격심리치료 서비스는 환영받는 대안책이고, ASD의 가족에게 서비스를 제공하는 효과적인 방법일 수 있다(Nazneen et al., 2015). 여기에는 많은 장점이 있다. 첫째, 가족은 비디오를 통해 직접 치료자와 상호작용할 수 있으며, 이는 잠재적으로 더 광범위한 전문 치료자의 접근을 제공한다. 둘째, 양육자에게 아동의 발달에 적극적인 역할을 할 수 있는 기회를 제공함으로써, 원격심리치료는 보호자에게 권한이 주어질 수 있다. 원격심리치료를 기반으로 하는 부모훈련 연구에서는 보호자들이 훈련 프로그램이 편리하고 실용적이며, 증거 기반 개입에 대한 지식을 높이는 데 도움이 된다(Jang et al., 2012).

게다가 48개월 미만의 ASD 아동을 둔 북미 가정을 대상으로 한 연구에서도 긍정적인 변화가 보고되었다. 화상 회의와 웹 가정교사를 통해 부모들에게 Early Start Denver Model[2)](자폐 통합적 접근) 개입을 가르치는 것이 ASD 아동의 발화 및 공동주의(joint attention) 시작 비율을 증가시켰다고 밝혔다(Alkhalifah & Aldhalaan, 2018). 전문 분야에 걸친 연구는 ASD를 가진 사람들에게 기초 건강을 구현하는 것의 이점을 입증했다. 초기 문헌연구에 따르면 ASD

---

2) 역자 주: Early Start Denver Model(ESDM)은 행동치료(behavioral therapy)로, 응용행동분석(ABA)과 발달심리이론을 근거로 개발되었으며, ASD를 가진 초기 아동기의 아이들(12~48개월)에게 효과적이라고 보고된 증거기반의 치료방법이다.

를 가진 개인에게 제공하기 위해 원격심리치료 실행을 조사하는 연구 기관이 생겼으며, 초기 연구 결과는 유망한 것으로 나타났다(Ferguson et al., 2019). 놀이의 치료적 힘을 적용하는 정신건강전문가들에게 발달놀이치료는 ASD 대상으로 설계된 원격치료 연구의 많은 방법을 지원하는 동시에 필요한 도구와 프로토콜을 가진 놀이치료자들에게 권한을 부여하는 치료자와 내담자 모두를 위한 자연스러운 도구이다.

발달놀이치료 프로토콜

발달놀이치료 프로토콜은 원격심리치료 과정에 원활하게 적용할 수 있고, 직접 참여하는 데 수반되는 거리, 비용 및 물리적 능력 한계와 같은 가족들의 실제적인 욕구를 충족시킬 수 있다. 또한 이 프로토콜은 원격심리치료를 통한 ASD 아동을 위한 연구 결과를 지지한다. 발달놀이치료는 많은 부모 참여 및 부모 교육을 하는 통합가족놀이치료이다(Grant & Tuner-Bumberry, 2020). 부모는 자녀를 변화시키는 매개 역할을 하는 협력자로 자녀와 함께 특별한 놀이 시간을 갖는 방법 및/또는 놀이치료 개입을 할 수 있는 방법을 배운다. 이 수준의 부모 참여는 ASD의 기술 향상을 위한 원격심리치료 연구에서 효과가 입증되었다. 원격심리치료를 통한 발달놀이치료 부모 교육은 대면치료와 거의 또는 전혀 차이가 없이 쉽게 개입할 수 있다.

행동 문제, 기술 부족 및 능력 향상은 원격심리치료를 통한 발달놀이치료에서 효율적으로 해결된다. 치료자는 아동과 협력하여 기술 문제를 해결하거나 부모와 함께 협력하는 장면을 관찰할 수 있다. 중증 ASD 아동은 종종 부모나 보호자와 함께 원격심리치료에 참여할 필요가 있다. 그 과정은 치료자가 부모를 교육시키고 부모 주도하에 아동에 대해 개입하려고 가족적 접근을 더 강조한다. ASD 아동은 원격심리치료를 통해 치료자와 일대일 접근으로 참여할 수 있다. ASD의 원인이 무엇인지와 상관없이 발달놀이치료는 치료를 위해 원격심리치료를 통해 개입할 수 있다.

원격치료 준비 설문지

Grant(2020)는 발달놀이치료에 사용되는 준비 설문지를 개발하였는데, 이 설문지는 잠재적인 내담자와 원격치료를 시작하기 전에 치료자가 알아야 하는 정보라는 점을 강조한다. 〈표 8-1〉은 치료자는 내담자에게 잠재적으로 문제가 될지 아닐지에 대한 영역으로 치료자가 알아야 하는 것을 서열화하는 설문지이다. 치료자는 잠재적 내담자에게 일련의 질문에 대한 대답을 기초로 원격치료를 진행할 때 문제가 될 수 있는 것에 대해 순위로 표시한다. 이 설문지는 치료자가 내담자에게 원격심리치료의 적합성과 원격치료를 시작하기 전에 앞으로 발생할 수 있는 문제를 예측할 수 있는 문항들로 구성되어 있다.

원격심리치료를 통한 발달놀이치료자는 성공적인 치료 회기를 제공하기 위해 완벽한 장비를 준비하고 내담자 또한 원격심리치료가 적합한지 확인해야 한다. 발달놀이치료는 ASD 전반에 걸쳐 성공적인 과정이었지만 그렇다고 해서 ASD 아동과 주변 모든 가족에게 성공적이라는 의미는 아니다. 치료자는 원격치료를 하기 전에 잠재적 이점과 한계를 신중하게 평가해야 한다. 또한 치료자는 치료를 할 때 가장 성공적인 사례가 무엇이었는지 생각하고, 윤리 및 법도 준수하도록 주의해야 한다. 발달놀이 원격심리치료는 가족에게 효과적이고 유용하지만 지속적으로 주의 깊은 자각과 지속적으로 장점을 평가하려는 치료자가 되어야 한다.

〈표 8-1〉 원격치료 준비 설문지. 원격치료를 하기 위한 내담자의 편안함, 지식, 이해, 정보, 그리고 사용할 수 있는 장비를 포함한 준비 상태를 결정할 수 있는 평정척도

고려할 정보 (치료자가 잠재적 내담자에게 할 질문)	문제 수준(1~5개의 반응 순위) (1=문제 없음, 5=매우 문제 있음)				
1) 당신은 주로 의사소통을 무엇으로 합니까? (얼굴보고, 비디오로, 전화로)	1	2	3	4	5
2) 당신은 전자 기기에 대한 지식과 기술이 어느 수준입니까?	1	2	3	4	5
3) 당신은 온라인 경험이 어느 정도 있습니까?	1	2	3	4	5
4) 당신은 어느 정도로 원격치료가 편합니까?	1	2	3	4	5
5) 당신은 원격치료 작동방법을 어느 정도 압니까?	1	2	3	4	5
6) 당신은 가정에서 온라인 사용은 어느 정도합니까?	1	2	3	4	5
7) 어떤 종류의 기술을 사용하고 있습니까? (컴퓨터, 전화, 태블릿)	1	2	3	4	5
8) 이전(대면 또는 원격) 치료 경험은 어떠하였습니까?	1	2	3	4	5
9) 가정에는 개인 공간으로 사용할 수 있는 곳이 어느 정도 있습니까?	1	2	3	4	5
10) 원격치료에서 문화적으로 고려해야 할 점은 어느 정도입니까?	1	2	3	4	5

윤리적 고려사항

Barnett와 Kolmes(2016)는 원격심리치료를 할 때 치료자가 윤리적으로 고려해야 할 사항을 인지하고 이를 준수해야 한다고 제안하였다. 또한 그들은 원격심리치료 종사자들이 제공하는 전문 서비스를 만족(그리고 바라건대 그 이상)하도록 이에 필요한 지식과 기술을 알고 있어야 한다고 하였다. 치료자의 윤리사항에는 수용 가능한 기술을 이해 및 제공, 원격심리치료에서 상담동의서, 계약서 작성 및 제공, 그리고 이를 충분히 숙지한 후 제공해야 하고, 원격치료 회

기와 관련된 다문화에 관한 문제도 포함해야 한다.

Martinelli(2020)는 정신건강 제공자가 원격심리치료 서비스를 제공하기 위해서 자격증이 있는 전문가가 모든 일반적인 규정을 따라야 한다고 하였다. 그들은 HIPAA 지침을 따르고 온라인에서 치료를 하기 위해 연결이 잘되는 인터넷을 사용해야 한다고 하였다. Nelson과 Patton(2016)은 치료자들이 임상, 기술, 지역사회 참여 및 문화적 능력을 신중하게 고려하여 원격심리치료 능력을 개발하고 유지하기 위한 지속적인 교육과 멘토링을 하도록 권장한다고 덧붙였다.

국제놀이치료협회(The Association for Play Therapy: APT, 2020)는 치료와 상담에 기법을 접목할 때 놀이치료자가 모든 당사자에게 일반적인 정보 동의 문서의 일부인 원격심리치료 정보 동의를 제공할 것을 제안하였다. 사전동의서는 직접 서명한 계약서, 전자 서명한 문서(HIPAA 준수 플랫폼을 통해) 또는 구두로 받아야 한다(① 계획에 따른 서면동의, 즉 우편서비스를 통한 반환, ② 서면에 직접 서명할 수 없었던 이유, 참여한 사람, 구두 동의 여부, 그리고 서명된 원본에 따른 계획). 원격심리치료는 모든 내담자에게 효과가 있는 것은 아니다. 일부 내담자들에게는 발달지연으로 참여하는 데 능력의 한계가 있을 수 있다. 다른 사람들은 참여할 기술적 능력이나 자원이 없을 수도 있다. 놀이치료자들은 내담자에게 원격심리치료를 제공하기 전에 평가하고 원격심리치료를 통해 치료하는 것이 내담자와 그의 가족에게 적절한지 지속적으로 평가해야 할 것이다.

원격심리치료를 통해 치료를 하는 놀이치료자와 기타 정신건강전문가들은 그들의 관리 조직이 제공하는 윤리적 지침을 준수해야 한다. 또한 ASD 아동과 함께 일하는 사람들은 원격치료 관련된 윤리적 의무를 고려해야 한다. ASD 아동들에게 실효성 없는 원격치료를 강제로 실행하거나 시도하는 것은 비윤리적일 것이다. ASD 아동들을 대상으로 원격심리치료를 사용해 발달놀이치료 또는 어떤 놀이치료를 실행할 때 고려해야 할 사항은 다음과 같다.

• 인지기능 능력: 치료자는 원격심리치료에 참여하는 것과 관련하여 아동

의 인지 능력을 정확하게 이해해야 한다. 일부 지적장애가 있는 ASD 아동은 원격심리치료 회기에 참여할 수 없다.

- 주의집중과 조절 문제: ASD 중 많은 아동은 원격심리치료 회기로 참여해서, 상호작용하기에 어려움이 있을 수 있다. 이러한 유형의 치료회기에 필요한 수준으로 참여하거나 참여하지 못할 수 있다.
- 연령: 모든 아동의 연령은 원격심리치료를 할 때 연령도 고려해야 한다. 심지어 더 낮은 발달수준을 보이는 어린 아동에게는 원격심리치료 치료가 적합하지 않을 수 있다.
- 신체적 한계: ASD 아동은 신체적 문제 등 복합적인 문제가 있을 수 있다. 신체적 문제로 인해 원격심리치료에서 기기 조작에 한계가 있을 수 있다.
- 감각 문제: ASD의 공통적인 특징은 감각 처리 문제이다. 어떤 아동들은 원격심리치료에서 사용되는 스크린/조명장치가 반사되어 감각 문제가 나타날 수 있다. 또한 그들은 오디오 톤이나 치료자의 배경을 포함하여 치료자가 시각적으로 자극이 될 수 있다. 이러한 감각 문제는 원격심리치료의 효과를 저해할 수 있다.
- 위기 관리 계획: ASD 아동들은 종종 행동 조절 장애가 있을 수 있다. 원격심리치료 회기에서 문제행동과 멜트다운(meltdown)을 보일 때 치료자는 이를 적절하게 개입할 수 있는 치료 개입계획을 세울 필요가 있다. 문제행동에 개입이 어려울 때는 원격심리치료의 방법이 부적절할 수 있다.

사례(개입)

Ryder

Ryder는 9세 때 발달놀이치료를 시작하였다. Ryder는 사회적 기능과 감정

조절의 어려움을 부모의 주 호소로 의뢰되었다. Ryder는 친엄마, 아빠, 형과 함께 살았고, 5세 때 자폐스펙트럼장애 진단을 받았다. Ryder는 인지 능력과 기술능력이 뛰어난 것처럼 보였다. 하지만 특히 또래와의 상호작용에서 어려움이 있다. 또한 Ryder는 감정 조절이 어렵고, 부정적인 감정에 맞닥뜨렸을 때 종종 화를 내거나 조절이 안 되는 멜트다운을 보인다. Ryder는 사회적 상황에서 불안이 급증하고, 이를 조절하거나 대처 능력에 어려움이 있다. 일반적으로, 감정 조절 능력의 부족은 행동 문제를 유발하고, Ryder의 행동 문제는 대부분 가정에서 일어났다.

학교라는 환경은 Ryder에게는 사회적 투쟁이었다. 그는 학습에서는 우수하였고, 공부는 즐기는 것처럼 보였다. 하지만 그는 학교생활이 어려웠고, 특히 친구들과 의사소통이 힘들었다. Ryder는 또래들과 소통할 때 큰 불안감을 느낀다고 보고하였다. 친구들과 이야기하거나 함께하는 방법, 함께 노는 방법을 몰랐다. Ryder는 종종 학교에서 극도로 내성적이었고, 아무와도 교류하지 않았다. 친구들이 자신에게 관심을 갖지 않았으면 하는 것처럼 보였다. 만약 Ryder가 수업 중에 발표를 하거나 말을 해야 한다면 높은 불안감으로 폭발적 행동을 보이고 학교 출석을 거부할 것이다. Ryder의 부모는 Ryder의 문제를 개선하는 데 무력감을 느꼈다. 그의 잘못된 행동과 사회적 불안이 증가하고 있는 것처럼 보였다. 부모님은 집에서 폭발적 행동을 예측하거나 통제할 수 없다고 느꼈고 그의 문제로 가족 모두가 힘들어하였다.

Ryder는 클리닉에서 대면 발달놀이치료를 시작하였다. 그는 수줍음이 아주 많은 아이로 보였다. 거의 말을 하지 않았고, 질문도 하지 않았으며, 자신감도 없어 보였다. 놀이실 의자에 앉아서 놀려고 하지도 않았다. 치료자는 치료회기를 이끌어야 했고, Ryder에게 자주 질문을 하고 게임을 제안하고 놀이에 개입했다. Ryder는 협조적이었고 놀이에 참여했지만, 자기주도적으로 하기에는 어려움이 있었다. 치료자는 발달놀이치료 접수면접과 평가 단계에서 Ryder가 낯선 사람과 낯선 장소에 함께 있을 때 불안이 높아진다고 판단하였다.

치료 목표는 Ryder의 불안을 감소시키고, 감정 조절 능력을 가르치고, 사회적 탐색에 대한 성취감을 증가시키는 것이다. 이 치료목표를 달성하기 위해 치료자는 구조화된 놀이치료를 진행하였다. Ryder는 놀이치료에 참여하였지만 개입하기에는 한계가 있었다. 또한 Ryder의 부모는 치료시간 이외에도 Ryder와 함께 놀이시간을 갖고, 발달놀이치료 프로토콜을 따르면서 개입방법을 따르고 있었다. 8회기에 Ryder는 좀 더 편안해 보였고, 더 높은 수준으로 치료자와 접촉하기 시작하였다. 8회기 즈음에 COVID-19가 Ryder의 지역사회까지 확산되면서 Ryder의 치료는 원격치료 형식으로 전환해야 했다. 원격심리치료로 전환하면서 부모가 치료 회기에 참여할 수 없었고 치료자는 Ryder에게만 개입하였다.

첫 원격심리치료를 시작하기 전에 치료자는 준비 상태 평가를 수행하고 부모와 함께 필요한 모든 서류를 작성하였다. Ryder와의 원격심리치료 첫 회기는 잘 진행되었다. 그는 이전대면치료로 했을 때보다 더 적극적이었다. 치료자는 Ryder가 사회 참여를 할 수 있도록 개입하였고, 그 개입 중 몇 가지는 원격심리치료 과정으로 전환할 수 있었다. 그중 하나는 〈Headbanz〉 게임이라는 것인데, 이것은 지금까지 Ryder가 가장 좋아하는 것이다. 유명한 이 보드게임 방법은 참가자들이 카드에 있는 그림이 무엇인지 알아내기 위해 서로 질문을 하는 것이다. 치료자는 Ryder에게 그들이 원격심리치료에서도 〈Headbanz〉 게임을 계속할 수 있다고 설명해 주었다. Ryder는 집에서 게임을 하였고, 이 게임은 각 플레이어가 카드를 선택하여 상대방이 추리할 수 있는 시나리오를 생각해 내는 것이다. Ryder가 놀이 개입을 시작한 것은 이번이 처음이었다.

Ryder와 〈What Do I Have〉 게임도 함께 하였다. 이때 치료자는 무엇인가를 발견할 것이다. 일단 두 사람이 무언가를 발견하면, 교대로 상대방이 무엇을 가지고 있는지 추리하려고 노력한다. 20개의 질문을 가지고, 그들은 추측해야 한다. 이 게임은 아이들에게 특별한 것을 찾거나 아이들이 평온함을 느끼게 도와주도록 수정될 수 있다. Ryder는 이 게임을 즐겼고 자주 이 게임을 하자고 하였다. 〈What Do I Have〉와 〈Headbanz〉 게임은 Ryder의 사회 기술을 향상시키는 데 효과가 있었고, 원격심리치료를 통해서 쉽게 할 수 있었다. 정서조절 목표도 원격심리치료 회기 동안 달성되었다.

원격심리치료에서도 실행된 개입 중 하나는 〈Feelings Scavenger Hunt〉라는 게임이다. 치료자는 5~6가지 감정의 목록을 입력하고 아동에게 집 주변에서 각각의 감정을 나타내는 무언가를 찾아야 한다고 하였다. 아동은 치료자를 위해서라도 감정의 목록을 입력하고, 치료자와 아동 모두는 각각의 감정을 표현할 수 있는 아이템을 찾으면 그들이 가지고 있는 각각의 아이템과 그것이 왜 그 감정을 표현하는지 같이 공유한다. 치료자가 먼저 아동에게 시범을 보여 주어야 한다. Ryder에게 실시한 또 다른 개입은 〈Lego Feeling〉이다. Ryder는 레고를 즐겼고, 그의 집에 있는 레고를 치료자도 준비하였다. 〈Lego Feeling〉에서 치료자는 아이에게 레고 블록으로 무엇을 만들 것인지 알려 준다. 그들은 실제적이거나 독특한 것을 만들 수 있지만 그것을 감정으로 표현해야 한다. 일반적으로, 치료자는 아동에게 분노나 걱정된 상황을 만들도록 제안할 것이다. 또한 치료자는 아동이 레고블록으로 어떤 감정을 표현하고 싶은지 선택하게 할 수 있다. 치료자도 어떤 것을 만들고, 아동과 치료자 둘 다 만들면 치료자가 만든 것을 먼저 설명하면서 어떻게 표현하는지 시범을 보여 준다.

Ryder는 원격심리치료 회기에 참여하면서 그의 치료가 더 효과적이었다. 그의 참여도와 사회적 상호작용 능력은 더 향상하였다. 원격심리치료를 통해 그의 불안 수준이 감소하는 것처럼 보였고, 그래서 아동은 더 잘 집중할 수 있었다. Ryder는 약 5개월 동안 원격심리치료 회기를 진행하였다. 이 시점에서 그는 대면치료로 바꿨고, 학교도 COVID-19로 인한 비대면에서 대면 등교를 하였다. Ryder는 대면치료로 바뀌었을 때도 원격심리치료 회기에서 습득한 사회적 기술과 참여를 유지하였다. 그는 대면치료에서도 충분히 관여하고, 더 참여하고, 적극적이었다. Ryder는 학교로 돌아오자 별 걱정 없이 첫 번째 말하기 수업을 마쳤다. 또한 부모도 그의 감정 조절 능력이 향상되었고, 문제행동이 크게 줄었다고 보고하였다. Ryder는 추가로 여섯 번의 개별회기에 참여하였고, 치료목표를 달성한 후 종결하였다.

Christian

Christian은 5세부터 엄마와 함께 치료를 시작하였다. 엄마는 치료자에게 아들의 원격심리치료 회기에 대해 문의하려고 연락하였다. 가족들은 치료자의 클리닉과 거의 3시간 떨어진 곳에 살고 있었고, Christian은 몇 가지 알레르기(클리닉과 놀이실에 흔히 있을 수 있는) 증상으로 힘들어했다. 이 두 가지 이유 때문에 엄마는 원격심리치료 회기를 원하였다. Christian은 그의 친부모와 신경증적인 두 형과 함께 살고 있었다. Christian은 3세 때 ASD 진단을 받았고, 이에 의학적 문제(알레르기 및 위장)를 호소하였다. 그의 주요 자폐 증상은 사회생활(특히 외출했을 때)이 서툴고, 놀이기술이 제한적이었고, 구조화되거나 정형화되거나 예측이 어려울 때 규제가 어렵다는 것이다. Christian은 나이에 비해 말이 많고 말도 잘했으며, 인지적 발달에는 어려움이 없었지만 또래에게 비하하는 말을 잘하였다.

Christian은 취학 전에는 데이케어(주간보호)나 유치원에 다니지 않고 대부분 집에서 생활하였다. 그는 집에서 부모님과 함께 유치원 활동에 참여하는 홈스쿨 협동 유치원을 시도했으나 잘되지 않았다. 협동 유치원에서도 Christian은 또래를 외면하고, 어울리지 않고 사회 기술이 부족하여 상호작용이 어려웠다. 그는 성인의 지시를 따르지 않고, 이를 지적하면 폭발하였다. 가끔 부모가 다른 아이와 플레이 데이트를 잡기도 하였으나 그럴 때도 다른 아이들을 외면하고 혼자 놀았다. 협동 유치원과 몇 번의 플레이 데이트 시도 후 포기하였다. 비록 가정에서 부모님과의 상호작용은 밖에서보다 나았지만 Christian은 가족들과도 극도로 경직되어 있었고 예민하였다. 자신이 원하는 길로만 다녔고,

그렇지 않을 때는 종종 폭발하였다. 가족은 Christian에 대해 지쳐 있었고, 형제와의 관계에도 부담을 주고 있었다.

치료자는 원격심리치료를 통해 가족과 작업하기로 합의하였고, 부모는 원격심리치료 준비도 평가와 필요한 모든 서류를 작성하였다. 처음 3회기 동안에 발달놀이치료에 적합한 접수면접과 평가 단계 프로토콜을 거쳤다. Christian의 엄마는 아이와 함께 참석해 아이와의 관계 형성, 그리고 치료자와 원격심리치료 과정에 대해 편안함과 친숙감을 느끼도록 돕는 것에 초점을 두었다. 부모는 Christian의 장점과 취약점을 더 잘 이해하기 위해 몇 가지 발달놀이치료 목록을 이메일을 받았다. 치료자는 3회기 동안 Christian과 대화로 진행할 것이라고 하였다. 치료자는 Christian에게 그의 방과 놀이방, 그리고 가장 좋아하는 장난감들을 구경시켜 달라고 하였다. 또한 치료자는 Christian에게 엄마와의 놀이에서 무슨 놀이를 할 때 좋은지 물었고, 그것을 보여 달라고 요청하였다. 치료자는 아이와 엄마를 추적하고, 반응하고, 아이와 엄마가 함께 있는 것에 집중하면서 Christian과 그의 자폐증상이 그에게 미치는 영향을 이해하려고 노력하였다.

4회기에는 치료목표와 치료 회기가 어떻게 진행될 것인지에 대해 의논하기 위해 치료자와 부모가 원격심리치료 회기를 가졌다. 5~30회기까지는 발달놀이치료 접근단계로 지시적 또는 구조적 개입에 초점을 두었다. 치료는 Christian의 상호작용 및 상호작용적 놀이 기술 증진과 그가 선호하는 물건, 일정, 그리고 다른 사람과의 상호작용에 대한 집착을 감소를 포함한 목표를 설정하였다. Christian과 엄마가 함께하는 놀이치료 회기를 진행하였다. 'AutPlay Therapy Follow Me Approach'를 토대로 치료 회기를 구조화시키고, 부모에게 이를 소개하였다. 치료자는 놀이시간을 관찰하고, 추적하고, 반응하고, 피드백을 주었다. 'AutoPlay Therapy Follow Me Approach' 놀이시간은 구조화된 상황에서 아동이 성인과 함께 놀이를 주도해 간다.

치료자는 엄마에게 놀이진행 방법을 가르치기 위해 원격치료로 별도의 2회기를 따로 만났다. 놀이시간 초기에는 천천히 진행되었는데, Christian은 대부분의 놀이시간 동안 자신이 주도하고, 엄마는 놀이를 전환하도록 아동에게 종종 놀이를 제안하거나 놀이에 끼어들었다. 치료자는 매 회기마다 끝나기 10분 전에 원격치료로 엄마에게 피드백을 주고, 치료 회기를 종료하였다. 12회기 무렵, 엄마는 5~7분 정도 걸리는 짧은 게임을 아이와 함께 하고 싶다고 제안하기 시작하였다. Christian은 처음에는 거부하였지만 엄마가 게임을 소개하면서 마음이 바뀌기 시작하였고, 그는 온전히 참여하기 시작하였다. 엄마는 자신이 선택한 5~7분짜리 게임을 같이 하기 위해 다른 시간에 두 번 더 놀 수 있는 기회를 주었다. 그녀는 치료자로부터 계속해서 점진적으로 움직이지만 신중한 단계형성 과정을 거치라는 지시를 받았다. 엄마는 20회기까지 놀이시간을 엄마가 하고 싶은 것과 Christian이 하고 싶은 것을 반반씩 나눠서 정하자고 제안하였다. 이 제안은 Christian에게 발전적이었다. 또한 엄마는 이 시기에 Christian이 다른 곳에서도 더 유연해지고, 전반적인 경직성과 그만의 패턴이 감소하였다고 보고하였다.

이런 식의 놀이 회기는 계속되었고, 치료자는 엄마에게 Christian의 새로운 모습을 다른 영역으로까지 일반화할 수 있도록 격려하였다. 엄마는 가정에서도 Christian과 별도로 놀이시간을 가졌고, 여기에는 두 명의 형제도 참여시켰으며, 다른 아이들과도 여러 번의 플레이 데이트를 가졌다. 과거보다 훨씬 더 나아졌고 치료자는 Christian의 기술을 강화하기 위해 이러한 노력을 지속적으로 하도록 격려하였다. 원격심리치료가 끝날 무렵, Christian과 엄마는 완전한 상호적인 놀이를 하고 소통하고 있었다. Christian은 모든 가족과 놀이시간과 다른 아이들과의 플레이 데이트를 가졌다. 그리고 치료자와 함께하는 일대일 원격놀이치료에 참여하였다. 또래 상호작용과 놀이기술이 증진하였고, 유연해지고, 통제력이 증가하였다. 부모는 치료자에게 아동의 폭발행동이 거의 멈췄다고 하였다. 치료자는 부모에게 치료 종결 후에도 그동안 배운 놀이기술을 Christian에게 적용하고, 기술을 강화할 수 있는 기회를 더 제공하도록 제안하였다.

결론

Macintyre(2016)는 ASD를 이해하기 위해서 치료자는 신중한 관찰과 내담자의 문제의 원인이 무엇인지 평가한 다음, 적용할 치료방법을 결정해야 한다고 하였다. 치료자들은 개인과의 관계를 맺고 치료과정에 참여하는 방법을 찾기 위해 무수히 많은 전략을 시도해야 할 수도 있다. 치료자는 항상 계획한 치료목표를 잘 달성하고 있는지 확인해야 한다. 원격심리치료는 정신건강의 세계를 위한 새로운 방식이나 개입이 아니다. 그동안 오랜 기간 진행해 왔고, ASD 아동 및 그의 가족에게도 새로운 개념은 아니다. 그러나 그것은 많은 놀이치료자에게는 생소할 수 있고 ASD 아동 치료 접근법의 중요성에 대한 발견일 수 있다.

연구가 발전함에 따라, 이 장에서 강조된 사례와 같은 이점과 증거기반적 자원이 지속적으로 나타난다. ASD 아동의 원격심리치료 관리에 접근하는 데 필요한 요소가 될 수 있으며 경우에 따라서는 필수요소가 될 수도 있다. 발달놀이치료는 ASD 아동들에게 효과적으로 개입하기 위한 프로토콜과 틀을 제공하고, 원격치료에서도 적용할 수 있는 통합놀이치료 접근법이다.

참고문헌

Alkhalifah S., & Aldhalaan, H. (2018). Telehealth services for children with autism spectrum disorders in rural areas of the kingdom of Saudi Arabia: Overview and recommendations. *JMIR Pediatrics and Parent, 1*(2). doi: 10.2196/11402.

Alfuraydan, M., Croxall, J., Hurt, L., Kerr, M., & Brophy, S. (2020). Use of telehealth for facilitating the diagnostic assessment of autism spectrum disorder (ASD): A scoping review. *PLoS ONE, 15*(7). doi: https://doi.org/10.1371/journal. pone.0236415.

Angjellari-Dajci, F., Lawless, W. F., Agarwal, N., Oberleitner, R., Coleman, B., & Kavoossi, M. (2013). Telehealth-based systems for diagnosis, management, and treatment of autism spectrum disorders: Challenges, opportunities, and applications. In M. M. Cruz-Cunha, I. M. Miranda, & P. Gonçalves (Ed.), *Handbook of research on ICTs and management systems for improving efficiency in healthcare and social care* (pp. 1044-1065). IGI Global. http://doi:10.4018/978-1-4666-3990-4.ch055.

Association for Play Therapy (2020). J.5 use of telemental health in play therapy. *Play Therapy Best Practices*. https://cdn.ymaws.com/www.a4pt.org/resource/resmgr/publications =/apt_best_practices_-_june_20.pdf.

Baharav, E., & Reiser, C. (2010). Using telepractice in parent training in early autism. *Telemedicine and e-Health, 16*(6), 727-731.

Barnett, J. E., & Kolmes, K. (2016). Avoiding a disconnect with telemental health. *American Psychological Association, 45*(5), 53-66. https://www.apa.org/monitor/2016/05/ce-corner.

Boisvert, M., Lang, R., Andrianopoulos, M., & Boscardin, M. L. (2010). Telepractice in the assessment and treatment of individuals with autism spectrum disorders: A systematic review. *Developmental Neurorehabilitation, 13*(6), 423-432.

Centers for Disease Control and Prevention (2020). Autism spectrum disorder (ASD). https://www.cdc.gov/ncbddd/autism/index.html.

Ferguson, J., Craig, E. A., & Dounavi, K. (2019). Telehealth as a model for providing behavior analytic interventions to individuals with autism spectrum disorder: A systematic review. *Journal of Autism and Developmental Disorders, 49*(2), 582-616. https://cmps-ezproxy.mnu.edu:2299/10.1007/s10803-018-3724-5.

Goldsmith, T. R., & LeBlanc, L. A. (2004). Use of technology interventions for children with autism. *Journal of Early Intensive Behavior Interventions, 1*(2), 166-178.

Grant, R. J. (2017). *Autplay therapy for children and adolescents on the autism Spectrum: A behavioral play-based approach* (3rd ed.). Routledge.

Grant, R. J. (2020). Telehealth readiness questionnaire. https://www.autplaytherapy.com/resources/.

Grant, R. J., & Tuner-Bumberry, T. (2020). *AutPlay therapy play and social skill groups: A ten session model*. Routledge.

Himle, M. B., Freitag, M., Walther, M., Franklin, S. A., Ely, L., & Woods, D. W. (2012). A randomized pilot trial comparing videoconference versus face-to-face delivery of behavior therapy for childhood tic disorders. *Behavior Research and Therapy, 50*(9), 565-570.

Jang, J., Dixon, D. R., Tarbox, J., Granpeesheh, D., Kornack, J., & de Nocker, Y. (2012). Randomized trial of an eLearning program for training family members of children with autism in the principles and procedures of applied behavior analysis. *Research in Autism Spectrum Disorders, 6*(2), 852-856.

Lindgren, S., Wacker, D., Suess, A., Schieltz, K., Pelzel, K., Kopelman, T., Lee, J., Romani, P., & Waldron, D. (2016). Telehealth and autism: Treating challenging behavior at lower cost. *Pediatrics, 137*(S2), e20152851O.

Macintyre, C. (2016). *Strategies to support children with autism and other complex needs*. Routledge.

Martinelli, K. (2020). Telehealth for kids: What parents need to know about remote mental health treatment. *Child Mind Institute*. https://childmind.org/article/ telehealth-for-kids/.

Nazneen, N., Rozga, A., Smith, C. J., Oberleitner, R., Abowd, G. D., & Arriaga, R. I. (2015, June 17). A novel system for supporting autism diagnosis using home videos: Iterative development and evaluation of system design. *JMIR Mhealth Uhealth, 3*(2). doi: 10.2196/mhealth.4393.

Nelson, E. L., & Patton, S. (2016). Using videoconferencing to deliver individual therapy and pediatric psychology interventions with children and adolescents. *Journal of Child and Adolescent Psychopharmacology, 26*(3), 212-220. https://doi.org/10.1089/cap.2015.002.

Suess, A. N., Romani, P. W., Wacker, D. P., Dyson, S. M., Kuhle, J. K., Lee, J. F., Lindgren, S. D., Kopelman, T. G., Pelzel, K. E., & Waldron, D. B. (2014). Evaluating the treatment fidelity of parents who conduct in-home functional communication training with coaching via telehealth. *Journal of Behavioral Education, 23*, 34-59.

Vismara, L. A., Young, G. S., & Rogers, S. J. (2013a). Telehealth for expanding the reach of early autism training to parents. *Autism Research and Treatment*, Article ID 121878. doi: 10.1155/2012/121878.

Vismara L. A., McCormick, C., Young, G. S., Nadhan, A., & Monlux, K. (2013b). Preliminary findings of a telehealth approach to parent training in autism. *Journal of Autism*

Developmental Disorders, 43(12), 2953-2969. https://doi.org/10.1007/s10803-0131841-8 PMID: 23677382.

Wacker, D. P., Lee, J. F., Padilla, Y. C., Kopelman, T. G., Lindgren, S. D., Kuhle, J., Pelzel, K. E., Dyson, S., Schieltz, K. M., & Waldron, D. B. (2013). Conducting functional communication training via telehealth to reduce the problem behavior of young children with autism. *Journal of Developmental and Physical Disabilities, 25*(1), 35-48.

Wainer, A. L., & Ingersoll, B. R. (2015). Increasing access to an ASD imitation intervention via a telehealth parent training program. *Journal of Autism Developmental Disorders, 45*, 3877-3890.

제9장

학교에서의 원격놀이치료

Sonia Murray

놀이치료의 윤리적 고려사항 중 하나는 제공되는 서비스의 핵심에 늘 아동을 위한 최선의 이익을 두는 것이다. 2019년 COVID-19 팬데믹이 닥치자 갑자기 많은 놀이치료자가 아동을 직접 만나서 치료를 제공하는 것이 불가능했다. 아동과의 치료과정 중단을 최소화하기 위해 다른 선택과 방법을 고려할 필요가 있었다. 오랜 세월 동안 존재해 온 방법인 원격심리치료는 많은 놀이치료자가 선택할 수 있는 대안 중 하나였다. 이전에는 제한적으로만 사용됐지만, COVID-19 발병 이후 유의미할 정도로 많이 활용되기 시작했다. 이 장에서는 학교 환경 내에서 원격놀이치료를 세팅하고 제공한 저자의 경험을 소개할 것이다. 학교 환경에서 원격놀이치료를 사용하는 윤리적 · 법적 문제를 살펴보고, 놀이치료가 최대한 효과적일 수 있도록 탄탄한 근거를 제공하는 데 필요한 절차를 심도 있게 살펴볼 예정이다. 저자가 지금까지 학교 내에서 실시한 원격놀이치료 사례가 몇 안 되지만, 이 짧은 시간 안에 배운 몇 가지 교훈을 종합해 소개할 것이다.

원격놀이치료는 자격증을 가진 놀이치료자가 본인과 다른 장소에 있는 개인에게 놀이치료를 제공하기 위해 관련 규정을 준수하는 전자정보통신기술

(비디오와 오디오 기술 포함)을 사용하는 것을 포함한다. 이 장에서 논의되는 치료 접근방법은 아동중심의 인본주의적 통합 접근으로, 학교 환경 내에서 원격 심리치료를 수행하는 복잡성에 강조점을 둘 것이다. 2020년 3월 영국 교육부(Department for Education, 2020a)는 초기 국가적 봉쇄 조치에도 불구하고 아동의 부모나 보호자가 'COVID-19 대응에 필수적인 인력'인 경우 해당 아동을 취약 대상으로 간주하고 학교를 개방해야 한다고 규정하였다. 이 때문에 학교에서 원격심리치료를 제공하는 것이 가능했다. COVID-19 발병 시 취약한 아동과 청소년 지원에 대한 교육관계자와 다른 관계자를 위한 지침을 제공하는 교육부(Department for Education: DFE, 2020b)에 따르면 취약한 아동은 다음과 같이 정의된다.

- 「아동법(Children Act)」(Legistation.gov.uk, 1989) 제17조에 따라 평가되는데, 아동 혹은 '보호나 지원이 필요한 아동' '아동보호계획' '보호 중인 아동'을 둔 젊은 사람과 같이 지원이 필요한 사람을 포함한다.
- 교육, 건강 및 관리(Education, Health and Care: EHC) 계획을 가지고 있고, 위험 평가 후 이들의 요구가 교육환경에서 안전하게 충족될 수 있는지를 결정한다.
- 교육제공자 혹은 지역 당국(아동 사회복지 서비스 포함)이 취약하다고 평가하고 지속적인 학교 출석으로 이익을 얻을 수 있는 사람을 포함한다. 여기에는 아동, 아동을 대상으로 한 사회복지 서비스의 지원을 받는 데 있어 경계에 있는 청년, 입양된 아동, NEET[고용, 교육 또는 직업훈련을 받고 있지 않은 사람(not in employment, education, or training)]가 될 위험에 있는 사람, 임시 숙소에 거주하는 사람, 젊은 부모나 보호자인 사람, 지방 당국의 재량에 따라 결정되는 사람을 포함한다.

원격의료는 20년 동안 존재했고, 내담자의 서비스에 대한 접근성을 높이는 데 사용되었다(American Telemedicine Association, 2009). 학교에서의 원격의료는 주로 신체건강 서비스를 제공하기 위해 2000년대 초부터 이용됐으나, 행동 및 정신건강 분야에서도 점차 더 많이 사용되었고, 그 효과성이 입증되었다(Stephan et al., 2016). 그러다가 고해상도 웹캠의 기술적 진보, 향상된 인터넷 속도, 화상회의 장비에 대한 더 많은 사람의 접근성이 좋아짐에 따라, 원격의료가 점점 더 많은 인기를 얻었다. COVID-19 팬데믹이 세계에 영향을 미쳤을 때 원격의료가 더 대두되었고, 많은 아동과 가족에게 놀이치료를 제공하는 대안적인 방법이 되었다. 봉쇄 조치 지침이 변경될 때까지 다른 치료들이 잠시 중단되었던 반면, 원격의료 서비스는 놀이치료 서비스가 계속 제공될 수 있도록 하였다.

이 장에서 소개하는 내용을 더 잘 이해할 수 있도록, 영국의 학교에서는 놀이치료가 어떻게 제공되는지 설명하려고 한다. 놀이치료는 1990년대 초부터 영국의 학교에서 활용되었다. 놀이치료는 교육부(2016)가 학교 내에서 아동과 청소년에게 제공하는 상담으로 인정하는 상담 형태 중 하나로, 영국 학교의 60% 이상이 어떤 형태로든 상담 서비스를 제공하고 있다(Harland et al., 2015). 현재 영국에 등록된 놀이치료자들은 세 가지 방법으로 학교에서 놀이치료를 제공한다. ① 학교에 직접 고용되거나, ② 특정 사례나 여러 사례에 놀이치료를 제공하기 위해 학교로부터 위탁받은 자영업자(self-employed)이거나, ③ 학교에서 위탁한 기관을 통해 학교에서 놀이치료를 제공하는 경우이다. 마지막 경우는, 자영업자 놀이치료자와 유사하나 기관이 계약을 관장하고 사례의 적합성을 판단한다. 세 가지 방식 모두 장단점이 있다. 일반적으로 가장 안정적인 형태는 학교에 고용되는 것이나 이런 경우는 많지 않다.

Murray는 "학교에서 놀이치료를 제공하는 것은 자연스럽고 안전한 선택으로 인식될 수 있지만, 치료과정에 영향을 미칠 수 있는 여러 도전이 있다"고 언급했다(2019. p. 165). 더욱이 원격심리치료와 함께 극복해야 할 더 많은 도전이 있는데, 여기에는 학교에서의 기술 장비 사용, 학교라는 바쁜 환경, 제한된 공간, 직원 가용성, 비밀보장 등이 포함된다.

학교에서 놀이치료를 제공하는 것은 많은 아동에게 접근성을 높인다. 지리적 상황, 부모의 접근성, 그리고 아동이 일반적으로 일주일에 5일 학교에 있는 상황으로 인해, 학교에서 놀이치료를 받게 되면 치료에 대한 접근성을 저해하는 장벽이 감소한다. 게다가 학교는 아동이 편안함을 느끼는 장소이고 치료를 받는 것과 관련하여 있을 수 있는 잠재적 편견을 줄일 수 있다. 학교 관점에서는 학교에서 서비스를 제공하는 것이 학생의 학습권을 보장하는 방법이기도 하다. 학교 밖에서 놀이치료를 받는 아동의 경우 오전 내내 학교에 출석할 수 없다는 것을 의미할 수 있지만, 학교 내에서 치료가 제공되면 일반적으로 1시간 미만의 시간 동안만 교실을 벗어나면 된다. 또한 학교 내에서 치료가 이뤄지면 치료에 오지 않아 생기는 치료과정의 중단을 최소화할 수 있다.

학교에서 놀이치료를 제공하는 데 있어 일부 도전은 학교가 바쁜 곳이면서도 아동의 학습 잠재력 성취가 강조되는 곳이라는 점이다. 이것은 때때로 교육적이기보다는 반성적이기를 강조하는 치료의 강조점과 대조되는 것으로 인식될 수 있다. 그러나 근본적으로 둘 다 아동이 본인의 잠재력을 최대한 발휘할 수 있도록 돕고자 한다는 점에서 공통점이 있다. 다른 도전들은 학교에 공간이 부족하다는 점, 아동이 놀이치료를 받으러 가는 것을 누군가 볼 수 있어 온전한 비밀보장이 어렵다는 점, 치료자를 선생님으로 인식할 수 있다는 점, 다른 학생이 놀이치료에 참여하게 되면 이들이 서로에게 영향을 미칠 수 있다는 점 등이다. 이에 대해 다음에서 더 자세히 탐색할 것이다.

학교에서 원격심리치료를 하는 놀이치료자

어떤 유형의 놀이치료이든 초기 시작점은 놀이치료자이고, 이 사실은 우리 모두 팬데믹의 시대를 살고 있을 때 더 중요하다. 윤리적 고려사항 중 하나는 놀이치료자가 "교육, 훈련, 슈퍼비전 경험, 자문, 연구, 전문적 경험을 바탕으로" 자신의 역량 수준 내에서 치료를 진행할 필요가 있다는 점이다(Joint Task Force for the Development of Telepsychology Guidelines for Psychologists, 2013, p. 793). 놀이치료자는 원격놀이치료를 고려하기 전, 자신의 임상에 기본적인 놀이치료 방법론을 충분히 녹여 낼 수 있어야 한다. 원격놀이치료자는 원격놀이치료를 활용하는 데 필요한 전자기술과 해당 전자기술을 사용하는 데 필요한 지식과 경험을 갖춰 원격으로 치료를 진행할 때 자신감을 보여 줘야 한다. 게다가 놀이치료자는 부모와 교직원들에게 전자기술을 설정하고 관리하는 방법에 대해 교육할 수 있어야 한다. 또 다른 고려사항은 전자기술이 아동에게 미치는 잠재적 영향을 놀이치료자가 이해하는 것이다.

놀이치료자는 학교의 행정적 관행과 절차를 명확하게 이해하고 있어야 한다(Murray, 2019). 학교마다 분위기가 다르고 이것이 학교와 교직원들이 놀이치료를 어떻게 바라보는지에 영향을 미칠 수 있기 때문에, 놀이치료자는 개별 학교의 문화를 인식할 필요가 있다. 이는 놀이치료자가 원격으로 일하게 되면 복도를 걷거나 교무실로 들어가는 것처럼 교직원들과 관계를 우연히 맺을 기회를 얻지 못하기 때문에 훨씬 중요하다. 놀이치료자는 교직원과의 관계를 형성하기 위해 정기적인 검토회의를 고려할 필요가 있다.

또 다른 복잡한 요소는 영국의 학교들이 다양한 화상회의 플랫폼을 사용하고 있으며 학교에서 선택한 플랫폼을 사용해야 한다고 놀이치료자에게 요구할 수 있다는 점이다. 따라서 놀이치료자는 Zoom, Google Meet, Microsoft Teams, Blue Jeans 등 여러 플랫폼을 사용할 수 있어야 한다. 원격심리치료 플랫폼 사용에 관한 요구사항은 국가마다 다르다는 것을 알고 있어야 한다. 게다가 각 플랫폼의 개인정보 및 보안 정책을 평가하여 해당 플랫폼이 놀이치료자와 거주 국가의 데이터 보호 요건을 충족하는지 확인해야 한다. 영국에서 놀이치료자는 「유럽연합 일반 개인정보 보호법(European General Data Protection Regulations: GDPR)」을 따를 의무가 있는데, 이에 따르면 놀이치료자는 데이터가 왜 수집되는지, 데이터가 어떻게 저장되고 보호되며 어떻게 그리고 언제 삭제되는지, 누가 접근을 요청하고 어떤 상황에서 보호될 것인지에 대한 정보를 내담자에게 제공해야 한다. 이러한 내용은 가족 및 학교와 계약할 때 반영될 필요가 있다.

학교에서 대면으로 진행하는 치료와 마찬가지로, 아동보호 절차를 명확하게 하는 것은 필수적이다. 영국에서는 모든 학교가 Designated Safeguarding Lead(DSL)를 두는 것이 필수적이므로 놀이치료자는 DSL이 누구인지와 학교의 보호 절차를 알아야 한다. Murray는 "(이해할 수 있는 수준에서) 아동을 포함한 모든 당사자와 아동에 대한 놀이치료자의 보호 역할에 대해 명확하게 소통하는 것이 중요하다"라고 말했다(2019, p. 170). 만약 아동과의 원격놀이치료 시간에 아동보호 관련 문제가 제기되면, 놀이치료자는 대면 치료에서 하는 것처럼 대응할 것이다.

놀이치료자는 방학, 공휴일이나 학교 휴교일이 치료과정에 미칠 영향을 고려할 필요가 있다. 대개 학교 건물이 문을 닫고 교직원도 일하지 않기 때문에 학교에서의 원격심리치료도 일시적으로 중단되어야 한다. 아동이 일시적인 치료 중단을 준비하는 것을 포함하여 연휴 동안 엽서를 보내거나 방학 전 마지막 시간에 비스킷이나 쿠키를 장식하는 등 작은 기념 의식을 가지는 등 치료적 연결을 유지하기 위한 여러 전략을 실행해 볼 수 있다.

학교

학교는 매일 많은 변화가 일어나는 바쁜 환경인데 특히 현재의 팬데믹 상황에서는 더 그렇다. Murray가 『Play Therapy in Schools』(2019) 책의 한 장에서 설명한 고려사항과 유사하게 학교에서 원격놀이치료를 하기 전에 학교 관계자와 함께 많은 요소를 탐색할 필요가 있다. 첫째, 학교는 원격놀이치료에 대해 명확한 정보를 가져야 하고 이 서비스에 대해 교장, 이사회 및 학교 재단의 동의를 받아야 한다. 영국에서는 대부분의 학교가 학교의 비전, 철학, 전략적 방향을 결정하고 감독하는 독립적인 자치 조직이 있다. 이러한 리더십을 가진 조직은 예산이 적절히 쓰이도록 책임을 지고 관리감독하는데, 전반적인 목적은 교육 수준을 높이고 교육의 질을 향상하는 것이다. 학부모, 학교, 이사회가 우려하는 한 가지 점은 화상회의 플랫폼의 보안을 보장하는 것이다. 따라서 놀이치료자는 대기실 및 접속을 위한 비밀번호 설정, 다른 사람들의 접근을 막기 위해 암호화된 이메일이나 문자를 통해 초대 관련 정보를 치료 회기가 있는 당일 전송하는 것과 같이 원격놀이치료 시간을 보호하기 위해 어떤 조처를 하는지에 대한 정보를 제공해야 한다.

또 다른 딜레마는 누가 원격놀이치료 시간을 지원할 것인가이다. 교직원들은 치료 시간 동안 아동을 지원하기 위해 오는 것이 대개는 어렵다. 그러나 원격놀이치료를 하기 위해서는 치료 시간을 지원하기 위해 지정된 교직원이 있어야 한다. 이상적으로는 동일한 사람이거나 아동과 긍정적 동맹관계를 맺고 있는 누군가이면 바람직하지만, 불행히도 현재 상황에서 이것은 불가능할 수 있다. 하지만 배정된 교직원은 기술 장비를 세팅하고 필요한 경우 아동을 정서적으로 지원하는 방법에 대해 알아야 한다. 또한 이 교직원은 치료 시간 및 치료 시간 전후 10분 동안 해당 장소에 물리적으로 상주하고 필요시 치료 시간 동안 치료자와 전화 통화를 할 수 있어야 하고, 치료실에 아동만 있는지 확인하기 위해 노트북, 태블릿 등으로 '방 둘러보기(room scan)'를 수행하는 데 동의해야 한다. 화상회의 플랫폼이 잘 작동하는지, 학교의 인터넷 보안 시스템이 화상회의 플랫폼을 차단하지 않는지 확인하고 치료 시간을 지원하는데 교직원이 자신감을 가질 수 있도록 치료 전 화상회의 플랫폼 접속을 미리 점검하는 것은 필수적이다. 치료 시간 동안 접속이 끊어지면 어떻게 할 것인지에 대한 계획이 놀이치료자, 교직원, 아동 간에 미리 합의되어야 한다.

대면 치료와 마찬가지로, 아동이 원격놀이치료 시간에 조절이 안 되거나 정서적 스트레스를 받을 경우 아동을 지원하기 위해 무엇이 필요한지를 고려해야 한다. 자연스럽게 놀이치료자는 아동이 조절하는 것을 돕기 위해 치료적 반응을 사용할 테지만 때때로 이것으로는 충분하지 않을 수 있다. 저자는 사회적·정서적·정신건강·행동적 어려움을 겪는 아동이 다니는 전문학교에서 놀이치료를 제공한 적이 있는데, 이 아동들은 종종 정서적·행동적 반응을 조절하는 데 어려움을 겪었다. 따라서 사례마다 신중한 위험 평가가 시행되고, 필요한 경우 아동을 지원하기 위해 놀이치료실 근처에 참여가 가능한 다른 교직원이 상주해야 한다. 학교에서 시행되는 원격놀이치료에도 동일한 고려사항이 적용되는 것이 필요하다. 배정된 교직원은 요청 시 언제든지 치료 시간에 참여할 수 있어야 한다. 치료가 시작되기 전, 놀이치료자와 배정된 교직원은 아동이 조절되지 않아 교직원이 치료실에 들어가야 할 때 무엇을 할 것인지에 대한 계획과 명확한 절차에 상호 합의해야 한다. 아동에 따라 교직원을 데리고 올지 아동에게 직접 물어보는 것이 적절할 수 있는데, 이것만으로도 아동이 본인을 조절하는 데 충분할 수 있기 때문이다. 하지만 이것이 아동의 두려움이나 수치심을 더 심화시켜 상황을 악화시킬 수도 있다. 그러므로 화상회의가 잘 진행되지 않고 있는 것처럼 가장하여 아동에게 교직원에게 도움을 요청해 달라고 하는 것이 적절할 수도 있다. 아니면 놀이치료자가 교직원에게 전화하여 치료실로 들어와 달라고 요청하는 것이 더 적절할 수 있다. 다시 말하면, 도움이 필요한 이유에 대해 솔직하게 아동과 얘기하는 경우와 장비에 대한 어려움이 발생한 것처럼 가장하는 경우 중 무엇을 선택할지는 아동의 잠재적 반응을 고려하여 결정해야 한다. 교직원이 치료실에 도착하면 놀이치료자는 교직원이 무엇을 해야 하는지를 사전에 명확하게 소통하고 합의한 대로 요청한다. 예를 들어, 아동이 진정되기 시작하면 놀이치료자는 "괜찮아요. 이제 장비가 다시 잘 작동하는 것 같아요."라고 교직원에게 말할 수 있다. 또는 성인의 도움이 아동에게 여전히 필요할 경우 놀이치료자는 아동이 좀 더 조절될 때까지 교직원이 치료실에 머물러 아동과 잠시 노는 것을 요청할 수도 있다. 아동이 정서적으로 더욱 괴로워한다면 대면 치료에서 하는 것처럼 다른 방법을 고려할 필요가 있다.

학교에서 시행되는 대면 놀이치료와 마찬가지로, 안정된 인터넷 연결과 컴퓨터 장비를 갖추고, 비밀이 보장되며 일관되게 사용할 수 있는 공간을 확보해야 한다. 아동이 자신의 어려움을 탐색하기 시작할 수 있을 정도로 안전하다고 느낄 수 있는 공간이어야 하고, 방해받지 않고 다른 사람이 엿들을 수 없는 사적인 곳이어야 한다(British Association of Play Therapists: BAPT, 핵심역량 29)(Ayling et al., 2019, p. 290). '방해하지 마세요'라는 표지판을 문 앞에 걸어 놓거나 다른 사람이 엿듣지 못하도록 문 근처에 백색 소음기를 설치하는 등 아동이 치료받는 동안 가장 적합한 공간과 그 공간을 보호하기 위해 수행해야 할 점들을 확인하기 위해 세심한 논의와 합의가 필요하다. 문제는 아동보호 정책의 일환으로 많은 학교에서 문이 닫힌 방에 실무자가 아이와 단둘이서 있는 것을 금하는 지침을 가지고 있다는 것이다. 게다가 많은 학교는 칸막이 유리창이 있는 문을 설치하였다. 이것은 비밀보장 문제와 관련하여 학교에서 일하는 놀이치료자들에게 도전이 된다. 이를 극복하기 위해 상단 20cm를 제외하고 칸막이 유리창을 덮기로 학교와 학부모와 합의했다. 효과적인 놀이치료를 위한 치료과정, 비밀보장의 중요성, 방해받지 않은 공간의 필요성 등을 설명하기 위해 모든 교직원과의 만남이 이뤄졌다. 다른 고려사항으로는 아이가 움직일 수 있는 충분한 공간인지 확인하고, 부서질 수 있는 물건을 방에서 치우고 치료에 필요한 물품을 방에 두는 것을 포함한다. 학교에서 시행하는 대면 놀이치료와 원격놀이치료 간 추가적인 차이점은 대면 회기에서는 놀이치료자가 매주 필요한 물품을 가져가지만 원격서비스에서는 이것이 불가능하다는 점이다. 따라서 놀이치료자는 학교와 함께 아동 개개인을 위한 놀이 키트를 제공하고 이 놀잇감들을 학교에 두어야 한다. 일반적으로 놀이치료자가 놀잇감을 관리하기 때문에 이러한 방식은 고려해야 할 많은 복잡성을 야기한다. 따라서 놀이치료자는 배정된 교직원에게 놀잇감을 안전하게 관리하는 것의 중요성을 교육하고 학교 수업에 사용되지 않도록 모든 학교 교직원에게도 알려야 한다. 또한 대면 놀이치료에서 제공하는 것처럼 아동의 예측 가능성을 보장하기 위해 매주 동일한 방식으로 치료실이 세팅되어야 한다는 점을 배정된 교직원에게 교육해야 한다. 학교는 늘 공간이 부족한데 물건들이 가능한 어딘가에 보관되어야 하므로, 배정된 놀이치료실에 여분의 물품이 보관될 수 있다. 이러한 상황에서 치료를 진행하고 놀이치료 공간을 정의하기 위해 저자는 놀이 키트와 함께 놀이 매트를 같이 제공한다. 배정된 교직원이 치료실과 치료 공간의 배치를 기억하는 데 도움이 되도록 치료를 시작하기 전 공간의 사진을 찍도록 요청하는 것도 권장된다.

일반적으로, 놀이치료자가 아동이 만든 창작물을 보호하고 놀이 공간을 정돈하기 때문에 비밀보장이 가능하나 다시금 이것은 원격으로 진행되는 치료에서는 가능하지 않다. 따라서 누가 치료실을 정리할 것인지 아동이 만든 것을 어디에 안전하게 보관할 것인지를 아동 및 배정된 교직원과 함께 이야기 나누는 것이 중요하다. 다행스럽게도, 놀이치료에서의 놀이와 창작물의 특성은 종종 상징적이기 때문에 이것이 아동에게 무엇을 의미하는지는 아동들만 알고 있어 비밀을 좀 더 보장하게 된다.

아동

대면 놀이치료에서와 마찬가지로, 사례별로 세심한 배려가 필요하고, 지금 당장 이 아동에게 원격놀이치료가 적합한지도 고려해야 한다. 따라서 치료를 시작할 때나 아동이 대면 놀이치료에서 원격놀이치료로 전환하는 경우 접수면접을 시행하는 것이 필요하다. 아동이 치료과정에 참여할 수 있는 정서적 에너지가 현재 있는지에 대한 고려가 필요하다. 원격놀이치료를 하게 되면 놀이치료자가 치료 공간에 같이 있지 못하게 되므로 다음과 같은 고려사항이 필요하다. 아동이 놀이에 참여할 수 있는 충분한 놀이기술을 가졌는지, 아동이 치료 시간 동안 정서적으로 조절되지 않을 때 이를 돕기 위해 참여하게 되는 교직원과 긍정적인 협력관계를 가졌는지, 화면에서 자신을 보는 것에 대해 아동이 어떻게 느끼는지 등이다.

저자와 함께 놀이치료에 참여했던 많은 아동은 초기 대인관계 발달 복합 외상을 경험하였기 때문에 놀이하는 모험을 할 만큼 안전한 상태에 있지 않았다(Murray, 2021). 대면으로 진행하는 놀이치료는 아동이 자신의 놀이기술을 발달시킬 수 있는 이상적인 환경을 제공하는데, 아동중심적 치료접근 내에서 탐색의 자유를 가질 수 있고 놀이치료자가 놀이하는 것을 관찰할 수 있기 때문이다(Murray, 2021). 이런 맥락에서 놀이치료자가 놀이하는 것을 아동이 볼 수 없는 원격놀이치료는 제한점이 있을 수 있다. 이를 해결하기 위해 놀이치료자는 아동과 유사한 놀잇감을 가지고 있다가 아동이 요청하면 놀이를 똑같이 따라할(mirroring) 수 있다. 아동이 놀이치료자가 있는 공간을 보는 것이 항상 가능한 것은 아니기 때문에 놀이치료자가 아동과 비슷한 놀잇감을 가지고 있다는 것을 알려 주어야 한다. 대면 놀이치료에서 아동이 보는 것과 같은 상황을 재연하기 위해 놀이치료자가 노는 것을 계속해서 촬영하는 두 번째 카메라가 있는 것이 도움이 될 수 있다. 또한 치료과정에 대한 정보를 제공하기 위해 치료를 시작하기 전, 모든 관련자로부터 아동의 놀이 기술이나 수준에 대한 정보를 최대한 수집하는 것이 중요하다.

원격놀이치료는 아동이 자신을 볼 수 없는 대면 놀이치료와는 다르다. 따라서 원격치료를 시작하기 전, 이런 상황이 미치는 영향을 아동과 함께 탐색하는 것이 필요하다. 어떤 사람들에게는 화면에서 자신을 보는 것이 불편한 감정을 일으킬 수 있는데, 자신을 별로라고 보거나 자기 얼굴이 중요한 사람을 떠올리게 하기 때문이다. 일부 플랫폼에서는 내 화면 보기를 최소화해서 이런 영향을 줄일 수 있다.

가족

학교에서 시행되는 대면 놀이치료처럼 학교에서 시행하는 원격놀이치료에 부모나 보호자를 참여시키는 것은 매우 중요하다. Murray(2019)가 언급하였듯, 제한된 접촉으로 인해 부모가 치료에 덜 연결되어 있다고 느낄 수 있어 학교에서 시행하는 놀이치료에 부모나 보호자를 참여시키는 것은 중요하다. 부모나 보호자는 원격놀이치료 접근이 아동에게 적합한지에 관한 결정을 내릴 수 있어야 하므로, 놀이치료 그리고 이 접근이 학교에서 어떻게 시행되는지에 대한 구체적인 정보를 제공받아야 한다. 원격놀이치료가 어떻게 진행되는지를 부모나 보호자가 명확하게 이해할 수 있도록 시연을 하는 것이 도움이 될 수 있다. 아동에 대한 친권 혹은 양육권을 가진 보호자의 사전 동의를 얻는 것이 필수적이고 상담동의서는 대면 놀이치료에서 고려되는 것에 더해 원격놀이치료에서의 차이점이 반영되어야 한다. 부모 혹은 보호자와의 연결성이 부족할 가능성이 크기 때문에 부모나 보호자와 정기적인 면담을 계획하여 아동을 추가적으로 지원하는 것이 중요하다. 저자가 학교에서 놀이치료와 원격놀이치료를 시행할 때, 자녀를 치료 시간에 데려오기 위해 다른 자녀를 돌봐 줄 사람을 찾아야 하거나 치료 회기에 오기 위해 발생하는 재정적 부담 혹은 직장에 휴가나 연차를 활용해야 하는 시간적 부담을 줄였다고 하는 부모들의 보고를 접하기도 하였다.

연구

현시점에서는 학교에서의 원격놀이치료에 관한 연구가 매우 제한적이기 때문에 시급하게 연구가 필요한 분야이다. 원격의료의 효과성에 관한 70개의 연구를 개관한 연구(Hilty et al., 2013)를 포함해 원격의료에 관한 연구가 수행되기는 하였다. 원격의료 서비스는 효과적이었고, 신체적, 심리적 거리로 인해 일부 내담자에게는 대면 서비스보다 더 효과적으로 나타났다. 학교 원격의료 관련 문헌과 다양한 프로그램에 대한 개관연구에 따르면, 원격의료를 통해 진단 가능한 장애가 없는 학생을 포함하여 더 많은 학생이 서비스를 받을 가능성과 효율성이 높아졌고, 서비스에 대한 접근성이 증가했다고 보고되었다(Stephan et al., 2016; Carton et al., 1998). 이는 "96%의 학생들이 학교 정신건강 서비스를 이용한 반면, 13%의 학생만이 지역건강 서비스를 이용하였다"고 보고한 Carton 등(1998)의 보고를 지지하는 결과이다. 또한 학교에서의 원격의료 서비스가 "자문과 의료관리 제공자와 수혜자 모두에게 좋은 평가를 받았다"고 보고되기도 하였다(Stephan et al., 2016, p. 270). 이것은 저자 또한 학교에서 시행한 대면 놀이치료와 원격놀이치료 모두에서 경험한 것이다.

사례

첫 번째 사례

다음 사례를 통해 학교에서 원격놀이치료를 세팅하는 과정을 설명하려고 한다. 아동의 익명성을 보호하기 위해 정보와 자료를 의도적으로 변경하였다.

Toby는 COVID-19 전국 봉쇄 전부터 놀이치료자의 치료실에서 대면 놀이치료를 받고 있었다. Toby는 대부분 몸을 사용하는 놀이를 하였고 가장 중요한 주제는 이기고자 하는 아동의 욕구였다. Toby의 집에서 놀이치료를 하는 경우 비밀보장이 어려웠기 때문에, 봉쇄가 다가오면서 저자는 학교에서 원격놀이치료를 하는 선택지를 학교와 논의하였다. 원격놀이치료에 대해 Toby의 부모 및 학교와 충분히 토의하였고, 부모와 학교는 이에 대해 고려할 시간을 가졌다. 학교가 이사회의 승인을 구하는 동안 Toby의 부모는 Toby와 이에 관해 이야기 나눴다. 놀이치료자는 무엇이 필요한지에 대해 자세한 정보를 제공하였다. 학교와의 화상회의에서 놀이치료자는 합의될 때까지 여러 가능한 치료실 환경을 보여 주었다. 전국 봉쇄 전날, 놀이치료자는 Toby를 위한 작은 놀이 키트와 치료 공간을 표시할 매트를 학교에 전달하였다.

Toby 교실에 있는 수업보조 선생님이 원격놀이치료를 지원할 사람으로 배정되었다. 놀이치료자는 원격놀이치료에 대해 수업보조 선생님을 교육하고 그 기술이 어떻게 작동하는지 확인하는 데 시간을 보냈다. 원격놀이치료를 시행할 준비가 다 되었지만 시작되지 못하였다. 학교에 다니다가 취약한 가족구성원에게 바이러스를 전염시킬 가능성을 우려하여 Toby가 학교를 나오지 않게 되었기 때문이다. 이 때문에 안타깝게도 놀이치료가 3개월간 중단되었다.

Toby가 다시 등교하게 되면서 원격놀이치료가 시작되었다. 놀이치료가 다시 시작되는 것에 대해 Toby는 무척 기뻐하였다. 첫 번째 시간에 Toby는 놀이 키트를 탐색하고 치료자의 것과 동일한지 비교하며 이를 확인하였다. 게다가 Toby는 치료자가 있는 공간을 보고 싶어 했기 때문에 놀이치료자는 카메라로 공간을 보여 주었다. 또한 Toby는 치료자가 있는 곳에 다른 사람이 있는지도 알고 싶어 했다. Toby는 자신이 있는 치료실이 어떠한지, 자신의 교실을 기준으로 치료실이 어디 있는지 치료자에게 알려 주었다.

Toby는 이전보다 몸을 덜 사용하면서 놀았는데 이것은 아마 매트 위의 공간이 제한적이기 때문이거나, 몸놀이가 학교에서는 허용되지 않는다는 규칙을 알았거나, 이제 더 이상 신체 에너지의 방출이 필요하지 않기 때문이었을 수 있다. 이기는 것에 대한 주제가 다시 나타났지만, 카드나 이야기 카드로 게임을 만들어 내는 형태로 나타났다. 놀이치료자는 아동의 주도를 따라갔는데 놀이치료자가 이길 수 있는 선택지는 없었다. 회기가 진행됨에 따라, 게임을 발명하는 Toby의 창의성이 발달하였고 놀이치료자와 좀 더 협력적으로 놀기를 원했다. Toby는 〈Rory's Story Cubes〉[1]를 가지고 놀기 시작하였고, Toby와 치료자는 각각 한 세트씩 가지고 있었다. Toby와 놀이치료자는 큐브를 가지고 교대로 이야기를 같이 만들거나 다른 사람이 가진 큐브를 추측해 보았고 상대방이 볼 수 있도록 서로의 큐브를 보여 주었다. 시간이 갈수록 상상력이 더욱 풍부한 이야기가 만들어졌고 놀이가 공평해졌으며 Toby는 점차 지는 것을 견딜 수 있을 뿐 아니라 져도 웃을 수 있게 되었다. 동시에 Toby는 자기 능력에 대한 자신감과 믿음이 높아졌고 이는 Toby의 학업성취에 반영되기 시작했다. Toby와의 치료는 계속 진행 중이다.

두 번째 사례

John은 어린 시절에 복합 외상을 경험하였으나 지금은 안전한 환경에 있다. John은 내적 안정감이 부족하고 주기적으로 위협을 지각했으며 대개 과각성되어 있는데, 특히 소리와 움직임에 극도로 예민하였다. 놀이치료실에서 이러한 모습이 뚜렷하게 관찰되었으나 시간이 지나면서 줄어들었다. 하지만 학교에서 시행하는 원격놀이치료로 변경되면서 John의 과각성은 더욱 악화되었다. 학교는 분주하고 시끄러운 장소였기 때문에 John은 원격놀이치료 시간 동안 조절하는 데 어려움을 겪었고 치료실 밖의 소리나 움직임을 계속해서 확인하였다. 더욱이 이렇게 주의가 분산되는 것은 John이 치료실 밖에 있는 아이들의 행동에 관여하려는 시도로 이어졌는데, John은 다른 학생들이 학교의 규칙을 따르지 않는다고 생각했기 때문이다. 이는 John이 치료과정에 집중하고 참여하는 능력에 악영향을 미쳤다. 교직원과 논의한 결과, 원격놀이치료 시간이 쉬는 시간과 겹친 데다 치료실이 외부 출구와 화장실 근처에 위치해 있어 치료 시간을 변경하기로 합의하였다. 또한 문의 유리 칸막이를 조정하여 밖

---

1) 역자 주: 플레이어들이 교대로 주사위처럼 생긴 큐브 9개를 던져 나온 상징을 이용해 기승전결이 있는 이야기를 만드는 게임(https://www.storycubes.com/en/)

의 움직임이 덜 보일 수 있도록 하였다. 이러한 조정과 치료 시간의 예측 가능성으로 인해 John은 치료 공간에 점차 익숙해지기 시작하였다. John은 긴장을 풀고 치료 공간에서 안정감을 느끼며 치료과정에 참여하기 시작하였다.

세 번째 사례

원격놀이치료는 대면치료와 비슷한 경험을 제공할 뿐 아니라 일부 아동은 대면 놀이치료보다 훨씬 안전하다고 느낀다. 저자가 경험한 많은 아동은 대인관계 발달 복합외상과 심각한 애착 장애를 경험하였다. 이런 아동에게는 치료실에 누군가와 같이 있는 것 자체가 잠재적인 위협일 수 있기 때문에, 원격놀이치료는 이러한 잠재적 위험을 줄일 수 있다. 이는 학교에서 원격놀이치료를 받은 Hana에게서 명백히 관찰되었다. 대면치료 동안 Hana의 가장 우선시되는 욕구는 놀이치료자를 기쁘게 하는 것이었고 Hana는 놀이치료자가 원한다고 생각하는 대로 행동하고 말하였다. Hana는 놀이 혹은 말로 자기 경험을 탐색하는 것을 경계하였다. 그러나 학교는 Hana에게 안전한 장소였고 놀이치료자가 방에 같이 있지 않자 더 자유롭게 느끼게 되면서 Hana는 대인관계 외상에 대한 경험을 탐색할 수 있게 되었다. 이 과정에서 놀이치료자는 놀이의 목격자였고 치료자가 방해하지 않는 한, 심리적 외상에 대한 탐색은 계속되었다. 어떠한 반영이나 토의도 너무 압도적이어서 놀이붕괴가 나타났다. Hana는 자신을 조절하기 위해 예술 활동을 시작하였다. 놀이치료자가 목격자의 역할을 하는 한, Hana는 심리적 외상 놀이를 지속하고 해결책을 찾을 것이다.

결론

세계적인 팬데믹으로 인해 놀이치료자는 놀이치료를 하는 다른 방법을 찾아야 했다. 현재 이용할 수 있는 기술을 활용한 원격놀이치료는 놀이치료를 계속할 수 있는 플랫폼을 제공하였다. 집에서 원격놀이치료를 하는 것이 어떤 아동에게는 적절하지 않기 때문에 이 장에서는 학교에서 원격놀이치료가 어떻게 시행될 수 있는지 알아보았다. 학교에서 원격놀이치료를 시행하는 것의 일부 이점과 복잡성을 다루고 이를 가능하게 하기 위한 몇 가지 전략을 논의하였다. 그동안 여러 시행착오와 배움이 있었지만 가장 위대한 선생님은 아동들이었다. 아동들은 무엇이 필요한지 보여 주었고, 이에 대해 유연하고 개방적이며 기꺼이 시도하였다. 무엇을 발달시켜야 하는지를 이해하는 아동의 능력은 항상 저자에게 깊은 인상을 주고 전달되는 방식이 무엇이든지 놀이의 치료적 힘과 치료관계를 신뢰하는 것이 중요하다는 점을 우리에게 상기시킨다.

참고문헌

American Telemedicine Association (2009, July). https://www.unmc.edu/bhecn/_documents/evidence-based-telemental-health-with-cover.pdf. https://www.unmc.edu/ bhecn/_documents/evidence-based-telemental-health-with-cover.pdf

Ayling, P., Armstrong, H., & Gordon Clark, L. (2019). *Becoming and Being a Play Therapist*. Routledge.

Carton T., Harris V. S., & Weiss B. (1998). Posttreatment results after 2 years of services in the Vanderbilt School-Based Counseling Project. In M. H. Epstein, K. Kutash, & A. Duchnowski (Eds.), *Outcomes for children and youth with emotional and behavioral disorders and their families: programs and evaluation best practices* (pp. 653-656). PRO-ED, Inc.

Department for Education (DFE) (2016). *Counselling in Schools: A blueprint for the Future - Departmental advice for schools leaders and counsellors*. DFE.

Department for Education (2020a). *Critical workers and vulnerable children who can access schools or educational settings*. https://www.gov.uk/government/publications/coronavirus-COVID-19-maintaining-educational-provision/guidance-for-schools-colleges-and-local-authorities-on-maintaining-educational-provision

Department for Education (2020b). *Supporting vulnerable children and young people during the coronavirus (COVID-19) outbreak - actions for educational providers and other partners*. https://www.gov.uk/government/publications/coronavirus-COVID-19-guidance-on-vulnerable-children-and-young-people/coronavirus-COVID-19-guidance-on-vulnerable-children-and-young-people

Harland, J., Dawson, A., Rabiasz, A., & Sims, D. (2015). *NFER teacher voice omnibus: Questions for the Department For Education - June 2015*. DfE.

Hilty, D. M., Ferrer, D. C., Burke Parish, M., Johnston, B., Callahan, E. J., & Yellowlees, P. M. (2013, June). The effectiveness of telemental health: A 2013 review. *Telemedicine Journal and E-Health, 19*(6), 444-454.

Joint Task Force for the Development of Telepsychology Guidelines for Psychologists (2013). Guidelines for the practice of telepsychology. *American Psychologist, 68*(9), 791-800.

Legistation.gov.uk (1989). *Children act 1989*. https://www.legislation.gov.uk/ukpga/1989/41/contents

Murray, S. (2019). Play therapy in schools. In P. Ayling, H. Armstrong, & L. G. Clark (Eds.), *Becoming and being a play therapist: Play therapy in practice* (pp. 165-176). Routledge.

Murray, S. (2021). Play therapy: the ideal environment for play development and the repair of play deprivation. In S. Jennings & C. Holmwood (Eds.), *Routledge international handbook of play, therapeutic play and play therapy* (pp. 327-340). Routledge.

Stephan, S., Lever, N., Bernstein, L., Edwards, S., & Pruitt, D. (2016). Telemental health in schools. *Journal of Child and Adolescent Psychopharmacology, 26*(3), 266-272.

제10장

신경다양성[1)]을 지닌 후기 청소년과 초기 성인을 대상으로 하는 원격놀이치료

Kevin B. Hull

COVID-19 팬데믹은 사회 전반에 영향을 미쳤고 특히 신경발달 문제로 고통받는 후기 청소년과 초기 성인들에게는 더욱 그러했다. 예상치 못한 팬데믹에 대응하면서 우리는 공포와 좌절, 공황을 경험했다. 일상의 루틴 상실, 죽음에 대한 두려움, 예측 불가능한 현실로부터 오는 압박감, 파악할 수 없는 상황 등은 COVID-19 상황에서 신경다양성 문제를 가진 개인들이 직면한 어려움들 중 일부분이었다. 신경다양성 문제를 지닌 후기 청소년과 초기 성인기 내담자들을 만나는 임상가들은 많은 제약에 직면했고 이 독특한 특성을 가진 대상들이 필요로 하는 상담을 진행하기 위해 원격심리치료 서비스를 제공할 방법을 찾아야 했다. 팬데믹 기간 동안 신경다양성 문제를 가진 내담자들과 함께 작업하는 임상가들에게는 유연함과 인내, 획기적인 방법을 찾는 태도가 강조되었고, 한편으론 신경다양성 내담자들의 치료적 성장과 안정화를 위한 창의적인

1) 역자 주: 신경다양성(neurodiversity)은 다양성의 하위 개념으로 일부 신경질환을 치료해야 할 비정상적 장애라는 차별적 시각이 아닌 공존해야 할 차이 혹은 진화에 의한 정상적인 유전적 변이로 보는 시각이다. 모든 신경질환이 포함되지는 않고 주로 ADHD, 자폐증, 아스퍼거증후군, 사이코패스, 난독증이 여기에 포함된다.

기회를 만들어야 하는 요구도 있었다.

이 장에서는 COVID-19 초기에 신경다양성 내담자들이 직면했던 어려움과 이 대상들을 위해 사용된 원격놀이치료 방법을 살펴보고자 한다. 상실, 죽음과 질병에 대한 두려움, 일상의 루틴에서의 혼란, 가족·친구와의 단절 등과 같은 문제들은 스트레스를 유발시켜 퇴행행동과 정신적·정서적 위축을 초래했다. 원격놀이치료는 생각과 감정을 언어화하고 애니메이션, 팬픽션, 디지털 아트에서 은유적 내용을 찾아보는 작업을 통해 스트레스를 완화하고 정신·정서적인 힘을 강화시키는 데 유용하게 활용되었다.

후기 청소년과 초기 성인의 신경다양성 요인과 COVID-19

신경다양성 대상이 가지는 발달적 어려움은 중요한 문제이며 광범위한 영역에서 나타난다. 거절과 집단 따돌림과 같은 사회적 관계 문제가 흔하게 나타나며, 정서조절의 어려움이나 타인의 관점과 상황에 대한 이해에도 어려움이 있다. 강박장애, ADHD, 우울, 불안과 같은 문제뿐만 아니라 위장장애나 자가면역장애와 같은 스트레스성 신체 증상도 동반된다(Hull, 2017). 일반적으로, 스트레스는 이미 부적절한 긴장감을 유발해 시스템의 장애를 일으키게 한다. 신경다양성 문제를 지닌 대상들에게 COVID-19는 정서조절, 인지, 사회성, 자아의 영역에 악영향을 미치고 있다.

정서조절의 문제

신경다양성 문제를 가진 사람은 정서조절에 어려움을 겪으며(Siegel, 2006), '융통성이 없고 부적응적이며 비일관적이고 위축되고 불안정한' 상태가 된다

(p. 250). 자율신경계(Autonomic Nervous System: ANS)의 과활성화로 인해 어릴 때부터 반응행동, 자전적 기억의 결핍, 또래와 보호자와의 관계문제 등에 영향을 받게 된다(Panju et al., 2015). 자율신경계(ANS) 활성화는 뇌의 다른 부분들에 과부화를 일으켜 욕구를 조절할 수 있는 자원이 부족해지는 결과를 낳는다. 미주신경 브레이크 기능(Porges, 2011)을 담당하는 뇌 영역 발달이 지연되고 그 기능이 필요할 때 작동하지 않게 된다(Bal et al., 2010). 따라서 반응적이고 충동적인 행동이 나타나고, 때때로 어눌하거나 '얼음' 상태가 되기도 한다. 신경다양성을 가진 사람은 안정감을 갖기 위해 환경을 통제하려 한다. 예측 가능한 루틴이나 스케줄, 그리고 반복적이고 특정한 관심사를 유지하는 것을 통해 예상치 못한 상황에서 '평소와 똑같다(sameness)'는 느낌을 가지도록 도와 그 상황에 대처할 수 있도록 해 준다.

신경다양성을 가진 십 대 후반과 초기 성인기에 대해서는 신경발달장애에 대한 문헌이나 상담 서비스에서 아직 충분히 다루고 있지 않다(Hull, 2020). 그러나 이들은 성인기의 삶을 결정지을 자아정체성 확립, 독립에 대한 학습, 직업/교육 선택을 해야 하는 가장 힘든 생애 전환기에 속해 있다. 십 대 후기와 초기 성인기에는 앞에 언급한 도전들로 인해 일상에서 지속적인 어려움을 가지는 것과 아울러 자기감(sense of self)과 씨름을 하게 되는 경우가 많다. 자기감은 자기 이해와 자기 가치감, 자존감으로 구성되는데, 신경다양성의 경우 발달이 늦게 이루어지는 경향이 있다. Lind(2010)는 교감신경계의 활성화가 자기감 형성의 열쇠가 되는 요소인 자전적 기억의 결핍을 어떻게 초래하는지 언급하고 있다. 십 대 후기와 초기 성인기는 강한 자기감을 필요로 하는 새로운 도전들을 당면하기 때문에 정서적 건강에 어려움을 겪게 되는 경향이 있다. 신경다양성을 가진 십 대 후기와 초기 성인기는 자신이 결함이 있고 손상되었다고 여기며 내적 불안, 우울, 절망감, 자기혐오에 시달리는 경향이 있다(Lei & Ventola, 2018; Han et al., 2019).

인지적 문제

십 대 후기와 초기 성인기의 신경다양성 장애는 인지적 어려움이 많다. 자율신경계(ANS) 활성화로 인해 기억의 혼란과 정서적 격변을 겪게 되면서 인지 왜곡이 일어나는 경우가 흔하다. '나는 무가치해' '나는 하찮은 사람이야' '난 할 수 없어'와 같은 생각이 사고 세계를 지배하고, 이러한 생각들로 인해 자아를 부정적으로 여기게 된다. 신경다양성 문제를 가진 내담자들 중 많은 수가 하루를 시작하기가 두렵고 자신이 무가치하고 무능력한 존재이며 '난 제로 상태야'라 느끼며 잠에서 깬다고 한다. 이러한 감정은 자전적 기억의 발달지연과 혼란이 동반되어 자기감의 결핍이 일어나는 맥락과 연결된다(Hull, 2020; Lind, 2010).

신경다양성 문제를 가진 사람들은 초기 성인기가 되면 그들이 경험한 대부분에 실패감을 느끼는 경향이 있다. 학업문제와 아울러 집단 따돌림이나 거절과 같은 사회적 어려움으로 인해 자신과 미래에 대한 비관적인 관점을 가지게 된다. 그들은 종종 내적 통제 소재가 결여되어 특히 미래에 대한 부정적 생각과 두려움으로 사고 과정이 이루어지는 경향이 있다. 이로 인해 익숙한 장소와 루틴에 매달리는 반면, 새로운 기회나 가지를 뻗어 나가는 활동은 두려워하며 경직되고 저항적인 행동으로 반응하는 것이 강화된다. 신경다양성 문제를 가진 사람들은 에피소드 미래 사고(episodic future thinking)(Lind, 2010, p. 437)가 어려워 미래의 상태나 상황에 있는 자신의 모습을 상상하지 못한다(Hull, 2020, p. 90) 이로 인해 입사지원서 작성이나 전문대학/대학 지원, 성인으로서 책임을 지는 것과 같은 미래에 대한 준비를 회피하고 미루는 태도를 보인다.

사회성과 자아 문제

앞의 단락에서 알 수 있듯이, 정서조절의 문제는 인지 왜곡과 연결되고 자기감의 혼란과 두려움에 기반하여 삶에 반응하게 한다. 신경다양성 문제를 가진 아이들은 이상하고 서툴게 보여서 종종 또래들이 기피하기 때문에 사회적 거부를 흔히 경험한다(Carter, 2009, p. 153). 조망능력의 부족으로 인해 또래와 친밀해지기 어렵고 종종 이기적이고 공감할 줄 모르는 사람으로 비친다. 사회적 단서를 포착하는 능력이 없어서 사회적 학습이 지연되고 사회적 상황을 회피하며 보다 안전한 혼자만의 세계로 도피한다. 시간이 흐르면서 사람과 군중은 예측할 수 없고 무서운 존재로 감지되어 점점 더 회피하거나 도피하는 양상이 나타나게 된다. 신경다양성 문제를 가진 십 대 후기와 초기 성인기는 보호자와 사회로부터 새로운 역할을 수행해야 한다는 압력을 받게 되고 종종 혼자 해내야 하는 요구에 직면하게 된다. 새로운 교육이나 직업 프로그램의 시작, 첫 직장 구하기, 은행 관련 일, 요금 지불, 도움 요청 등 이 모든 것은 새롭고 무서운 경험이다. 부모나 보호자의 도움이 있다 해도 이들에겐 낯선, 그리고 잠재적인 위험이 도사리고 있는 곳에 홀로 남겨진 느낌을 갖게 한다.

COVID-19가 신경다양성 문제를 가진 대상들에게 끼친 영향

신경다양성 문제를 가진 대상들이 예측하지 못한 낯선 상황을 맞닥뜨렸을 때 저항을 느끼고 정서조절의 문제를 가지게 된다는 점을 깨닫는 데는 오랜 시간이 걸리지 않는다(Siegel, 2006). COVID-19의 유행은 불확실성, 예측 불가능성, 위험, 죽음, 질병에 대해 주의를 기울이게 했다. 전 세계를 패닉 상태로 만든 COVID-19는 신경다양성 문제를 가진 십 대 후기와 초기 성인기 대상들에게는 인생에서 새롭고 도전이 되는 단계마다 딛게 되는 작은 디딤돌마저도 다 쓸려나가고 없어져 버린 것처럼 느끼도록 만들었다. 내가 만나는 그들 중 일부는 "내 삶은 결코 예전과 같지 않을 것 같아요." 또는 "이전의 생활이 얼마나 좋았던 건지 미처 몰랐어요."라고 하기도 하고, 결국에는 "무엇이든 해 보는 게 무슨 의미가 있어요? 아무 소용없어요. 달라지는 건 없어요."라고 말하기도 했다.

셧다운 및 정신건강관리 서비스 제한 극복하기

COVID-19 팬데믹으로 인해 정신건강센터는 광범위하고 많은 부분에서 셧다운의 영향을 받았으며, 상담자들은 서비스 제공에 제한이 있었다. 여러 지역에서 센터와 클리닉은 문을 닫아야 했고, 많은 상담자들은 온라인 플랫폼으로 이동하여 상담 서비스를 제공해야 했다. 온라인 플랫폼은 이 상황을 헤쳐 나갈 기회이자 필수적인 부분이었으나 몇 가지 한계도 있었다. 때론 기술적인 문제가 생겨 힘들기도 했고, 내담자들 중 일부는 새로운 매체를 통해 치료자를 만나는 것에 적응하는 데 시간이 필요하기도 했다. 어떤 내담자들은 비단 공간이 주는 익숙함의 문제가 아니라 상담실로 와서 직접 나와 대면하는 것이 그들에겐 매우 중요한 의미다고 말하기도 했다. 많은 경우, 특히 '갇혀 지내는(직업이나 학교 또는 직업훈련도 받지 않고 있는)' 느낌으로 집 안에서만 생활하는 초기 성인기의 이들에게 나의 상담실에 오는 시간은 집 밖에 나오는 몇 안 되는 시간 중 하나이다.

이러한 장벽에도 불구하고, 온라인 세션은 몇 가지 독특한 기회를 제공하기도 했다. 그중 하나는 세션을 온라인 형식으로 전환함으로써 변화에 적응하고 문제를 극복하는 경험을 가지는 기회가 되었다는 것이다. Hull(2020)은 신경다양성 문제를 가진 대상에게 '코치(coach)'(p. 90)의 역할에 대해 언급하며, 이는 내담자가 차단되지 않고 환경의 변화에 적응하는 법을 배우도록 도움을 주는 것이라고 설명한다. 또 다른 중요한 기회는 내담자의 가정환경을 엿볼 수 있다는 것이었다. 기존 상담환경을 통해서는 접할 수 없었던 내담자의 개인물품이나 공간을 치료자와 공유하게 되면서 더 넓은 시야로 자신을 볼 수 있는 기회를 가지게 된 것이다.

연결에 대한 새로운 인식이 생김

많은 정신건강전문가는 내담자들이 각자의 '심리적 고통' 외에도 관계와 연결이 끊어짐으로 인해 희망을 잃고 공포를 느끼는 것을 발견했다(Neto et al., 2020, p. 1). Vulcan(2016)은 신경다양성 문제를 지닌 대상을 상담할 때 몸이 어떻게 '언어를 대체하는' 도구가 되는지(Vulcan, 2016, p. 332) 그리고 상담자의 신체적 존재가 어떻게 변화와 성장을 위한 기초가 되는지에 대해 언급한다. 팬데믹은 이러한 상담과정에 지장을 초래했고, 이들과 상담하는 많은 전문가는 디지털로 그들과 어떻게 연결을 이루어 내어야 할지 확신을 가지지 못했다. 그러나 원격상담 세션, 특히 원격놀이치료 세션은 물리적인 거리가 있음에도 불구하고 조절조력(co-regulation)이 가능하다는 점이 발견되었다. 점차 내담자들은 안정감을 느끼기도 하고 일부 저항도 있었지만 대부분 원격상담 세션에서 즐거움을 느끼곤 했다. 원격놀이치료 세션에서 가장 힘든 점이 무엇이었는지 물어보자 한 십 대 후반의 아이가 "익숙해지는 거요. 제 말은…… 선생님(치료자)이 여전히 선생님이라는 사실에 집중하고 늘 하던 대로 이야기하는 거요. 그러면서 조금씩 안심되고 기분이 좋아졌어요."라고 답했다.

극복과 연결:
신경다양성 후기 청소년과 초기 성인과의 원격놀이치료

애니메이션: 팬데믹의 혼돈 속에서 평범한 일상 찾아 가기

일본 애니메이션은 대중에게 인기가 높고(Allison, 2009), 신경다양성을 지닌 사람들 사이에서도 매우 인기가 있다(Rozema, 2015). 신경다양성을 가진 사람들은 발달과정 동안 많은 도전을 직면하게 된다. 이 때문에 그들에게 애니메이션이 현재 살고 있는 혼돈스런 세계로부터의 탈출구가 된다는 점은 놀랄 일이 아니다. 왜 그들에게 애니메이션이 매력적인지에 대해 한 가지 가정을 해 보자면, 그들은 안전을 느끼기 위한 조절욕구와 연결되어 '현실회피'를 통해 안정감을 찾는다(Sosso, 2017, para 3)는 것이다. 애니메이션은 심리치료에서 매우

〈표 10-1〉 주제를 포함한 애니메이션과 팬픽션의 예

애니메이션	주제	팬픽션	주제
〈나루토〉 (Pierrot Production Studio, 2007)	• 극복 • 도전 • 고아 • 원가족 문제 • 포기/거절 • 자아 발달 • 정서와 충동 조절 • 자기 이해/수용	〈Wings of Phoenix〉 (Tamashi, 2013) (판타지/모험)	• 애착 • 변화에 대응하기 • 발달을 위한 도전 • 우정 • 가족 • 자기-수용
〈Re: 제로부터 시작하는 이세계 생활〉 (Watanabe & Yokotami, 2016)	• 다시 시작하기 • 미지의 것들에 대처하기 • 우정 쌓기/우정 지속하기 • 자기수용 • 자기이해 • 부정적 감정 다루기	〈Phantom's Keep〉 (Diamondbeast, 2012) (유머/모험)	• 가족 역기능 • 가족 역할과 기대의 조정 • 자기-인식 • 자기-이해 • 자아 발달 • 다름을 인정하기
〈아바타: 아앙의 전설〉 (DiMartino et al., 2006)	• 우정 • 용서 • 자아 발달/자기 수용/자기 이해 • 어려움 극복 • 타인에 대한 신뢰 • 도움 청하기 • 회복하기	〈Different Kind of Knight〉 (Maigrlchloe, 2012) (로맨스/모험)	• 사랑 • 거절 • 우정 • 선택과 결과 • 자아 발달

유용한 도구이며(Hull, 2020), 원격놀이치료 세션에 쉽게 적용할 수 있다. 첫째, 온라인 플랫폼을 통해 쇼 클립을 공유할 수 있고 토론을 위해서 클립을 일시중지할 수도 있다. 둘째, 치료자와 내담자가 특정 애니메이션에 대한 정보를 쉽게 찾아서 공유할 수 있다. 예를 들어, animanga.fandom.com과 같은 웹사이트는 치료자와 내담자가 동시에 접속해서 캐릭터, 구성, 줄거리를 찾아볼 수 있도록 되어 있다. 〈표 10-1〉은 애니메이션의 예와 그 안에 포함된 주제를 보여 준다.

현실세계를 반영하는 애니메이션의 주제와 은유

신경다양성 후기 청소년과 초기 성인과의 상담 시 애니메이션을 유용하게 활용하는 몇 가지 요소가 있다. 첫 번째 요소는 현실에서 맞닥뜨리는 도전과 유사하다는 점이다. 즉, 이들이 자신의 도전을 더 잘 이해하고 그것을 극복하는 방법을 찾는 데 도움이 되는 은유적 요소가 있다. 죽음과 죽어 가는 것, 사랑, 우정, 고난 극복과 같은 주제가 주로 나오며, 슬픔, 두려움, 절망과 같은 정서적 경험 또한 발견할 수 있다. 개인의 역량, 우정의 즐거움, 유머, 그리고 삶의 도전에 대처하기 위한 상상력과 창의력의 활용과 같은 긍정적 삶의 경험에 대한 표현들도 있다. 치료자는 이러한 주제에서 은유적 요소를 끌어내어 이들의 현실적 삶에서의 도전들에 적용하도록 도움을 줄 수 있다. 이를 통해 이들을 격려하고 안정감을 가지고 대처능력을 기를 수 있는 가이드를 제시하게 된다(Hull, 2020). 예를 들어, 17세 고등학생인 로저는 팬데믹으로 학교 친구들과의 연결이 끊어져 극도의 좌절을 경험했다. 온라인 수업은 로저에겐 도전이었고, 처음에 가상 교실에 로그온하는 것을 거부했다. 로저는 "난 친구들과 함께 있고 싶어요. 그래야 학교가 더 편하게 느껴지거든요. 친구들을 볼 수 없으니 슬퍼요"라고 말했다. 세션 중 로저는 자신이 가장 좋아하는 애니메이션에 대해 치료자에게 말했다. 치료자는 그 애니메이션의 스토리 속에 있는 전환과 변화에 대한 주제에 주목했고, 두 사람은 로저의 상황과 관련하여 그 주제를 살펴보았다. 치료자는 로저가 아무것도 아는 것 없는 낯선 상황에 직면했을 때 애니메이션 속 캐릭터들은 어떻게 대처하는지 살펴보도록 안내했다. 자신이 좋아하는 캐릭터들이 어떻게 변화에 적응하는지 살펴보기도 하고 익숙한 것을 상실함으로 인해 오는 슬픔도 탐색해 보면서 로저는 점차 새로운 일상을 받아들이고 마침내 온라인 학습에 참여하게 되었다.

자기성장과 자기표상

신경다양성을 지닌 후기 청소년들과 초기 성인들에게 애니메이션을 유용하게 활용하는 두 번째 요소는 자기성장(self-development)과 자기표상(self-representation)에 관한 것이다. 많은 젊은이는 좋아하는 애니메이션 캐릭터에서 자신을 발견한다. 이 캐릭터를 탐색해 보면 유사점을 찾을 수 있고 자신의 캐릭터를 살펴보는 템플릿을 발견할 수 있다. 앞서 논의한 바와 같이 신경다양성 후기 청소년과 초기 성인들은 기억과 관련된 문제로 인해 자기이해와 자기인식에 어려움이 있다(Lind, 2010). 애니메이션의 캐릭터와 자신을 동일시함으로써 그 캐릭터의 특성을 자신이 가지고 있다고 상상하며 자신이 경험한 유사한 상황에 적용해 볼 수 있다. 즉, 캐릭터가 이런 경험을 할 수 있는 가이드가 되어 자기인식과 자기이해를 증진시킬 수 있다(Halovic, 2020; Ting & Lim, 2012). 애니메이션은 사회적 따돌림, 사회적 수용의 어려움, 사회적 기대에 맞춰 변화되어야 한다는 압박감을 가지는 많은 캐릭터를 보여 준다(Rubin, 2008). 자폐스펙트럼장애(ASD)를 가진 많은 사람은 이 주제들을 살펴보며 '소속감 유지'를 위해 같은 어려움을 겪고 있는 누군가의 이야기를 보고 들으며 위안을 얻는다(Ting & Lim, 2012, p. 51).

한 예로, 19세의 에리카는 팬데믹이 왔을 때 대학 첫 학기였다. 자신이 '대학생'이라는 점이 자기가치(self-worth)를 높여 주었지만, 수업이 온라인으로 진행되면서 퇴행이 왔다. 신경다양성을 가진 많은 사람과 마찬가지로, 갑작스런 변화는 자기혐오를 느끼는 쇼크를 촉발시켰고 그 결과로 안전감을 느끼기 위해 스스로를 고립시키고 세상으로부터 철수되는 결과를 낳았다. 그녀는 수업과 과제를 놓치기 시작하면서 성적이 떨어졌다. "똑같지가 않아요. 이건 진짜 대학이 아니에요"라고 말했다. 상담시간에 그녀는 자신이 가장 좋아하는 애니메이션에 나오는 캐릭터들에 대해 이야기했다. 치료자는 그 캐릭터들 중 하나와 관련된 주제에 주목했다. 그 주제는 도전적인 상황에서 주인공이 고통을 받음으로 인해 얻게 된 힘과 자기가치에 관한 것이었다. 이것은 에리카에게 보여줄 중요한 은유 중 하나였으며, '잠금 상태'에 있는 자신을 새로운 방식으로 비추어 보는 데 도움이 되었다. 그녀는 "저는 여전히 대학생이에요." "그리고 이건 일시적인 상황일 뿐이에요."라고 말했다. 애니메이션 캐릭터와 동일시하는 것은 자신을 새로운 방식으로 볼 수 있도록 도와주었고, 불쾌한 상황에서도 힘과 통제감을 가질 수 있도록 해 주었다.

조망수용능력을 확장시키기

애니메이션을 유용하게 활용하는 세 번째 요소는 조망수용능력을 높이는 것이다. 앞서 논의한 바와 같이 자폐스펙트럼장애(ASD)를 가진 대상에게 있어서 주된 어려움은 상황과 타인을 다른 관점에서 볼 수 있는 능력과 관련되어 있다. 한편, 내러티브 접근은 사회적 불안을 줄이는 것과 아울러 시야를 넓히고 사회적 기술을 향상시키는 데 유용하다고 밝혀져 있다. 애니메이션 캐릭터와의 동일시 및 스토리 전반에 걸친 상호작용에서 나타나는 주제를 탐색하는 것을 통해 신경다양성을 가진 후기 십 대와 초기 성인이 다른 관점에서 시각화하는 것이 가능해진다. 예를 들어, 신경다양성을 가진 초기 성인인 스티븐은 팬데믹으로 인한 변화 때문에 우울증을 겪기 시작했다. 스티븐은 치료자에게 삶이 얼마나 깨지기 쉬운 것이었는지 이전에 미처 알지 못했고 '다시 또 이런 일이 일어난다면 어떻게 할까?'라는 생각 때문에 미래를 마주하는 것이 두렵다고 하였다. 스티븐이 좋아하는 애니메이션 중 하나의 주제는 주인공이 살아남기 위해 적응해야 하는 끊임없이 변화하는 세계에 관한 것이었다. 스티븐의 치료자는 성찰과 관찰작업을 통해 애니메이션과 팬데믹의 실제 상황 간의 유사점을 볼 수 있도록 도왔다. 그 결과, 스티븐과 치료자는 변화에 적응할 수 있는 방법에 대해 이야기하고 그의 적응에 유용할 수 있는 대처기술을 알아보았다. 그는 미래에 어떤 결과가 오더라도 적응하는 데 문제가 없다는 점을 깨닫고 더 넓은 조망능력을 가지게 되면서 우울감이 걷히게 되었다.

팬픽션: 내러티브와 자기표상

내러티브 치료가 신경다양성 문제를 가진 대상들에게 효과적인 접근법이라는 점은 잘 알려져 있다(Cashin, 2008; Black et al., 2019). 더욱이, 후기 십 대와 초기 성인들은 반복적이거나 특정 관심 영역의 이야기에 특히 더 끌리는 경향이 있다. 최근 몇 년 동안 인기가 높아진 분야 중 하나는 팬픽션(Fan-Fiction)이라 불리는 온라인 문학 장르이다. 팬픽션은 나루토나 해리포터와 같은 사람들에게 사랑받는 캐릭터를 가지고, 캐릭터와 배경을 제한 없이 상상력을 접목하여 다른 창조적인 방식으로 자유롭게 만들어 보는 것이다. 예를 들어, 해리포터의 팬픽션 버전은 다른 부분들(호그와트, 해그리드, 론, 헤르미온느)을 모두 그대로 두고 해리만 여자로 만들 수도 있다. 이런 방식을 통해 작가는 여성이 된 해리에 대해 원작과의 유사점과 차이점을 탐색하게 되고, 해리포터의 '팬'들은 이 이야기를 읽고 건설적인 비판을 할 수 있다. fan-fiction.net과 같은 웹사이트들은 끝이 없이 다양한 이야기와 캐릭터 등의 카테고리를 가지고 있어 독자들의 호기심과 관심을 끌고 있다. 〈표 10-1〉은 팬픽션의 몇 가지 예와 그 안에 포함된 주제들이다.

반복적이고 특정한 관심 영역이라는 특징을 가지는 팬픽션은 신경다양성을 가진 후기 십 대와 초기 성인들이 읽기도 하고 쓸 수도 있는 만족스런 취미활동이 될 수 있다. 사회적 관계와 사랑뿐만 아니라 도전, 죽음, 상실을 극복하는 주제들을 탐색하며 읽고 쓸 수 있다. 내적 통제 소재의 관점에서 보면, 이야기를 만드는 것뿐만 아니라 캐릭터가 발달하고 극복해 가는 과정을 통해 내담자의 창의성이 촉진된다는 점은 많은 이유에서 도움이 된다. 첫째, 신경다양성을 가진 개인이 자신의 내면세계를 표현하는 연습을 통해 혼돈된 외부세계에 대해 이해하는 데 도움을 받을 수 있다. 이는 단지 신경다양성 집단뿐만 아니라 일반 청소년과 초기 성인들에게도 팬픽션이 인기를 끄는 이유이기도 하다. 스토리를 만드는 것이 가지는 두 번째 효과는 자기표상의 기회를 얻는다는 점이다. 이는 자기이해와 자신감에 어려움을 겪고 또래보다 정서적으로 덜 성숙한 신경다양성 후기 청소년과 초기 성인들에게는 중요한 부분이다(Cashin, 2008; Hull, 2017). 스토리를 쓰는 것은 현실적 상황과 도전을 '놀이'로 경험할 수 있는 기회가 되며, 날아다니는 슈퍼파워나 최고 수준의 지적 능력을 가진 캐릭터를 만들거나 반전을 일으킬 수 있는 경험이 된다.

원격놀이치료에 적용해서 후기 십 대와 초기 성인들에게 팬픽션을 활용하는 것은 많은 이점이 있다. 첫째, 화면을 공유함으로써 치료자와 내담자가 함께 동일한 자료를 볼 수 있다는 점이다. 내담자는 치료자를 팬픽션 웹사이트로 데리고 가서 의미 있는 특정 장르와 스토리를 골라서 볼 수 있다. 두 번째 이점은 치료자와 내담자가 함께 스토리를 탐색하며 자기성찰뿐 아니라 조망수용에 활용할 수 있는 주제와 은유를 다루어 볼 수 있다는 점이다. 도전 극복, 인간관계의 어려움, 동기 개발, 공포 극복 등과 같은 일상생활과 관련된 은유들을 살펴볼 수 있다. 특정 팬픽션(이후에 나오는 사례연구에서 소개)에서 발견된 강력한 주제 중 하나는 예상치 못한 변화와 관련된 내용이었다. 이는 COVID-19 팬데믹과 관련된 예상치 못한 변화에 대한 주제와 완벽하게 일치되는 것이었다. 치료자는 내담자의 세계에서 일어나고 있는 주제들을 인식하고 이야기에 내재된 주제들을 찾아 내담자가 알아차릴 수 있도록 도울 수 있다. 세 번째 이점은 내담자의 저항이 줄어든다는 점이다. 그 이유는 내담자가 '숙련된' 역할을 즐기고 느끼게 되는데, 이는 내담자가 상황을 통제할 수 있다는 느낌을 가지게 된다는 의미로 해석된다.

디지털 아트: 창조성을 통한 감정 표현

앞서 언급했듯이 COVID-19 팬데믹은 스트레스의 증가로 인해 많은 신경다양성을 가진 후기 십 대와 초기 성인들에게 행동 · 정서 · 인지 장애를 초래했다. 원격놀이치료 기법으로서의 디지털 아트는 스트레스와 감정 표현을 방출하도록 도울뿐만 아니라 관계와 연결을 만드는 효과적 방법이다. 신경다양성을 가진 많은 사람들은 감정을 말로 표현하는 데 어려움을 겪고 종종 그 감정으로 인해 혼란을 경험한다. 예술치료 기법은 뇌의 창조성이 깨어나게 하고, 언어표현을 요구하지 않는 활동을 가능하게 하는 통로를 만들어 준다. 예술치료 기법은 신경다양성을 가진 대상들이 힘을 키우고 가족구성원과의 관계를 증진시키는 데 유용하며(Wright et al., 2011), 자기 이미지와 의사소통능력을 증진시키는 데에도 도움이 되는 것으로 밝혀졌다(Schweizer et al., 2014). Malchiodi(2018)는 특히 디지털 아트가 '그림 그리기를 힘들어하는'(p. 30) 신경다양성을 지닌 대상들에게 도움이 된다고 말한다. 줌(ZOOM)이나 웹엑스(WebEX) 등에서 '화이트 보드'를 사용하거나 화면 공유를 통해 이미지를 보는 것과 같은 디지털 아트의 사용은 원격치료 작업의 수준을 높여 주고 놀이치료에 필요한 상호작용적 요소를 제공한다.

원격치료 세션 동안 디지털 아트를 사용함으로 인해 얻는 세 가지 이점을 찾을 수 있다. 하나는 신경다양성을 가진 청년들이 시각매체를 통해 사고와 감정을 표현하는 능력이다. '사진으로 생각하기' 주제는 많은 신경다양성을 가진 청년에게 유용하다(Rozema, 2015). 그 이유는 이들은 사고와 감정을 언어로 표현하기 힘들기 때문이다. 감정을 표현하도록 돕는 사진과 생각이 표현된 밈(meme)[2]은 신경다양성을 가진 청년들이 공포에 관해 말할 수 있는 표현능

2) 역자 주: 밈(meme)은 인터넷상에 유행하는 말을 다시 포스팅한 짧은 영상이나 그림, 사진 등을 말한다.

력을 확장시키도록 돕고 COVID-19 팬데믹과 같은 일들을 재미있게 보여 주기도 했다. 디지털 아트 사용의 또 다른 이점은 시각적 표현이 주는 관점의 전환과 거리두기 효과이다. 일반적으로, 놀이치료는 내담자가 결과를 결정할 수 있다는 점 때문에 힘든 주제와 시나리오를 보다 덜 무섭게 여기도록 하는 데 도움이 된다(Hull, 2017). 디지털 아트도 신경다양성을 가진 대상이 선택한 결말로 끝나는 방식이다. 디지털 아트는 다른 가능성들을 탐색함으로써 대처기술을 습득하는 것뿐만 아니라 결과를 조작하여 이야기를 만들어 내는 내러티브 치료의 요소까지 가지고 있다. 많은 신경다양성을 가진 대상들은 기억, 특히 자전적 기억의 결핍 문제가 있다. 이에 디지털 아트의 활용은 이들로 하여금 두려움과 걱정이 올라왔을 때 그것을 그릴 수 있는 내러티브를 제공하고, 창조적 과정을 통해 자기가치와 자기수용을 향상시키도록 한다.

사례 연구

제이슨은 20세이고 13세에 ASD 진단을 받았다. 제이슨은 장애가 있는 어머니와 늘 건강 걱정을 하는 외할아버지와 함께 산다. 제이슨과 나는 그가 17세 때부터 상담을 했다. 그는 십 대 후반에 온라인 괴롭힘을 당해 불안, 소화장애, 자기 거부, 심각한 사회불안을 동반한 많은 발달문제를 가지게 되었다. 제이슨은 학교교육 환경에 어려움이 있어 병원 홈 바운드 프로그램을 통해 고등학교 과정을 마쳤다. 고교과정 이후 제이슨은 정서적 그리고 인지적으로 급격히 성장하였고, COVID-19 이전까지만 해도 아르바이트, 운전연습, 자선단체 자원봉사를 하고 있었다. 그런데, COVID-19가 발생하자 제이슨의 근무지와 자선단체는 문을 닫았고 그가 이뤄 낸 성과는 모두 사라져 버렸다. 뉴스에 눈을 떼지 못하고 계속 시청한 결과, 제이슨은 어머니와 외할아버지, 외할머니가 자신을 '이 세상에 홀로 남겨 둔 채' 모두 죽을 수도 있겠다는 생각을 가지게 되었다. 그는 운전도 하지 않고, 외출도 거부하고, 강박적으로 자신의 죽음과 죽어가는 과정에 대해 계속 생각했다. 그는 스스로를 '직업적 은둔자'라 지칭하며 다시는 어디에도 가지 않겠다고 말했다.

나는 원격치료 세션을 두 번 가진 후 무기력과 절망을 경험했다. 나는 그를 '잃을지도' 모른다는 두려움을 느꼈다. 갑작스런 변화와 공포는 그를 완전히 퇴행하게 만들고, 나를 만나러 오는 것조차도 원하지 않을 것 같았다. 보호자들은 좌절스러워하며 그에게 "다시 예전으로 돌아가. 넌 할 수 있어!"라고 말했으나, 이는 그의 자율신경만 활성화시키고 위축되고 고립되는 결과를 낳게 했다. 고교 시절부터 제이슨은 일본 애니메이션과 자신이 가장 좋아하는 애니메이션에 관한 팬픽션에 관심이 있었다. 그는 나에게 "애니메이션은 제가 세상을 이해하는 데 도움이 돼요." 그리고 "애니메이션은 제 자신을 이해하는 데도 도움이 돼요."라고 말했다.

아동중심 놀이치료의 원칙에 따라 우리의 상담 세션은 그가 애니메이션의 클립들을 보여 주거나 좋아하는 팬픽션에서 발췌한 이야기를 읽는 식으로 진행될 것이라고 말해 주었다. 단 한 가지 '규칙'은 세션 동안 일정 분량의 애니메이션 클립을 시청하고 우리가 본 것에 관해 다루어 보는 것이었다. 그는 상담 세션을 가지는 것에 대한 두려움이 사라지고 흥분과 기대에 차서 나에게 보여 주고 읽게 할 클립과 이야기 발췌본을 준비했다.

애니메이션과 팬픽션에서 드러난 주요 주제들 중 몇몇은 공포와 같은 도전들을 극복하고, 어려운 상황에서 자신을 시험하고, 자신을 믿고, 목표를 향해 노력하는 동안 만족을 지연시키는 내용이었다. 한 예로, 〈Re: 제로부터 시작하는 이세계 생활〉(Watanabe & Yokotani, 2016)은 낯선 세상에 소환되고 자기혐오와 수치심으로 가득 찬 주인공에 대한 주제를 다룬다. 〈Re: 제로부터 시작하는 이세계 생활〉는 사람들은 자기 삶의 결과를 바꿀 수 있지만, 공포와 같은 정서적 장벽을 없애기 위해 노력해야 하고 자신이 누구인가를 받아들이고 스스로를 사랑하는 것을 배워야 한다는 메시지를 준다. 상담 세션 동안 제이슨과 나는 〈Re: 제로부터 시작하는 이세계 생활〉에 담긴 은유를 적용해 보았다. 즉, COVID-19 팬데믹과 같은 낯선 세상을 다루고, '충분히 좋고' 가치 있는 존재로서의 자신을 받아들이는 것을 배우고, 필요할 때 친구에게 도움을 구하고 자신의 자원을 활용하며, 통제력을 가지고 선택을 함으로써 두려움을 극복하는 내용의 은유를 살펴보았다. 이 주제와 팬픽션에 대한 그의 애정을 활용하여 나는 제이슨 자신이 좋아하는 다른 애니메이션의 캐릭터들이 등장하는 이야기에 자신을 주인공으로 해서 스토리를 써 보도록 격려했다.

마침내 제이슨은 나아졌다. 애니메이션에서 나온 은유들은 그가 죽음 자체와 사랑하는 사람들의 죽음에 대한 공포를 극복하는 것뿐만 아니라 삶에서 경험하는 새로운 것들과 기존과는 너무나 다른 세상 안에서 자신을 받아들이는 법을 배우는 데 도움이 되었다. 그가 가장 좋아하는 애니메이션의 주제와 은유들은 그의 관점을 바꾸는 데 도움이 되었고 점차 그는 죽음에 대한 공포뿐만 아니라 자포자기했던 것들을 이겨 내게 되었다. 그는 애니메이션 캐릭터와의 관계를 통해 내적인 힘을 끌어내었고, 이는 자기이해와 자기가치를 높이는 데 도움이 되었다. 그는 다시 사회에 뛰어들었고 아르바이트를 재개했으며 새로운 친구들도 사귀었다. 제이슨이 팬픽션을 쓰는 창의적 과정은 그의 불안을 줄이는 데 도움이 되었다. 또한 공포를 극복하고 팬데믹 이전에 하던 활동을 다시 시작하면서 자기통제감을 높이는 데에도 도움이 되었다.

결론

COVID-19 팬데믹은 사회적 · 정서적 · 인지적 어려움으로 인해 많은 신경다양성을 가진 후기 십 대와 초기 성인들에게는 큰 도전이었다. 원격놀이치료는 치료자와 내담자를 연결하는 통로를 제공하였다. 애니메이션, 팬픽션, 디지털 아트는 공포와 상실을 이겨 내고 생각과 감정을 표현하며 목표를 달성하기 위해 변화하는 세계에 적응하는 데 도움이 되었다. 애니메이션과 팬픽션에서 발견되는 은유와 주제는 신경다양성을 가진 후기 십 대와 초기 성인들이 자신과 타인에 대한 관점을 확장하도록 돕고 자기이해와 자기성장을 높이는 데 도움이 된다. 이야기 속 인물의 특성과의 동일시를 통해 성장과 자신감, 자기이해, 자기수용이 이루어지는 내적인 힘을 갖게 된다. 원격놀이치료에서 디지털 아트는 생각과 감정을 표현하고 자기를 나타내기 위해 이미지를 활용하는 것과 아울러 후기 십 대와 초기 성인들이 세션에 즐겁게 참여할 수 있도록 만든다.

참고문헌

Allison, A. (2009). The cool brand, affective activism, and Japanese youth. *Theory, Culture, and Society, 26*, 89-111.

Bal, E., Harden, E., Lamb, D., Van Hecke, A. V., Denver, J. W., & Porges, S. W. (2010). Emotion recognition in children with autism spectrum disorders: Relations to eye gaze and autonomic state. *Journal of Autism and Developmental Disorders, 40*(3), 358-370.

Black, R., Alexander, J., Chen, V., & Duarte, J. (2019). Representations of autism in online harry potter fanfiction. *Journal of Literacy Research, 51*(1), 30-51.

Carter, S. (2009). Bullying of students with asperger syndrome. *Issues in Comprehensive Pediatric Nursing, 32*(3), 145-154.

Cashin, A. (2008). Narrative therapy: A psychotherapeutic approach in the treatment of adolescents with Asperger's Disorder. *Journal of Child and Adolescent Psychiatric Nursing, 21*(1), 48-56.

Diamondbeast (2012, April). *Phantom's keep*. Fan-fiction. https://www.fanfiction.net/s/7979887/1/Phantom-s-Keep

DiMartino, M. D., Konietzko, B., & Ehasz, A. (2006). *Avatar: The last airbender. [Television series]*. Burbank, CA: Nickelodeon Animation Studios.

Halovic, S. (2020). Using the manga/anime Naruto as graphic medicine to engage clients in conversational model therapy. *Psychotherapy and Counselling Journal of Australia, 8*(1). https://pacja.org.au/2020/08/using-the-manga-anime-naruto- as-graphic-medicine-to-engage-clients-in-conversational-model-therapy/

Han, G., Tomarken, A., & Gotham, K. (2019). Social and nonsocial reward moderate the relation between autism symptoms and loneliness in adults with ASD, depression, and controls. *Autism Research, 12*(6), 884-896.

Hull, K. (2017). Play therapy with children with ASD and chronic illness. In L. Rubin (Ed.), *Handbook of medical play therapy and child life: Clinical interventions for children and adolescents* (pp. 69-87). New York: Routledge/Taylor & Francis.

Hull, K. (2020). Creating space for therapeutic change: Boundary expansions with autism spectrum clients. *Journal of Infant, Child, and Adolescent Psychotherapy, 19*(1), 86-97.

Lei, J., & Ventola, P. (2018). Characterising the relationship between theory of mind and anxiety in children with Autism Spectrum Disorder and typically developing children. *Research in Autism Spectrum Disorders, 49*, 1-12.

Lind, S. E. (2010). Memory and the self in autism: A review and theoretical framework.

Autism, 14(5), 430-456.

Maigrlchloe. (2012, April). *Different kind of knight*. Fan-fiction. https://www.fanfiction.net/s/ 7508729/1/Different-Kind-Of-Knight

Malchiodi, C. A. (2018). Introduction to art therapy and digital technology. In C. A. Malchiodi (Ed.), *The handbook of art and digital technology* (pp. 21-41). London: Jessica Kingsley Publishers.

Neto, M. L. R., Almeida, H. G., Esmeraldo, J. D. A., Nobre, C. B., Pinheiro, W. R., de Oliveira, C. R. T., Sousa, I. C., Lima, O. O. M. L., Lima, N. N. R., Moreira, M. M., Lima, C. K. T., Junior, J. G., & da Silva, C. G. L. (2020). When health professionals look death in the eye: the mental health of professionals who deal daily with the 2019 coronavirus outbreak. *Psychiatry Research, 288*, Art. no. 112972.

Panju, S., Brian, J., Dupuis, A., Anagnostou, E., & Kushki, A. (2015). Atypical sympathetic arousal in children with autism spectrum disorder and its association with anxiety symptomatology. *Molecular Autism, 6*, 64.

Pierrot (Production Studio) (2007-2017). *Naruto Shippuuden*. Tokyo, Japan: Pierrot Studio.

Porges, S. W. (2011). *The polyvagal theory: Neurophysiological foundations of emotions, attachment, communication, and self-regulation* (1st ed.). New York: W. W. Norton.

Rozema, R. (2015). Manga and the autistic mind. *English Journal, 105*(1), 60-68.

Rubin, L. C. (2008). Big heroes on the small screen: Naruto and the struggle within. In L. C., Rubin (Ed.), *Popular culture in counseling, psychotherapy, and play-based interventions* (pp. 227-242). New York: Springer Publishing Company.

Schweizer, C., Knorth, E. J., & Spreen, M. (2014). Art therapy with children with autism spectrum disorders: A review of clinical case descriptions on 'what works'. *The Arts in Psychotherapy, 41*(5), 577-593.

Siegel, D. J. (2006). An interpersonal neurobiology approach to psychotherapy. *Psychiatric Annals, 36*(4), 248-256.

Sosso, G. (2017, July 5). *Autism and anime connection*. CARD-USF. https:// cardusf.wordpress.com/2017/07/05/autism-anime-connection.

Tamashi, D. (2013, October). *Wings of the phoenix*. Fan-fiction. https:// www.fanfiction.net/s/9743524/1/Wings-of-the-Phoenix.

Ting, D. H., & Lim, W. M. (2012). Identity formation and self-esteem through anime consumption. In *International Conference on Contemporary Marketing Issues (ICCMI)*, 48-54.

Vulcan, M. (2016). "I'm a translating body": Therapists' experiences working with children diagnosed with autism spectrum disorder. *Journal of Psychotherapy Integration, 26*(3), 326-337.

Watanabe, M., & Yokotani, M. (2016). *Re:Zero: Starting life in another world*. White Fox

Studios.

Wright, C., Diener, M. L., Dunn, L., Wright, S. D., Linnell, L., Newbold, K., D'Astous, V., & Rafferty, D. (2011). SketchUpTM: A technology tool to facilitate intergenerational family relationships for children with autism spectrum disorders (ASD). *Family and Consumer Sciences Research Journal, 40*(2), 135-149.

제**3**부

특별한 개입방법

• • •

제11장

가상 모래상자 앱을 활용한 한 소년의 치유 여정

Heidi Gerard Kaduson

COVID-19 팬데믹 시기 동안 놀이치료자는 심리치료가 필요한 아동을 만나기 위해 대면 치료에서 원격의료로 치료 전달 방식을 전환하였다. 많은 놀이치료자는 이러한 전환이 어렵다는 것을 알게 되었는데, 특히 이미 대면 놀이치료를 받고 있던 아동을 참여시키는 것은 더욱 어려웠다. 원격의료의 주요 목표 중 하나는 의료 전달을 향상하기 위한 차세대 원격의료 도구를 개발하는 것이다(Ackerman et al., 2010). 원격의료로 놀이치료가 전환되었을 때도 대면 놀이치료실에서 유용하게 사용하던 도구인 가상 모래상자 앱(Virtual Sandtray®© APP: VSA; Stone, 2015)[1]을 활용해 치료가 지속되고, 모래놀이치료가 계속 활용될 수 있었다. 개인의 필요를 충족하기 위해 처방된 놀이치료를 사용하는 것이 최선이기 때문에(Kaduson et al., 2020), 가상 모래상자를 사용하는 것은 이 어려운 시기에 많은 아동을 돕는 강력한 도구가 되었다.

1) 역자 주: Virtual Sandtray®© 앱은 유료 앱이다. '가상 모래상자'에 대한 간략한 소개와 기능은 Jessica Stone과의 인터뷰 동영상에서 확인할 수 있다(https://youtu.be/_r2DP8yi2zo).

처방적 놀이치료

놀이는 아동의 정상 발달을 촉진할 뿐 아니라 이상행동을 완화하는 힘을 가지고 있다. 놀이치료는 "훈련된 놀이치료자들이 놀이의 치료적 힘과 이론적 모델의 체계적인 사용을 통해 내담자의 심리사회적 어려움을 예방 혹은 해결하고 최적의 성장과 발달을 달성하는 대인관계적 과정"으로 정의된다(Association for Play Therapy, 1997). 놀이치료는 1950년대부터 아동심리치료의 주요 접근법으로서 모델별 치료에서 더 통합적이고 처방적인 모델로 발전하였다(Drewes et al., 2011; Schaefer & Drewes, 2014). 절충주의적 치료자들은 하나의 특정 이론에 엄격하게 충실한 대신, 개별 아동에게 맞춰 개입하기 위해 다양한 이론 및 기법을 활용한다(Kaduson et al., 1997; 2020). 처방적 놀이치료는 개별 아동의 구체적이고 다양한 욕구를 충족하기 위한 놀이 개입을 맞춤화하기 위해 다양한 이론과 기술을 통합하는 치료적 접근법이다. 이 접근의 초점은 아동이 치료에 오게 된 특정 문제를 해결하는 것이다. 이 접근법은 놀이치료자가 놀이치료의 역사를 잘 파악하고, 다양한 유형의 장애와 아동을 치료할 때 활용할 수 있는 여러 모델과 기법의 이론적 뿌리에 대한 이해를 심화시킬 수 있도록 돕는다(Johnson, 2016). 놀이치료 분야는 처방적(선택적, 통합적, 증거기반) 접근의 사용과 함께 1950년대 이후 엄청난 성장을 이루었고, 아동의 특정 욕구를 충족하기 위해 계속 진화할 것이다(Kaduson et al., 2020).

Heidi Gerard Kaduson 등(1997)은 『The Playing Cure: Individualized Play Therapy for Specific Childhood Disorders』라는 책에서 처방적 놀이치료 모델을 처음으로 설명하였다. 이 책은 놀이의 치료적 힘(The Therapeutic Powers of Play) (Schaefer, 1993)[2]을 청소년의 일반적인 심리적 장애에 적용하는 방법을 상세히 기술하였다. 처방적 놀이치료법의 인기는 지난 20년 동안 급격히 증가하였고, 앞으로 몇 년 동안 계속해서 확대될 것이다. 처방적 놀이치료는 놀이치료 접근의 기본적 초석 역할을 하고 놀이치료 임상을 안내하는 일련의 원칙을 제공할 것이다(Kaduson et al., 2020). 이 원칙은 다음과 같다.

1. 차등적인 치료: 어떤 치료 접근은 다른 치료보다 특정 장애에 더 효과적이다. 어떤 놀이치료 접근에는 잘 반응하지 않던 아동이 다른 놀이치료 접근에는 반응할 수 있다(Beutler & Clarkin, 1990).
2. 절충주의: 많은 치료법이 어떻게 차등적으로 적용될 수 있는지에 대한 지식과 함께 여러 선택지를 갖고 있으면, 특정 아동의 필요를 충족시키는 데 더 효과적일 수 있다.
3. 통합 심리치료: 다양한 이론 및 기술을 결합하여 개입의 범위를 강화하거나 넓힐 수 있다.
4. 처방적 매칭: 특정 장애 또는 주 호소 문제에 가장 효과적인 놀이 개입을 매칭하는 방법을 모색한다(Norcross, 1991).
5. 개별화된 치료: 특정 아동의 필요나 욕구에 맞춰 개입을 조정한다.

처방적 놀이치료 접근에서 모래상자는 아동이 심리적 어려움을 훈습하도록(work through) 돕는 데 사용하는 중요한 기법이다. 치료실은 아동이 안전한 장소에 있으면서 관심 있는 어떤 놀이든 선택할 수 있게 하고, 처방적인 접근은 이 과정을 지지한다. 많은 아동은 피규어를 가지고 자신의 세계를 탐색하고 설명하기 위해 모래상자를 선택한다.

---

2) 역자 주: Schaefer(1993)는 2014년에 『The Therapeutic Powers of Play: 20 Core Agents of Change』로 두 번째 판이 발간되었고, 『놀이의 치료적 힘: 변화의 20가지 핵심 기제』로 국내에서 번역 출판되었다.

모래놀이치료

모래와 피규어의 사용의 시작은 1900년 초 Margaret Lowenfeld가 내담자가 자신의 내적 · 외적 갈등과 경험을 소통하고 해결하는 데 도움을 주는 비언어적 대안으로서 모래상자를 처음 사용한 것으로 거슬러 올라간다. Lowenfeld는 이 접근을 '세계 기법(World Technique)'이라고 불렀다(Lowenfeld, 1979). Lowenfeld의 제자이자 Jung 분석학적 치료자인 Dora Maria Kalff는 분석학적 개념을 세계 기법에 적용하여 '모래놀이치료'를 개발하였다. Lowenfeld와 Kalff가 모래놀이치료를 비언어적 치료법으로 평가하는 것은 동일하지만, 모래놀이치료 과정과 결과에 대한 관점은 서로 달랐다. Kalff에게 모래놀이치료의 중요한 측면은 무의식적 수준에서의 치유였다. Kalff는 내담자가 모래상자를 꾸밀 때 조용히 앉아 관찰한 다음, 아동이 모래상자에서 표현한 상징을 해석하였다. 반면, Lowenfeld는 모래상자 작업이 자신을 표현하는 데 어려움을 겪는 아동들을 위한 대화의 한 방법이라고 보았다. 따라서 Lowenfeld는 내담자와 적극적으로 접촉하고 질문하면서도, 상징을 해석하는 것은 지양하였다. 그 대신, Lowenfeld는 아동 스스로 모래상자의 의미를 인식하도록 하였다(Hutton, 2004).

치료에서 모래와 피규어의 사용은 게슈탈트치료(Oaklander, 2000), 아들러치료(Bainum et al., 2006), Jung 분석심리치료(모래놀이)(Peery, 2003) 그리고 해결중심치료(Homeyer & Sweeney, 2017; Nims, 2007; Sweeney, 2011; Taylor, 2009)를 포함한 구성주의적 치료법(Freeman et al., 1997; Spooner & Lyddon, 2007)과 같은 다양한 치료 접근법의 관점에서 검토되었다. 각 이론적 지향의 철학이 다르듯이, 치료목표, 치료자의 역할, 내담자의 주도 정도, 해석의 사용 여부와 같은 모래상자에 대한 각 이론의 적용도 달랐다.

놀이치료에서 모래상자는 다양한 환경에서 다양한 내담자와 광범위한 임상 문제에 치료적으로 사용되어 왔다. 모래놀이치료는 정신건강전문가들이 치료를 진전시키기 위해 의도적이고 목적성이 있는 방식으로 사용할 수 있는 표현적이고 경험적인 기법을 제공한다. 모래놀이치료의 정의 자체가 범이론적인 접근이라는 주장을 반영한다. 같은 맥락에서 모래놀이치료는 이론에 특화된 언어나 용어를 사용하지 않는다. Homeyer와 Sweeney(2017)는 "모래놀이치료는 내담자 혹은 치료자가 주도하고 훈련받은 치료자에 의해 촉진되는 비언어적 의사소통 매체로서, 특정 모래상자 재료를 사용하여 개인 내 그리고 개인 간 문제를 전개하고 처리하는 것을 포함하는 표현적이고 투사적인 심리치료 방식"이라고 정의한다(p. 6). 그러나 모래놀이치료를 대면 그리고 전통적인 방식으로 사용하고 내담자에게 모래상자 경험을 적절하게 제공하기 위해서는 일정한 재료가 필요하다. 최소한 모래상자와 어느 정도의 피규어 세트가 필요하다.

Sweeney(2020)는 모래놀이치료의 치료적 이점을 놀이의 치료적 힘과 관련지어 설명했는데(Schaefer & Drewes, 2014), 이는 〈표 11-1〉과 같다.

놀이성이 풍부한 모래놀이치료의 특성상 아동은 수치심, 죄책감, 두려움 때문에 말로 표현하기 어려웠던 것을 자유롭게 표현한다. 아동은 환상과 현실을 창조적으로 융합하고 가능성을 확장하며 종종 자신도 놀라게 된다(Mook, 2003). 하지만 모래상자가 가진 실제 경계는 구조와 안정감을 제공하며 이는 공격적이고 충동적인 경향을 가진 아동들에게 특히 도움이 될 수 있다(Sweeney & Homeyer, 2009).

〈표 11-1〉 모래놀이치료의 치료적 이점을 설명한 책(Sweeney, 2020)에서 발췌하여 제시함.
표현, 운동감각, 치료적 거리, 안전한 공간, 외상에 대한 사용, 저항의 극복, 의사소통 매체, 방어의 제거, 전이의 처리, 심층적 문제에 대한 접근 등 모래놀이치료의 10가지 핵심 요소에 대한 설명이 포함됨.

1. 모래놀이치료는 본질적으로 언어적으로 표현하기 어려운 감정적 문제를 표현할 수 있도록 돕는다. 다른 표현적이고 투사적인 치료법과 마찬가지로 모래상자는 언어화할 수 없거나 하길 꺼리는 내담자들이 사용할 언어를 제공한다.

2. 모래놀이치료는 자연스럽게 독특한 운동감각적 특성을 가진다. 모래놀이치료에서는 선천적이고 독특한 감각 및 운동감각 경험을 할 수 있고, 이는 근본적인 애착 욕구를 충족할 수 있다.

3. 모래놀이치료는 모든 연령대의 내담자에게 없어서는 안 될 치료적 거리감을 만들어 말이 아닌 놀이를 통해 표현할 수 있도록 한다. 어려움을 겪고 있는 아동은 말로 표현하지 않는다. 그러나 아동은 자신의 무의식에 접근할 수 있게 해 주는 모래상자와 같은 투사 매체를 통해 어려움을 표현할 수 있는 능력을 가지고 있다.

4. 모래놀이치료는 정화(abreaction)가 일어날 수 있는 안전한 공간을 만든다. 심리적 외상을 경험한 아동은 외상경험을 다시 체험하고 반복적으로 이를 놀이에서 표현하면서 천천히 동화시킬 수 있는, 즉 정화를 경험할 수 있는 치료적 환경이 필요하다. 모래상자는 치료적 거리감을 제공하기 때문에 표현되지 않은 문제가 드러날 수 있도록 한다.

5. 모래놀이치료는 심리적 외상을 경험한 내담자에게 효과적인 개입이다. 신경생물학적 영향을 고려할 때(Badenoch & Kestly, 2015; De Bellis & Zisk, 2014; Gaskill & Perry, 2014; van der Kolk, 2014), 표현적 개입을 제공하는 것은 중요하다.

6. 모래놀이치료는 아동의 저항을 극복하는 데 효과적이다. 모래놀이치료는 본질적으로 매력적이고 위협적이지 않기 때문에, 언어적으로만 심리치료에 참여해야 한다고 인식하던 말하기 꺼리는 아동도 사로잡을 수 있다. 모래상자를 통해 치료적 연결이 쉽게 일어날 수 있다.

7. 모래놀이치료는 언어적 기술이 좋지 못한 내담자를 위한 효과적인 의사소통 매체이다. 치료자는 아동에게 발달적으로 적절한 치료 개입을 제공하는 데 필수적인 요소를 고려하고 활용하지만, 언어적 능력이 좋지 못한(예: 말더듬) 아동을 치료 장면에서 마주치게 된다. 모래놀이치료는 언어장애나 언어지연, 생리적 어려움 또는 사회적 어려움을 가진 아동을 돕는다.

8. 모래놀이치료는 방어의 목적으로 언어를 사용하는 아동의 언어화 시도를 무력화한다. 언어적으로 뛰어나거나 저항이나 조작할 목적으로 언어화를 사용하는 아동에게 모래놀이치료는 합법적 혹은 솔직한 의사소통 수단을 제공한다.

9. 전이라는 잠재적 도전은 모래놀이치료를 통해 효과적으로 다루어지고 처리될 수 있다.

10. 모래놀이치료를 통해 더 깊은 개인 내적 그리고 개인 간 문제에 더욱 철저하고 신속하게 접근할 수 있다. 아동은 모래상자에서 작업하는 것을 안전하다고 느끼기 때문에, 아동의 주 호소나 어려움의 근본 원인일 수 있는 복잡한 문제를 표현할 수 있다.

실증적 연구

전통적 모래상자

모래놀이치료에 관한 효과성 연구는 극히 제한적이다. 발표된 사례 연구, 이론 논문 및 일반적인 임상실천 관련 책으로 구성된 문헌은 많이 있지만, 잘 설계된 효과성 연구는 드물다. 기법으로서 모래놀이치료는 경험적으로 지지되는 많은 이론에 쉽게 적용될 수 있다. 인지행동치료를 사용하는 치료자는 치료 프로토콜의 다양한 단계에서 내담자가 작업하는 것을 돕기 위해 모래놀이치료를 통합할 수 있다. 최근에는 범불안장애로 진단된 연구대상자를 대상으로 임상증상과 신경생리학적 변화에 미치는 모래놀이치료의 효과성을 평가하기 위한 모래놀이치료 사례 연구가 수행되기도 하였다(Foo et al., 2020). 집단 모래놀이치료의 효과성을 검증한 잘 설계된 연구도 두 편 출판되었다(Flahive, 2005; Shen, 2006). 연구참여자 수는 매우 적었지만, 치료군에서는 약간의 개선이 있었고 대조군에서는 악화된 결과가 나타났다. 그럼에도 개입의 효과성을 확증할 실증적 연구가 더 수행되는 것이 매우 중요하다.

가상 모래상자 앱

현재까지 가상 모래상자 앱(Virtual Sandtray App®©: VSA)을 활용하여 몇 개의 연구가 수행되었다. 호주 디어킨 대학에 소속된 Judi Parson과 Bronwyn Cole은 VSA를 사용하여 지역 아동 생활 전문가(Child Life Specialists)와 함께 연구를 수행하였다. 이 예비 연구에는 병원에 있는 동안 VSA를 평균 24분 동안 사용한 5~17세 소아 환아 15명이 포함되었다. 참여자들은 VSA가 좋았던 점으로 "만들고 싶었던 것을 만들 수 있다. 뭐든지 만들 수 있다"를, VSA가 마음에 들지 않았던 점으로 "완전 마음에 든다. 나쁜 점은 하나도 없다"라고 보고하였다(Stone & Carotta, 2019년 발표 자료). 사우스다코타 대학의 Staci Born과 Christen Carotta는 학교 상담 개입으로서 VSA를 아동이 어떻게 사용하는지 조사하는 예비 연구를 수행하였다(Born & Carotta, 2019). 학교상담자와 학생들은 "VSA에 머물면서 세계를 만드는 것이 좋았다. 아이가 말을 많이 하지 않아도 관계를 맺을 수 있어서 좋은 도구였다" 혹은 "한계가 없어서 무엇이든 할 수 있다는 느낌이 들었다"와 같이 긍정적 보고를 하였다. 화상을 입은 환자를 대상으로 VSA를 활용해 심리사회적 그리고 의료적 절차에서 주의를 분산시키는 효과를 검증하는 연구가 앨라배마 대학에서 수행되기도 하였다(J. Stone, 2020년 12월 8일 개인 교신).

원격으로 제공되는 모래상자 사용

많은 놀이치료자는 전통적인 놀이치료실에 모래상자와 피규어를 비치해 둔다. 하지만 팬데믹이 시작된 이후로 아동은 더 이상 대면으로 치료를 받지 않았다. 원격놀이치료가 제공되면서 전통적인 모래상자 작업을 아동과 함께 할 수 없었다. 팬데믹이 지속되면서 많은 놀이치료자가 가진 어려움과 도전이 증가하였다. 처음에는 원격놀이치료에 아동을 참여시키는 것이 주된 어려움이었지만 시간이 지나면서 원격으로 아동에게 놀이치료를 제공할 때 도움이 될 수 있는 여러 기법이 개발되었다. 그러나 아동이 이런 종류의 치료에 더 저항적이라는 것이 분명해졌다. 따라서 일부 놀이치료자는 놀이치료실 환경에서는 가능했던 치료 접근을 아동에게 더 이상 제공할 수 없었다. 확실히, 원격으로 제공되는 놀이치료에서 실제 모래상자를 제공하는 것은 불가능에 가깝다.

팬데믹으로 인해 원격놀이치료 제공이 의무화되기 전, 치료실에서 사용된 많은 디지털 도구가 있었다. 아동은 자신들의 관심사와 익숙함 때문에 디지털 도구를 자주 사용하였다. 그 도구 중 하나가 놀이치료실에 있는 실제 모래상자의 대안인 가상 모래상자 앱(VSA)이다(Stone, 2015).

가상 모래상자 앱

가상 모래상자 앱(VSA)은 Homeyer와 Sweeney(2017)가 설명한 바와 같이 근본적으로 '모래놀이치료'를 반영한 앱으로 아동이 모래를 파고, 그림을 그리고, 무엇인가를 배치하고, 조작하는 도구를 사용하여 상자를 꾸밀 수 있는 동시에 모래상자가 저장되고, 다시 불러 오며, 공유(암호화)되고, 사진이 찍히고 세계를 꾸미는 동안 동영상으로 촬영할 수 있다. VSA는 모래놀이치료의 기존 필요와 욕구를 충족하면서도 이전에는 불가능했던 새로운 방식으로 확장될 수 있다(Stone, 2015). 예전에는 모래에서 자신의 세계를 만들 때 모래를 만지거나 모래를 조작하는 것을 참기 어려워하는 감각적인 문제를 가진 아동들도 있었다. 따라서 VSA는 모래상자에서 작업하는 것이 필요한 아동들을 위한 실행 가능한 방법이다. VSA가 아이패드에서 작동되기 때문에 전통적인 모래상자보다 VSA는 많은 아동에게 더 흥미로울 뿐 아니라 아동은 종종 다양한 플랫폼에서 앱을 다루고 비디오게임을 하는 전문가이다. VSA의 디지털 측면은 전통적인 모래상자보다 훨씬 복잡한 작업을 가능하게 한다. 전통적 모래상자처럼 아동은 모래를 파서 물을 표상할 수 있는 파란색 밑바닥에 도달할 수 있다. VSA를 사용하면 아동은 모래를 파고 물에 도달하며 다양한 수위를 가진 여러 종류의 물을 용암, 독 등으로 바꿀 수 있다. 전통적 모래상자에서 사용되는 다양한 범주의 모델이나 피규어는 대부분 VSA에서 제공되고 아동은 다양한 개수의 피규어(즉, 한 종류 혹은 여러 종류의 동물 전체 집단)를 배치하고 크기와 위치를 변경할 수 있을 뿐 아니라 많은 피규어를 움직이게 만들어 본인이 묘사하고 탐색하고자 했던 것을 더 반영하여 표현할 수 있다. 이러한 특징 외에도 모래상자의 세계를 향상시키고 더 무의식적인 수준에서 아동의 탐색을 촉진할 그래픽 모델이 많이 내장되어 있다. VSA의 흥미로운 측면 중 하나는 아동이 모래상자에 꾸민 세계를 다른 측면에서 볼 수 있도록 모래상자를 회전하고, 다른 방향으로 이동하며, 확대와 축소를 할 수 있다는 점이다. 이 원고를 작성할 당시 VSA는 7,000개 이상의 입체적인 3D 모델을 선택할 수 있고, 각 모델은 복제, 애니매이션화, 필요에 따라 크기 조정 및 개별 아동이 원하는 바에 맞게 언제든지 변경할 수 있는 기능이 탑재되어 있다. VSA는 모래상자의 배경이 될 수 있는 여러 환경을 선택할 수 있어 아동의 심리적 경험을 넓히고 모래상자의 분위기를 원하는 대로 만들 수 있다.

놀이치료 사용에 관한 역사와 연구 모두가 증가하고 있지만, 전 세계가 COVID-19 팬데믹으로 고통받고 있을 때 치료법이 어떻게 변경될지 예측할 수 있는 사람은 없었다. 일반적으로, 놀이치료는 놀이의 치료적 힘을 사용하는 훈련된 놀이치료자와 아동이 있는 놀이치료실에서 이루어졌다(Schaefer & Drewes, 2014). 그런데 예고도 없이 치료자는 더 이상 아동을 대면으로 만날 수 없었고 Zoom이나 다른 플랫폼에서 원격으로 아동과 작업할 수 있는 다른 방법을 개발해야 했다. 치료자는 다른 매개체를 통해 놀이치료를 재창조할 필요가 있었다. 처방적 통합 접근법을 사용하던 방식은 '원격놀이(teleplay)'의 발달로 이어졌는데, 이는 원격심리치료가 놀이치료에 적용된 것이다(Kaduson et al., 2020). 이것을 가장 잘 달성하는 방법에 관한 연구는 팬데믹의 급작스러운 발병으로 인해 수행되지 못하였고, 이 때문에 많은 놀이치료 개입은 기법에 기반을 두고 있다. 다행히 놀이치료실에서 아동과 함께 VSA를 이전에 사용했던 경험은 아동이 실제로 모래를 만지지 않고 모래상자를 어떻게 받아들이고 향상시키는지를 이해할 수 있게 해 주었다.

COVID-19 이전에는 놀이치료실의 아이패드에 VSA 앱을 다운로드하였다. 이전에도 많은 잠재기 아동과 청소년은 놀이치료실에서 사용되는 디지털 도구에 큰 흥미를 보였다. 팬데믹 초기에는 VSA를 내담자가 가지고 있는 아이패드에 다운로드할 수 없었지만, 이 문제도 곧 해결되었다. 앱 개발자는 신속히 VSA의 원격 버전을 추가하였다. 이러한 새로운 변경은 아동이 무료로 앱의 '클라이언트 버전'을 다운로드할 수 있게 해 주었다. 치료자가 원격으로 연결되어 치료적 상호작용을 유지할 수 있는 경우에만 아동은 ID와 비밀번호를 제공받아 아이패드나 아이폰에서 앱을 사용할 수 있었다. 이러한 발전은 봉쇄조치나 사회적 거리두기로 인해 많은 아동이 놀이치료실에 오거나 다른 사람을 보는 것이 허용되지 않은 상황에서도 VSA를 통한 개입을 가능하게 하였다. 실제로 이미 놀이치료를 받고 있던 아동은 팬데믹과 봉쇄조치로 인한 불안과 우울 증상이 증가해 심리치료를 지속할 필요가 있었다.

원격놀이치료를 사용하기 위한 지표

모래놀이치료는 대부분의 주 호소 문제 혹은 주의력결핍 및 과잉행동장애, 적대적 반항장애, 품행장애와 같은 외현화 장애, 그리고 불안과 우울과 같은 내재화 장애를 포함하는 진단적 고려사항에 적합하다. 또한 팬데믹으로 인해 악화된 심리적 외상 경험이나 스트레스 문제가 있는 아동에게도 적합하다. 자폐스펙트럼을 가진 아동은 모래를 만지거나 움직일 때 가질 수 있는 감각적 문제로 어려움을 더 겪을 수 있지만, VSA와 같이 모래상자가 가상적으로 제공되는 경우 그러한 스펙트럼을 가진 아동이 모래놀이치료를 통해 탐색하고 자각할 기회를 얻을 수 있다. 그러나 치료실에서든 원격이든 모래놀이치료가 모든 아동에게 적합한 것은 아니다. 정신증을 경험하고 있는 아동은 모래상자 과정에 의해 압도될 수 있다. 따라서 치료자는 잘 훈련되어 있어야 하고 아동심리치료에서 늘 하듯이 아동이 어떻게 반응하는지 민감해야 한다.

놀이치료실에서 전통적인 모래상자나 VSA를 사용할 때는 부모가 치료에 동의해야 하므로 아동은 안전한 장소에서 사생활 보호와 비밀보장을 보호받을 수 있었다. VSA의 모래상자 작업이 암호화되고 암호로 보호된다는 사실은 아동을 훨씬 더 안심시킬 수 있는데, 모래상자 작업이 치료 파일에 남아 있고 다른 사람에게 이것이 노출될 위험이 적기 때문이다. VSA가 원격기능을 포함하도록 업그레이드되었을 때 개발자는 이 기능을 VSA의 필수적인 부분으로 유지하였다. 모든 치료자는 치료뿐 아니라, 비밀보장 기록에 대한 보관 및 치료적 상호작용으로 인해 발생할 수 있는 모든 부산물에 대한 비밀보장 유지와 관리의 중요성을 인식해야 한다. VSA에서는 아동의 모래상자 작업이 저장되고 다시 업로드되면, 아동과 치료자가 동의하기만 하면 공유될 수 있다. 앞서 언급한 것처럼, 아동이 자신의 심리적 어려움을 작업해 나가기 위해서는 안전감이 필요하다. VSA는 치료자와 아동이 함께 치료실에 있지 않음에도 불구하고 제공된다. 이것은 많은 아동이 놀이치료를 접할 수 있도록 하였고 아동의 작업이 저장되고 준비되었기 때문에 주저함 없이 다음 주에 모래상자 작업을 이어서 할 수 있게 하였다.

윤리적 고려사항

상담 및 임상현장에서 원격심리치료의 사용은 지난 20년 동안 꾸준히 증가해 왔으며 앞으로 몇 년 동안 계속 성장할 것으로 예상된다(American Psychological Association, 2010a; Maheu et al., 2012). 『Ethical Principles of Psychologists and Code of Conduct』(American Psychological Association, 2010b)에 있는 일반적인 윤리적 원칙에 주의를 기울이는 것은 대면상담이든 원격상담에서든 필수적이다. 또한 원격놀이치료에서 아동의 안전을 고려하고 안전계획을 수립하는 것이 중요하다(Luxton et al., 2012). 치료자는 임상 서비스에 대해 다양한 기술의 통합을 이해하고, 존재하는 윤리적·법적·임상적 과제를 인식해야 한다. 예를 들어, 치료자는 내담자에 대한 원격심리치료의 적절성, 그리고 동의서, 비밀보장, 임상적 · 기술적 역량, 비상 안전 장치 및 절차를 검토해야 한다(Barnett & Kolmes, 2016). 또한 Ascherman과 Rubin(2008)이 강조하였듯 치료 공간의 경계, 사생활 보호, 비밀보장을 포함하여 아동심리치료를 수행하기 위한 핵심 윤리적 원칙을 준수하고, 온라인 회기에서 안전한 연결을 위해 HIPAA 지침도 준수해야 한다.

『Play Therapy Best Practices: Clinical, Professional and Ethical Issues』(Association for Play Therapy, 2020)에도 윤리적 고려사항의 중요성이 포함되어 있다. 여기에서는 놀이치료자들이 고품질의 원격놀이치료를 제공하기 위해 훈련, 감독 및 교육 기회를 받도록 강력하게 권고한다. 학회가 요구하는 것은 다음과 같다.

> 치료와 자문을 위해 기술을 활용할 때, 놀이치료자는 모든 당사자에게 일반적인 상담동의서와 함께 원격놀이치료 동의서를 제공할 것이다. 동의는 대면으로 직접 서명받아야 한다. HIPAA 지침을 준수하는 플랫폼을 통해 받은 전자 서명된 문서 또는 구두로 획득한 동의서는 ① 서면으로 작성한 동의서를 받기 위한 후속 조치 계획(즉, 우편 서비스를 통해 전달), ② 대면으로 서명받지 못한 근거와 누가 참석하였고, 구두 동의는 이뤄졌는지, 서명된 원본 문서의 후속 조치 계획과 같은 내용이 문서화되어야 한다.
>
> (Association for Play Therapy, 2020, p. 20)

국제놀이치료학회는 놀이치료자들이 원격놀이치료와 같이 치료에서 기술을 사용하는 잠재적인 이점과 한계를 완전히 이해하고 모든 아동에게 이것이 잘 맞는지 확인할 것을 제안한다. 제한점에는 기술 및 장비 고장, 비밀보장이 보호되지 않을 가능성이 포함된다. 따라서 놀이치료자는 기술과 치료 모두에 대한 지속적인 훈련을 반드시 받아야 한다.

특히 VSA와 관련하여, 임상가가 VSA를 사용하기 전, 사용에 대해 부모나 보호자와 논의하는 것은 무척 중요하다. 무료 클라이언트 버전을 다운로드하려면 부모의 동의나 도움이 필요한 경우가 많다. VSA를 사용하는 근본적이고 이론적인 목적에 대해 논의하는 것은 부모를 안심시킬 것이다. 또한 전통적인 모래놀이치료와 마찬가지로, VSA의 사용이 누군가 대면으로 주의를 기울여야 하는 아동의 정서적 반응을 촉발한 경우, 부모나 보호자의 도움을 받을 수 있다.

사례

초등학교 5학년인 10세 소년 Billy는 분노와 폭발적인 행동으로 인한 어려움이 증가하면서 부모가 놀이치료에 의뢰한 아동이다. Billy의 형이 몇 년 전 저자와 함께 치료를 진행했었기 때문에 Billy는 놀이치료 받는 것에 대해 흥분한 상태였다. 하지만 3월에 COVID-19 팬데믹이 시작되고 학교에서 원격수업이 시행되며 가족들은 격리되어 있어야 했기 때문에, Billy는 저자를 비대면으로 만나야 한다는 말을 들었다. Billy는 다른 어른들과 선생님에게는 매우 적절하게 행동하였으나 가정에서는 분노 관련 어려움이 더욱 악화되고 있었다. 부모님이 Billy에게 무슨 문제가 있는지 물으면 아무 문제가 없다고 대답하곤 했다. Billy는 다른 사람들과 또래에게는 화를 꾹 참았다가 집에서 폭발하며 반항적인 모습을 보였다. Billy의 부모님은 매우 지지적이었지만 Billy는 무엇이 자신을 괴롭히는지 말하지 않았고, 학교나 친구들과의 어려움에 관해서도 이야기하지 않았다. Billy는 1학년 때부터 어울리던 친구들이 있었지만 몇 달 동안 그들 중 누구도 보지 못했다.

Zoom 플랫폼에서 원격으로 실시된 접수면접 시, Billy는 놀이치료실에 오는 것에 대해 언급하지 않았는데, 부모님이 치료가 원격으로 실시되어야 한다고 말했기 때문으로 보였다. Billy는 우리가 치료실에 같이 있는 것이 아니기 때문에 인터넷상으로 무엇을 할 수 있는지 물었다. 우리는 각자의 장소에 둘다 가지고 있는 몇 가지 게임을 했다. 이것은 처음에는 효과가 있는 것처럼 보였지만, Billy를 당면한 문제로 끌어들이지는 못했다. Billy는 어떠한 부정적인 감정이든 언어화하기 어려워하였고, 모든 게 괜찮다고 말하곤 했다. 두 번째 회기가 되어 저자는 Billy에게 가상으로 모래상자를 만드는 앱을 Billy 집의 아이패드에 준비하고 있다고 말했다. Billy는 이것을 시도해 볼 생각에 흥분했고 세 번째 회기부터 사용하기 시작했다. Billy가 한 대 이상의 기기를 가지고 있지 않았기 때문에, 우리의 회기는 Zoom을 통해 서로를 보는 것으로 시작하지만 VSA가 시작되면 서로 들을 수는 있지만 볼 수는 없는 상태로 작업하였다(Zoom 창은 태블릿 화면의 VSA 뒤에서 작동되고 있었음). 이것은 Billy가 모래상자 세계를 창조하고 만드는 모든 것에 관해 이야기할 수 있는 충분한 심리적 거리를 갖는 데 도움을 주는 것처럼 보였다. 저자는 단지 우리가 어떻게 모래상자를 공유할 것인지, Billy가 선택할 수 있는 환경이나 배경, 앱의 일반적인 작동방법을 설명하기만 하면 되었다. Billy는 이미 디지털 세계에 너무 익숙했기 때문에 저자가 말을 끝내기도 전에 작동방법을 즉시 이해하였다.

Billy는 모래상자의 한쪽에 용의 땅을 만드는 것으로 시작했고, 다양한 용들을 사용할 수 있는 정도를 알고 놀랐다. Billy는 용들이 다양한 크기가 되길 원했고, 이 중 일부는 움직이기도 했다. 모래상자에 있는 집은 폭발하는 화산 위에 있었다. VSA에는 바로 사용할 수 있는 화산이 이미 있었지만, Billy는 화산 내에서 특정한 종류의 용암과 용암이 흘러내리게 만들고 싶어 자신만의 화산을 만들었다. 이를 만드는 데 전체 회기 시간이 다 걸렸고 그동안 저자는 화산뿐 아니라 사람들 안의 분노를 상징하기 위해 은유를 사용하여 반영하였다. 저자는 Billy가 화산 주변에 모든 종류의 용들과 함께 많은 보호를 공들여 배치하고 있다는 점을 반영하였다. 여러 용 중 한 마리만이 왕이고 이 왕이 화산의 꼭대기에 있다고 Billy는 말했다. 다른 용들은 왕과 화산을 보호하고 있었는데 이렇게 하지 않으면 화산이 폭발해서 모두를 죽일 수 있다고 말했다. 치료가 5분 남았다고 말하자 Billy는 모래상자를 제자리에 그대로 둬도 되는지 물었고 저자는 VSA의 작동방법과 다음 주에 Billy가 만들었던 모래상자 세계로 돌아가고 싶으면 Billy의 사용자 이름으로 저장된 모래상자에 접속하면 된다고 설명했다. Billy는 이에 대해 기뻐하였다.

다음 주 다섯 번째 회기에 Billy는 자신의 모래상자에 다시 접속하기 위해 방 ID와 비밀번호를 물었다. 이번에는 모래상자의 다른 부분에 집고양이의 땅을 만들고, 여러 고양이를 두었는데 그중 매우 큰 고양이가 집단의 리더였다. 똑같이 생기면서 더 작은 고양이를 리더 옆에 두었는데, 이 작은 고양이가 리더에게 편안함을 주는 존재였다. 고양이 영역은 나무와 꽃이 배치된 초목이 무성한 잔디 위에 있었다. Billy는 용 영역에서는 더 이상 작업을 하지 않고 고양이 영역의 긍정적인 특성을 반영하면서 고양이 영역을 회기 내내 꾸몄다. 가장 큰 리더 고양이만이 용을 보았기 때문에 리더 고양이가 자신을 안정시키기 위해 어떻게 다른 고양이에게 의존하는지 보여 주었다. 다른 고양이들은 너무 작아서 모래상자의 다른 영역을 볼 수가 없었다. Billy가 모래상자의 세부 사항을 더 확장할수록, 자신이 왜 다른 영역을 만들었는지 더 많이 이해하기 시작했다. Billy는 세상에는 용과 화산처럼 나쁜 사람들이 있지만 고양이처럼 착한 사람들도 있다고 말했다. 용들은 생존하기 위해 아무것도 필요하지 않고 화산을 보호할 뿐이라고도 말했다. 고양이들은 음식과 물이 필요했고, 훨씬 더 평화로웠다. Billy가 다음 주 작업을 계속할 것이 확실했기 때문에 모래상자는 다시금 저장되었다.

여섯 번째 회기에서 Billy는 음식을 재배할 수 있는 농장이 있는 영역과 사람들이 살 수 있는 집을 추가했지만, 사람들은 모두 격리되어 아무도 볼 수가 없었다. 다음으로 Billy는 집 근처의 모래상자 위에 병원을 놓고, 병원 뒤에 움직이는 물고기로 가득 찬 큰 호수도 놓았다. Billy는 어떤 집이 적절할지, 어떤 농장 동물이 보일지, 집 안에 갇힌 사람들(격리에 대한 Billy의 표현)을 모두 돌보기 위해 병원이 얼마나 커야 할지를 결정하는 데 많은 시간을 보냈다. 비록 자신이 아는 사람 중 아무도 감염되지 않았기 때문에 표면적으로는 자신은 별로 상관하지 않는다고 말했음에도 이 회기 동안 Billy는 팬데믹에 대해 많은 이야기를 했다. Billy는 병원을 만들면서 자신이 들은 간호사와 의사 관련된 이야기를 하였고 그러면서 더 불안해졌다. 회기가 끝날 때마다 행해짐에도 불구하고 이 회기가 끝날 때, Billy는 모래상자를 꼭 저장하길 부탁하였다. 팬데믹에 대한 불안감이 분명하게 나타났다.

다음 회기에 Billy는 다시 한번 이전에 저장된 모래상자를 요청했다. 이번에는 고양이들이 호수에서 물고기를 가져와야 하므로, 고양이가 호수에 접근할 수 있도록 폭포와 강을 만들었다. Billy가 충분히 편안해지면서 용과 화산 영역을 다시 방문해 바위 일부를 강화하고 다른 용들을 검색하였는데, VSA가 정기적으로 업데이트되기 때문이다. Billy는 정말로 마음에 든 용 한 마리를 발견했고 이 용은 용 영역의 중심에 배치되었다. 이 용은 세 개의 머리를 가지고 있는데 하나는 심술궂고, 하나는 영리하고, 하나는 친절하였다. Billy는 자신의 화산에 감탄했고, 자신이 모래상자를 얼마나 잘 만드는지에 대해 매우 긍정적인 반응을 보였다. 저자는 Billy의 감정을 타당화하고 이 모래상자에 나타내는 것이 무엇인지를 Billy의 은유를 활용하여 묘사하였다. 모래상자의 모든 측면이 함께 연결된 것은 이번이 처음이었다.

다음 회기에 Billy는 앱에 있는 여러 피규어를 사용하여 포털을 만들고 나쁜 쪽과 좋은 쪽 사이에 배치하였다. Billy는 누군가 포털을 필요로 할 때를 대비해 여기에 있다고 말했다. 그 이상 깊이 들어가지는 않았지만, 용이 화나고 매우 폭발적인 측면이라는 것을 Billy가 보기 시작했다. 모래상자는 모래 아래로 파고들 수 있어 Billy는 피규어를 모래 아래 묻었는데, 이는 모래상자의 모래 높이에서는 볼 수 없으나 예고 없이 화산이 폭발하게 만드는 내부의 압력을 분명히 나타내는 것이었다. 제대로 관리하지 않으면 폭발할 수 있는 여러 종류의 폭발물을 모래 밑에 묻었다. Billy는 자기 내면에 있는 분노와 어떻게 팬데믹, 병원, 그리고 이 시기에 발생한 고립이 분노를 촉발하는지를 이해하기 시작하였다. Billy는 떠 있을 수 있는 지구 밖의 우주 배경을 놓으면서 모래상자를 완성했다. Billy는 모래상자의 각 영역 위에 별 몇 개를 추가했는데, 모래상자가 소행성으로부터 안전하게 보호되고 용 영역이 넓어지면서 고양이들이 다치지 않도록 하는 것이라고 말했다.

Billy는 2주 후 모래상자를 끝냈는데 Billy의 부모에 따르면 집에서 훨씬 더 편안하고 덜 폭발적이라고 보고되었다. Billy는 자신이 만든 모래상자를 매우 자랑스러워했고, 저자가 그것의 사진을 찍어 보내 주길 바랐다. VSA와의 작업을 통해 Billy는 자기 행동에 대한 통찰력을 얻을 수 있었고, 자신의 감정을 더 잘 소통할 수 있었으며, 처음엔 너무 지루하겠다고 생각했던 온라인 치료 회기를 즐겼다. 모래상자는 Billy 자신이 초래한 압박감을 완화하고 부정적인 감정을 뒤로한채 평화로운 쪽으로 가는 포털로 걸어 나갈 기회를 만드는 데 도움을 주었다.

결론

혼란과 공포의 팬데믹 시기 동안, 아동은 격리, '정상'의 상실이라는 전례 없는 시기를 이해하려고 노력해야 했다. VSA를 사용하는 것은 Billy가 어떻게 그러한 감정에 접촉하고 폭발적인 행동의 이면에 있는 근본적인 문제 중 일부를 해결할 수 있었는지를 보여 준다. 아동은 무엇을 해야 할지 모를 때마다 놀이치료를 받을 필요가 있다. 어려움을 보이는 아동은 치료에 의뢰될 수 있고, 적절한 조건이 갖춰지면 치료자가 아이들과 조화를 이루어 많은 다른 원격놀이치료 기법을 통해 아동이 자신의 감정을 탐색하도록 도울 수 있다. 치료자는 여러 유형의 개입과 이론에 개방적이어야 하고, 어떤 아동의 필요에든 부합할 수 있어야 한다. 이것이 VSA가 Billy의 폭발적인 행동을 탐색하고 정복하기 위해 한 일이다.

참고문헌

Ackerman, M. J., Filart, R., Burgess, L. P., Lee, I., & Poropatich, R. (2010, Jan-Feb). Developing next-generation telehealth tools and technologies: Patients, systems, and data perspectives. *Telemedicine Journal and E-Health, 16*(1), 93-95.

American Psychological Association (2010a). Telepsychology is on the rise. *Monitor on Psychology, 41*, 11.

American Psychological Association (2010b). *American Psychological Association ethical principles of psychologists and code of conduct*. http://www.apa.org/ethics/code.

Ascherman, L. I., & Rubin, S. (2008). Current ethical issues in child and adolescent psychotherapy. *Child and Adolescent Psychiatric Clinics of North America, 17*(1), 21-35.

Association for Play Therapy (2020). J.5 Use of telemental health in play therapy. *Play Therapy Best Practices: Clinical, Professional and Ethical Issues*. https://cdn.ymaws.com/www.a4pt.org/resource/resmgr/publications/apt_best_practices_-_june_20.pdf

Association for Play Therapy (1997). A definition of play therapy. *The Association for Play Therapy Newsletter, 16*(1), 7.

Badenoch, B., & Kestly, T. (2015). Exploring the neuroscience of healing play at every age. In D. Crenshaw & A. Stewart (Eds.), *Play therapy: A comprehensive guide to theory and practice* (pp. 524-538). Guilford Press.

Bainum, C. R., Schneider, M. F., & Stone, M. H. (2006). An Adlerian model for sandtray therapy. *The Journal of Individual Psychology, 62*(1), 36-46.

Barnett, J. E., & Kolmes, K. (2016). The practice of tele-mental health: Ethical, legal, and clinical issues for practitioners. *Practice Innovations, 1*(1), 53-66.

Beutler, I. E., & Clarkin, J. (1990). *Systematic treatment selection: Toward targeted therapeutic interventions*. Brunner/Mazel.

Born, S., & Carotta, C. (2019, April 29). *Virtual Sandtray: Feasibility and strategies for use in counseling settings* [Conference session]. Minnesota Association for Children's Mental Health Conference, Duluth, MN.

De Bellis, M. D., & Zisk, A. (2014). The biological effects of childhood trauma. *Child and Adolescent Psychiatric Clinics of North America, 23*(2), 185-222. https://https:// doi.org/10.1016/j.chc.2014.01.002

Drewes, A. A., Bratton, S. C., & Schaefer, C. E. (2011). *Integrative play therapy*. Wiley.

Flahive, M. W. (2005). *Group sandtray therapy at school with preadolescents identified with behavioral difficulties* [Doctoral dissertation, University of North Texas]. Dissertation

Abstract International, AAT 3196148.

Foo, M., Freedle, L. R., Sani, R., & Fonda, G. (2020). The effect of sandplay therapy on the thalamus in the treatment of generalized anxiety disorder: A case report. *International Journal of Play Therapy, 29*(4), 191-200.

Freeman, J., Epston, D., & Lobovits, D. (1997). *Playful approaches to serious problems*. Norton.

Gaskill, R. L., & Perry, B. D. (2014). The neurobiological power of play: Using the neurosequential model of therapeutics to guide play in the healing process. In C. A. Malchiodi & D. A. Crenshaw (Eds.), *Creative arts and play therapy for attachment problems* (pp. 178-194). Guilford Press.

Homeyer, L., & Sweeney, D. (2017). *Sandtray therapy: A practical manual* (3rd ed.). New York: Routledge.

Hutton, D. (2004). Margaret Lowenfeld's 'World Technique.' *Clinical Child Psychology and Psychiatry, 9*(4), 605-612.

Johnson, J. L. (2016). The history of play therapy. In K. J. Connor, C. E. Schaefer, & L. D. Braverman (Eds.), *Handbook of play therapy, second edition* (pp 17-34). Wiley.

Kaduson, H. G., Cangelosi, D., & Schaefer, C. E. (Eds.) (2020). *Prescriptive play therapy: Tailoring interventions for specific childhood problems*. Guilford.

Kaduson, H. G., Cangelosi, D., & Schaefer, C. E. (Eds.) (1997). *The playing cure: Individualized play therapy for specific childhood disorders*. Jason Aronson.

Lowenfeld, M. (1979). *Understanding children's sandplay: Lowenfeld's world technique*. Allen & Unwin.

Luxton, D. D., Kayl, R. A., & Mishkind, M. C. (2012). Mental health data security: The need for HIPPA-compliant standardization. *Telemedicine and e-Health, 18*, 284-288.

Maheu, M., Pulier, M., McMenamin, J., & Posen, L. (2012). The future of telepsychology, telehealth, and various technologies in psychological research. *Professional Psychology: Research and Practice, 43*, 613-621.

Mook, B. (2003). Phenomenological play therapy. In C. E. Schaefer (Ed.), *Foundations of play therapy* (pp. 260-280). Wiley.

Nims, D. R. (2007). Integrating play therapy techniques into solution-focused brief therapy. *International Journal of Play Therapy, 16*(1), 54-68.

Norcross, J. C. (1991). Prescriptive matching in psychotherapy: An introduction. *Psychology, 28*, 439-443.

Oaklander, V. (2000). Gestalt play therapy. In H. G. Kaduson & C. E. Schaefer (Eds.), *Short-term play therapy for children* (pp. 28-52). The Guilford Press.

Peery, J. C. (2003). Jungian analytical play therapy. In C. E. Schaefer (Ed.), *Foundations of play therapy* (pp. 14-54). Wiley.

Schaefer, C. E. (1993). *The therapeutic powers of play*. Jason Aronson.

Schaefer, C. E., & Drewes, A. A. (2014). *The therapeutic powers of play: 20 core agents of change* (2nd ed.). Wiley.

Shen, Y. (2006). *The impact of school-based group sandtray counseling on the self-esteem of young adolescent girls* [Doctoral dissertation, Texas A & M University-Commerce]. Dissertation Abstract International, AAT 3245238.

Spooner, L. C., & Lyddon, W. J. (2007). Sandtray therapy for inpatient sexual addiction treatment: An application of constructivist change principles. *Journal of Constructivist Psychology, 20*(1), 53-85.

Stone, J. (2015). Virtual Sandtray App. https://www.sandtrayplay.com/Press/VirtualSandtrayArticle01.pdf

Stone, J., & Parson, J. (2017, August 13-15). *Introduction to the Virtual Sandtray App* [Conference session]. Australasia Pacific Play Therapy Conference, Sydney, Australia.

Sweeney, D. S. (2020). Sandtray therapy. In H. G. Kaduson & C. E. Schaefer (Eds.), *Play therapy with children: Modalities for change* (pp. 9-24). American Psychological Association.

Sweeney, D. S. (2011). Integration of sandtray therapy and solution-focused techniques for treating noncompliant youth. In A. A. Drewes, S. C. Bratton, & C. E. Schaefer (Eds.), *Integrative play therapy* (pp. 61-73). Wiley.

Sweeney, D. S., & Homeyer, L. E. (2009). Sandtray therapy. In A. A. Drewes (Ed.), *Blending play therapy with cognitive behavioral therapy* (pp. 297-318). Wiley.

Taylor, E. R. (2009). Sandtray and solution-focused therapy. *International Journal of Play Therapy, 18*, 56-68.

van der Kolk, B. A. (2014). *The body keeps the score: Brain, mind, and body in the healing of trauma*. Viking.

제12장

가상 놀이치료실의 기초

Rachel A. Altvater

COVID-19 팬데믹은 순식간에 전 세계에 부정적 영향을 미쳤다. 전 세계적인 검역, 자택 대기 그리고 사회적 거리두기 명령은 특히나 현대인의 정신건강관리를 포함하여 거의 모든 측면을 혼란에 빠트렸다. 이 기간에 부정적인 정신건강 상태, 약물 사용 및 자살 사고가 크게 증가한 것으로 나타났다(Czeisler et al., 2020; Pfefferbaum & North, 2020). 수많은 정신건강서비스 제공자들은 의료 및 정신건강 위기 상황에서 꾸준한 치료를 제공하기 위해 원격치료 플랫폼으로 즉시 전환했다. 불안한 시기에 치료 서비스의 전환을 용이하게 하기 위해 전통적인 심리치료 관행에서 혁신적인 원격심리치료로의 적응이 이루어졌다.

직접적으로 체감할 수 있는 치료 도구들의 이용이 불가능해지면서 놀이치료자는 놀이치료 방법을 바꿔야 하는 경험에 직면했다. 임상적으로 수정되고 조정된 원격치료 회기에서 새로운 치료환경과 불확실성이 나타났다. 전통적인 대면 놀이치료를 제공하기 전에 놀이치료자는 치료적 놀이 공간을 유능하게 구성하고, 관련 놀이치료 중재를 실시하기 위해 적절한 교육과 실습을 받는다. COVID-19 이전에는 가상 플랫폼에 이 특수한 형태의 실천방식을 적용하는 방법에 대한 교육이 거의 제공되지 않았다. 팬데믹 초기에 원격치료와

Digital Play Therapy®(Stone, 2020) 분야의 숙련된 놀이치료자들은 지침을 제공받아 새로운 시대에 놀이치료 관행을 충분히 변화시킬 수 있도록 하였다.

아동 및 청소년 교육자들이 온라인 학습을 위한 가상 교실을 만드는 추세에 따라 놀이치료자들 역시 가상 놀이치료실을 창의적으로 구축해 나가기 시작했다. 온라인에서 벌어질 수 있는 다양한 가능성으로 인해 놀이치료자와 내담 아동에게 영향을 미칠 수 있는 가상 서비스의 변수들이 명확하지는 않았다. 사용 가능한 가상 중재방법들에 대한 불확실성과 디지털 도구에 대한 미숙함과 불편함으로 인해 가상 도구 선택에 대한 불안감이 생겼다. 가상 놀이치료실의 도입으로 놀이치료자는 이 혁신적인 환경에서 자신의 놀이 공간과 선택된 놀잇감을 다시 연결할 수 있었다. 이미 정해진 놀이치료실에 대한 그들의 익숙함은 놀이치료자 스스로 더 유능하다고 느끼고 전형적인 자신의 실천방식과 연결되는 데 도움이 되는 것으로 나타났다.

이 장에서는 가상 놀이치료실의 목적과 유용성에 초점을 맞출 것이다. 오늘날 아동의 고유한 필요와 선호도, 그리고 최근 COVID-19 바이러스 팬데믹 시기 동안 원격심리치료에 대한 의존도가 높아지는 사회문화적 변화로 인해, 놀이치료 실천방식도 온라인 매체에서 임상적·문화적으로 적응하는 것은 필요하다. 선택한 틀과 기본 놀이치료 원칙을 바탕으로 어떻게 이론적으로 건전한 중재를 취하고, 적용할 것인지에 대한 논의가 포함될 것이다. 이 장의 중심 초점은 오늘날 아동의 언어를 이야기하고, 계속되고 있는 글로벌 위기와 그 이후 치료의 연속성을 위한 임상적 실천을 조정하고, 시대적 요구에 맞추어 놀이치료 개입의 선택을 넓히는 것이다.

오늘날 아동에 대한 평가, 이해 및 소통

놀이치료 실천의 중요한 측면은 아동의 내적·외적 현실을 이해하여 그들의 세계에 대한 통찰력을 얻고 발달적 요구를 충족하는 방식으로 지원하는 것이다. 아동의 이해 영역과 의사소통 방식으로 들어가는 것은 아동 정신건강 전문가의 책임이다. 그들을 도와주려는 사람이 자신의 경험을 이해하려고 애쓰고 있다는 것은 아동에게 자신과 자기 목소리 모두가 중요하다는 것을 보여 준다. 치료적 놀잇감은 아동의 생각, 감정, 경험, 필요 및 욕구를 전달하고 치유 여정을 촉진하는 데 적절한 방법을 제공하기 위해 사용된다. 놀이는 아동의 자연스러운 의사소통 방식이며 기술은 이러한 의사소통을 촉진하는 현대적 도구인 것이다.

COVID-19 팬데믹은 일상생활 대부분의 측면에서 기술에 대한 의존도를 급격히 증가시켰다. 평범한 일상으로부터 급격한 변화들이 일어났지만 이때 예측 가능성과 일관성을 제공하기 위한 창의적인 방법들도 실행되었다. 다행스럽게도 많은 젊은 내담자는 이미 가상 네트워크에 정기적으로 참여하고 있었다. 오늘날의 의사소통, 연결 그리고 놀이는 디지털 화면을 통해 습관적으로 이루어진다. 아동은 손바닥 안(스마트폰)의 세계에 접근하지 않고는 삶을 이해할 수 없는 시대에서 자라난다. 디지털 플랫폼으로의 전환은 진정으로 아동이 있는 곳에서 만나는 것이며, 이는 아동에게 큰 도움을 줄 뿐만 아니라 치료과정에서 상당한 정도의 혁신적인 가능성을 위한 기회를 열어 준다.

내담아동을 진정으로 이해하려면 인지, 감정, 신체 및 사회 발달 측면에서 아동의 현 위치를 인식하는 것이 중요하다. 유익한 치료를 제공하기 위해서는 그들의 삶의 이러한 측면에 대한 깊은 이해는 기본이다. 사회적으로 아동은 디지털 및 가상 플랫폼 탐색에 숙달되어 있다. 오늘날 아동은 iGeneration 또는 줄여서 iGen으로 알려진 Z세대와 아직 공식적으로 이름이 분류되지 않은 더 젊은 세대로 구성된다. iGen은 1990년대 중반에서 2010년대 초반에 태어난 사람들을 말한다. 그들은 스크린이 있는 사회에서 등장한 첫 번째 세대다. 그들은 스마트 기기, 컴퓨터, 인터넷, 소셜미디어가 없는 삶을 이해하지 못한다. iGen과 그다음 세대는 디지털 네이티브로서 자격이 있다(Prensky, 2001; Stone,

2020).

나이 든 세대의 공통적인 걱정은 아이들이 스크린에 제한을 받는다는 것이다. 가장 큰 걱정은 창의적이고 상상력이 풍부한 놀이를 할 기회가 적어진다는 것이다(Altvater et al., 2017). 외부인의 관점에서 보면 아이들은 화면만 응시하고 있을 뿐이다. 하지만 아이들의 관점에서 볼 때 아직 밝혀지지 않은 세계가 있고, 그것은 스크린 경계 너머에 구성되어 있다. 그것은 측정할 수 없는 가능성으로 향하는 관문 역할을 한다. 수많은 장르의 디지털 게임이 화면에 무한 가능성을 제시하며 탐색, 계획, 처리, 연결, 소통과 그 밖의 많은 것을 위한 공간을 제공한다. 게임 장르의 전체 목록과 디지털 플레이의 치료적 힘에 대한 정보는 Stone(2020)의 책을 참고하면 된다.

종종 세대 간 문화의 단절 때문에 이러한 상반되는 관점 사이에 오해와 이에 따른 문제들이 증가한다. 아동의 눈을 통해 가상 세계를 볼 수 있도록 관점을 전환하면 놀이치료자는 현대 놀이 공간에서 아동을 진정으로 만날 수 있다. Brené Brown은 "누군가의 경험에 공감하기 위해서는 그들의 경험을 상상하는 방식이 아닌 그들이 보는 그대로 믿어야 한다"(출처 미상)고 설득력 있게 말했다. 이 개념을 디지털 플랫폼에 적용하면 더 깊은 고려, 결속 및 치유가 이루어질 것이다. 당신이 내담자와 함께 이 가상 공간에 완전히 몰입하는 것은 디지털 생태계에 그들의 전문성과 능숙함을 사용할 수 있는 기회를 제공하는 것이다. 가치 있고 꼭 필요한 지침과 지원을 통해 그들은 이 공간에서 내부 문제 해결을 향한 길을 탐색할 수 있다.

선입견, 불편함, 불확실성이 궁극적으로 치료 작업의 방향을 결정하기 때문에 가상 놀이치료실이나 다른 혁신적인 가상 놀이치료 방법을 사용하기 전에 이러한 측면을 먼저 살피는 것이 중요할 것이다. 놀이치료자가 편안하지 않고, 이해할 수 없는 개입을 시행하면 치료과정에 방해가 된다(Altvater et al., 2017). 아이들은 어떤 면에서 있는 그대로 받아들이는 면이 있고, 일반적으로 발달상 자기중심적이다. 치료 도구에 대한 놀이치료자의 불편함은 의도치 않게 내담자에 대한 거부감으로 해석될 수 있다(Altvater et al., 2017). 디지털 기술의 보급 이전에 태어나고 자란 디지털 이민자들에게 불안감은 자연스러운 현상이다(Prensky, 2001; Stone, 2020). 개인적 장벽에 대한 자기성찰과 철저한 준비는 전문적 방향을 강화하고 놀이치료자가 네트워크에서 그들과 합류할 수 있도록 돕는다.

가상 플랫폼에 더 깊은 수준의 역량과 연결이 형성되고 이 공간에서 아동과의 연결이 확립되면, 놀이치료자는 자신의 이론적 틀에 중재 선택을 더 잘 맞추거나 더 광범위한 개념화를 시킬 수 있다. 놀이치료자는 놀이가 단순한 놀이 이상이라는 것을 알고 있다. 이는 전통적인 놀이 방식과 디지털 및 가상 놀이 방식 모두에 적용된다. 지난 수십 년 동안 사회는 가상 네트워크 구축에 대한 의존도와 선호도가 높아졌으며, COVID-19 팬데믹 이후 점점 더 빠른 속도로 발전해 왔다. 놀이치료 실천은 서비스를 받는 내담자의 문화에 맞추어 적용 가능한 최상의 실천을 제공해야 한다.

놀이치료실의 핵심 원리

가상 놀이치료실의 치료 도구와 개입의 선택은 전통적인 놀이치료 실천과 일치한다. 놀이치료 핵심 원리를 이해하는 것은 치료환경과 플랫폼 전반에 걸쳐 임상적으로 건전한 치료적 중재를 구현하는 데 중요하다. 이 기본 자료에 대한 요약은 가상 놀이치료실에서 놀이치료 실천의 수정과 적용에 대한 기초를 제공할 것이다. 놀이치료 기초에 대한 더 자세한 정보는 이 책의 제1부를 참조하면 된다.

치료적 놀이 공간과 그 공간에서의 놀이치료 도구와 개입의 선택은 놀이치료자가 취하는 이론적 틀에 달려 있다. 이 장은 일반적 가이드 역할을 할 것이다. 하지만 세부 사항은 선택한 이론에 따라 달라질 수 있다. 놀이치료자는 선택한 이론의 핵심 원칙에 일치하도록 실천방식을 조율해야 하며, 이를 통해 증거 및 연구 기반의 실천을 지속해야 한다.

치료적 연결

놀이치료에서 변화의 핵심 동인은 치료적 관계이다. 아동이 온전히 보고, 듣고, 이해하고, 받아들일 수 있는 조건이 제시될 때 치유가 일어난다(Stone, 2020). 중재의 선택과 실행은 치료과정에서 중요하지만, 관계가 가장 중요하다. Landreth(2012)는 관계의 목표를 "치료자가 하는 모든 것이 관계에 대한 반응이 되도록 아동과의 관계에 열중하는 것"이라고 설명한다(p. 176). 다음은 놀이치료 관계에 대해 그가 찾아낸 목표이다.

1. 안전한 분위기 조성하기
2. 아동의 세계를 이해하고 수용하기
3. 아동의 감정 세계를 표현하도록 격려하기
4. 허용적인 감정을 형성하기
5. 의사결정을 촉진하기
6. 아동에게 책임감과 자기조절감을 개발할 수 있는 기회를 제공하기

오늘날 아동은 주로 가상의 플랫폼을 통해 사회화되고 연결한다. 그들에게 익숙하고 친숙한 공간에서 만나는 것은 관계의 목표를 지지하고 향상시킨다. 아동의 세계를 진정으로 이해하고, 정서적 · 신체적 안전감과 이해, 수용, 관용 및 통제력을 기르기 위해서 놀이치료자는 그들이 있는 곳에서 그들을 만나야 한다. 오늘날 아동은 현재 화면에서 디지털 놀이에 참여하고 친구와 소통하며 학교 관련 과제들을 수행하는 등 많은 일을 하고 있다. 아동의 문화에 공감하고 적응하기 위해 그들의 세계에 발을 들이는 것은 그들과 더 깊은 관계를 맺

을 수 있게 돕는다.

추가 연구는 기술 기반 상호작용이 치료관계에 미치는 이점을 더욱 지지한다.

> 컴퓨터를 통해 다른 사람들과 의사소통한다는 개념이 흔하지 않고 그 소통 방법과 정보를 통해 사람들이 관계를 어떻게 유지시키는지에 대한 연구가 거의 없었던 초기에 원격심리치료 도입에 대한 우려가 제기되었다. 하지만 기술이 향상됨에 따라 높은 수준의 사회적 존재 신호를 나타내는 실시간 의사소통으로 인해 일반 대중들에게 디지털 의사소통은 더욱 매력적이고, 유용하며, 어디에나 존재하게 되었다. 이러한 의사소통 방법은 이제 관계를 유지하고 심지어 강화시킬 수 있는 일상적이고 평범한 방법이 되었다(Lopez et al., 2019, pp. 75-76).

연구 결과에 따르면 임상가가 내담자보다 기술이 관계에 미치는 영향에 대해 더 크게 우려한다는 사실을 발견했다. 그들은 치료자가 이 플랫폼에서 편안함을 높이는 기술과 관계를 지원하는 방법을 구현할 것을 권장했다(Lopez et al., 2019).

치료적 놀잇감의 선택

놀이치료자는 놀이치료 공간에 대해 의도적이다. Landreth(2012)의 아주 유명한 표현에 따르면, 치료적 도구 선택에 있어 핵심 요소는 "놀잇감과 재료는 수집하는 것이 아니라 선택해야 한다."는 것이다(p. 156). 각각의 놀잇감은 치료실에서 아동이 치료적 도구를 이해하고, 처리하고, 표현하고, 이완하도록 안내하는 뚜렷한 목적을 가지고 있다. 놀이는 아동의 자연스러운 의사소통 방식이며 아동의 발달능력을 충족시키는 고유한 언어의 역할을 하기 때문에 놀잇감 및 기타 도구는 아동의 언어를 대표하고 은유의 역할을 하도록 선택된다

(Landreth, 2012). 놀이치료자는 치료실에서 사용되는 언어가 아동에게 응집력 있는 생각과 감정 그리고 행동을 형성할 기회를 제공하기를 원한다.

Landreth(2012)는 놀이치료실 재료들에 대한 포괄적인 개요를 수립할 때 고려해야 할 놀이치료의 일곱 가지 필수 요소를 다음과 같이 명시했다.

1. 아동과 긍정적 관계 형성
2. 다양한 감정 표현
3. 실제 경험의 탐색
4. 한계에 대한 현실 검증
5. 긍정적인 자기 이미지 개발
6. 자기이해 발달
7. 자기조절을 발달할 기회의 제공

놀이치료실에 있는 놀잇감의 결정은 아동이 그들의 생각과 감정 그리고 경험을 안전하고 편안하게 표현할 수 있도록 허용하는 견고한 치료 공간을 형성한다는 것이다. 오늘날 놀이치료실에 디지털 및 가상 도구를 추가하는 것은 디지털 네이티브의 언어에 따르고, 놀이치료 일곱 가지 필수 요소를 충족시키기에 매우 가치 있는 일이다.

치료적 놀잇감을 신중하게 선택하는 또 다른 기본 요소는 적절한 범위의 주제를 포함할 놀잇감의 범주를 고려하는 것이다. Landreth(2012)는 놀이치료실에 포함할 세 가지 놀잇감의 광범위한 범주를 '실생활' '공격성 등 부정적 감정 표출' '창의적 표현과 감정적 이완'으로 분류했다. Kottman과 Meany-Walen(2016)은 놀잇감을 다섯 가지 일반 범주인, '가족과 양육적인' '공포스러운' '공격적인' '표현적인' '가상-환상을 표현할 수 있는' 것으로 분류하였다. 놀이치료자의 전문성과 내담자의 공통된 관심사에 따라 내담자의 욕구를 대표하는 놀잇감이 선택될 것이다. 놀잇감 선택 과정에서 문화와 다양성을 고려하는 것 또한 중요하다(Gil & Pfeifer, 2016). 전통적인 놀이치료 도구에 대한 광범위한 목록은 Landreth(2012, pp. 167-169), Kottman과 Meany-Walen(2016, pp. 6-13)을 참조하고, 디지털 놀이치료 도구를 포괄적으로 고려할 때에는 Stone(2020, pp. 94-124)을 참조할 것을 추천한다.

놀이치료실의 경계 설정하기

전통적인 대면 놀이치료실은 사무실 혹은 이미 결정된 공간이 있기 때문에 뚜렷한 경계가 있다. 기본적이고 전통적인 놀이치료실 놀잇감의 선택도 비교적 동일하다. 가상 놀이치료실은 공간의 상징적 경계가 다소 모호하기 때문에 독특한 경험을 선사한다. 가상 놀이치료실에 통합할 디지털 개입 프로그램이 계속 늘어남에 따라 가상 플랫폼과 인터넷은 추가적인 탐색을 위한 다양한 옵션들을 제공한다. 새로운 놀이치료실을 구성하는 놀이치료자들이 갖는 집단적 이슈는 치료 공간을 명확하게 설정하고 정교화하는 것이다. 선택의 폭이 넓어짐에 따라 오늘날의 다양한 관심사에 대한 복잡한 요구를 충족할 수 있는 더 많은 기회가 제공되는 반면, 이는 불확실성과 불안이 커지는 요인이 되기도 한다.

가상 놀이치료실의 한계를 설정할 때 제일 먼저 놀이치료자는 이론적 핵심 원리에 맞춰야만 한다. 이 이론적 틀은 정신병리학을 어떻게 개념화하는가? 심리적 변화의 본질은 무엇인가? 증상은 어떻게 감소 또는 완화되고 정신병리는 어떻게 치료되는가? 치료 기술 및 개입의 근거와 선택은 무엇인가? 어떤 가상 치료 놀잇감이 이러한 개입을 지원할 것인가? 이러한 질문들은 주의 깊게 적절한 도구들을 선택하고 가상 공간을 개선할 때 반드시 고려해야 할 사항이다.

놀이치료자는 그런 다음에 다양한 가상 개입을 통해 편안함과 역량을 확립하기 위해 노력한다. 진화하는 디지털 도구 카탈로그 때문에 놀이치료자가 사용 가능한 아이템에 익숙하지 않은 경험을 하게 되는 것은 불가피할 것이다. 새로운 기술이 도입되자마자 그다음 버전 또는 후속 유행 아이템이 등장한다.

가상 놀이치료 회기를 위해서 사용 가능한 소프트웨어, 인기 있는 게임 및 앱에 대한 적절한 지식을 개발하고 디지털 플랫폼 사용 방법에 대한 충분한 지식을 갖추는 것은 중요하다.

놀이치료자가 모든 것을 다 알지 못하더라도 충분히 아는 것에만 편안함을 유지한다면 익숙하지 않은 영역을 숙련된 방식으로 더 잘 탐색할 수 있을 것이다. 충분히 안다는 것은 디지털 놀이치료의 핵심 원리를 일반적으로 이해하고 스마트 장치/컴퓨터 및 앱을 인터넷에서 탐색하는 데 익숙해지는 것을 말한다. 놀이치료자에게 적용 가능하고 적절한 경우에 회기를 실행하기 전 잠재적 중재(예를 들어, 특정 게임을 플레이하는 게이머의 유튜브 비디오 시청)에 대한 연구를 수행하고, 회기에서 소개하기 전에 게임을 해 볼 것을 추천한다. 이는 도구 자체를 이해하는 데 도움이 될 뿐만 아니라 놀이치료자에게 어떻게 도구가 사용되고 치료 방식으로 개념화될 수 있는지 이해할 기회를 제공할 것이다.

가상 놀이치료실의 경계를 정확히 찾아내는 것은 지속적인 과정이다. 공간의 범위는 치료자의 편안함의 수준과 치료 도구의 선택에 따라 달라질 것이다. 가능성 있는 목록이 늘어나고, 디지털 및 가상 실천방식에서 놀이의 치료적 힘이 인식됨에 따라 경계가 더욱 확장될 가능성은 높아질 것이다. 놀이치료 분야는 이러한 매우 가치 있는 도구를 실제로 사용하는 초기 단계에 있다. 사이버 세계는 광범위하고, 이 공간에서 원격놀이치료를 발전시키고, 내담자를 추가로 도울 수 있는 무한 가능성이 있다.

가상 놀이치료실

가상 놀이치료실은 컴퓨터로 만들어진 놀이치료 사무실이다. 놀이치료자와 내담자는 물리적으로 떨어져 이 공간 안에서 함께 상호작용할 수 있게 된다. 참고로, 가상 놀이치료실은 COVID-19 사회적 거리두기가 계속되어 현재 원격놀이치료 플랫폼에서 주로 사용되지만, 치료자와 내담자가 같은 장소에 있을 때도 사용될 수 있다. 가상 놀이치료실은 일부 내담자들이 선호할 수 있고, 특히 현재의 건강 위기 기간 동안에 더 청결한 놀이 공간을 제공하는 방법이 될 수 있다. 다음에서 가상 놀이치료실을 만들기 위한 기초와 고려사항을 설명할 것이다.

가상 놀이치료실 만들기

가상 놀이치료 공간을 설계하는 것은 임상 스타일과 치료적 도구의 선택에 따라 달라진다. 그러나 놀이치료실의 본래 핵심 기능—예를 들어, 따뜻하고 아동 친화적인 공간으로 만들기, 매력적이고 치료적으로 허용되는 환경 조성하기 그리고 쉽게 접근할 수 있고, 문화적으로 포용적이며 발달적 · 임상적으로도 적절한 놀잇감 포함하기 등—은 지속적으로 놀이치료 공간을 만드는 데 가장 중요할 것이다. 실제 사무실과 가상 사무실이 있는 놀이치료자에게는 일관성과 예측가능성을 유지하는 것이 좋다. 가상 놀이치료실에 기존 놀이치료 도구를 적용하고, 기존 놀이치료실에 디지털 도구를 추가하면 보다 통합된 치료환경과 경험을 얻을 수 있다.

가상 놀이치료실은 가장 널리 사용되는 구글 슬라이드와 같은 프리젠테이션 프로그램을 통해 구축된다. 슬라이드는 디지털과 가상의 놀잇감, 게임, 표현 예술, 웹사이트, 문서 혹은 기타 생성되거나 선택된 개입과 연결된 다양한 사물 사진으로 이루어진 한장의 슬라이드나 슬라이드쇼로 구성된다. 놀이치료실은 원격놀이치료 플랫폼을 통한 화면 공유 또는 아동에게 화면을 공유할 수 있는 링크를 전송해 제공하게 된다.

놀이치료실을 만들 때 놀이치료자는 제일 먼저 슬라이드의 배경을 선택한다. 공간의 배경은 실제 놀이치료실 사진처럼 놀이치료자가 업로드한 사진일 수 있고, 단순한 벽과 배경 등 검색 엔진에서 얻거나 태블릿 화면과 같이 창의적으로 구성한 사진일 수 있다. 구글 슬라이드는 구글 이미지에 직접 연결되어 공간에 항목을 검색하고 추가하는 작업을 간소화한다. 그런 다음 놀이치료자는 치료적 놀잇감을 선택하고, 이러한 놀잇감을 나타내는 다양한 이미지를 검색한다. 회의실에 선택된 항목을 추가하면 웹사이트 혹은 기타 슬라이드를 해당 항목에 연결한다. 예를 들어, 놀이치료자가 그들의 가상 놀이치료실에 옷 갈아입는 놀이를 포함하기를 원할 때, 치료자는 옷, 옷장 혹은 거울 사진을 메뉴에 제공하고 상호작용할 수 있는 가상의 옷 입기 웹사이트 링크를 추가할 수 있다. 링크를 추가할 때는 개체를 강조한 뒤에 구글 슬라이드의 리본(파일, 편집, 보기 등과 같은 도구 모음에서의 옵션)에서 삽입 〉 링크 선택할 수 있다. 놀이치료자는 프로그램 편집 도구를 사용해서 슬라이드 상에서 직접 대화식 게임을 만들 수도 있다. 가상 놀이치료실의 시각적인 단계별 안내와 예시를 보려면 Altvater(2020)를 참조하면 된다.

가상 놀이치료실 사용하기

서비스를 시작할 때 놀이치료자는 놀이치료의 치료적 목적에 관한 심리교육을 제공한다. 마찬가지로, 디지털 및 가상 개입을 통합할 때에도 이러한 도구에 대한 치료적 근거를 보호자에게 알려야만 한다. 놀이치료자는 목적, 이점과 잠재적 제한 사항을 설명한다. 서비스를 시작할 때 이러한 정보를 제공하면, 보호자가 치료에 잘 참여하게 될 것이다(Stone, 2020). 가상 공간을 둘러보도록 하는 것도 유용한 방법이다. 이는 보호자를 놀이치료실에 직접 초대하는 것과 같다. 이것은 치료 공간과 치료과정에 대한 그들의 이해를 증가시키고 편안함을 느끼게 한다. 또한 자녀의 연령과 발달 정도에 따라 보호자에게는 자녀에게 놀이치료실을 탐색하는 방법을 안내하고 지원하기 위해 다양한 링크에 접속하는 방법에 대한 추가 교육이 필요할 수 있다.

그런 다음, 놀이치료자는 아동을 가상 놀이치료실에 어떻게 초대할지를 결정한다. 그들은 놀이치료실을 화면에 공유할 수도 있고, 구글 슬라이드 프레젠테이션에 고유한 놀이치료실 링크를 공유하거나 웹 주소를 통해 인터넷에 놀이치료실을 게시하고 내담자와 링크를 공유할 수 있다. 화면을 공유할 때,

놀이치료자는 슬라이드 제어를 유지하거나 원격으로 슬라이드를 제시하고 아동이 그 공간에서 커서를 제어할 수 있도록 한다. 후자가 선호되는 경우 놀이치료자는 언제든지 접속을 무시할 수 있다. 원격 제어를 허용하기 위해서는 크롬 웹 브라우저에서 '슬라이드용 원격제어' 구글 크롬 확장 프로그램을 다운로드한다. 원격 기능으로 화면을 제시할 때 원격 액세스 링크 및 코드가 제공된다. 놀이치료실 고유 링크를 공유할 때 놀이치료자는 회기가 진행되는 동안 프레젠테이션의 복사본을 만들고, 링크를 가진 모든 사람이 슬라이드에 접속해서 슬라이드를 편집할 수 있도록 편집자 접근 권한을 설정한 다음, 그 링크를 아동에게 전송한다. 이러한 방식을 사용하면 놀이치료자와 아동은 실시간으로 같은 공간에 있게 된다. 이것은 화면 공유 옵션을 선택할 수 없을 때 선호되는 방법이다. 놀이치료실을 인터넷에 게시하면 아동이 링크를 통해 놀이치료실로 접속할 수 있다. 이 방법은 실시간으로 같은 공간에서 소통하면서 편집을 할 수 없다는 점에서 다르다. 다시 말해서, 아동은 고유한 슬라이드쇼 링크를 사용할 때와 동일한 방식으로 놀이치료자와 함께 슬라이드에서 대화형 게임에 참여할 수 없다. 아동은 다양한 개체를 클릭할 수 있으며, 이를 통해 해당 링크로 이동할 수 있다. 아동을 공간으로 초대할 수 있는 방법은 원격놀이치료 플랫폼의 기능과 놀이치료자의 선호도에 따라 달라질 것이다.

전통 놀이치료실과 마찬가지로, 아동에게 공간을 탐색할 수 있는 시간과 공간을 제공하는 것은 편안함과 친숙함을 확립할 수 있어서 유익하다. 아동이 처음 놀이치료실에 들어오면 종종 방을 살펴본다. 탐색 및 평가의 단계인 처음 몇 회기 동안에는 주제별 자료가 쉽게 나타나지 않을 수 있다. 가상 놀이 공간에서도 이 과정은 동일하게 일어난다. 아동은 무엇이 사용 가능한 도구인지 자세히 살펴본 후에야 그들의 고유한 치료과정에 어떤 놀잇감이 유익한지 알게 될 것이다.

아동이 가상 놀이치료실에서 편안함과 친숙함을 확립한 후에 놀잇감과 더 깊숙하게 연결되어 놀이의 치료적 힘을 촉진할 것이다(Schaefer & Drewes,

2014). 놀이치료자는 아동의 내적 경험에 대해 더 큰 통찰력을 얻고 치유의 과정을 촉진하기 위해 회기 전반에 걸쳐 주제별 자료를 평가하도록 권장한다. Ryan과 Edge(2011)는 "놀이주제는 행동뿐만 아니라 아동이 그들의 놀이치료에서 자발적으로 표현하는 중요하고, 근본적인 정서적 문제를 나타내는 행동의 추상화이다."라고 설명한다(p. 356). 그들은 안전 혹은 보호, 편안함, 양육, 거리두기 또는 거절, 혼돈, 심리 외상과 초기 관계에서 학대, 힘, 숙달감, 완성감, 통제/피해, 나약함과 무기력감 그리고 공격성을 포함한 하위 주제를 분류하였다. 회기에서 나타날 수 있는 이러한 주제들과 다른 주제들에 대한 평가는 아동이 어느 과정에 있는지에 대한 귀중한 정보를 제공할 것이다. 놀이치료자가 디지털 및 가상 도구에 익숙하지 않은 경우 관련 치료 내용을 식별하는 것이 더 어려울 수 있다. 특정 치료 도구를 사용하는 잠재적 근본 이유를 연결하면 이해를 높이고, 놀이치료자가 편안하고 친숙하며 유익한 방식으로 아동을 지원하는 데 도움이 된다. 가상 놀이치료실의 추가적인 활용은 치료방법과 놀이치료자의 이론적 틀에 의한 개입의 선택에 달려 있다.

윤리적 고려사항

놀이치료자는 아동의 보호 건강 정보(Protected Health Information: PHI)[1]를 보호하는 데 우선순위를 둔다. 놀이치료실은 사생활 보호를 준수하는 원격치료 플랫폼을 사용해야 한다. 놀이치료자는 그들의 주와 국가 자격 위원회, 국제놀이치료학회(Association for Play Therapy, 2020)와 그들의 책임 보험을 참고해 지정된 원격치료 규정에 대한 설명을 들어야만 한다. 놀이치료실 자체

1) 역자 주: 개인 건강 정보라고도 하는 보호 건강 정보(PHI)는 의료 전문가가 개인을 식별하고 적절한 관리를 결정하기 위해 수집하는 인구 통계 정보, 의료 이력, 검사 및 실험실 결과, 정신건강 상태, 보험 정보 및 기타 데이터를 말한다.

는 유료 버전의 구글 워크 플레이스(Google Workplace)에서 적절한 설정을 통해 책임법인 건강 보험 양도 및 책임에 관한 법(Health Insurance Portability and Accountability Act: HIPAA)을 준수할 수 있다. HIPAA는 미국에서 개인 건강 정보(PHI)를 보호하기 위한 개인정보 보호 및 보안 준수 기준이다. BAA(Business Associate Agreement)는 PHI가 있는 구글 관련 서비스를 사용하기 전에 구글 워크플레이스 계정의 관리자가 검토하고 서명해야 한다. 가상 놀이치료실에 PHI를 포함하지 않는 것이 좋다. 이 공간의 개인정보 보호 규정은 주로 놀이치료 회기의 내용을 최대한 보호하기 위한 것이다.

기술 기반 개입이 개인정보 보호 표준을 완전히 준수하지 않는 경우가 있을 수 있다. 놀이치료자는 보호자와 내담자에게 이러한 잠재적 한계성을 알려야만 하고, 디지털 및 가상 매체를 치료에 활용하는 데 동의와 승낙을 구해야 한다. 비대면 개입을 사용할 때 발생할 수 있는 한계에는 쿠키 수집과 다양한 웹사이트 권한이 포함된다는 것이다. 아동이 자주 사용하는 많은 게임과 웹사이트는 개인정보 보호 표준을 준수하지 않으며, 다운로드 또는 로그인이 필요할 수 있다. 만일 아동이 아직 로그인 정보를 설정하지 않은 경우, 놀이치료자와 아동은 어떤 앱이나 프로그램을 다운로드하거나 웹사이트에 로그인하기 전에 부모의 허가를 얻어야 할 것이다. 놀이치료자와 아동은 게임 기반 채팅이나 메시지 보드를 통한 대화를 하지 않아야 하고, 모든 토론은 개인정보 보호를 준수하는 원격치료 플랫폼에서 하고, 회기 중에 공개 및 개인정보 비보호 온라인 공간에 들어갈 때에는 언제나 자신을 식별할 수 없는 닉네임을 사용해야 한다.

추가적으로 개인정보 보호 고려사항에는 가상 놀이치료실에서 부모의 허가, 타깃 광고, 그리고 다른 온라인으로 개입할 때 개인 브라우저가 포함된다. 보호자와 놀이치료실에 대한 이야기를 시작할 때 자녀가 접속할 수 있는 항목과 스크린에 자녀 보호 기능이 있는지 물어보는 것이 좋다. 놀이치료실에 포함될 모든 항목은 적합하고 아동 친화적이지만 디바이스 제한으로 인해 아동이 일부 링크를 검색하고 사이트에 접속하는 것을 제한할 수 있다. 예를 들어, 일부 아동은 유튜브에 접속할 수 없으므로, 아동이 그들의 화면에 접속할 비디오는 YouTube Kids 또는 VideoLink와 같은 대체 사이트에서 제공받기를 원할 것이다. 타깃 광고 및 미리 입력된 검색 기록으로 놀이치료자의 개인적인 온라인 사용 및/또는 다른 아동 회기의 콘텐츠 중 일부가 실수로 드러날 수도 있다. 따라서 개인 브라우징을 켜 두는 것이 좋은데 이는 인터넷 사용 기록을 기록하지 못하도록 차단하기 때문이다. 참고로 이 기록은 화면에 저장 및 표시되지는 않지만, 정보는 여전히 웹사이트 서버에 저장된다. 광고 차단기를 사용하여 웹사이트의 광고 양을 줄이는 것도 유용하다. 이 프로세스를 지원하는 구글 크롬 확장 프로그램이 있다.

사례 예시

Flora는 이중 문화에서 자란 5세 아동으로 COVID-19 팬데믹으로 인해 원격치료로 전환되기 전 1년 동안 놀이치료를 받았다. 놀이치료 회기는 주로 아동중심적이었고, 때때로 가족 시스템을 지원하기 위해서 가족치료 교육과 기법을 적용했다. 처음에 Flora는 치료에 천천히 적응했지만, 라포가 형성되자 회기를 마치는 데 어려움을 자주 보였다. 놀이치료는 발달지연으로 인한 자아개념 강화, 학교 거부에 대해 명확히 설명하기, 만성 질환과 관련된 통증 처리에 초점을 맞췄다.

원격놀이치료가 시작될 때, 가족에게 아동 개인 놀이 공간을 만들도록 권장했다. 그리고 놀이치료실에서 그녀가 자주 선택했던 놀잇감과 유사한 장난감 몇 개와 집에서 Flora가 가장 좋아하는 장난감 몇 가지를 준비하도록 안내했다. 이는 낯설고 불확실한 시간 동안 아동을 돕기 위해 치료환경에서 일관성을 유지하기 위함이었다.

대면 놀이치료를 시작했을 때와 마찬가지로, Flora는 원격놀이치료 회기에 참여하기를 힘들어했다. 그녀는 자주 방을 나갔고, 회기 도중에 노트북을 닫고 눈물을 보이며 부모에게 치료에 참여하고 싶지 않다고 했다. Flora가 놀이치료 과정에 다시 참여하는 것을 돕기 위한 노력의 일환으로 가상 놀이치료실을 만들었다. 대면 놀이치료실 사진을 초기 배경 사진으로 설정했고, 치료적 친숙함과 예측가능성을 위해 방에 있는 놀잇감의 가상 버전을 포함했다. 처음에는 놀이치료실을 그녀와 화면으로 공유했으며, 화면을 공유한 다음 상호작용을 함께 할 수 있는 방으로 들어올 수 있는 링크를 제공했다.

Flora는 처음에 주저하면서 가상 놀이치료실에 들어갔다. 그녀는 떨려 했으나 그럼에도 불구하고, 그 회기 동안에 호기심에 가득 차 참여했다. 그녀가 처음 놀이치료를 받기 시작했을 때 놀잇감을 탐색했던 것과 유사하게 다양한 가상 놀잇감을 탐색했다. 천천히 Flora는 그 과정에 다시 참여했다. 그녀는 대면 및 비대면 회기 모두에서 건축과 양육 항목에 특별한 관심을 보였다.

이 시간 동안 놀이의 초점이 이동했다. 처음에는 플랫폼의 변화가 불편함과 주저함의 주요 요인으로 보였지만 Flora가 이 과정에 다시 참여하게 되자 상당한 수준의 두려움과 스트레스를 처리하고 있음이 분명해졌다. 그녀는 특히 온라인 블록 웹사이트와 구글 슬라이드에서 만든 대화형 가상 인형의 집을 가지고 노는 데 관심을 보였다. 그녀는 놀이를 통해 건축물은 불안정하고 예측할 수 없다는 것과 집 밖으로 나갈 수 없는 것, 병에 걸리고 치료가 필요하다는 주제를 놀이 전반에 걸쳐 명백히 드러냈다.

팬데믹의 시작은 만성 질환인 Flora에게 유독 불안을 유발한 것으로 추정되었다. 그녀는 고위험군으로 간주되어 가족이 Flora를 안전하게 지키기 위해 추가적인 예방 조치를 취해야만 했다. 나이와 발달장애로 인한 일상의 급격한 변화도 그녀가 탐색을 하는 데 어려움으로 작용했다. 그녀의 학교교육은 몇 주 동안 중단되었고, 그녀 또는 그녀의 반 친구들은 언제 돌아올 것인지에 대해서 명확히 알 수도 없었다. 학교가 재개되었을 때, 그녀는 온라인으로 등교하였는데 이는 또 다른 생소한 경험이었다.

심각한 두려움과 일련의 새로운 경험을 탐색하면서 놀이치료 서비스를 새로운 플랫폼으로 전환하는 것은 Flora에게 당연히 어려운 일이었다. 가상 놀이치료실은 자신이 익숙했던 정서적으로 안전하고 지지적인 공간에 다시 연결할 수 있는 기회를 제공했다. 팬데믹이 여전히 발생하고 있는 동안에 아동은 원격놀이치료에서 자신의 걱정과 어려움을 적극적으로 처리하면서 불안 증상을 감소시켜 나갔고 놀이치료 회기에서는 일반적인 상호작용 수준으로 되돌아갔다.

결론

COVID-19 팬데믹은 전례 없는 위기 상황에서 오늘날 아동의 요구를 충족시키기 위해 가상 놀이치료 실천의 혁신적 제공을 이끌었다. 놀이치료자는 극도로 불확실하고 불안을 유발하는 시기 동안 일관성, 친밀감, 연결감과 지지를 제공하기 위해 서비스를 수정했다. 세련되고, 상호작용이 가능하며 컴퓨터로 만들어진 가상 놀이치료실은 이 전환 과정에 도입되었다. 놀이치료실과 엄선된 디지털 및 가상 놀잇감과 중재는 기존의 놀이치료 실천, 놀이치료자의 이론적 틀 및 내담자의 요구에 부합하였다.

내담아동의 요구에 맞추면서 치료적 돌봄을 제공하기 위해서 세대 및 사회문화 변화에 따라 유연성을 유지하고 변화를 실행하는 것은 중요하다. 변화란 어렵기 때문에 이러한 변화가 발생하면 종종 반발과 고조된 불편감과 두려움이 생긴다. 변화는 한 분야와 사회가 발전하기 위해서도 불가피하고 필요한 일이다. 아동의 놀이 과정에 관심을 기울이고, 공감적으로 관점을 전환하고, 타당하고 수용적이며 포괄적인 치료환경을 제공하기 위해 필요한 조정을 하고 잠시 동안 그들의 세계에 완전히 몰입하는 것은 놀이치료자의 명예로운 책임이다. 아동이 앞장서도록 하라.

참고문헌

Altvater, R. A., Singer, R. R., & Gil, E. (2017). Part 1: Modern trends in the playroom - preferences and interactions with tradition and innovation. *International Journal of Play Therapy, 26*(4), 239-249. https://doi.org/10.1037/pla0000058

Altvater, R. (2020, October 14). *How to create a virtual play therapy room* [Video]. YouTube. https://www.youtube.com/watch?v=L_B2oUk9Jok

Association for Play Therapy (2020). Play therapy best practices: Clinical, professional, & ethical issues. https://www.a4pt.org/resource/resmgr/publications/apt_best_practices_-_june_20.pdf

Czeisler, M. É., Lane, R. I., Petrosky, E., Wiley, J. F., Christensen, A., Njai, R., Weaver, M. D., Robbins, R., Facer-Childs, E. R., Barger, L. K., Czeisler, C. A., Howard, M. E., & Rajaratnam, S. M. W. (2020, August 14). *Mental health, substance use, and suicidal ideation during the covid-19 pandemic - united states, june 24-30, 2020* (Morbidity and Mortality Weekly Report Volume 69, Number 32). Centers for Disease Control and Prevention. https://www.cdc.gov/mmwr/volumes/69/wr/ pdfs/mm6932a1-H.pdf

Gil, E., & Pfeifer, L. (2016). Issues of culture and diversity in play therapy. In K. J. O'Connor, C. E. Schaefer, & L. D. Braverman (Eds.), *Handbook of play therapy* (2nd ed., pp. 599-627). Wiley.

Kottman, T., & Meany-Walen, K. (2016). *Partners in play: An Adlerian approach to play therapy* (3rd ed.). American Counseling Association.

Landreth, G. (2012). *Play therapy: The art of the relationship* (3rd ed.). Routledge.

Lopez, A., Schwenk, S., Schneck, C. D., Griffin, R. J., & Mishkind, M. C. (2019). Technology-based mental health treatment and the impact on the therapeutic alliance. *Current Psychiatry Reports, 21*(76), 1-7. https://doi.org/10.1007/s11920-019-1055-7

Pfefferbaum, B., & North, C. S. (2020). Mental health and the covid-19 pandemic. *The New England Journal of Medicine, 383*, 510-512. https://doi.org/10.1056/NEJMp 2008017

Prensky, M. (2001). Digital natives digital immigrants. *On the Horizon (MCB University Press), 9*(5), 1-6. https://www.marcprensky.com/writing/Prensky%20-%20Digital%20Natives,%20Digital %20Immigrants%20-%20Part1.pdf

Ryan, V., & Edge, R. (2011). The role of play themes in non-directive play therapy. *Clinical Child Psychology and Psychiatry, 17*(3), 354-369. https://doi.org/10.1177/135 9104511414265

Schaefer, C. E., & Drewes, A. A. (2014). *The therapeutic powers of play: 20 core agents of change* (2nd ed.). Wiley.

Stone, J. (2020). *Digital play therapy: A clinician's guide to comfort and competence*. Routledge.

제13장

원격놀이에서의 표현치료

Leslie Baker

놀이는 몰입(flow)의 개념이다. Cskszentmihalyi(1990)는 몰입을 "어떤 활동에 너무 관여하면 다른 것은 중요하지 않은 것처럼 보이는 상태이다. 그 경험이 너무 즐겁다면 사람들은 비싸더라도 할 것이다"라고 정의하였다. 아동들은 놀이에 몰입할 때 공간과 시간의 의미, 즉 다른 것들은 의미가 없는 것처럼 느껴질 것이다. 그림, 모래상자, 동물 피규어 또는 인형으로 하는 극놀이, 태블릿에 저장되어 있는 시나 자신들의 휴대폰에 있는 앱으로 하는 예술과 같은 행위를 통해, 아동들은 놀이에 몰입한다. 그러기 위해서 아동들은 주의를 산만하게 하지 말고 집중하는 능력을 갖추어야 한다. 표현치료는 집중을 할 수 있는 매체가 된다. 모든 공동체에서 아동은 간단하고 강렬한 방법으로 자신만의 창의적 표현을 할 수 있는 탁월한 능력을 보여 준다. 여러분은 아동들이 만든 창작물을 통해 그들이 무엇을 표현하고, 어떤 소통을 하고 싶어 하는지 관찰할 수 있을 것이다.

보편적으로 놀이는 창조하고 터득하고, 탐색하고 그리고 세상에 직면한 해결책을 찾기 위해 시도하는 신성한 공간이다. 이 장에서는 놀이치료에서 원격심리치료 관련 연구뿐만 아니라 이론과 표현놀이치료의 장단점을 살펴보고,

원격심리치료에서의 비밀보장과 디지털 자산 관리 등과 같은 윤리와 표현치료 기법들을 살펴볼 것이다. 여기에는 예술, 무용, 음악, 모래상자 및 가상현실에 대한 평가에서 특정한 표현놀이치료적 개입을 포함할 것이다. 마지막으로, 사례 연구를 통해 원격놀이치료에서 표현치료의 이론과 실천을 살펴볼 것이다. 여기에 제시된 사례는 Lusebrink(1991)의 '표현치료 연속체(Expressive Therapies Continuum)'와 Dr. Charles Schaefer와 Dr. Athena Drewes(2013)의 책『놀이의 치료적 힘: 20가지 핵심 변화요인들(Therapeutic Powers of Play: 20 Core Agents of Change)』에서 원격놀이에서의 표현치료를 다루었다.

표현놀이치료: 원격놀이치료에서 전통 놀이

표현놀이치료(expressive play therapy)에서는 내담자와 '치료적 동맹(therapeutic alliance)'이라고 불리는 치유의 요소, 즉 신성한 공간을 제공한다. 치료동맹은 치료에서 변화와 성장이 일어나는, 보이지 않는 "느낌"의 장소이다. 전통 표현놀이치료에서는 아동들이 대면으로 자신의 이야기를 하고 공유함으로써 치료적으로 변화가 일어난다고 하였다. 아동은 치료자와 함께 이야기를 하면서 상호작용(객관화, 감각 처리, 애착, 각성 감소, 정서조절; Malchiodi, 2008)하며, 그 과정에서 치료가 된다는 것이다. 그러나 전통적인 치료적 관계는 디지털 시대가 초래되면서 원격심리치료로 변화되고 있다(Baker, 2019). 점점 디지털 기술시대로 발전해 가면서 치료자는 '기기를 손에 쥐고' 태어난 아동들이 기기를 쉽게 접할 수 있고, 아동들은 기기를 더 많이 사용한다는 것을 알 수 있다. 아동이 기기를 사용한다는 것은 단순한 도구로서의 사용이 아니라 그 이상의 의미이다. 성공적인 표현치료에 대해 이야기하기 전에 우리가 부모와 아동을 어떻게 이해해야 하는지를 먼저 탐색하는 것이 중요하다(Baker, 2019).

표현놀이치료는 아동들이 자신의 문제를 해결해 갈 수 있도록 돕는 데 효과적인 것으로 밝혀졌다. 이것은 다양한 연령, 장애 및 증상이 있는 내담자를 치료하는 것을 포함한다. Southwell(2016)은 그들의 **표현치료프로그램**(Yourtown's Expressive Therapies Intervention: YETI)에서 부모-자녀 간의 애착뿐만 아니라 일반적 기능 영역과 아동들의 자존감 향상 및 광범위한 영역에서의 개선에 집중하였다. Slayton 등(2010)은 1999년부터 2007년까지는 미술치료의 효과성에 관한 양적 연구를 하였다.

전통적인 놀이치료에서는 놀이치료실 안에 일반적으로 표현할 수 있는 모든 재료가 있다고 하였다. 예술, 드라마, 음악, 춤, 시, 모래상자 등 표현치료의 다양한 기회를 제공하며, 실패에 대한 걱정은 하지 않아도 된다. 표현놀이 재료는 취향에 따라 치료자와 아동이 쉽게 접근할 수 있다. 놀이가 시작되고 놀이치료자의 이론적 접근에 따라 아동이 표현적 개입을 선택하거나 치료자가 아동에게 표현적 개입을 제시할 수 있다. 놀이치료자는 아동과 눈을 맞추면서, 아동을 관찰하고, 미러링하면서, 자신이 관여하는 표현적 과정을 반영하며 작업이 시작된다.

놀이치료자들은 표현치료의 장단점이 있다는 것을 고려해야 한다. 표현놀이치료를 통해 아동은 의사소통을 편하게 할 수 있고, 억압된 감정을 안전하게 표현할 수 있다. 그리고 아동들이 더 나은 자기를 인식하고, 스트레스나 불안, 학습장애, 자폐스펙트럼장애, 그리고 다른 외상 경험으로부터 벗어날 수 있도록 돕는다. 표현놀이치료에서 잠재적으로 발생할 수 있는 단점은 특정한 표현치료법의 개입이 감정적으로 너무 자극이 되고, 조절 문제를 일으킬 수 있다. 또 다른 우려는 감각적으로 자극이 될 수 있다.

모래, 핑거 페인트, 점토, 또는 음악의 특정한 음역을 좋아하지 않는 아동들도 많다. 또 다른 것은 신체적으로 민첩하지 못하거나 활동, 춤, 연극이 불편할 수도 있다.

이 세대는 기기를 삶의 방식으로 받아들이고 있다. 원격심리치료는 카메라 렌즈를 통해 놀이치료 회기를 대면한다. 아동이 렌즈를 통해 말하고 보고 듣고 알아차리는 것은 내담자와 새로운 방식으로의 연결이다. 예를 들어, 카메라를 통해 내담자가 키우고 있는 애완동물을 볼 수 있다. 치료자가 내담자의 애완동물에 대해 물어본다면 그 자체가 아동의 세계로 들어가게 되는 것이다. 또한 아동도 화면으로 비친 치료자의 세계로 들어갈 수 있고, 치료자의 세계를 궁금해할 수도 있다. 그래서 치료자는 자신이 무엇을 하고 있는지 화면으로 비치고 있다는 것을 유념하는 것이 중요하다.

놀이치료자들은 내담자의 욕구에 따라 적합한 개입방법을 적용할 때 물리적 거리감을 인식하고 이를 적절하게 연결시켜야 한다. 원격심리치료 적용이 어려운 아동의 경우에는 이에 적합한 접근을 해야 한다. 치료자는 아동과 편안하게 이야기를 하기 위해 채팅을 하거나 카메라를 끈 채로 치료 회기를 진행할 수도 있다. 이런 경우 아동들을 치료과정에 참여시키기 위해 치료자들은 더 많은 에너지가 필요할 수 있다. 치료자는 아동을 집중시키기 위해 치료 회기 시간을 단축할 수 있다.

부모와 접수면접에서 아동을 원격심리치료 놀이에 참여시키기 위해 부모의 협조가 필요하다고 말하는 것은 중요한 일이다. 부모는 아동의 개인 놀이치료 공간을 마련해 주고, 그들이 표현할 수 있는 놀잇감과 쉽게 접근할 수 있는 재료 보관 박스를 준비해 줄 수 있도록 요청한다. 또한 무료 애플리케이션과 테이블, 마커, 크레용, 종이, 글루건, 테이프, 가위(연령에 적합한) 및 플레이 도우, 액세스할 수 있는 전화, 태블릿, 랩탑 또는 데스크탑을 제공해야 한다. 또한 놀이치료자들은 우편으로 가족들에게 기성품 키트를 배송하는 것도 고려해 볼 필요가 있다. 추가로 놀이치료자는 창의적인 개입 및 템플릿 또는 유인물을 이메일로 보내거나 같이 공유할 수 있는 드라이브에 문서작업을 저장해 놓을 수 있다. 특히 표현놀이치료는 경험적이고 흥미로운 개입이기 때문에 원격심리치료를 통한 놀이로 효과적이다.

또 표현놀이치료에서는 치료자와 아동이 같이 놀 수 있다는 점이 흥미롭다. 표현놀이치료자는 부모/보호자와 아동에게 동시에 치료적 개입을 함으로써 아동과 같이 표현활동을 할 수 있다. 만약 화면 공유가 어렵다면 놀이치료자는 아동의 놀이를 반영할 수 있다. 화면을 모래상자에 비추고, 아동이 꾸민 모래상자 이야기를 하도록 하고, 임상가는 그들의 이야기를 반영한다. 또 다른 효과적인 선택은 증강현실(Augmented Reality: AR) 앱을 사용하는 것이다. 증강현실(AR)은 현실세계에 가상의 정보를 덧씌우는 것이다. 예를 들어, Just a Line과 Quiver와 같은 앱은 스토리텔링 및 창의적인 놀이에서 AR 탐색을 허용하는 표현치료 개입을 제공한다.

표현적 개입과 디지털 도구는 새로운 공간을 더 풍요롭게 한다. 표현 양식은 전통적 치료와 원격치료 모드에서 놀이치료자의 툴키트(toolkit)에서 필수적이다. ETC(The Expressive Therapy Continuum, 표현치료연속체)는 내담자의 내적 과정, 미디어와의 상호작용, 그리고 표현 수준에 대한 모델이다. 이것은 세 가지 수준으로 설명한다.

- 운동감각/감각 수준: 예술 매체와 내담자의 기본적인 인식. 그것은 치료가 필요한 감각운동과 감각의 균형을 이루고 있다.
- 지각/정서 수준: 정서와 형성된 지각 사이의 균형. 복합적 정서 형태를 형성하는 데 방해될 수 있고 정서를 억압할 수 있다.
- 인지/상징 수준: 문제해결, 의사결정 및 기타 인지과정, 은유와 상징. 이러한 균형은 개인의 상징적 의미와 통찰력 사이에 있다(Malchiodi, 2006).

ETC는 계층적 모델에서 이러한 과정을 포괄적이고 진보적으로 보는 모델로 발전하였다. 놀이치료자에게 ETC 모델의 개발은 표현놀이치료에서 평가와 치료에 더 효과적일 수 있다.

표현치료 평가 개입

표현치료는 원격놀이치료에서 아동과 가족의 역동을 평가하는 데 유용하다. Burns와 Kaufman(1970)은 KFD(Kinetic Family Drawing)라는 진단 도구를 개발하였다. 이 도구는 아동에게 '자신을 포함한 가족들이 무엇인가 다 같이 하고 있는 모습'을 그리도록 제안한다. 그것은 직접적 대화 없이도 아동 자신의 감정과 가족관계를 이해할 수 있다. 이것은 가족의 역동과 자신의 감정에 대한 유용한 안내서가 될 수 있다. 또 다른 표현/투사 평가 도구는 Eliana Gil(2016)이 개발한 가족놀이가계도(Family Play Genogram)이다. 이 도구는 가족의 가계도를 그리게 한 다음, 가족과/또는 아동이 각 가족구성원을 표현할 수 있는 피규어를 선택하여 가계도에 배치하도록 한다. 이를 통해 가족 내 역할과 관계 및 가족 내에서의 위치에 대한 인식을 평가할 수 있다. 만약 다른 가족도 가족관계를 표현하고 싶다면, 가족을 대표로 한 구성원이 피규어를 선택하여 표현하도록 한다. 이것은 다양한 방식으로 지각하게 하고, 놀이치료자가 치료에 대해 평가하고 집중하는 데 도움이 될 것이다.

원격놀이를 통한 표현치료 개입

모래상자 개입

비언어적이면서 언어적 치료방식인 모래상자 기법은 아동들의 내적 갈등과 경험을 외부로 표현할 수 있도록 돕는 세계기법이다. **세계기법(world technique)**은 1920년대 후반에 영국 소아과 의사이자 정신분석가인 Margaret Lowenfeld (2005)가 개발했다. 이것은 투사기법으로 아동이 모래상자라는 안전한 환경에서 자신의 고민과 갈등을 포함하여 그들의 생각을 표현할 수 있도록 해 주며, 그것을 통해 내면의 문제를 해결해 갈 수 있다. 모래상자를 꾸미는 과정은 아동이 자신의 이야기와 이미지를 밖으로 표현하고, 감각 처리, 그라운딩, 안정감, 운동감각적인 경험을 할 수 있게 해 준다. 모래상자 기법은 모래에서 치료자와 애착관계를 형성해 간다.

더 최근에 Jessica Stone과 Chris Ewing(Stone, 2015)이 개발한 가상 모래상자 앱(Virtual Sandtray App®©: VSA)은 두 가지 방식–원격심리치료 접근과 직접 사용할 수 있는 방식–중 하나를 선택하도록 하였다. VSA는 원격심리치료 플랫폼을 통해 공유할 수 있고, VSA는 원격 기능을 통해 내담자가 원격으로 로그인하고 치료자가 확인하는 동안 해당 위치에 보관(저장)된 모래상자를 생성할 수 있으며 치료 회기 중에만 접근을 허용한다. 모래상자는 파일에 저장하여 다음 치료 회기에도 이어서 꾸밀 수도 있다.

'어디에서 느껴질까?' 개입

ETC의 렌즈를 통해 표현한 것을 관찰하는 것은 유용하다. ETC 활동은 크레파스와 종이로 운동감각/감각 수준으로 개입을 시작한다. 인지/정서는 신체 전체와 신체 내의 감정을 감지하는 것을 포함한다. 마지막으로, 이 개입 과정에서, 놀이치료자는 아동이 이 개입에 대해 어떻게 인식하고, 색깔은 정확하게 어떤 감정을 상징하며, 어떤 의미가 있는지 인지적/상징적 균형을 평가한다.

양자 낙서 개입: 신경순차적 미술 접근

양자 낙서(Bilateral Scribbling Intervention)[1]는 치료자와 아동은 서로 다른 색깔의 크레파스로 시작해 한 사람이 리더가 되어 시작하면 다른 사람은 그를 따라 반응해 가는 방법으로 치료자와 내담자가 함께 낙서를 해 가는 과정이다. 보통 위로 올라가서 수직으로, 앞뒤로, 수평으로(양방향으로 중앙선을 가로

1) 역자 주: 양자 드로잉은 양손으로 동시에 그리는 것이며 때로는 양자 낙서 또는 낙서라고도 한다. 양측성 자극은 뇌의 양쪽 반구를 연결하여 '사고'를 느낌에 연결하며 외상 극복에 영향을 미친다.

[그림 13-1] 양자 낙서 개입. 거울신경세포 그림[2)]

지름), 직선 및 아치형(중앙선을 가로지름으로), 위아래로, 그리고 앞뒤로 리더를 따라 한다. 속도와 강도는 리더가 결정한 후 역할을 바꾼다(Klodony, 2021a; 2021b). 또 리더는 큰 양쪽 원을 추가하고 낙서 전체에 걸쳐 작은 원으로 바꿀 수 있다(Chapman, 2014).

양자 낙서 개입은 리드미컬하고 반복적인 동작을 허용함으로써 미러링(mirroring)을 통해 조절한다. 이 개입은 상향식 접근법 및 ETC의 운동감각/감각 수준인 NMT(Neurosequential Model of Therapeutics, 신경순차적 치료모델; Perry, 2006)를 활용한다. 아동과 놀이치료자 그리고/또는 아동과 부모 사이의 미러링은 거울신경세포를 활성화하여 애착을 형성하고 공감하며 하향 조절을

2) 거울신경세포(mirror neuron)는 동물이 특정 움직임(A)을 수행할 때에나 다른 개체의 특정한 움직임(A)을 관찰할 때 활동하는 신경세포이므로 이 신경세포는 다른 동물의 행동을 '거울처럼 반영한다(mirror)'라고 표현한다.

돕는다([그림 13-1]).

나처럼 해 봐요! 개입

'나처럼 해 봐요!(groove like me!)' 개입은 움직임을 보여 주며 2019년에 Therapy 2Thrive® 치료 회기에서 개발되었다. 내담자는 음악을 선택하고 놀이치료자 및/또는 부모/보호자에게 일련의 동작이나 춤으로 시연한다. 치료자/부모/보호자는 아동과 같은 음악에 맞춰 아동처럼 동작을 따라 하고, 같은 순서를 반복한다. 그들은 앞뒤로 연주하고, 음악과 동작을 조율하고, 미러링하고, 반복한다. 이것은 그들이 각자의 창조적인 동작/춤을 추기 위한 선택이고, 같이 춤을 추면 절정이 될 것이다. 이 개입은 ETC(표현치료연속체)를 적용할 수 있는 또 다른 기회를 제공한다.

- 운동감각/감각적: 선택한 음악과 동작에 맞춰 춤을 추는 경험이 어떤가?
- 지각적/정서적: 음악에 맞춰 움직이면서 지각한 것과 감정을 균형적으로 표현하려면 어떻게 해야 하는가?
- 인지적/상징적: 어떤 음악 및/또는 동작을 선택할 것인지에 대해 인식하고 있는가? 그것은 아동들에게 어떤 의미가 있는가?

Just A Line 앱

Just A Line(Google, LLC, 2019)은 간단한 그림을 그리거나 증강현실에서 틱택토(tic/tac/toe)와 같은 재미있는 게임을 만든 다음, 짧은 비디오로 창작물을 공유할 수 있는 증강현실(AR)과 협업한 최초의 앱이다. 같은 방에서 같이 그림을 그리고 다른 전화기로 화면 공유를 허용하는 기능도 있다. 화면을 터치하여 그림을 그리고, 기록을 누르고, 만든 것을 공유하기도 한다. 이 앱은 아이폰과 안드로이드 폰의 앱 스토어에서 이용할 수 있다.

Quiver Masks 앱

QuiverVision은 아동들이 그들의 웹사이트(QuiverVision, n.d.)에서 무료로 컬러 인쇄할 수 있고, 아이폰에서 사용할 수 있는 앱이다. AR에서 상호작용하는 동안 이미지에 맞는 색상을 지정하고 스캔한 다음, 그들의 기기(전화 또는 태블릿)에서 볼 수 있다. 가볍게 움직이는 캐릭터가 되어 자신의 이야기에 맞춰 연기하는 앱이다. 아이폰과 안드로이드 폰이 앱 스토어에서 사용할 수 있는 앱이다.

이 AR 앱 개입은 ETC를 적용할 수 있다[운동감각/감각적(색상, 종이, 사진 및 비디오 사용하여 경험), 지각/정서적(AR과 신체 및 시각적으로 지각한 것을 상호작용하면서 감정과 균형적으로 인식하고), 인지적/상징적(AR 방식이 현실에서 우리의 생각이 어떻게 달라지는지, 의미의 변화도 알 수 있을 것이다)].

이러한 개입방법은 놀이로 하는 표현치료에서 아동과 새로운 방식으로 어떻게 대화를 시작할 수 있을지 다면적인 틀을 제공하는 방식으로 시작에 불과하다. 내담아동은 창작물을 통해 그들의 이야기를 상징적이고 은유적으로 표현하고, 이를 의사소통하고 그리고 그들의 문제를 해결해 간다.

내담자는 종종 현실세계에서 직접적인 경험을 하지 않고서도 적과 싸워 보기도 하고, 여러 결과물을 얻기 위해 다양한 선택을 하고, 새로운 시도를 해볼 수 있다. 여러 표현 양식을 경험하거나 각 치료 회기에서 동일한 표현 양식을 적용하면 아동은 새로운 결과를 얻고, 해결책을 찾으며, 그들의 고민, 걱정, 고통, 그리고 손실에 대한 의미를 알아 갈 수 있다.

다양한 표현치료 영역

표현치료 영역에는 다양한 전문 분야가 있다. 놀이치료자는 각각 표현치료의 다양한 양식에 대한 전문성과 자격증을 가진 전문가들에 대해 알아야 한다.

내담아동의 치료와 변화를 위해 정신건강 관리의 각 영역별 전문가의 의견을 존중하는 것이 중요하다([그림 13-2]).

Bruce Perry 박사(2006)는 외상 치료에 대한 혁신적 접근법인 NMT (Neurosequential Model of Therapeutics, 신경순차적 치료모델)를 개발하였다. 놀이치료자는 우선 발달연령에 적합한 관계적이고 인지적인 목표를 세우는 것이 중요하다. Perry 박사는 2012년 Laura MacKinnon과의 인터뷰에서 다음과 같이 언급하였다.

> 리듬은 규칙적이다. 모든 문화는 치유와 애도 의식의 일부로서 패턴화되고 반복적인 리듬 활동, 춤, 북, 그리고 기도소리(예배 기도를 암송하는 동안 약간의 소리를 지르는)의 형태를 가지고 있다. 많은 흥미로운 프로그램은 반복적인 움직임의 패턴, 드럼, 리듬 있는 호흡(요가처럼)과 단순한 걷기와 같은 다양한 신체 감각적인 활동들은 위축된 아동, 성인에게 효과적이다.
>
> (MacKinnon, 2012, para 19-21)

Bruce Perry 박사는 놀이, 춤/동작, 음악, 드라마 치료의 이점과 가치를 강조하면서 외상 치료에 적용한다. Siegle 등(2016)은 병원에 입원해 있는 아동(약 8세)을 대상으로 한 연구에서 대기자 명단에 있는 아동에 비해 표현 예술 활동 회기에 참여한 아동이 정서적으로 변화되었다는 것을 발견하였다. 아동들은 치료가 끝나면 기분이 좋아졌다고 하였다. Hill과 Lineweaver(2016) 연구에서는 개별아동을 대상으로 예술치료적 개입에서 아동의 슬픈 감정이 다른 비예술적 개입에 비해 유의미하게 감소되었다고 하였다. 원격놀이치료는 아동이 병원이나 가정, 시골이나 외지 등 장소와 거리에 상관없이 치료받는 기회를 제공한다.

예술, 상상 및 놀이를 통합적으로 접근하는 Cathy Malchiodi 박사(2020)는 내담자에게 외상과 상실 경험을 다시 상상해 보도록 한다. 외상은 온몸으로 경

미국미술치료협회 (American Art Therapy Association)	• 적극적 미술 작업 • 창의적 과정 • 인지 및 감각 운동기능 향상	• 정서적 회복력을 키움 • 전문가로서 촉진시킴 • www.artthrapy.org
북미 드라마치료협회 (North American Drama Therapy Association)	• 적극적 경험적 접근 • 스토리텔링, 즉흥적 및 공연 예술 사용 • 필요한 리허설	• 행동들 • 관계를 유지하는 연습 • 바뀌고 싶은대로 수행 • www.nadta.org
미국음악치료협회 (American Music Therapy Association)	• 음악적 접근을 기반으로 한 일상 • 치료적 관계에서 개별화된 목표	• 신체적 · 정서적 · 인지적 · 사회적 욕구 해결 • www.musictherapy.org
iaPoetry 시 치료를 위한 국제 아카데미 (International Academy for Poetry Therapy)	• 표현적 글쓰기를 통한 성장과 치유 • 개인, 가족, 커플 또는 집단의 복지 향상	• 저널, 독서치료, 스토리텔링, 영화 및 공연을 포함 • www.poetrytherapy.org
모래치료전문가 세계협회 (World Association of sand Therapy Professionals)	• 모래놀이치료를 적용한 결과에 대한 연구 증진 • 다양한 오리엔테이션, 교육과 양성	• 교육과 전문가를 양성하는 자격증 • www.worldsandtherapy.org
미국댄스치료협회 (American Dance Therapy Association)	• 표현적이고 의사소통적이며 적용적인 활동에 초점 • 평가 수단으로서 신체 움직임을 제공	• 정신건강평가, 재활, 의료, 교육 및 토론적 환경 • www.adta.org
국제표현예술치료협회 (International Expressive Arts Therapy Association)	• 국제 네트워크의 전문가 제공 • 성장, 치유, 의사소통, 학습과 통합하여 예술을 세계로 접근	• 전문가로 능력 증진 • 예술가, 교육자, 치료자, 촉진자 역할 • www.ieata.org

[그림 13-2] 표현치료의 다양한 영역. 다양한 창의적 치료 조직들

험하는 것이어서 외상을 극복하기 위해서는 종종 온몸으로 접근할 필요가 있다. 놀이에서 표현치료적 접근은 호기심을 불러일으킨다. 호기심은 위험을 감수하고, 그것은 두려움과 마주할 수 있게 해 준다는 의미이다. 표현 양식은 다양한 방식으로 두려움을 마주할 수 있게 해 준다. 이것은 궁극적으로 자신을 다시 신뢰할 수 있는 기회를 제공한다. 자기에 대한 신뢰를 회복한다는 것은 자신감과 자신을 더 안전하고 진실하게 표현할 수 있도록 한다. 이 모든 표현 양식은 원격놀이를 통해 경험할 수 있다.

원격놀이를 통한 표현치료 시 윤리적 고려사항

Stoll과 동료들(2020)은 원격놀이 표현치료에서 원격심리치료/심리치료를 제공하는 데 있어 여섯 가지 윤리적 고려사항을 제시하였다. 여기에는 자료 보관, 개인정보 보호, 비밀보장, 임상적 안전성, 역량, 그리고 임상가, 관심사를 위한 준비가 포함된다. 법적 · 규제적 · 재정적 관심사, 고지된 동의, 사회정의적 관심사를 위한 준비가 포함된다. 이것들은 모두 원격심리치료/원격놀이에서 중요하다. 표현치료로 접근할 때 치료자들이 윤리적으로 고려해야 할 몇 가지 사항이 있다.

치료자는 기기에 있는 앱에 접근할 때 부모/보호자와 협력할 필요가 있다. 무료 또는 저렴한 비용의 앱을 다운로드하거나 저렴한 비용으로 도전해 볼 수 있지만 대개 부모/보호자의 허락과 도움이 필요하다. 가족에게 추천하기 전에 먼저 치료자는 애플리케이션을 테스트해 본다. 앱을 구매할 때 구매사항을 공유하고 아동에게 부적절한 콘텐츠 또는 민감한 창작물이 노출되지 않도록 주의해야 한다.

치료자는 원격심리치료를 통한 놀이치료 회기 치료자와 내담자의 관계에 접근해야 한다. 온라인에서 내담아동과 관계를 형성하는 것은 표현치료에서 아동의 참여만큼이나 중요하다. 화면으로 참여할 수 없거나 원격놀이치료에 참여할 수 없는 아동은 재평가를 해야 할 것이다.

원격놀이치료에서 라포를 형성하는 데 어려움은 중요한 점을 야기한다(잠재적 내담자 포기). 만약 아동이 원격심리치료 플랫폼을 사용할 수 없다면 다른 방안을 찾아야 한다. 우리는 현재 치료관계에 있으며, 그 아동에게 지속적으로 치료를 해야 할 책임이 있다. 치료관계를 유지하고 지속적으로 치료 회기를 제공하기 위해 공동 놀이, 부모/보호자 및 아동과의 협력, 관리 요청, 대체 치료 검토 등을 고려해 보아야 한다. 치료계획, 놀이치료 평가 및 목표를 달성하기 위해 접근방식을 변경하고, 치료과정을 재정의하거나 대면 치료로 다시 전환한다. 마지막으로, 아동들의 치료가 시작하기 전까지 지속적인 보살핌이 중요하다.

마지막으로, 놀이치료자는 예술, 시, 사진, 놀이, 춤, 드라마, 모래놀이 비디오 녹화 등 표현치료를 디지털로 보관하고 관리하는 것도 책임을 져야 한다. 사진이나 비디오를 찍는 것은 정식으로 서면 동의를 얻어야만 하고 치료자는 잘 보호하고 보관한다. 디지털로 보관하기 위해 보안 전자 메일을 사용해야 한다. Dropbox, Google Drive, One Drive 또는 기타 클라우드 서버와 같은 보안 서버에서는 내담아동의 전자 레코드에 업로드하는 것이 가장 좋다. 안전하게 저장되지 않은 디지털 자산은 삭제할 필요가 있다. 아동을 위한 디지털 자산을 관리하는 것에서 비밀보장은 중요한 윤리적 관심사이다.

원격심리치료를 적용한 놀이치료: A사례

2남매 중 막내인 Jamal은 아프리카계 미국인과 남아시아계 혼혈인 8세 소년이다. 그는 학업적인 어려움으로 치료를 의뢰하였다. Jamal은 의사소통 문제를 해결하기 위해 치료를 받기로 하였다. Jamal은 특수교육과 언어치료를 받고 있다. 이 서비스는 처음에는 학교 내에서 제공되었고, 현재 줌(Zoom)을 통해 온라인으로 제공되고 있다. Jamal은 지원 교사와 거의 교류하지 않는다.

Jamal은 크게 읽으라고 요청받는 것에 대해 분투하고 집단에서 다른 활동에 참여하는 것을 부끄러워해서 Jamal의 어머니는 아이가 사회적 적응이 어렵다고 하였다. 조용한 아이인 Jamal은 종종 운동장에서 혼자 있고, 점심도 혼자 먹는다. Jamal은 어머니와 의사소통을 하지만, 여동생 Jaszel이나 아버지와는 의사소통이 어렵다. 팬데믹 이후 Jamal은 바이러스를 두려워하여 집 밖으로 나가기를 꺼렸다. Jamal의 아버지는 권위주의적인 반면, 어머니는 다르다. 어머니는 Jamal에게 숙제를 시킬 때 부드럽게 달래서 유도하고, 종종 학교를 보내는 것에 성공한 것처럼 보이지만 그의 짜증은 심해졌다. 원격심리치료 접수면접에서 그의 어머니는 분만할 때 저산소증으로 인해 Jamal이 신경발달 외상인 사회적 의사소통 장애(SCD)가 된 것 같다고 하였다.

이 잠재적 진단으로 우리는 원격놀이치료를 시도하는 것에 동의하였다. Jamal은 자신의 또래보다 발달적 기능이 낮았다. 텐트럼을 일으키는 철회적 행동은 학교, 줌(Zoom), 그리고 집에서 의사소통의 결핍과 연관되어 있었고, 그의 일상생활에도 어려움이 있었다. 나는 이 사례에 처방적 놀이치료 접근(Kaduson et al., 2019)과 아동중심놀이치료(CCPT), 지시적 놀이치료, 애착이론과 ETC 신경순차적 모델(NMT)을 통합접근하였다. 표현치료(ETC)를 적용한 애착 이론 및 신경순차적 모델(NMT) 치료는 애착치료동맹을 맺고, 애착을 형성하고, 상향식 접근법으로 치료계획을 세웠다. 또한 Jamal의 특수한 욕구, 문화적 욕구, 성격 등을 고려하여 개별화된 치료방법을 계획하였다. 나는 치료목표를 『놀이의 치료적 힘: 20가지 핵심 변화 요인들』(Schafer & Drewes, 2013)에서처럼 모래상자와 직간접적 교육을 통해 자기표현과의 의사소통을 촉진하는 것에 초점을 맞췄다. 나는 긍정적인 정서와 스트레스 관리와 긍정적인 치료관계를 형성하고 부모와의 애착에 집중하여 사회적 관계를 증진시켰다.

나는 표현치료법을 통합하는 다양한 모델로 접근하였고, 운동감각/감각적, 지각/정서적, 인지/상징적 수준의 균형을 위해 각각의 표현적 개입을 관찰하는 표현치료[ETC(Express Therapy Continuum)] 모델을 통합하였다. 또한 애착을 형성하기 위해 가족교육, 학교 교육, 어머니와 아들, 그리고 아버지와 아들과의 통합치료 회기를 가졌다. 나는 그의 특수한 욕구에 적합한 개입방안을 설계하고 진행 상황을 모니터링하고 목표와 치료법을 업데이트하기 위해 정기적으로 평가를 진행하였다.

우리는 가계도(family genogram)를 처음에 사용하였고, Jamal의 어머니는 마인크래프트 피규어를 구입해서 모래상자를 꾸며 보도록 하였다. 비록 Jamal은 초기 치료 회기에서 몇 마디만 했지만, 그것은 큰 결실이었다. Jamal의 피규어로 표현할 수 있는 큰 원과 사각형이 있는 가계도를 만들었다. 그러고 나서 그 양식을 인쇄하도록 어머니에게 이메일로 보냈고, Jamal에게 가계도를 그려 보도록 하였다. Jamal은 마인크래프트에서 나오는 Steve 피규어를 자신으로 선택하였다. Steve는 아무 말도 하지 않는 인간 캐릭터로 매우 강하고 훌륭한 점프 선수이다. 그는 아버지를 물에 빠뜨려 죽였다. 익사하면 폭도들을 공격하고 죽일 수 있다. Jamal이 여동생으로 선택한 Enderman은 순간이동이 가능한 중립적인 폭도로 선수와 눈이 마주치면 공격한다. 마지막으로, Jamal은 Villager를 그의 어머니로 선택하였다. 이 캐릭터는 마을에서 살고 일하고 상호작용하는 수동적인 군중이다(캐릭터의 역할과 힘에 대해 간단하게 설명하였다). 나는 캐릭터 중에 공유하고 싶은 사람이 있는지 물었으나 그는 "아니요"라고 말하였다. 이것은 특히 평가에서 드문 경우가 아니다. 이 사건에 대해 조금 알게 되면서, 등장한 캐릭터와 그들의 역할은 치료적 예후를 통찰할 수 있었다.

평가 단계를 마친 후 Jamal에게 자신의 방에서 미술용품이나 마음에 드는 놀잇감을 치료 회기에서 사용할 수 있다고 안내하였다. 모래상자는 테이블 위에 있었고 모든 피규어도 치료자가 볼 수 있도록 놓여 있었다. 그는 마인크래프트 캐릭터들을 다시 선택하였고, 말없이 모래상자 안에 자신의 세상을 꾸몄다. 나는 그의 모래상자를 나의 모래상자로 반영하였다. 내가 모래상자를 반영하는 것과 모래에서 Jamal의 이야기를 반영하는 것은 병행놀이로, 아동과 서로 교류하지 않고 각자 노는 방식이다. 그는 서로 마주 보도록 캐릭터들을 돌려놓았고, 녹색 용과 컵으로 덮인 구슬을 추가하였다. 만약 모래상자에서 무엇이든 공유하기를 원한다면 모래상자를 살피기 위해 탐색하였다. "아니요"라고 그는 거절하였고, 마지막에 그는 "재미있었어요!"라고 말하였고, 다시 만나고 싶다고 하였다.

그 후 나는 부모와 함께 원격심리치료 회기를 잡았다. 우리는 발달 외상과 관련하여 그들을 위한 정신분석에 대해 논의하였다. 발달 외상, 진정되는 도구, 그리고 짜증 내는 행동에 대한 대처방법을 유인물로 제공하였다. 또한 학교에 가는 것에 대해 논의하였고, 학교에 유인물을 제공하기로 결정하였다. 이 회의는 원격심리치료 플랫폼으로 진행하였고, 이용동의서에 서명하였으며, 서류를 보안 이메일을 통해 안전하게 주고받았다.

마인크래프트 캐릭터를 사용한 원격모래치료를 6회기 더 추가 진행하였다. 각 회기에서 Jamal의 모래상자 이야기를 통해 Jamal과 이야기를 나누면서 의사소통이 증가하였다. 어머니는 원격놀이치료가 끝난 후에 참여하였고, Jamal은 그의 모래상자를 어머니와 공유할지 말지를 결정할 수 있었다. 그의 결정을 존중하여 그가 의사소통, 개인적인 힘, 그리고 회복탄력성을 발전시킬 수 있도록 격려받았다.

마지막으로 꾸민 모래상자에는 피규어가 추가되었고, 더 풍성한 이야기를 꾸몄다. 예를 들어, 마인크래프트에서 캐릭터 주변에는 추가로 나무 및 산으로 둘러싸고 있었다. 다섯 번째 회기에서 전투 주제가 등장하였다. Enderman이라는 캐릭터는 눈 위에서 익사하여 수영장으로 끌려 가고 있었다. 결국 이 캐릭터는 다른 사람들에게 상처를 주는 불량배로 인식되었다. Jamal의 해결방안은 이 불량배를 보지 않고 불량배의 분노를 피하는 것이었다. 이 회기가 끝난 후, Jamal은 그 불량배를 여동생이라고 하였다. 그는 자신이 작고, 눈에 띄지 않고, 그리고 침묵하면 아무도 자신을 괴롭히지 않을 것이라고 하였다. 이 놀이 상황을 부모에게 설명하였다. 우리는 여동생을 놀이치료에 초대하였고, 괴롭힘에 대한 전략을 세우고 괴롭힘에 대한 교육 자료도 공유하였다.

게다가 문화, 양육 스타일, 그리고 이민과 인종차별에 대한 가족 세대 경험이 부모와 연결되어 있었다. 아버지는 그의 양육 방식이 Jamal이 철회할 때 종종 소리를 지르는 것으로 끝난다는 것을 알았다. 그는 아들과 새로운 관계를 맺기를 기대하였다.

우리의 목표는 Jamal이 개인적인 힘과 경계를 발달시키도록 격려하면서 Jamal의 어머니가 계속 Jamal을 지지할 수 있도록 돕는 것이었다.

'어디서 느낄 수 있을까?(Where Do I Feel?)'라는 개입으로 원격놀이를 시작하였다. 그들은 자신들의 그림을 공유하였다. 몸 그림에 자신들의 감정을 색으로 표시하고, 어떤 상황에 몸의 어디에서 그런 감정을 느끼는지 공유하였다. Jamal은 어머니와 함께 할 수 있는 신경순차적 미술 접근법인 양자 낙서를 소개하였다. 나는 그들을 마주 앉게 한 다음, 각각 평범한 흰 종이와 두 개의 다른 색깔의 크레파스를 가지고 두 손을 동시에 사용하면서, 어머니는 이끌었고, Jamal은 그녀의 낙서를 따라 그리며 반영하였다. 그다음에는 순서를 바꿔서 Jamal이 이끌었고, 어머니는 따라가는 방식으로 진행하였다. 이 활동은 Jamal의 신경발달 외상에 도움이 되는 반영과 애착형성과 조절능력을 발달시킨다.

다음으로 '어머니의 핸드폰으로 Groove Like Me!'라는 노래를 틀어 주고 음악에 맞춰 우리는 모두 교대로 춤 동작을 따라 하며 그들을 다시 반영하였다. 우리는 Jamal의 움직이는 순서에 맞춰 함께 따라 추기로 하였다.

'나처럼 해 봐요!(Groove Like Me!)를 하고 호흡하는 시간을 가진 후, 우리는 그들의 초기 '어디에서 느껴질까?(Where Do I Feel?)' 개입을 시작하면서 그들의 몸에서 무엇을 느꼈는지 탐색하였다. 이것은 완전한 집단활동이다. Jamal은 활기가 넘쳤지만 차분하였고, 그의 어머니는 웃고 있었다. 두 사람 모두 자신의 '어디에서 느껴질까?'라는 유인물을 보고 있었다. 어머니는 유인물에 집중하고 있지만 Jamal은 아니었다. 그는 원격놀이를 끝낼 준비를 하고 수영장으로 떠날 준비를 하고 있었다.

나의 목표는 아버지와 아들의 관계 개선이었고, 그러기 위해서는 아버지는 그의 아들이 게임과 컴퓨터를 잘한다는 것을 알게 했다. 가상 모래상자 앱(Virtual Sandtray®© Application: VSA)을 통해 같이 놀 수 있는 기회가 생겼다. 가장 흥미로운 것 중 하나는 아들과 아버지가 소통하면서 관계를 맺고 있었다는 것이다. 아버지는 VSA로 Jamal과 만나기 위해 방법을 배우고 있었다. Jamal은 아버지한테 VSA에 넣을 물건 고르는 법을 배우고 있었다. 나는 관찰하였다. 그들의 관계적인 놀이를 보았다. 이전에는 아버지와 아들의 교류가 적었기 때문에 이것이 중요한 원격놀이치료 회기라는 것을 알 수 있었다. 이번 치료 회기에서는 아버지와 아들이 함께 미소 짓고, 웃고, 문제를 해결하는 모습을 보았다.

Jamal은 15회기 원격놀이를 마쳤다. 그의 의사소통 문제, 짜증, 철회 증상이 현저하게 감소하였다. 학교는 여전히 도전적이었지만, 새로운 자원 지원은 Jamal의 의사소통을 향상시키는 데 도움이 되었다. 아버지는 Jamal과의 관계가 더 수월해졌다고 하였고, 어머니는 Jamal이 가족과 소통하고 참여가 증가하였다고 하였다. "그는 장난스럽고 재미있어요!" 그들은 형제 관계를 계속 모니터링할 것이다. 집에서 열린 컵케이크 파티에서 Jamal은 "치료는 그렇게 나쁘지 않았어요!"라고 조심스럽게 말하였다. 그는 "놀아서 재미있었어요!"라고 하였다. 마지막으로, 나중에 도움이 필요하면 다시 올 것이라고 하였다.

결론

궁극적으로, 원격표현놀이치료는 아동들에게 많은 문제에 대한 치료의 타당성을 제공한다. 원격심리치료의 장단점을 이해하고 전통 표현놀이치료에서 원격심리치료로 전환하는 방법을 이해하는 것은 아동의 성공적인 치료를 위해 매우 중요하다. 『놀이의 치료적 힘: 20가지 핵심 변화 요인들』과 표현치료

연속체(expressive therapies continuum)를 원격놀이치료 회기에 모두 적용함으로써 임상가는 표현치료 개입을 통해 치료계획을 세우고, 내담자의 치료과정을 돕는 방법을 더 잘 이해할 수 있다. 원격심리치료를 통한 놀이치료 접근은 비밀보장과 같은 윤리를 이해하는 것과 디지털 자산 관리에 대한 사전 이해가 필수이다. 만약 윤리적으로, 신중하게, 그리고 의도적으로 실행한다면 원격표현놀이치료는 현재 팬데믹 지역을 넘어서도 아동들에게 안전하게 치료를 제공하고 그들을 도울 수 있다.

참고문헌

Baker, L. (2019). Therapy in the digital age. In J. Stone (Ed.), *Integrating technology into modern therapies: A clinicians guide to developments and interventions* (pp. 37-47). New York: Routledge.

Burns, R. C., & Kaufman, S. H. (1970). *Kinetic family drawings (K-F-D): An introduction to understanding children through kinetic drawings*. Brunner/Mazel.

Chapman, L. (2014). *Neurobiologically informed trauma therapy with children and adolescents: Understanding mechanisms of change (Norton series on interpersonal neurobiology)*. W. W. Norton & Company.

Csikszentmihalyi, M. (1990). *Flow: The psychology of optimal experience*. Harper & Row.

Gil, E. (2016). *Play in family therapy* (2nd ed.). Guilford Publications.

Google, LLC. (2019). *Just a line-draw in AR*. App Store. https://apps.apple.com/us/ app/just-a-line-draw-in-ar/id1367242427

Hill, K. E., & Lineweaver, T. T. (2016). Improving the short-term affect of grieving children through art. *Art Therapy, 33*(2), 91-98. https://doi.org/10.1080/07421656.2016.1166414 https://www.tandfonline.com/doi/pdf/10.1080/07421656.2016.1166414?needAccess=true

Kaduson, H. G., Cangelosi, D., & Schaefer, C. E. (2019). *Prescriptive play therapy: Tailoring interventions for specific childhood problems*. Guilford Publications.

Kolodny, P. (2020a). The evolution of trauma therapy and its relevance to art therapy. In P. Quinn (Ed.), *Art therapy in the treatment of addiction and trauma* (pp. 89-114). London, and Philadelphia: Jessica Kingsley Publishers.

Kolodny, P. (2020b). Healing addiction and trauma with the expressive therapies continuum and a neurosequential art approach. In P. Quinn (Ed.), *Art therapy in the treatment of addiction and trauma* (pp. 115-134). London, and Philadelphia: Jessica Kingsley Publishers.

Lowenfeld, M. (2005). *Understanding children's Sandplay: Lowenfeld's world technique*. Sussex Academic Press.

Lusebrink, V. B. (1991). A systems-oriented approach to the expressive therapies: The expressive therapies continuum. *The Arts in Psychotherapy, 18*(5), 395-403. https://doi.org/10.1016/0197-4556(91)90051-b

MacKinnon, L. (2012). The Neurosequential model of therapeutics: An interview with Bruce Perry. *Australian and New Zealand Journal of Family Therapy, 33*(03), 210-218. https://doi.org/10.1017/aft.2012.26

Malchiodi, C. A. (2006). *Expressive therapies*. Guilford Press.

Malchiodi, C. A. (2008). *Creative interventions with traumatized children* (1st ed.). Guilford Press.

Malchiodi, C. A. (2020). *Trauma and expressive arts therapy: Brain, body, and imagination in the healing process*. Guilford Publications.

Perry, B. D. (2006). Applying principles of neurodevelopment to clinical work with maltreated and traumatized children: The neurosequential model of therapeutics. In N. B. Webb (Ed.), *Social work practice with children and families. Working with traumatized youth in child welfare* (pp. 27-52). The Guilford Press.

QuiverVision. (n.d.). QuiverVision. https://quivervision.com/products

Schaefer, C. E., & Drewes, A. A. (2013). *The therapeutic powers of play: 20 core agents of change*. John Wiley & Sons.

Siegel, J., Iida, H., Rachlin, K., & Yount, G. (2016). Expressive arts therapy with hospitalized children: A pilot study of co-creating healing sock creatures©. *Journal of Pediatric Nursing, 31*(1), 92-98. https://doi.org/10.1016/j.pedn.2015.08.006

Slayton, S. C., D'Archer, J., & Kaplan, F. (2010). Outcome studies on the efficacy of art therapy: A review of findings. *Art Therapy, 27*(3), 108-118. https://doi.org/10.1080/07421656.2010.10129660

Southwell, J. (2016). Using 'Expressive therapies' to treat developmental trauma and attachment problems in preschool-aged children. *Children Australia, 41*(2), 114-125. https://doi.org/10.1017/cha.2016.7

Stoll, J., Sadler, J. Z., & Trachsel, M. (2020). The ethical use of Telepsychiatry in the COVID-19 pandemic. *Frontiers in Psychiatry, 11*. https://doi.org/10.3389/fpsyt.2020.00665

Stone, J. (2015). The Virtual Sandtray App®. https://www.sandtrayplay.com/Press/VirtualSandtrayArticle01.pdf

제14장

자연놀이치료와 원격심리치료: 녹화와 화면 시간을 잘 다루는 방법

Jamie Lynn Langley

자연에서 보내는 시간은 치유, 안정, 그리고 치료적으로 연결하는 중요한 경험이 될 수 있다. 이 뿐만 아니라 자연에서 놀면서 아이들은 탐색하고 무엇인가를 발견한다. 아이들에게 자연에서의 모험은 경이로움과 경외감을 경험할 수 있게 하지만 실제 자연에서 보내는 시간이 많지 않다. 아동들이 실내에서 더 많은 시간을 보내면서, 자연과의 단절은 더 증가하였다. 외부활동과 자연에서 놀 수 있는 기회가 줄면 정서적 · 신체적 건강이 결핍된다는 연구들이 증가하고 있다(Louv, 2008). 이러한 우려로 '녹색시간(green time)'의 필요성에 대한 인식을 높이기 위해 지역, 국가 및 국제적으로 프로그램을 실행하고 있다. 아이들을 위해 종종 자연에서 놀 기회를 갖는다. 또한 이것은 치료자가 '자연에서 놀이치료를 하면 좋겠다'라는 영감을 가졌다.

일반적인 전통적 놀이치료 이론에서는 내담자가 신중하게 선택한 놀잇감, 놀이실 또는 놀이 공간을 포함한다. 그리고 놀이실에서 내담아동이 놀이로 감정과 문제를 표현하면, 훈련받은 치료자는 이를 탐색하고, 담아 주는 역할을 한다(Landreth, 2012). 자연놀이치료(nature play therapy)는 놀이치료자가 아동과 함께 밖으로 나가 자연의 놀잇감과 놀이터에서 치료적으로 놀이를 하거나 자연물을 놀이실에 가져와서 노는 방식이다. 1993년 Charles Schaefer가 처음 도입하여 Schaefer와 Drewes(2014)가 나중에 확장시킨 놀이의 치료적 힘은 놀이치료의 본질적인 변화 매개체도 포함한다. 변화의 매개체는 실내 또는 실외에서 활성화될 수 있다. 놀이치료자는 전통적인 놀이치료처럼 자연놀이치료에서도 비구조화에서부터 구조화까지 놀이치료 이론을 적용할 수 있다. 이를 감안할 때, 아동이 자연에서 또는 놀이실에서 자연물로 치료자와 함께 놀이를 할 수 있다. 다른 경우에 놀이치료자는 치료적으로 필요한 경우 자연을 기반으로 하는 활동을 제안할 수도 있다.

COVID-19로 인해 화면을 통한 치료는 자연을 포함한 활동의 변화와 새로운 도전을 하게 하였다. 이 장에서는 팬데믹 같은 위기상황에서 아동과 가족들의 다양한 요구를 충족시키기 위해 원격심리치료에서 자연놀이치료 기법을 어떻게 적용할 수 있을지 살펴볼 것이다.

선행연구 및 지원

'자연치료' 및 '녹색치료'라고도 하는 생태치료는 자연을 통한 정신건강 치료를 위한 상위개념이다(Buzzell & Chalquist, 2009). 1990년대 중반에 최초로 놀이치료의 일환으로 자연놀이가 소개되었고, 이후 점점 증가하였고, 최근 다시 자연을 활용하는 것을 언급하고 있다. 최근에 Kaduson 박사는 『놀이치료 이론과 관점(Play Therapy Theories and Pespectives)』이라는 책에서 "자연은 우리 모두 안에 있기 때문에 놀이치료의 일부이다"라고 언급하였다(Kaduson, 2020, p. 103). 하지만 전통적인 놀이치료에서 자연을 활용하는 방식은 놀이치료 훈련과 서적 어디에도 없다.

선행연구에 따르면, 자연에서의 적극적인 활동은 긍정적이고, 자존감이 높아지고, 분노, 스트레스, 불안의 감소와 상관관계가 있다고 하였다(Buzzell &

Chalquist, 2009). 자연놀이치료의 기본 원리는 모든 연령과 발달 단계, 특히 아동이 자연의 혜택을 받고 자란다는 것이다. 저널리스트이자 자연주의자인 Richard Louv는 자연에서 노는 시간이 줄면 아동들의 정신적 · 육체적 건강에 부정적인 영향을 미칠 것이라고 하였다. 2005년 그의 책 『숲 속의 마지막 아이: 자연결핍장애로부터 우리 아이들을 구하라(Last child: In the woods: Saving our children from Nature Deficit Disorder)』(Louv, 2008). 초판에서 '자연결핍 장애'에 대해 언급하였다. 이를 계기로 지난 15년 동안 더 많은 연구가 나왔고, 전 세계의 아동과 자연으로까지 번졌다. Louv가 공동으로 설립한 Children & Nature Network(아동과 자연망)는 아동이 자연에서 얻는 혜택에 대해 천 개 이상의 연구를 하였다.

특히 놀이치료자에게 도움이 될 만한 연구는 자연 속 놀이가 회복탄력성, 창의적 사고, 실행기능과 같은 대처 기제에 긍정적인 영향을 미친다는 결과와 조절에 대한 내용이다(Ernst & Burcak, 2019). Jacqueline Shank 박사는 자연을 기반으로 한 아동중심 놀이치료에서는 자연물을 놀이 재료로 사용하기 위해 내부로 가져오거나(Swank et al., 2020) 이러한 자연물인 놀이 재료를 외부로 가지고 나가는 방식의 연구를 해 왔다. 이 외 연구는 주의집중력 향상(Swank & Smith-Adcock, 2018)과 자존감 향상(Swank & Shin, 2015a)을 포함한 고무적인 결과를 발견하였다. 자연을 기반으로 한 아동중심 집단놀이치료 연구에서는 자연에서 더 과업행동을 하고, 문제행동이 감소되었다는 결과를 보고하였다(Swank et al., 2017).

Janet Courtney 박사와 Joyce Mills는 자연을 기반으로 치유활동을 하는 '공동 치료자'로 놀이치료자이다(Courtney, 2020; Courtney, 2017; Courtney & Mills, 2016). 이상의 선행연구와 문헌에서 살펴본 것처럼 자연 기반 아동중심 놀이치료(Swank & Shin, 2015b)와 자연 기반 아동중심 집단놀이치료(Swank et al., 2017) 등의 특정 이론을 적용한 접근법을 포함할 뿐 아니라, 자연 기반 놀이치료 등 다양한 제목으로 소개되었다. 이 저자를 포함한 몇몇 놀이치료자들은 이제 자연 그리고/또는 자연물을 놀이치료에 접목시키는 것을 자연놀이치료라고 부르고 있다(Langley, 2019).

원격심리치료로의 전환

자연놀이치료에 대한 관심이 증가하고 있음에도 불구하고, COVID-19 팬데믹은 몇 가지 흥미로운 과제를 제기하였다. COVID-19 이전에도 원격심리치료를 하는 몇몇 치료자가 있었다. 많은 놀이치료자가 내담자의 욕구를 충족시키기 위해 원격심리치료 서비스로 빠르게 전환함에 따라, 그들의 치료를 가상으로 전환해서 실행할 수 있는 방법을 찾고 있었다. 자연을 기반으로 한 활동을 계속 제공하고 싶어 하는 놀이치료자는 초기에는 이것이 화면을 통해서도 가능할지 우려했다.

동시에 가족은 집 안에서 머무는 시간이 늘었다. 사람들은 일상에서 벗어나 외부활동을 할 만한 방법을 찾아야 했다. 아동들과 가족들은 그들의 뒷마당, 정원 또는 집 근처에 있는 자연을 찾기 시작하였다. 자연놀이치료는 더 자연스럽게 자연 활동을 할 수 있는 기회가 되었다.

원격심리치료보다 자연놀이치료로 접근했을 때 더 고려해야 할 사항이 있다. 첫째, 자연에 대한 접근에서 반드시 고려해야 할 것은 특정한 날씨 조건에서는 자연에서의 활동이 제한될 수 있다는 것이다. 이뿐만 아니라 아이들은 자연 속에서 이동할 수 있으며, 어떤 아이에게는 부모나 보호자가 가까이에서 보호해 줄 필요가 있다. 해당 기기를 외부로 가지고 나가는 경우 위험할 수 있어 보호자의 도움이 필요할 수도 있다. 원격심리치료 회기에서 또 다른 고려사항은 내담아동이 자연물을 모을 시간이 필요할 수 있다는 것이다. 또한 치료자는 아동에게 예측이 어려운 일이 생길 수 있다는 것도 고려해야 한다. 예를 들면, 그네를 타거나, 트램펄린을 타고 나란히 점프하거나, 자연에서의 산책이나 게임을 하기 위해 보드게임을 챙겨 갈 필요도 있다. 아동과 화면으로 만나기 때문에 안전한 환경을 제공하기에는 한계가 있다. 앞으로 일어날 수 있는 위험을 예측해 보고, 이에 대한 논의와 방안을 모색하고, 부모 및 보호자와 함께 안전 조치를 검토하는 것이 필요하다.

구체적으로 개입하기 전에 자연놀이치료의 치료적 가치를 살펴볼 필요가 있다. 이 '녹색시간'은 특히 최근의 전 세계적인 COVID-19 상황을 고려할 때 매우 효과적일 수 있다. 아동과 청소년들은 실내에서 화면으로 학습과 놀이를 하느라 많은 시간을 보낸다. 실제 많은 사람이 집에서 화상 수업을 하고 있다. 또한 부모와 보호자들도 재택근무를 하고 있다. 일반적으로 더 많은 잔소리를 해야 하고, 활동량은 줄고, 목소리는 더 높여야 한다. 게다가 내담아동은 지속적으로 자주 손을 씻어야 하고, 소독제를 가까이에 두고 자주 소독해야 한다. 더 많은 거리두기와 규칙 사이에서, 아동들은 그 어느 때보다 자유로운 놀이가 필요하다. 다행히도 그들은 밖으로 나가서 큰 소리로 놀 수 있다. 흙, 막대기, 나무를 만질 수 있고 자유롭게 놀 수 있다. 밖에서 더러워질 수 있고, 뒹굴 수 있다. 맨땅에서 진흙 파이를 만들고, 말 그대로 이 멋지고 지저분한 놀이를 하면서 긴장이 풀린다. 특히 부모와 보호자의 통제 없이 자유 놀이를 할 때 많은 스트레스가 풀릴 수 있다. 아동들은 종종 놀이의 중요한 치료적 힘이 될 수 있는 긍정적인 감정, 즉 경외, 경이로움, 기쁨을 느낄 수 있다. 또한 치료자와 아동은 이러한 긍정적인 자연 놀이 기회를 함께 경험할 수 있으며, 아동과 치료자가 관계를 형성할 수 있다.

실내 놀이실과 달리, 다른 자연놀이치료에서는 돌발 상황이 생길 수 있다. 지렁이가 땅 위에 있는 것을 볼 수 있고, 나비가 탑 위에 앉아 있는 것을 볼 수도 있고, 새가 지저귀기 시작하거나 바람이 무언가를 날려 보낼 수도 있다. 특히 주의력이 약한 아동이 자연스럽게 기어다니는 곤충을 돋보기로 집중해서 보는 것은 가장 놀랍다. 이미 이 시나리오에서 아이는 이 탐구적인 놀이 안에서 자기조절, 긍정적인 감정, 잠재적인 공감을 경험하고 있다. 예상치 못한 상황은 때때로 활동을 변경할 수도 있다. 놀이치료자는 야외 자연 체험 활동 중에 예상치 못한 상황으로 인한 변화와 중단에 대비해야 한다. 날씨에 적합한 복장을 갖추는 것은 성공적인 자연개입의 또 다른 도구이다.

자연을 기반으로 한 활동을 하기 전에 자연 놀이 키트를 준비해야 한다. 자연놀이와 탐험에 유용한 자연물을 담을 수 있는 끈이 있는 가방도 필요하다. 쌍안경, 돋보기, 핀셋, 곤충망, 작은 삽, 나침반, 호루라기, 선글라스도 준비하고, 다른 추가 사항으로는 종이, 크레용, 색연필, 저널, 카메라가 필요할 수 있다.

자연놀이치료 활동과 개입

자연을 기반으로 하는 활동과 개입을 놀이치료로 접목할 때 고려할 사항으로 놀이치료자는 이론적 기반을 이해할 필요가 있다. 자연놀이치료는 아동중심 또는 보다 구조화된 상황에서도 활용될 수 있다. 처방적 놀이치료자로서 나는 내담자의 욕구에 따라 구조화하여 다양한 프로그램을 활용한다. 아동의 욕구가 변화하는 것에 맞춰 반영할 수 있다(Schaefer, 2003). 내담아동이 놀이를 이끌 수도 있고, 놀이치료자가 특정한 치료 활동에 적합하게 구조화할 수도 있다. 특정한 욕구 또는 문제에 따른 구조적 개입을 할 때 임상적 시각은 항상 아동에게 집중되어 있기 때문에 놀이치료자는 지속적으로 아동의 욕구에 맞춰 접근한다. 모든 자연놀이치료 활동은 놀이의 치료적 힘을 근거로 내담아동의 주 호소에 따라 여러 가지 자연 활동을 적용한다.

자연을 기반으로 한 창의적인 표현미술 활동

아동과 청소년들에게는 자연을 기반으로 한 활동들이 매우 창의적일 수 있다. 자연을 놀이 공간으로 한다면 무궁무진하게 창의적인 활동을 할 수 있다. 놀이실에서는 아동이 제공된 놀잇감을 가지고 전통적인 방식으로 논다. 그러나 자연이라는 놀이터는 자유롭다. 예를 들면, 막대기는 마술 지팡이, 카누 노, 검, 필기도구, 말 등 아이가 상상하는 모든 것이 놀잇감이 될 수 있다는 점에서 자연물은 상상력에서 가장 영감을 받은 '놀잇감'이다. 놀이치료자는 아동의 놀이를 따라 할 수 있으며, 심지어 화면을 통해서도 쉽게 놀이를 할 수 있다. 이 자유로운 놀이는 아동들이 자기표현, 창의적인 문제해결, 자존감 증진, 긍정적인 감정 증진과 같은 여러 놀이의 치료적 힘에 도움이 되고, 독립심을 기를 수 있다.

실내뿐만 아니라 실외에서도 자연과 함께 창의력을 키울 수 있다. 이를 위해 가장 좋은 방법 중 하나는 자연물을 이용한 '느슨한 부분 놀이'이다. 느슨한 부분 놀이는 유럽, 특히 영국에서 더 잘 알려져 있다. 그것은 "어떤 환경에서든 창의성과 창의성의 수준, 창의성 발견의 가능성은 그 안에 있는 변수와 변인에 정비례한다"는 것을 전제로 한다(Nicholson, 1971). 다시 말해, 모든 유형의 것이 될 수 있다: 크고 작은 것, 자연적인 것, 또는 합성적인 것. 이것들은 놀잇감이 아니라 창의적으로 만들기 위해 함께 모인 다양한 자연물이다. 창의적인 놀이에 자연에서 선택한 것을 사용할 때, 모든 종류의 것을 만들 수 있다는 점에서 자연에서의 레고와 같다고 생각하면 된다. 자연물 수집은 야외에서 하는 원격심리치료 회기 동안 이루어지거나 내담아동이 미리 준비해서 가져온 것을 활용할 수 있다. 나뭇잎, 잔가지, 돌, 도토리, 볏짚, 깃털, 껍질, 나무껍질, 풀잎, 솔방울 등 자연물로 사용하면 된다. 아동들에게 '상상해서 표현해 보자'라는 길라잡이만 제시하고 구체적인 놀이 방법은 제시하지 않는다. 어떤 아동은 야외 놀이 경험의 일부로 선택한 물체를 흙에 넣을 수도 있다. 이 경우 놀이는 종종 모래상자 꾸미기와 비슷해지는데, 상징적인 방법으로 흙 속의 자연물을 활용하고 흙을 채로 걸러 내고 매끄럽게 해 가면서 조절감을 키운다. 모래놀이치료에서처럼 이러한 유형의 놀이는 또 다른 치료적 효력으로서 무의식적으로 접근한다. 내담아동이 놀이를 하고 창작하는 동안 놀이치료자는 아동과 상호작용을 하고, 지속적인 관찰을 하면서 도움이 될 수 있도록 적절한 의견을 제시할 수 있다. 또한 이러한 유형의 창의적인 놀이는 종종 긍정적인 감정, 자존감 회복, 창의적인 문제해결, 자기조절, 그리고 회복탄력성과 같은 치료적 힘이 있다.

이 자연물은 만다라(Mandala)를 만드는 데에도 활용될 수 있다. 자연 만다라는 창의성 외에도 많은 아동에게 이로운 자기조절감을 키울 수 있기 때문에 개인적으로 가장 좋아하는 활동이다. 만다라는 중심이 있는 원으로, 빈두(bindu)라고도 하며, 전체성을 나타낸다. 만다라와 빈두라는 단어는 고대 산스크리트어에서 유래한 것으로, 만다라가 수 세기 동안 다양한 문화와 종교에서 사용되어 왔음을 나타낸다(Turner-Bumberry, 2015). 만다라는 데이지나 해바라기, 거미줄, 원형 조개껍질, 심지어 태양에 이르기까지도 자연 전반에 걸쳐 존재한다. 내담아동은 자연에서 만다라를 소개받을 수 있다. Lori Cunningham이 쓴 『The Mandala Book: Patterns of the Universe』(2020)에서 내담자는 자연에서 산책하면서 만다라를 발견할 수 있다고 명시되어 있다. 아동들은 보통 만다라를 찾느라 몰입하고, 그것을 발견하게 되면 경이로움과 경외감을 느낀다. 원격심리치료자는 그들의 디지털 기기로 아동과 치료자가 함께 만다라를 찾을 수 있다. 발견된 만다라 사진은 기기나 카메라로 찍거나 그릴 수 있다. 그런 다음 이 문서들을 원격심리치료 회기에서 공유할 수 있는 자연 문서철에 보관될 수 있다.

만다라 작업은 종종 마음챙김과 관련이 있으며 표현치료에서도 대중화되어 있다. 자연 만다라는 자연물을 야외나 실내로 가져 와서 작업하기도 한다. 아동은 자연 만다라 작업과정을 즐거워하고, 종종 새로운 만다라를 만들어 달라고 한다. 조용한 자연 음악소리를 들으며 원격심리치료를 통해 내담아동과 만다라 작업을 한다. 이 시간 동안 안정감을 경험할 수 있다. 아동은 작업을 할 때 서두르는 경향이 있는데 이때 치료자는 치료적 효과를 위해 속도를 늦추도록 안내할 필요가 있다. 자연 만다라의 통합화 과정은 자기조절, 자존감 향상, 그리고 창조적인 것과 같은 몇 가지 놀이의 치료적 힘을 가진다. 집단이나 가족 치료에서 활동의 일부로 구성원들이 함께 자연 만다라 작업을 할 때 사회적 유능감과 애착을 형성할 수 있다. 아동들이 완성한 만다라를 사진으로 찍고 싶어 하고 이것을 전자기기로 저장할 때 내담아동의 파일이 되고, 놀이치료적 힘이 있는 또 다른 자연물을 활용하여 간단한 표현미술 활동을 해 볼 수 있다.

놀이의 치료적 힘과 비슷한 자연물을 활용할 수 있는 간단한 표현미술 활동 중에는 나뭇잎을 종이 밑에 놓고, 모형대로 따라 그린 후 크레파스를 나뭇잎 결대로 문지르면 창의적이고 마음이 차분해진다. 이를 가상으로도 공유할 수 있다. 나뭇잎을 배치하고, 디자인할 수 있다. 놀이치료자는 병행놀이 형태로 놀이에 참여할 수 있고, 화면을 통해 치료적 관계를 맺는다. 책상 근처에는 자연물이 든 바구니가 놓여 있는데, 이 바구니 위에서 아동–치료자가 병행놀이를 위한 활동을 선택할 수 있다. 잔가지, 나뭇잎, 그리고 다른 자연물들을 물감으로 색칠하고, 그것들로 그릴 수도 있다. 솔방울과 도토리와 같은 다른 자연물들에도 칠할 수 있다.

자연물을 가지고 하는 추가적인 창의 활동으로 생물, 동물, 인형 만들기를 해 볼 수 있다. 주 호소나 상황에 따라 이러한 개입방법은 놀이치료자가 안내할 수 있고, 구조화시킬 수 있다. 예를 들어, 아동이 자연물 활용이 불안하고 불편해 한다면, 편안한 다른 것으로 대체시킬 수 있다. 이때는 점토나 플레이도우와 같은 다른 대체물을 제안할 수도 있다. 한 일례로, 곤충을 무서워하는 아동에게 곤충을 표현하도록 하는 것은 안전한 방법으로 자연스럽게 두려움을 극복할 수 있는 투사적인 기회를 제공할 수 있다. 이것은 두려움을 극복할 수 있는 놀이치료의 힘이다. 생물, 동물, 그리고 나뭇잎과 잔가지를 건축용 종이에 붙여서 만들 수 있다. 이런 식으로 가장 좋아할 만한 것 중의 하나는 바위와 나뭇잎으로 자연 괴물을 만드는 것이다. 괴물의 얼굴은 돌에 그리도록 하고, 그 위에 다양한 나뭇잎을 붙인다. 자연괴물은 걱정괴물, 분노괴물 등 필요에 따라 적용할 수 있고, 다양한 지시적 치료활동을 할 수 있고, 이것은 원격심리치료를 통해서도 가능하다.

인형이나 퍼펫은 내담아동과 치료자 모두가 막대기와 끈으로 만들 수 있으며, 이는 원격심리치료에서 이야기할 수 있는 기회를 준다. 도토리를 활용해 가족을 만들 수 있다. 마커로 도토리에 얼굴을 그리고, 요정의 집처럼 자연을 배경으로 내부와 외부를 꾸밀 수 있다. 진보적 스토리텔링은 자연 인형을 활용하여 이야기를 만든다. 내담아동과 치료자는 번갈아 가며 이야기를 만든다. 인형을 어떻게 활용하고 싶은지, 이야기 또는 놀이를 할 것인지 등을 아동이 결정할 수 있는 시간이다. 이러한 활동을 통해, 아동의 창의성을 향상시킬 뿐만 아니라, 더 깊은 내면의 작업을 할 수 있다. 놀이를 통해 투사작업을 하고, 더 안전한 환경에서 카타르시스와 정화의 효과가 있다.

주변에서 쉽게 발견할 수 있는 돌은 그것을 쌓거나 그것에 색칠하여 표현미술활동에서 활용될 수 있다. 감정을 표현하고 그 위에 좋아하는 단어나 문장을 쓰거나 색칠할 수도 있다. 이렇게 색칠된 돌은 자연 만다라가 된다. 돌을 쥘 때 땅에 발이 닿고 있다는 느낌과 아동에게 유익하고 필요한 접촉으로 만족스러운 경험을 하게된다(Courtney, 2020).

자연을 기반으로 한 게임과 결합 활동

다양한 게임놀이는 자연의 요소를 활용하여 야외에서 할 수 있을 뿐만 아니라, 내부에서도 가능하다. 또한 이러한 활동은 창의적인 사고활동이기도 하지만 일반적인 게임놀이와 마찬가지로, 소통, 신뢰, 그리고 때때로 협력을 한다. 게임과 활동을 통합한 놀이를 통해 긍정적인 감정, 스트레스 관리, 치료적 관계, 애착, 사회적 유능감, 공감, 문제해결, 도덕성 발달, 심리적 발달, 자기조절, 자존감, 그리고 이외 놀이치료적 힘을 포함한다(Stone & Schaefer, 2020). 놀이치료자가 종종 게임을 하는 것은 당연한 일이다. 게임과 활동은 집단과 형제자매와 함께 가족에게 적용하기 쉽다.

틱택토(Tic-Tac-Toe)와 같은 것은 쉽고 편하게 자연물을 활용할 수 있는 게임이다. 막대기나 잔가지를 활용하여 틱택토 보드게임을 만들 수 있으며, 바위, 조개껍질, 나뭇잎과 같은 것들로 X와 O를 만들어 볼 수 있다. 이것은 야외나 실내에서도 쉽게 이루어지며, 원격심리치료에서는 내담아동과 치료자가 그들의 자연 토큰이 어디로 움직이는지 볼 수 있다. 앞뒤로 이동할 수 있는 이 단순한 게임은 내담아동과 치료자 간의 신뢰감과 소통을 형성하고, 자존감 증진과 긍정적인 경험을 할 수 있다. 또한 이 활동의 창의성과 놀이의 단순함과 간결성으로 인해 외부에 있는 것이 익숙하지 않은 내담아동도 초반에 할 수 있는 안전한 게임이다.

또 자연에서 쉽게 할 수 있는 게임은 '리더를 따라하기(follow-the-leader)'라는 게임이다. 아동들은 성인들을 통제할 기회가 많지 않기 때문에 아동이 주도하여 특히 성인을 이끈다는 것은 아주 매력적이다. 이 방법은 아동과 치료자 분만 아니라 아동과 부모, 형제자매 및 다른 보호자와도 같이 놀 수 있다. 아동들은 종종 옆으로 재주넘기와 같이 성인들이 할 수 없는 것을 아동들만 할 수 있을 때 특히 더 즐거워한다. 이 경우 치료자나 성인은 옆으로 재주넘기를 손으로 해서 아동을 따라다니지만 활동은 할 수 없다(아이들은 이런 것을 좋아하고 낄낄거린다). 내담아동은 자연에서 활동하기 위해 기기를 밖으로 가지고 나갈 수 있고, 치료자도 아이들처럼 자연으로 나가서 함께 합류하거나 실내에서 아동들과 합류한다. 원격심리치료를 통해 치료자가 관찰자의 역할을 하거나 때로는 이 게임에 참여하는 가족들의 심판자가 되기도 한다.

자연 속에서 폐품을 찾는 과정은 특히 가족에게 몇 년 동안 인기 있는 활동이었다(처음으로 원격놀이치료를 하는 치료자에게 가장 인기 있었다). 놀잇감으로 사용되는 자연물들은 계절, 감각적인 경험, 색깔, 모양 등에 따라 다르게 활용될 수 있다. 자연물을 찾는 것은 외부에서 쉽게 할 수 있지만, 실내에서 하는 원격놀이치료에서는 자연물을 모아 안으로 가져와야 한다. 자연에서 자연물을 찾는 대신에 찾은 자연물을 사진으로 찍어 활용할 수 있다. 자연물을 찾는 것은 집단, 가족 및 형제자매가 서로 공유하고 소통하는 데 도움이 될 수 있고, 함께 수집하는 과정에서 서로 이야기하고 의사소통하며 협력해서 이를 해결해 갈 수 있다. 또한 그들은 이 활동에 집중하기 위해 실행기능 기술과 집중력을 높일 수 있다. 집중력 향상에 도움이 될 만한 방법은 자연물 개수를 제안하고, 1분 동안 완성하게 한다. 그다음 그것을 가린 후 아동들에게 그들의 기억을 회상해 보게 한다. 이런 기억력 게임은 치료자가 화면에 항목을 표시하고 내담아동이 자신의 영역으로 이동할 수 있기 때문에 특히 원격놀이치료에서 효과적으로 적용할 수 있다. 또한 놀이치료자가 기억하고 찾을 수 있는 다른 방식으로도 적용할 수 있다.

Nature I-Spy[1]는 자연을 산책하면서 쉽게 협력할 수 있는 재미있는 활동이다. 때때로 자연에서 산책 중에 어린 아동들은 불안할 수 있는데, 그들이 '스파이'가 되어 특정한 색깔, 모양, 소리를 찾도록 하는 것은 감각에 기반을 둔 재미있는 활동이다. 이 활동은 자연에서 모험하면서 규칙에 따라 미션을 완수해 가면서 집중력을 높일 수 있다. 대부분의 아동들은 자연에서 활동하면서 경외감을 경험한다. 아동들은 사진과 비디오를 찍는 것을 좋아해서 태블릿이나 전화기로 도중에 발견한 자연물을 추적할 수 있다(그리고 스크린과 녹색시간을 연결하는 좋은 방법이다). 사진기로 찍은 사진이나 그림은 자연 저널이나 스크랩북에 추가할 수 있다. 자연에서의 산책과 모험은 집단과 가족 치료에서뿐만 아니라 일대일 치료에서도 효과가 있다.

마지막 원격심리치료 플랫폼을 통해 실내에서 할 수 있는 활동으로는 창에서 창으로 이동하는 것이다. 내담아동이 이 창에서 저 창으로 이동하여 보고, 듣고, 심지어는 냄새를 맡은 것을 설명하도록 한다. 서로 다른 창에서 자연을

1) 자연에서 스파이가 되어 자연물을 찾는 놀이, 일종의 숨은그림찾기

바라보고, 자연을 통해 자기조절력을 키울 수 있고, 놀이치료자에게 창밖에 보이는 풍경을 보여 줄 수도 있다.

윤리적 고려사항

원격심리치료를 시작하기 전에 사전동의가 필요하다. HIPAA를 준수할 뿐 아니라 사전동의서에는 플랫폼에 관한 내용을 포함시켜야 한다. 또한 야외 회기로 진행할 경우 발생할 수 있는 위험사항을 고려해야 한다. 외부로 이동할 때 위험한 상황이 발생하면 비밀유지 예외사항으로 포함해야 한다. 위에 고지한 내용에는 원격심리치료와 자연놀이치료의 장점을 포함시켜야 한다.

놀이치료자는 내담아동 및 부모, 보호자와 함께 외부에서 편안한 상태를 탐색해야 한다. 원격심리치료 회기에서는 어떤 자연 공간을 활용할 것인지, 그곳이 안전한 공간인지 검토하고, 내담아동이 기기를 외부로 반출할 수 있도록 부모의 허락을 받아야 한다는 점도 포함해야 한다. 또한 부모가 안전하게 참석할 수 있는 방법들을 검토하기에도 좋은 시간이다. 부모와 떨어져 있어서 아동들은 자연에서 더 자유롭게 놀 수 있다(Sampson, 2015). 원격심리치료에서 치료자는 내담아동과 상호작용하고 아동을 관찰하기 위해 안전한 환경을 제공할 수 있지만 물리적으로 떨어져 있다는 한계가 있다. 아주 어린 아동의 경우, 보호자가 아동의 시야 안에 있어야 하지만 내담아동과 치료자 간에 긴밀한 대화를 할 수 있도록 충분한 거리를 두기를 권고한다. 외부 활동 치료를 시작하기 전에 안전에 대한 고려사항은 부모 및 보호자와 함께 충분한 검토가 필요하다. 치료자의 한계에 대한 이해를 돕기 위해 내담자와 논의가 필요하다.

'자연 윤리' 또한 필수적인 고려사항이다. 이것은 '흔적을 남기지 말아야 한다.' 즉, 자연을 훼손하지 말아야 한다는 의미이다. 특히 창의적인 활동을 위해 자연물을 모을 때 명심해야 한다. 내담아동에게 다음과 같이 설명해 주어야 한다. 자연물을 안전하고 쉽게 구할 수 있는 방법은 떨어진 것을 '줍고', 도토리와 같은 것은 다람쥐의 먹이와 동물들의 은신처가 될 수 있기 때문에 개수를 한정해 주는 것이 좋다. 더 이상 필요 없는 재료는 자연으로 '되돌려 놓아야' 한다.

사례

9세 남자아이, Danny는 COVID-19 팬데믹이 시작하면서 우울과 무기력이 증가했다고 부모는 보고하였다. 그는 가상 수업을 하면서 학교 친구들을 그리워하였다. 신체 활동은 줄었고, 비디오 게임을 하는 시간이 늘었다며 부모는 걱정하였다. Danny에게 밖에 나가라고 하면 자신은 스포츠를 좋아하지 않는다며 외부활동을 꺼렸다. 치료자는 밖에 나가는 것은 스포츠를 하는 것 이상의 의미라며 "녹색시간"이라고 말하였고, 그것에 대해 설명해 주었다. (부모님의 동의를 얻어) 나는 그에게 소셜 비디오 게임 놀이와 화면 시간을 바꿀 수 있는 녹색시간부터 시작해 보자고 제안하였다. 그는 동의했고 우리는 자연에서 산책을 하면서 모험을 하기 시작하였다. 그가 태블릿으로 원격심리치료에 참여했기 때문에 그는 이것을 쉽게 밖으로 들고 나갈 수 있었고, 나와 Danny는 함께 '동행'할 수 있었다. 우리는 색깔을 찾는 것부터 시작해서 그다음에는 모양과 소리를 찾았다. 자연에서 따끔거리거나 부드러운 것을 찾아보라고 제안하면 Danny는 폐품을 찾았다. 그는 발견할 수 있는 다른 것들을 그려 보고 싶다며 그림을 그리기 시작하였다. 이것은 태블릿에 있는 그리기 앱으로도 가능하다. Danny는 전자기기를 잘 다뤘기 때문에 나는 발견한 것들을 핸드폰 사진이나 동영상으로 찍는 것을 제안하였다. 나는 그가 만다라를 그리는 것을 좋아한다는 것을 알고 있었기 때문에 실내와 실외 어디서든 자주 나에게 그것을 그리게 하였고, 나중에 무엇을 어떻게 배치하고 싶은지 질문을 하면서 아이의 작업에 참여하였다. 나는 스크린을 통해 그에게 지시할 수 있었다. 이것은 외부에서 그림을 그리고 치료 회기 동안에는 그것을 공유하는 다른 방식의 창의적인 놀이로 이어졌다. 또한 그는 어동생을 '자연에서 하는 미션'에 데려가기 시작했고 가족 회기에서는 자연물을 찾는 것을 계획하였다.

여기에서 놀이의 치료적 힘은 자존감, 치료적 관계, 창의적 문제해결, 긍정적 감정, 카타르시스, 스트레스 관리, 그리고 직접적인 교육이었다. 이 회기를 몇 달 동안 진행하면서 Danny의 우울감은 현저히 감소하였다. 또한 그는 에너지가 많이 생겼다고 보고하였고, 여가시간에도 더 많은 창의적인 활동을 하였다. 따라서 자연놀이치료를 통한 우리의 원격심리치료 스크린에서의 시간과 녹색시간이 내담아동에게 정서적으로 도움이 되었고, 나와 아동은 치료적 동맹을 잘 맺어 갔다.

자연놀이치료는 자연의 치유 능력과 놀이의 치료적 힘을 결합한다는 점에서 '역동적인 듀엣(dynamic duo)'이다. 이 장에서 설명한 것처럼 자연놀이치료는 매우 유용한 방법이다. 자연 자체가 놀이 공간인 야외에서 자연물을 주워와서 실내에서 진행할 수 있다. 또한 자연놀이치료는 내담아동에게 놀이치료 이론을 근거로 필요에 따라 지시적이거나 비지시적으로 진행할 수 있다. 우리는 필요할 경우 자연놀이치료가 원격심리치료보다 더 많은 아동, 청소년, 그리고 그들의 가족에게 자연을 소개할 수 있다는 것을 알았다. 이러한 자연에서의 접근은 COVID-19 팬데믹 동안 문제에 접근하기에 유용하다. 그것은 앞으로도 계속 필요할 것이다.

참고문헌

Buzzell, L., & Chalquist, C. (Eds.) (2009). *Ecotherapy: Healing with nature in mind*. Counterpoint Publishing.

Courtney J. A., & Mills, J. C. (2016). Utilizing the metaphor of nature as co-therapist in StoryPlay. *Play Therapy, 11*(1), 18-21.

Courtney, J. A. (2017). The art of utilizing the metaphorical elements of nature as "cotherapist" in ecopsychology play therapy. In A. Kopytin & M. Rugh (Eds.), *Environmental expressive therapies: Nature-assisted therapy and practice* (pp. 100-122). Routledge.

Courtney, J. A. (2020). *Healing child and family trauma through expressive and play therapies: Art, nature, storytelling, body, mindfulness*. W. W. Norton & Co.

Cunningham, L. B. (2020). *The mandala book: Patterns of the universe*. Sterling.

Ernst, J., & Burcak, F., (2019). Young children's contributions to sustainability: The influence of nature play on curiosity, executive function skills, creative thinking, and resilience. *Sustainability, 11*(15), Art. no. 4212, doi:http://dx.doi.org/10.3390/ su11154212

Kaduson, H. G. (2020). How do you incorporate nature in play therapy treatment? In R. Grant, J. Stone, & C. Mellenthin (Eds.), *Play therapy theories and perspectives* (p. 103). Routledge.

Landreth, G. L. (2012). *Play therapy the art of the relationship* (3rd ed.). New York, NY: Routledge.

Langley, J. L. (2019). Nature play therapy: When nature comes into play. *Playground*, Spring/ Summer, 20-24. https://cacpt.com/wp-content/uploads/2019/04/Playground-Spring-2019.pdf

Louv, R. (2008). *Last child in the woods: Saving our children from nature-deficit disorder*. Algonquin Books.

Nicholson, S. (1971). How not to cheat children: The theory of loose parts. *Landscape architecture, 62*(1), 30-34.

Sampson, S. (2015). *How to raise a wild child: The art and science of falling in love with nature*. Houghton Mifflin Harcourt.

Schaefer, C. E. (2003). Prescriptive play therapy. In C. E. Schaefer (Ed.), *Foundations of play therapy* (pp. 306-320). Wiley.

Schaefer, C. E., & Drewes, A. A. (2014). *The therapeutic powers of play: 20 core agents of change* (2nd ed.). Wiley.

Stone, J., & Schaefer, C. E. (2020). *Game play: Therapeutic use of games with children and adolescents* (3rd ed.). Wiley.

Swank, J. M., Cheung, C., Prikhidko, A., & Su, Y. W. (2017). Nature-based child-centered group play therapy and behavioral concerns: A single-case design. *International Journal of Play Therapy, 26*(1), 47-57. https://doi.org/10.1037/pla0000031

Swank, J. M., & Shin, S. M. (2015a). Garden counseling groups and self-esteem: A mixed methods study with children with emotional and behavioral problems. *The Journal for Specialists in Group Work, 40*(3), 315-331. doi: https://doi.org/10.1080/01933922.2015.1056570

Swank, J. M., & Shin, S. M. (2015b). Nature-based child-centered play therapy: An innovative counseling approach. *International Journal of Play Therapy, 24*(3), 151-161. doi: http://dx.doi.org/10:1037/a0039127

Swank, J. M., & Smith-Adcock, S. (2018). On task behavior of children with attention deficit and hyperactivity disorder: Examining treatment effectiveness of play therapy interventions. *International Journal of Play Therapy, 27*(4), 187-197. doi: http://dx.org/10.1037/pla0000084

Swank, J. M., Walker, K. L. A., & Shin, S. M. (2020). Indoor nature-based play therapy: Taking the natural world inside the playroom. *International Journal of Play Therapy, 29*(3), 155-162. https://doi.org/10.1037/pla0000123

Turner-Bumberry, T. (2015). *Finding meaning with mandalas: A therapist's guide to creating mandalas with children*. Turner Phrase Publishing.

제15장

당신의 우주: 공간적 현존감, 주의 할당, 상호작용을 통해 심리교육을 개선하기 위한 원격 VR의 사용

Ryan Kelly

가상현실(VR)은 미래의 혁신적인 매체임이 분명하다. VR 관련 치료 접근이 기존의 치료 개입이나 교육을 개선한다는 점은 거듭 증명되고 있다. 전문가들 또한 치료과정의 필수요소인 심리교육이 적용 가능한 최첨단 기술을 포함해야 한다고 믿는다. 전 세계적으로 공간적 현존감(spatial presence), 참여, 주의 할당(attention allocation)이 주는 이점을 활용하기 위해서 원격치료 적용이나 VR과 같은 '최첨단 기술'을 포함해야 한다는 연구 결과들이 나오고 있다. 이 장에서는 이러한 기술들을 원격심리치료에 적용함으로써 얻을 수 있는 고유한 이점들에 대해 논의하고자 한다. 여기에는 VR에서 직접 또는 원격으로 수행할 수 있는 (신경) 심리교육 접근으로 본 저자가 개발하고 이름 지은 '당신의 우주(The Universe of You)'라는 새로운 접근방법도 소개하고자 한다. 또한 사례와 윤리적 고려사항도 포함하고자 한다.

증거기반치료의 고유 구성요소는 심리교육이다. 이 개념은 Lukens와 McFarlane(2004)이 「증거기반 실제로서 심리교육: 실제, 연구 그리고 정책을 위한 고려사항」이라는 논문에서 다음과 같이 정의한다.

> 심리교육은 심리치료와 교육적 개입을 통합하여 시너지 효과를 내도록 하는 전문적 치료방법이다. 많은 형태의 심리사회적 개입은 병리, 질병, 법적 책임, 기능장애를 다루기 위해 고안된 전통적 의학모델에 기초를 둔다. 이와 대조적으로, 심리교육은 건강, 협업, 대처, 역량강화를 강조하는 총체적인 역량기반 접근으로 패러다임 전환이 이루어지도록 돕는다(Dixon, 1999; Marsh, 1992). 이는 강점에 중심을 두고 현재에 초점을 맞춘다. 환자/내담자 또는 가족은 치료에서 파트너로 간주된다. 돌봄을 받는 사람과 돌봐 주는 사람이 더 많은 지식을 습득하여 모두가 더 건강해지는 결과를 낳도록 하는 것이다(p. 206).

심리교육은 기술훈련, 의사소통 방식, 개별문제 극복과 같은 형태일 수도 있지만 궁극적으로 임상가는 실증적 연구를 통해 얻은 지도와 나침반을 가지고 심리 가이드를 한다. 여기에서 필수적으로 다루어야 할 부분은 내담자가 자신의 강점을 더 잘 활용하고 임상적으로 의미 있게 드러나는 약점을 조절하는 법이다. 이는 뇌 그리고 마음에 따라 뇌가 기능하는 현상(즉, 감정과 생각)에 대한 내용도 포함한다. 실제로 심리교육은 임상시험과 커뮤니티 환경 모두에서 증거기반 실제에 가장 효과적인 방법 중 하나임이 증명되고 있다(Lukens & McFarlane, 2004). 심리교육이 성공적으로 이루어지기 위해서는 치료자와 잘 맞아야 하고, 주의집중 능력과 욕구가 있어야 하며, 이해와 몰입이 가능한 학습경험이 수반되어야 한다. 한편, 심리교육의 긍정적 효과에 대한 많은 연구는 이 분야에 혁신이 필요하며 긴급상황에서 치료에 통합하는 최첨단 방법의 사용이 증가했음을 강조한다. VR 시대에 이러한 몰입형 기술의 사용은 '공간적 현존감'과 내담자의 비선택적 · 선택적 주의를 활용하기 위한 매개체로서 필수적이다.

VR은 '다른 환경에 존재하는 것들을 감각적 환상으로 완벽하게 포괄하는 하드웨어와 소프트웨어 시스템의 총체'라 정의할 수 있다(Biocca & Delaney, 1995). VR에서 사용자는 구글 카드보드(스마트폰을 넣어 사용하는 VR렌즈가 있는 골판지 상자)와 같이 저렴하고 간단한 것에서부터 무선 HTC 바이브 프로와 같은 비싸고 복잡한 것에 이르기까지 여러 종류의 헤드 마운티드 디스플레이(HMD)[1]를 사용한다. 가상환경에서 사용자는 주변의 3D, 즉 360도 이미지를 볼 수 있게 되고, 마치 자신이 실제로 그 환경 안에 있는 것처럼 인식하고 방향을 정해 움직이게 된다. VR 프로그램에 따라 VR 비디오 게임처럼 횡단(즉, 자유로운 이동이나 순간이동을 통한 탐색이 가능한 환경)이나, 상호작용(예: 마치 실제처럼 가상 아이템들과 상호작용)이 가능하고, 안락한 집에서 라이브 콘서트를 보는 것과 같은 경험을 쉽게 할 수 있는 환경이 된다. 지난 35년 동안 VR은 부동산, 게임, 의학, 심리학 같은 분야에서 점점 더 많이 사용되고 있고 타 분야와 유틸리티 방식으로 계속 확장되고 있다. VR 사용과 현 상태에 대한 이해를 위해서는『Experience on Demand: What Virtual Reality Is, How It Works, and What It Can do』(Bailenson, 2018)를 참조하기를 권한다.

존재

Ryan(2015) 그리고 Walsh와 Pawlowski(2002)는 VR 기술의 핵심 특징에는 공간적 현존감, 몰입, 상호작용이 포함된다고 한다. 공간적 현존감은 '1차적인 자기중심적 참조 틀'을 통해 마치 '거기에 있다'는 감각(즉, '이 세상은 현실이고 나는 그 안에 있다')을 가지는 것을 의미한다. 즉, 실제 환경을 대신하여 VR이 신경심리학적으로 그곳에 있다고 느끼도록 성공적인 수행을 해내는 것이다(Witmer & Singer, 1998; Khenak et al., 2018). 상호작용성(Interactivity)은 사용자가 실시간으로 VR 환경을 수정할 수 있는 정도라고 할 수 있다(Steuer,

1) 역자 주: Head-Mounted Display(HMD): 머리 또는 헬멧의 일부에 부착하여 입체 화면 등을 나타내고, 그 움직임을 알아내어 로봇이나 제어 시스템에 활용하는 장치

1995). VR이 가지는 이러한 요소들은 심리교육에 대한 내담자의 주의 할당, 참여, 기억유지를 개선하고 관련된 개입들에 도움이 될 수 있다. 치료에서 VR 사용이 가지는 이점을 이해하기 위해서는 『Virtual Reality for Psychological and Neurocognitive Interventions』(Rizzo & Bouchard, 2019)와 『Integrating Technology Into Modern Therapies: a Clinician's Guide to Developments and Interventions』(Stone, 2019)를 참조하기를 권한다.

주의 할당

주의 할당은 현재 상태와 미래 유틸리티를 이해하기 위해 환경에서 처리하는 것을 결정한다. 따라서 인식의 기본 전제 조건이 된다. 다시 말해, 의도적이든 의도적이지 않든 '인식하도록' 선택된 모든 것은 내담자를 위해 존재하는 것들이다. 주의 할당은 정보가 (비자발적인 경우) 새롭고 놀랍고 복잡하며, (자발적인 경우) 흥미롭고 관련성이 있을 때 더 잘 이루어지는 것으로 나타났다(Darken et al., 1998). 이러한 이유로 VR은 기존 교육방식을 개선하기 위해 사용되고 있으며, 21세기의 학습 보조도구로 묘사되기도 한다(Rogers, 2019).

연구에 따르면 학생들은 전통적 교육방식에 비해 VR 활동에 참여한 이후 더 많은 정보를 보유하고, 배운 것을 더 잘 적용하며, 더 큰 동기화가 이루어지고, 이해력이 높아지는 것으로 나타났다(Krokos et al., 2019; Wang et al., 2018). 또한 학습적 맥락에서 VR의 효과를 알아보는 연구에서 특정 주제에 특히 더 유용하게 기능하는 VR의 다양한 특성(예: 애니메이션 루틴, 움직임, 시뮬레이션, 다중감각입력)이 발견되었다. 이 장과 관련된 내용으로 Chavez과 Bayona(2018)는 의학과 관련된 학습(즉, 신체나 뇌의 반응에 대한 학습)에서 '움직임'은 학습에 필수적인 부분인 한편, '몰입형 인터페이스[2]'는 '생생한 경험'을 통해 학습하는 방식만큼이나 중요하다는 점을 발견하였다. 이전 연구와 유사하게, 그들은 VR

의 긍정적인 효과 17가지를 발견하였다. 여기에는 개념적 이해와 현실 간의 더 큰 연결, 향상된 기술, 더 큰 내재적 동기가 포함된다.

상호작용: VR 심리교육과 개입을 위한 특별한 방법

여기 있는 모든 정보를 고려하여 본 저자는 직접 또는 원격으로 사용할 수 있는 가상현실을 활용하여 내담자의 관심과 주의, 기억을 향상시킬 수 있는 특별한 심리교육 접근방법을 고안했다. 궁극적으로, 이것은 내담자의 뇌에 대한 학습(사고, 감정, 행동에 영향을 미치는 것을 포함)을 개선하고 향후 치료 효과를 높일 수 있다. 심리교육과 개입을 위해서 8×8피트(약 2.4×2.4미터)의 공간(이는 안전을 고려하고 의학적 관점에서 '움직임'에 대한 증거기반 학습 효과를 얻기 위한 크기)과 다음에 기술된 특정 하드웨어와 소프트웨어가 필요하다.

하드웨어

1. 임상가의 유니바디 헤드 마운티드 디스플레이 장치(예: 오큘러스 퀘스트2, HTC Vive, 밸브 인덱스 등)
2. 내담자의 유니바디 헤드 마운티드 디스플레이 장치(예: 권장하지만 선택)
3. VR 사용자를 위한 모든 기능(예: 16GB RAM+, Nvidia 1060+, i5 9600K+)을 지원할 수 있는 PC, 즉 화상회의 앱을 실행할 수 있는 컴퓨터
4. 원격치료에 사용되는 카메라(양 당사자용)

---

2) 역자 주: 일상적인 행동으로 쉽게 사용하고, 몰입하게 만들 수 있는 혁신적인 사용자 인터페이스를 말한다. 기존의 사용자 인터페이스(UI)에서 사용자 경험(UX)을 넘어 사용자가 직접 주인공이 되어 모든 정보를 사용자 중심으로 제공받게 된다.

5. 폴라 H10과 같은 블루투스 심박수 모니터(선택)
6. 뮤즈 EEG 헤드밴드 같은 블루투스 EEG 모니터(선택)

소프트웨어

1. 구글 틸트 브러시(필수): 틸트 브러시(Tilt Brush)를 사용하여 VR과 함께 3D 공간에서 그림을 그릴 수 있다. 내담자들은 3차원 브러시 사용을 통해 별, 빛, 불, 조각 등의 창의적인 표현을 할 수 있다. 예술적 표현을 위해 '캔버스' 환경과 조명을 원하는 대로 만들 수 있다. 콘솔 플레이는 오큘러스 스토어에서는 19.99달러에 구입 가능하며, 컴퓨터 기반 셋업에서는 무료로 이용할 수 있다. 안타깝게도 멀티플레이어 기능은 없다. 하지만 정지, 이동, 3D 이미지를 얼마든지 가져올 수 있는 기능이 있고, 커뮤니티에서 공유하거나 다운로드하기 위해 '폴리 라이브러리(Poly Library)'에 생성, 저장, 업로드할 수 있다.
2. 디스코드(선택): 디스코드(Discord)는 원래 게이머들을 위해 만들어진 그룹 채팅 플랫폼이지만, 이후 모든 종류의 커뮤니티를 위한 일반적인 사용 플랫폼이 되었다. 서버로 나뉘며 각 서버는 각각 멤버, 주제, 규칙, 채널을 가진다. 디스코드에서는 사용자들이 컴퓨터를 통한 라이브 스트림 게임과 다른 프로그램뿐만 아니라 음성 채팅 또는 영상 채팅이 가능하다.
   ★내담자와의 대화기능을 사용하기 전에 HIPAA 규정/비밀보장에 관한 준수사항을 참조하기를 권한다.
3. LIV(선택): LIV는 VR에 있는 자신의 모습 또는 자신이 가장 좋아하는 아바타를 캡처할 수 있는 혼합현실[3] 소프트웨어이며, Steam[4]에서 가장 성

3) 역자 주: 현실세계와 가상세계를 뒤섞어서 보여 주는 것을 말한다. 현실세계와 가상세계를 통합, 물체와 디지털 개체가 공존하고 실시간으로 상호작용하는 새로운 시각화 환경을 생성한다.
4) 역자 주: 밸브 코퍼레이션에서 개발하고 운영 중인 세계 최대 규모의 전자 소프트웨어 유통망

능 좋은 라이브 스트리밍 채팅 및 알림 유틸리티 앱이다. LIV는 게임에 들어갈 수 있도록 해 주고 다른 사람들이 실시간 또는 녹화를 통해 나중에 그 게임을 볼 수 있도록 해 준다.

4. OVR 툴킷(필수): OVR 툴킷은 VR로 데스크톱을 쉽고 빠르게 볼 수 있도록 설계된 유틸리티 애플리케이션이다. VR 내에서 데스크톱을 보고, 데스크톱 창을 전 세계에 배치하고, 마우스 입력, 가상 키보드로 타이핑하고, 창을 빠르게 전환할 수 있다. 이러한 방식을 통해 OVR 툴킷은 VR프로그램에서 당신이 헤드셋을 착용하고 내담자를 보며 대화가 가능하도록 해 준다. Steam에서 구입 가능하다.
5. 화상회의 앱(필수): 줌(Zoom), 디스코드, 구글 행아웃(Google Hangout), 테라플랫폼(Theraplatform) 등 화면 공유가 가능한 앱이다.

★내담자와의 대화기능을 사용하기 전에 HIPAA 규정/비밀보장에 관한 준수사항을 참조하기를 권한다.

6. 오픈 브로드캐스트 소프트웨어(OBS)(선택): OBS는 무료로 사용할 수 있는 오픈 소스 크로스 플랫폼 스트리밍과 녹화 프로그램이다. 이것을 통해 화면에 표시되는 내용을 기록할 수 있다.

이 책은 VR을 원격심리치료에 활용하는 데 그 초점이 있다. 따라서 사람이 직접 해 볼 수도 있는 방법이지만, 이 장에서는 원격으로 이루어지는 개입에 초점을 맞추고자 한다. 이 개입은 두 가지 방법으로 이루어질 수 있다. 내담자가 집에 자신의 VR 시스템을 가지고 있다면 구글 틸트 브러시와 OVR 툴킷을 다운로드 하도록 한다. 이때 나는 내담자에게 사용할 가상 뇌 하나를 다운로드하여 엑세스 권한을 준다. 예를 들자면, 사용되는 가상 뇌가 '불안한' 뇌라고 해 보자. 이 뇌는 신경학적 스트레스 반응, 보속성, 일반화된 불안과 같은 구조와 경로를 가지고 있을 것이다. 선호하는 비대면 치료 앱(예: Zoom)으로 내담자와 연결한 후 OVR 툴킷과 구글 틸트 브러시를 실행하도록 한다. 뇌 이미지를 열고 OVR 설정을 하여 내담자가 게임 내에서 당신을 보고 들을 수 있도록 한다. 당신은 VR을 착용한 내담자를 카메라를 통해 지켜보거나, 줌이나 디스코드 같은 대체 앱을 통해 내담자가 화면을 공유해 줌으로써 게임 안에서 서로를 볼 수 있다. 당신은 컴퓨터를 통해 원격으로 그들을 안내할 수 있다. 내담자가 비디오 모델링 세션을 녹화할 수 있도록 동의하면[오디오/비디오(AV) 책임면제와 비디오 보안을 위한 주의가 필요함], 당신은 오픈 브로드캐스트 소프트웨어(OBS)를 사용할 수 있다. 엔트리 레벨 PC나 Mac의 경우는 컴퓨터 기능의 확장을 시작할 수 있다.

내담자가 VR이 없는 경우, 당신이 역할을 바꾸어 주는 것을 권한다. 앞에서 언급한 내담자의 역할을 당신이 하고 내담자는 그들의 컴퓨터에서 뇌 '우주'를 통해 당신이 내비게이트하는 것을 지켜본다. 이 경우, 당신은 OBS를 통해 자신을 녹화하여 이후 비디오 모델링을 하는 것과 같이 비디오 참조를 할 수 있도록 한다. 이러한 접근방식 중 하나로 LIV 컴포지터가 VR 사용자를 애플리케이션에 '삽입'하여 그들이 뇌 세계 안에 있는 것처럼 보이게 할 수 있다. 즉, 사용자가 뇌와 상호작용하는 것을 관찰 또는 기록하는 동안 실제 사람이 헤드셋과 컨트롤을 사용하고 있는 모습보다 가상세계 안에 존재하는 것으로 보일 것이다.

VR 심리교육(불안의 신경심리학)

뇌 파일에 들어가면, VR 사용자는 가상 행성에 있는 자신을 발견하게 된다. 약 40피트(약 12미터) 전방과 30피트(약 9미터) 상공에 눈, 귀, 후각, 말초신경계, 심장이 있는 30피트(약 9미터) 길이의 거대한 반투명 뇌를 보고 있는 자신이 있다. 이러한 1차 구조들은 반투명 구조 내에서 불투명하게 보이며, 신경경로에 대한 애니메이션 루틴들(예: 감각 하드웨어로부터 오는 감각 정보, 통신 구조를 연결하는 펄싱 튜브 등)을 포함한다. 임상가는 다음과 같이 이 세계에 대한 설명으로 시작한다.

당신의 우주에 오신 것을 환영합니다. 당신은 질서정연한 우주 아래에 끝없는 지평선을 가진 행성에 서 있습니다. 당신의 위에 있는 모든 것들은 당신이 경험해 왔고 앞으로 경험할 것들입니다. 우주체와 성운가스는 당신의 기억, 잠재적인 미래, 사랑하는 사람들, 적들, 내적 사고, 외적 행동, 공포, 꿈, 성공, 실패, 어제 · 오늘 · 내일에 대한 수조 개의 인식의 순열들을 나타냅니다. 이것들은 당신 인생 라인에서 여러 번 반복을 통해 축적된 것들입니다. 약 30피트(약 9미터) 길이로 당신 앞에 떠 있는 물체는 당신의 뇌입니다. 이 우주를 오랫동안 처리하고 적응해 온 강력한 힘입니다. 수백만 년 동안 단세포 유기체로 시작하여, 가뭄, 기근, 질병, 포식자, 혹서, 혹한, 재난, 부패, 예측불허를 견뎌 왔습니다. 당신 다음으로 존재하는 그 큰 힘의 원천이 바로 이것입니다.

당신이 여기 서 있는 동안 당신은 이 우주의 신입니다. 당신은 의식의 정신적 표상으로서 이 모든 것들을 창조하고 통제하는 '메타인지 건축가'입니다. 당신은 현명한 반신반인이 되어 뇌로부터 오는 조언을 가치 있게 평가합니다. 하지만 뇌는 불완전합니다. 뇌는 도움을 주지만, 때론 나쁜 조언을 하기도 합니다. 뇌는 그 주변에 무슨 일이 일어나고 있는지에 대해서 충분히 이해하지 못한 채, 고대로부터 이어 오고 있는 구조, 전기적 기능, 신경화학물질을 사용하는 감정들을 통해 당신에게 말을 합니다. 그것은 당신 자신의 생각과 행동을 통해 지금까지 상호작용한 '내담자의 연령 입력'에 따라 달라집니다. 당신이 불안을 느낄 때, 당신이 불안한 생각과 행동으로 반응하는지 확인합니다. 만약 당신이 그것을 확인하면, 미래에 이와 유사한 상황에서 같은 메시지를 줄 것입니다. 만약 그렇지 않다면, 같은 메시지를 주는 경우는 드물어질 것입니다. 궁극적으로 당신이 이 세상을 통제하는 것입니다. 당신은 제작자입니다.

이 시점에서, 뇌를 대략 5~10피트(약 1.5~3미터) 길이로 줄이고, 뇌 안과 뇌 주변을 걸어 다니게 한다. 그리고 처리되지 않은 원시정보가 우리의 감각 구조를 통해 어떻게 뇌로 들어가는지, 시상, 시상하부, 해마, 편도체, 부신 등을 포함한 전전두엽 피질과 변연계를 통해 어떻게 처리되는지 설명해 준다. 이 구조들은 불투명한 조각으로 반투명한 구조 안에 두드러지게 보인다. 여기에 감정적 경로(시상에서 시상하부)와 논리적 경로(시상에서 상위피질 영역과 전전두엽 피질)를 통해 뇌가 위협을 어떻게 식별하는지, 그 반응을 우리는 어떻게 느끼는지(즉, 코르티솔과 노르아드레날린이 심박수, 호흡, 혈압을 높이는 것), 그러한 감정이 우리의 생각에 어떤 영향을 미치는지(예: 걱정으로 인한 보속증) 그리고 생각과 행동이 불안감을 가중시키는 방식에 대해서 설명해 준다.

심리교육 기반 개입

이제 당신은 게임 내에서 3D 아트 역학을 이용할 것이다. 내담자가 임상적으로 불안을 가지고 있다면, 인지된 위협(예: 카페테리아를 가로질러 가는 것)이나 과민반응(예: 테스트 결과로 B가 나온 것을 재앙으로 여기는 것)으로 나타나는 투쟁-도피 반응이 전전두엽 피질을 오염시키고 억제한다는 것을 내담자에게 알려 준다. 지금까지 논리적 사고와 정서조절의 관점에서 비합리적 정서를 걸러내 보았다면, 이제는 인지 왜곡을 알아볼 차례이다. 이 이미지를 설명하기 위해서 색상보정툴(recolor tool)을 활용한다. 두려움을 나타내는 색상(보통 빨간색)을 선택하도록 하고 녹색으로 된 '논리적' 경로를 빨간색으로 보정하도록 한다. 이것은 비반응성 불안으로 '오염'되어 있다는 것을 나타낸다. 그런 다음, 불 브러시를 선택하여 중뇌의 청반(locus coeruleus)에서 부신(adrenal gland)까지의 경로를 그리도록 하고 전기 브러시를 선택하여 심장 구조로 향하는 경로를 그리게 한다. 그것들을 전전두엽 피질로 향하도록 하고, 큐브 가이드를 생성하여 전전두엽 피질 전체로 확대시켜 벽모양처럼 만들어 글을 적을 수 있도록 만든다. 여기에 최근 불안하거나 당황하게 만든 경험을 떠올려 보도록 한 후 그 순간 자신에게 떠올랐던 생각을 적도록 한다. 예를 들면, 또래집단에 접근하는 것에 불안감을 느끼고 '걔들이 나를 멍청하다 생각할 거야' '걔들이 날 놀릴 거야' '난 괜찮은 애가 아니야'와 같은 생각을 하기도 하고, 불안을 악화시키는 인지 왜곡을 일으킬 수도 있다. 이때가 바로 몰입형 CBT 개입을 시작할 시점이다.

시상과 편도체 간의 투쟁-도피 반응에 대해 설명한다(이때 빨간색으로 짧은 불길을 나타낸다). 그러고 나서 스퀘어 호흡법(square breathing)[5]을 알려 주고 스트레스를 줄이는 방법을 지도한다(이를 통해 코르티솔과 노르아드레날린의 방출이 억제된다). 실제로 깊은 호흡을 하는 동안 안개 브러시를 선택하도록 하고 그들이 느끼는 안정된 느낌을 색칠(주로 파랑이나 초록)하도록 한 다음, 편도체와 시상 사이의 경로 위에 색을 입히도록 한다. 그런 다음, 심장으로 가는 전기 경로뿐만 아니라 청반에서 부신으로 가는 불 경로도 삭제하도록 한다. 그럼 이제 남은 불안은 시상과 전전두엽 피질 사이의 끈질긴 고리이다. 만약 이것이 관리되지 못하면, 침착한 안개는 사라져 버릴 것이고 편도체가 다시 활성화될 것이다. 전전두엽 피질로 다가가 앞서 거기에 써 두었던 나쁜 생각들을 붙잡아 우주의 빈 공간으로 내던져 버리도록 한다. 그 생각들은 사라져 버릴 것이다. 왜곡된 생각을 대체할 새로운 합리적 생각들을 써 보도록 한다. 예를 들면, "난 멍청하지 않기 때문에 걔들이 날 그렇게 생각할 이유가 없어" "걔들은 이전에 날 놀리지 않았어. 그러니 날 놀릴 거라 생각할 아무런 증거가 없어" "난 충분히 괜찮은 아이고 그런 인정을 받을 자격이 있어" 등이다. 마지막으로, 안개 브러시에 침착한 색을 고르도록 하고 합리적인 사고의 상태를 유지할 수 있는 색을 칠한다.

그들은 자신의 우주에서 메타인지 제작자로서 불안을 성공적으로 관리했다. 이 시점이 되면 나는 미술치료를 재미있게 사용해 보길 권한다. 뇌를 12인치(약 30센티미터) 길이로 축소시켜 그들 아래에 두고, 뇌가 그들의 지시에 순

---

5) 역자 주: 가상의 사각형 선을 따라가며 숨을 들이마시고 참고 내쉬고 참는 순서로 진행하는 호흡법

순히 따르며 올려다보도록 하는 방향을 잡도록 한다. 그러고는 더 큰 힘을 실어 주는 이미지들(예: 스타워즈에 나오는 A.T.A.T, 피카츄 등)을 폴리 라이브러리에서 선택하거나 그림을 그리도록 한다. 그리고 뇌 주변에 평온한 환경(예: 버드나무, 마법 느낌을 주는 엠버 브러시)을 만들도록 한다. 나는 내담자가 선택한 노래[또는 마르코니 유니온의 〈웨이트리스(Weightless)〉-이 노래는 성인 실험군에서 임상적으로 불안이 감소되는 것으로 입증됨]를 들으며 고요한 공간에서 위를 올려다보며 누울 수 있는 요가매트를 깔아 주고 빛 브러시로 '내가 통제한다'라는 메시지를 위를 향해 쓰도록 한다.

사례

엘리서는 만 15세 남아(고등학교 1학년)로 임상적 불안과 우울이 있는 것으로 보고받았다. 첫 회기 면담 60분 동안, 나는 엘리서의 부모님과 주 호소 문제, 가족력, 학교 및 병원에서 발급한 서류, 배경 정보 등의 내용이 포함된 접수면접을 진행했다. 부모의 보고에 따르면, 엘리서는 1학년 때 COVID-19로 비대면 수업이 이루어지면서 증상이 악화되어 경도에서 중간 정도 수준의 학교거부와 내재화 문제를 보였다고 한다. 학교거부 증상은 다른 공공장소(예: 식료품 가게)에서도 나타났고, 학업은 뒤처지고 고립된 상태로 비디오 게임(PS4, PC, 오큘러스 리프트)에 몰두하고 지냈으며, 다소 가벼운 정도의 자살사고와 아울러 자기를 비하하는 말을 자주 하곤 했다.

두 번째 회기(45분)는 엘리서와만 이루어졌으며 라포 형성에 초점을 두었다. 이 회기는 COVID-19의 3단계 대응지침을 직접 수행하는 것으로 진행되었다. 우리는 상담실 주변을 돌아다니며 관심사에 대해 얘기를 나누었고, 나는 치료과정(VR을 포함)을 소개했다. 그런 다음, 16×20피트(약 5×6미터) 면적의 VR방에서 VR을 체험해 보도록 제안했다. 참고로, 나는 다소 파워풀한 게

이밍 컴퓨터에 무선 어댑터가 연결된 HTC 바이브 프로를 사용한다. 그는 신이 나서 동의했다. 선택한 게임은 리치 플랭크 익스페리언스(Richie's Plank Experience)였다. 나는 12피트(약 3.6미터)×8인치(약 20센티미터)의 나무판자를 게임에 매핑하고, 도시 경관이 보이는 시뮬레이션 게임 안에서 16층 높이의 판자 위를 걸어 보도록 했다. 그가 VR을 체험하는 동안 나는 공간적 현존감을 언급하며, 나무판자에 섰을 때 심박수가 45bpm으로 상승한 것을 증거로 보여주며 우리의 뇌는 항상 정확하지는 않다는 점에 대해 이야기했다. 우리는 뇌가 어떤 식으로 불안을 유발하는지 논의했다. 즉, 그는 지상으로부터 불과 2인치(약 5센티미터)밖에 떨어져 있지 않다는 걸 알고 있음에도 불구하고 보고 듣고 있는 가상의 위협을 실제라고 믿게 된다는 점에 대해 말했다. 우리는 실제가 아님에도 불구하고 사회적 장면에서 그가 믿게 되는 다른 위협들에 대해서도 간단히 이야기 나누었다. 나는 그에게 심박수를 낮추고 불안 반응을 조절할 수 있는 스퀘어 호흡법과 몇 가지 쉬운 기법을 알려 주었고, 그는 성공적으로 수행했다.

세 번째 회기는 가상 세션으로 진행했다. 나는 틸트 브러시로 그의 오큘러스 리프트를 설정하는 방법에 대한 정보를 보내 주었다. 이 사례의 경우, 그는 세 번째 회기가 진행되기 전에 이미 그것을 가지고 놀아 보기도 했고 베이직에 익숙해진 상태였다. 나는 앞에서 언급한 심리교육을 시작했다. 그 내용에는 불안을 줄이기 위한 구조, 과정, 생리학적 방법(예: 근육이완, 깊은 심호흡 등)이 포함되었다. 그가 어떤 음악을 들어야 할지 정하지 못해서 나는 불안상태에 대한 곡으로는 림스키 코르사코프의 〈왕벌의 비행(Flight of the Bumblebee)〉을, 이완상태에 대한 곡으로는 마르코니 유니언의 〈웨이트리스(Weightless)〉를 줌을 통해 틀어 주었다. 나는 그에게 '오디오 웨이브' 기능을 켜도록 했다. 이것은 음악에 반응해서 브러시 스트로크가 이루어지도록 하여 음악에 따른 마음의 상태를 따라가 보도록 하기 위한 것이었다. 그런 다음, 나는 그가 어떤 것을 알게 되었는지 정확히 설명해 보도록 했다.

네 번째 회기는 세 번째 회기와 동일한 방식으로 진행되었으나, CBT 요소(예: 부정적인 왜곡된 생각 쓰기, 긍정적인 현실적 생각으로 대체하기)에 초점을 두었다. 그가 선택한 불안은 식료품 장보기였다. 그가 경험하고 있는 일차적인 인지 왜곡은 파국화(예: "누가 나한테 소리를 지를 거고 난 가게에서 공황발작을 일으킬 거야"), 과잉일반화(예: "난 형편없는 애라서 바보처럼 가게 가는 것도 하지 못해"), 임의적 추론(예: 독심술), 정서적 추론(예: "이 불안은 계속될 거야")이었다. 우리는 앞에서 기술한 대로 개입을 진행했고 긍정적인 대안적 사고들을 그에게 적어 보도록 하였다(예: "아무도 나한테 소리치지 않을 거야. 난 괜찮을 거야" "난 형편없지 않아. 난 잘하는 게 많아. 지금은 좀 힘들 뿐이야" "내가 사람들에게 내 자신의 불안을 투사하고 있어. 사람들은 나에 대해 나쁘게 생각하지 않아" "이 불안은 진짜가 아니야. 단지 내 뇌가 나에게 나쁜 조언을 하고 있을 뿐이고, 난 이걸 다시 설계할 수 있어"). 우리는 그가 식료품 가게에서 이러한 사고의 전환을 연습해 볼 수 있는 몇 가지 상황을 알아보았다. 그리곤 매일 가족과 함께 10분 동안 가게에 가는 스마트(SMART) 목표를 설정했다. 가게에 머무는 동안 그는 대안적 사고가 적힌 카드를 보며 매번 사용한 목록내용들을 확인하고, 시작과 중간 그리고 끝난 후에 '10점 불안척도'를 체크하며 자기조절과 인지기법(메타인지 건축가가 되어 자신을 시각화하는 것을 포함)을 사용해 보았다.

다섯 번째 회기는 그의 진행과정을 돌아보는 시간을 가졌다. 그는 놀랍도록 잘 수행했고 이미 가족들과 함께하는 짧은 여행을 포함하는 더 높은 단계의 스마트(SMART) 목표(예: 주유소 가기, 식당 가기 등)도 해냈다. 또한 그는 구글 틸트 브러시에 있는 뇌에 다시 들어가서 당신의 우주 237(The Universe of You 237)에서 이전에 내가 안내한 수준 이상의 단계까지도 해 보며 스트레스 순간을 재연해 보는 경험을 가졌다고 했다. 여섯 번째 회기에서는 비대면 수업에 다시 참석하는 문제와 학교에 504[6]를 요청하고 편의를 제공받을 수 있는 방법

6) 역자 주: 미국 교육법에서 명시되고 교육청에서 관리하는 section 504를 의미한다. 이는 도움이 필

을 의논하기 위해 가족들과 면담을 진행했다.

윤리적 고려사항

VR을 사용할 때 몇 가지 고려사항이 있다.

1. 임상가는 원격현존감(telepresence)[7] 또는 녹화가 HIPAA 준수사항에 허용되는 것인지 확인해야 한다[비디오 모델링을 사용할 경우, 오디오/비디오(AV) 책임면제가 필요할 수 있음].
2. 리치 플랭크 익스페리언스(Richie's Plank Experience)와 같은 균형 잡기 유형의 개입은 일부 이동 보조 장치가 있어야 한다(나의 경우는 노인 및 작업 치료 등에 쓰이는 손잡이 달린 허리 밴드를 사용한다).
3. 연령과 심리상태가 신중히 고려되어야 한다. 유아(3~8세), 노인, 해리성 또는 망상 장애가 있는 경우는 시뮬레이션으로 유발되는 질환(현기증 등)으로 인해 VR을 부정적으로 경험할 수 있는 위험이 있다.
4. 임상가는 내담자가 신체적 그리고 심리적으로 편안한 경험을 하고 있는지 자주 확인해야 한다. 이 방법은 시뮬레이션을 충분히 해 보진 않았기 때문에 본 저자 또한 아직 부정적 보고에 대해서는 자료가 없다는 점을 고려해야 한다.

요한 학생이 학교에 적응할 수 있도록 편의를 제공해 주는 제도이다. 예를 들어, 학습장애 학생이나 외국 학생인 경우 시험 시간을 더 늘려 주거나, 쓰기장애가 있는 경우 말로 대답하도록 하고 그 말을 받아 써주는 등 학생의 상태에 따라 적응할 수 있도록 편의를 제공한다.

7) 역자 주: 원격이라는 의미의 'tele'와 존재라는 의미의 'presence'가 합쳐진 단어로, 멀리 떨어져 있지만 그곳에 있다는 뜻이다. 물리적 거리가 있지만 네트워크를 통해 서로 그 장소에 있는 것과 같은 효과를 주는 기술을 말한다.

5. 대면으로 진행할 경우 질병통제예방센터(CDC)의 권고사항에 따라 철저히 소독하여 사용해야 한다.

결론

VR은 미래의 혁신적인 매체이며, 전통적 치료 개입을 개선하는 데 도움이 된다는 연구 결과들이 나오고 있다. 구체적으로 심리교육이 치료과정에 포함되어야 하며, 적용 가능한 첨단기술 또한 포함해야 한다. VR이 '21세기 학습 보조도구'로 기술되어 왔듯이, VR의 사용은 놀라운 것이 아니며, 심리교육에 있어서도 현저한 향상 효과를 보인다는 연구 결과들이 나오고 있다(Rogers, 2019). VR은 공간적 현존감, 참여, 주의 할당에 있어서는 분명한 이점이 있으며, 다양한 방법으로 활용되어야 한다. 그 방법 중 하나가 이 장에서 언급한 '당신의 우주(The Universe of You)'라는 신경심리교육과 치료이며, 이는 대면 또는 비대면으로 진행할 수 있다. HIPAA 준수사항, 소프트웨어 사용, VR이 가지는 고유한 심리적 요구 등에 대한 다양한 연구 결과와 함께 윤리적 고려 또한 이루어져야 한다.

참고문헌

Bailenson, J. (2018). *Experience on demand: What virtual reality is, how it works, and what it can do*. W. W. Norton & Company.

Biocca, F., & Delaney, B. (1995). Immersive virtual reality technology. In *Communication in the age of virtual reality* (pp. 57-124). Lawrence Erlbaum Associates, Inc.

Chavez, B., & Bayona, S. (2018). *Virtual reality in the learning process: Trends and advances in information systems and technologies* (pp. 1345-1356). Springer International Publishing.

Darken, R. P., Allard, T., & Achille, L. B. (1998). Spatial orientation and wayfinding in large-scale virtual spaces. *Presence: Teleoperators and Virtual Environments, 7*(2), 101-107.

Dixon, L. (1999). Providing services to families of persons with schizophrenia: Present and future. *Journal of Mental Health Policy and Economics, 2*, 3-8.

Khenak, N., Vézien, J. M., Thery, D., & Bourdot, P. (2018). Spatial presence in real and remote immersive environments and the effect of multisensory stimulation. *PRESENCE: Virtual and Augmented Reality, 27*(3), 287-308.

Krokos, E., Plaisant, C., & Varshney, A. (2019). Virtual memory palaces: Immersion aids recall. *Virtual Reality, 23*(1), 1-15.

Lukens, E. P., & McFarlane, W. R. (2004). Psychoeducation as evidence-based practice: Considerations for practice, research, and policy. *Brief Treatment and Crisis Intervention, 4*, 205-225.

Marsh, D. (1992). Working with families of people with serious mental illness. In L. VandeCreek, S. Knapp, & T. L. Jackson (Eds.), *Innovations in clinical practice: A sourcebook* (pp. 389-402). Professional Resource Press.

Rizzo, A., & Bouchard, S. (Eds.) (2019). *Virtual reality for psychological and neurocognitive interventions*. Springer.

Rogers, S. (2019). *The learning aid of the 21st century*. Forbes.

Ryan, M. L. (2015). *Narrative as virtual reality 2: Revisiting immersion and interactivity in literature and electronic media* (Vol. 2). JHU Press.

Steuer, J. (1995). Defining virtual reality: Dimensions determining presence. *Communication in the age of virtual reality* (pp. 33-56). Lawrence Erlbaum Associates, Inc.

Stone, J. (Ed.) (2019). *Integrating technology into modern therapies: A clinician's guide to developments and interventions*. Routledge.

Walsh, K. R., & Pawlowski, S. D. (2002). *Virtual reality: A technology in need of IS research.*

Communications of Association for Information Systems, 8(1), 20.

Wang, P., Wu, P., Wang, J., Chi, H.-L., & Wang, X. (2018). A critical review of the use of virtual reality in construction engineering education and training. *International Journal of Environmental Research and Public Health, 15*(6), Art. no. 1204.

Witmer, B. G., & Singer, M. J. (1998). Measuring presence in virtual environments: A presence questionnaire. *Presence, 7*(3), 225-240.

결론

Jessica Stone

여러 곳에서 활동하는 놀이치료자를 위한 즉각적이고 지속적인 필요성에서 비롯된 이 책은 다음과 같은 높은 목표를 달성하고자 했습니다.

1. 놀이치료자가 책의 내용을 놀이치료 임상에 즉시 통합할 수 있도록 단기간에 완성하기
2. 놀이치료자가 매체와 관계없이 본인 작업의 기초를 개념화하고 이해할 수 있는 강력한 기반을 제공하기
3. 사례개념화와 치료목표를 고려하고 통합하기 위해 중요한 핵심 개념을 제공하기
4. 원격심리치료의 사용에 관한 역사와 연구 그리고 놀이치료의 역사와 기초 그리고 사례개념화가 원격놀이치료로 어떻게 통합되는지를 독자에게 알리기
5. 문화의 중요성과 이의 확장된 정의 그리고 놀이치료자가 내담자와 자신을 이해하고 문화적 요소에 의해, 특히 원격심리치료 환경에서 서로 어떻게 영향을 주고받는지 탐색하기

6. 특정 집단에 대한 원격심리치료를 진행할 때와 관련된 놀이치료 정보, 지침 및 개입을 제공하기
7. 특정 원격놀이치료 정보와 연구, 특정 원격놀이치료 개입을 위한 지침을 제고하기

훌륭한 모든 저자를 대표하여, 여러분이 이 책을 즐겼길 바라고 COVID-19 팬데믹이 종식된 후에도 계속해서 참고하길 바랍니다.

기술적 수단과 발전을 통해 치료를 지속하는 능력은 역사상 그 어느 때보다도 현저하게 다른 경험을 만들어 냈습니다. 이 시대의 놀이치료자들은 이 놀라운 변화의 일부였고 이것은 전 세계적으로 놀이치료와 정신건강 치료의 미래를 영원히 변화시켰습니다. 우리는 모두 무엇인가 놀라운 것의 일부였고, 우리가 직면한 모든 상황에도 불구하고 내담자에게 서비스를 제공하려는 지속적 노력을 통해 우리의 탄력성을 보여 주었습니다. 역사상 이렇게 주목할 만한 시기에 기초를 다지고 굳건히 하면서 그것을 다음 세대를 위해 그리고 더 나은 서비스로 나아가기 위해 노력하는 사람으로 치료자보다 더 적합한 사람은 없을 것입니다.

> 놀이치료자는 놀이를 이해합니다. 심리학적인 배경을 가진 전문가들 집단 중에서도 놀이치료자는 놀이의 복잡성, 뉘앙스, 기본, 과정에 대해 더 많이 알고 있습니다. 훈련된 전문가가 안내하고 촉진하는 놀이의 치료적 힘은 아동이 자신, 세계에서의 아동의 위치, 그리고 대인관계의 상호작용적인 측면에 관한 이해를 극적으로 바꿀 수 있습니다(Stone, 2021, p. 1).

참고문헌

Stone, J. (2021). *Digital play therapy: A clinician's guide to comfort and competence*. Routledge.

찾아보기

인명

내용

편저자 소개

Jessica Stone 박사

RPT슈퍼바이저이며, 임상심리학자이자 가상 모래상자 앱(Virtual Sandtray®© App)의 공동 제작자이다. 또한 그녀는 치료에서 디지털 도구의 치료적 사용에 관한 책을 쓰는 저자이자 개발자이며 강연자이기도 하다.

역자 소개(가나다 순)

강은주(EunJoo Kang)

숙명여자대학교 아동복지학과 박사(아동심리치료 전공)

한국놀이치료학회 놀이심리상담사 1급

여성가족부 청소년상담사 1급

현 서울아동청소년상담센터 소장

〈주요 역서〉

아동심리치료에서 파트너로서의 부모: 임상가를 위한 가이드(시그마프레스, 2022)

놀이치료에서의 부모상담(공역, 시그마프레스, 2008).

김리진(Leejin Kim)

고려대학교 가정학과 박사(아동학 전공)

한국아동학회 아동상담 지도감독전문가

한국임상모래놀이치료학회 아동심리놀이치료 전문가

한국미술심리치료연구학회 미술심리상담 교육전문가

현 전북대학교 아동학과 부교수

〈주요 역서〉

놀이치료의 실제: 관계형성부터 변화촉진까지(공역, 학지사, 2022)

민서정(SeoJung Min)

숙명여자대학교 아동복지학과 박사(아동심리치료 전공)

한국놀이치료학회 놀이심리상담사 1급

여성가족부 청소년상담사 1급

현 마인드포유심리발달연구소 소장

숭실대학교 교육대학원 상담교육심리학과 겸임교수

〈주요 저서〉

아동상담 처음부터 끝까지(공저, 이담북스, 2012)

이소연(SoYean Lee)
Washington State University 심리학과 박사(임상심리 전공)
한국놀이치료학회 놀이심리상담 전문가
한국상담심리학회 상담심리 전문가
여성가족부 청소년상담사 1급
현 숙명여자대학교 아동복지학부 아동심리치료 전공 교수

〈주요 저서〉
놀이치료 실습 및 슈퍼비전(공저, 학지사, 2022)

이윤수(YunSu Lee)
숙명여자대학교 아동복지학과 박사(아동심리치료 전공)
한국놀이치료학회 놀이심리상담사 1급
여성가족부 청소년상담사 1급
현 이윤수상담연구소, 이담소 소장
덕성여자대학교 아동가족학 전공 겸임교수

〈주요 역서〉
집단 부모놀이치료: 부모에게 자녀와 놀이하는 방법을 가르치는 충실한 안내서(공역, 학지사, 2017)

원격놀이치료

Play Therapy and Telemental Health:
Foundations, Populations, and Interventions

2024년 8월 10일 1판 1쇄 인쇄
2024년 8월 20일 1판 1쇄 발행

엮은이 • Jessica Stone
옮긴이 • 강은주 · 김리진 · 민서정 · 이소연 · 이윤수
펴낸이 • 김진환
펴낸곳 • ㈜학지사
04031 서울특별시 마포구 양화로 15길 20 마인드월드빌딩
대표전화 • 02-330-5114 팩스 • 02-324-2345
등록번호 • 제313-2006-000265호

홈페이지 • http://www.hakjisa.co.kr
인스타그램 • https://www.instagram.com/hakjisabook

ISBN 978-89-997-3162-4 93180

정가 22,000원

역자와의 협약으로 인지는 생략합니다.
파본은 구입처에서 교환해 드립니다.

이 책을 무단으로 전재하거나 복제할 경우 저작권법에 따라 처벌을 받게 됩니다.

출판미디어기업 **학지사**

간호보건의학출판 **학지사메디컬** www.hakjisamd.co.kr
심리검사연구소 **인싸이트** www.inpsyt.co.kr
학술논문서비스 **뉴논문** www.newnonmun.com
교육연수원 **카운피아** www.counpia.com
대학교재전자책플랫폼 **캠퍼스북** www.campusbook.co.kr